초국적 정체성과 상호문화소통:

파독 간호사 이야기

사회통합 총서 12

초국적 정체성과 상호문화소통:
파독 간호사 이야기

2022년 8월 20일 초판 인쇄
2022년 8월 25일 초판 발행

지은이 | 김영순 · 남혜경
교정교열 | 정난진
펴낸이 | 이찬규
펴낸곳 | 북코리아
등록번호 | 제03-01240호
주소 | 13209 경기도 성남시 중원구 사기막골로 45번길 14
우림2차 A동 1007호
전화 | 02-704-7840
팩스 | 02-704-7848
이메일 | ibookorea@naver.com
홈페이지 | www.북코리아.kr
ISBN | 978-89-6324-882-0(94300)
978-89-6324-636-9(세트)

값 25,000원

사회통합 총서 12

초국적 정체성과 상호문화소통: 파독 간호사 이야기

김영순 · 남혜경

북코리아

서문:
모든 꽃은 흔들리며 핀다

봄이면 어김없이 겨우내 꽁꽁 얼어붙었던 대지를 뚫고 꽃들이 움튼다. 만개해서 질 때까지 꽃들은 무수한 바람을 맞이한다. 아름다움은 그냥 만들어지지 않는다. 매운바람 같은 수많은 좌절과 고초를 인내하고 극복함으로써 아름다움이 완성된다.

우리 주변에 이런 '아름다운' 이야기를 간직한 사람들은 들판에 꽃들처럼 수없이 많다. 그런데 모든 아름다운 꽃은 그냥 피어나는 것이 아니라 흔들리며 핀다는 진실을 잘 알지 못한다. 우리는 이 책에서 흔들리며 아름다운 꽃을 피워낸 네 분의 파독 간호사 출신 한인 여성의 이야기를 만나게 된다.

이 책은 파독 간호사의 이주생애에 관한 '아름다운' 기록이다. 독일과 오스트리아, 스위스 등지로 이주한 파독 간호사 1만 1천여 명 가운데 절반 이상이 1975년 독일 정부의 외국인노동자 귀국 정책에 의해 한국으로 돌아왔다. 그렇지만 약 5천 명의 한국 여성이 독일에 정착했다. 그 가운데 700명은 독일에 있던 한국인 광부와 결혼하여 '한-한 가정'을 이루었고, 약 3천 명의 여성이 독일 남성과 결혼하여 '한-독 가정'을 이루었다.

이 책의 주인공들은 이주 후 거주국에 정주한 한인 여성이다. 우리는 이들의 생애사를 연구하는 데 있어서 두 가지 연구 문제를 설정했다. 첫 번째 연구 문제는 "파독 간호사 출신 한인 여성의 이주생애사는 어떠했는가?"이며, 두 번째 연구 문제는 "파독 간호사 출신 한인 여성의 이주생애사에 나타난 정체성 협상과 상호문화소통은 어떠한가?"이다.

이 책은 총 7장으로 구성되어 있다. 도입 부분에서는 이 책의 연구 목적과 필요성, 그리고 연구 개요와 연구 방법에 관해 기술했다.

1장에서는 초국적 정체성과 상호문화소통에 대해 살펴보았다. 나아가 국제이주와 초국가주의, 그리고 정체성 협상과 상호문화소통을 다루었다. 즉 이주를 추동케 한 국제환경에 관한 이해, 초국가주의와 디아스포라, 상호문화소통 등을 함께 살펴보았다.

2장에서는 이주생애사를 이론적으로 설명하고, 파독 간호사에 관해 개념을 정의했으며, 관련 선행연구를 검토하고 정리했다.

3장부터 6장까지는 파독 간호사의 이주생애사를 순차적 시간성에 따라 개인의 행위를 구성하여 분석하고 기술했다. 분석을 위한 범주는 이주생애사를 중심으로 유년-청년기, 이주와 결혼, 거주국의 적응, 노년의 삶으로 구분하여 분석했다.

7장은 연구참여자의 이주생애사를 요약하고, 이주생애사에 나타난 초국적 정체성의 양상을 정리했다. 특히 파독 한인 간호사들의 정체성을 정치 · 경제 · 사회문화 측면과 한국 정부의 지원, 노년의 정체성, 그리고 종교적 측면에서의 정체성으로 분류하여 살펴보았다. 또한 연구참여자들의 생애에 실천한 상호문화소통을 상호문화소통 역량의 다섯 가지 범주, 즉 이해, 공감, 소통, 협력, 연대로 구분하여 분석했다.

이 책을 통해 우리가 주목할 것은 바로 파독 간호사들의 생애사에서

'이주'라는 특수한 상황이 그들에게는 삶의 전환점이 되었다는 점이다. 이들의 이주는 새로운 문화에 대한 적응, 가치관의 변화 등과 같은 삶의 굴곡적인 과정들로 나타나는데, 이는 개인의 역사를 넘어 인간 승리의 역사로 간주될 수 있다. 이주와 적응은 그녀들을 든든한 모국의 딸로, 더욱 강한 모성을 지닌 어머니로, 주체적인 여성으로, 초국적 문화매개자로 전환시켜주는 계기가 된다.

이 책을 통해 저자들은 파독 간호사의 생애사를 넘어 다문화 사회를 맞이한 한국 사회에 한마디 하고 싶다. 초국적 이주로 증가하는 결혼이주여성들을 대하는 우리의 태도 변화를 주문하고자 한다. 그녀들 역시 파독 간호사의 생애와 같이 '흔들리는 아름다움'을 지닌 존재라는 것이다. 진정한 사회통합은 이들 이주민에게 일방적으로 적응을 요구하는 것이 아니라 정주민들이 다양성을 존중할 수 있는 상호문화 역량을 갖추는 데서 시작된다. 독자들은 이 단순한 교훈을 이 책에서 찾아볼 수 있을 것이다.

모든 꽃은 흔들리며 핀다. 그래서 눈부시도록 아름답다.

인하대 서호관 앞 벽오동 꽃이 필 때

저자 김영순, 남혜경

CONTENTS

CONTENTS

연구 개요

1. 연구 목적 및 필요성
2. 연구 내용 및 연구 방법

1.
연구 목적 및 필요성

이 책은 초국적 이주로 인해 형성된 다문화 사회를 경험하고 있는 한국 사회 구성원에게 이주의 본질과 이주민을 대하는 인식과 태도 개선을 위해 기획되었다. 모든 이주는 해당 이주자뿐만 아니라 정주자들에게도 '더불어 어울림'이라는 삶의 과정이며, 관계의 확대이자 도전이 아닐 수 없다. 이주는, 이주자는 물론 이주자를 둘러싼 환경의 변화를 요구하고 있다. 우리 사회는 지금까지 이주자들에게 사회통합이라는 정책 기조 아래 성실하고도 적극적인 적응을 강조해왔다. 이주 연구를 하는 연구자라면 이를 부정하기 어려울 것이다.

이런 맥락에서 이 책은 이주자들에게 적응을 강조하기보다 구성원들에게 다양성 존중을 위한 교훈을 이야기하려고 한다. 아울러 우리와 함께 동시대를 살아가고 있는 파독 간호사 출신 한인 이주여성의 이주생애사를 정리하여 공유하고, 멀지 않았던 과거에 우리도 이주민이었던 역사와 경험을 나누고자 한다. 그들이 아직도 이주민임을 증거하는 현실을 통해 우리 사회로 들어온 이주민을 이해하고, 그들과 공감하는 계기를 마련해서 우리 모두 지구별에 이주해온 존재임을 드러내고자 한다.

이 책은 1960년부터 1970년대 사이에 유럽에 간호사로 이주하여 정주한 후 국제결혼 한 한인 국제결혼 여성들의 생애사를 조명했다. 또한 이들의 이주생애에서 정체성이 어떻게 변화해나가고 있는지를 정체성 협상 개념을 중심으로 살펴보고자 한다.

파독 한인 간호사 이주는 한국 정부의 주도하에 이루어진 여성들의 자발적 집단 노동이주다(손대원 · 윤서옥, 2017). 한국 여성들이 간호사 자격으로 독일과 오스트리아 그리고 스위스로 떠났던 이주는 처음에 주로 가톨릭 단체들이 간호사 모집을 하면서 이루어졌다(유정숙, 2017). 이후 1966년 한국과 독일의 공식 협정에 따라 한국에서는 간호사와 간호조무사가 파견되었으며, 한국의 인력수출관리공단과 독일 병원연합회가 그에 대한 실무를 담당했다. 공식적 · 비공식적 과정을 통해 1950년대 말부터 1976년까지 약 1만 1천 명의 한국 여성이 간호 인력으로 독일에 이주한 것으로 추정한다(국사편찬위원회, 2012; 손대원 · 윤서옥, 2017).

간호사의 파독 추진사업은 당시 어려운 경제 상황에 직면해 있던 한국 사회에서 큰 인기를 끌었다. 현직 간호업계 종사자, 유관 업종 근무자, 양호교사 등과 일반인들이 지원했으며, 이들의 지원 경쟁률은 매우 높았다. 독일 파견을 위한 재수생, 삼수생이 생겨났을 뿐만 아니라 현직 국회의원이 로비에 가담할 정도였다. 심지어 나이와 관계없이 기혼여성이기 때문에 지원하지 못하는 현실을 비관해 자살하는 사태도 발생했을 정도였다(김용출, 2015). 파독 한국 간호사들의 연령은 18~30세가 주를 이루었으며, 그중에서도 21~25세가 큰 비중을 차지했다. 이들 중 대다수가 미혼이었으며, 이주 동기는 경제적 어려움이 포함되어 있었지만, 간호사의 상당수는 경제적 빈곤이 이주의 중요한 동기는 아니었다. 즉 이들의 이주 동기에는 선진국에 대한 동경, 교육 기회에 대한 희망이 있었으며, 이와 더불어 경제적 어려움에 처해 있는 여성들이 직업을 발판으로 이주하기에 쉬웠던 측면이 있었다(유정숙, 2017). 파독 간호사의 노동이주는 전통적으로 여성에게 가해졌던 사회적 억압으로부터의 저항 또는 탈출을 의미했다. 저개발국 여성들이 초국가적 이주의 주인공이 되는 이유는 경제적 동기는 물론 본국의 남성 중심 지배구조로부터의 탈출을 의미하는 것이기에 이민의 시도 자체가 도전적인 삶의 시작이라고 볼 수 있을 것이다.

간호사로 이주한 한국 여성들은 학력 면에서 고등학교 졸업은 물론 전문대학을 비롯한 대학교 졸업이 상당수를 차지할 만큼 고학력 여성들이었다. 또한, 이주 목적과 동기에서 여성 스스로 삶의 질을 높이기 위한 사회적 이동이었다는 측면에서 한국의 여성 해외 이주사의 특징을 보여준다. 그뿐만 아니라 여성 이주노동자로서 간호 이주는 한국전 정전 이후 열악한 한국의 경제 상황에서 개인과 그들의 가족들에게 빈곤의 탈출구가 되었다.

이와 같은 간호사의 파독은 물론, 1965년부터 1975년까지는 광부의 파독이 이루어졌다. 그들이 한국으로 보낸 송금액은 1억 153만 달러였으며, 이들의 송금은 한국 경제에 도움이 된 것으로 평가되었다(김민정, 2018). 한국의 여성 간호사들이 독일 등지로 떠난 노동이주는 1975년 독일 정부의 외국인 인력 유입중단 정책 시행 이후 더는 진행되지 않았다. 그리고 유럽 각지 거주국에 정착한 파독 간호사 여성들은 이제 고령이 되었다. 독일 등지로 이주한 간호 여성들은 노동이주를 떠날 때 대대적 환송을 받으며 모국을 떠났고, 이에 부응하여 노동의 대가를 고국으로 송금함으로써 가정경제는 물론 국가발전에 도움을 주었다. 하지만 뜨거운 환송을 받으며 떠날 때와 달리 노령의 나이가 되어 한국을 방문했을 때, 고국이며 그리워하던 한국에서 손님이 된 듯한 감정과 기분을 느꼈다고 한다. 왜냐하면 그들의 모습과 감성은 한국인이지만, 다른 한편으로 거주국의 문화와 가치관을 수용했기에 한국의 문화와 가치관과 부합하지 않은 측면이 있었기 때문이다.

또한 이에 더하여 한국의 경제적 · 환경적 · 정서적 변화도 '손님 분위기'에 한몫했다. 한국은 이제 그들이 떠났던 당시의 한국이 아니었다. 이들이 떠날 때는 가난하고 부족한 것이 많았던 한국이었다면, 노년이 되어 찾아온 한국은 그들이 선진국을 선망했듯이 외국인노동자가 선망하는 나라로 변모해 있었다. 모국의 놀라운 발전과 변화는 해외로 이주한 한인 노동자에게 반가운 소식이면서도 한편으로는 발전한 고국의 문화에 대한 충격과 상대적 박탈감 같은 현상을 가져오기도 했다. 한편 파독 간호사 가운데는 은퇴 후 한국에 귀국하여 집단 거주지*를 설립하고 정착하기도 했다.

파독 간호사들의 본국 귀환 경향은 남해군의 '독일마을'뿐만 아니라 개별적으로 국내 친지와 지인들의 도움으로 임시 거처 혹은 특정 기간 한국에 거주하기도 한다. 그리고 다른 경우에는 영속적인 거주지를 마련하여 남은 생을 한국에서 보내고자 하는 경향을 보이기도 한다. 그뿐만 아니라 2020년 6월 9일 제정된 「파독 광부 · 간호사 · 간호조무사에 대한 지원 및 기념사업에 관한 법률」은 1961년 체결된 '대한민국 정부와 독일연방공화국 간의 경제 및 기술원조에 관한 의정서', 1963년 체결된 '한국 광

* 경상남도 남해군 삼동면 물건리에 있는 마을이다. 1960년대 간호사와 광부로 독일(당시 서독)에 파견되었던 독일 거주 교포들이 대한민국에 재정착할 수 있도록 남해군에서 개발한 곳이다. 2001년 남해군에서 30여억 원을 들여 3만여 평의 부지를 마련해 분양했으며, 독일 교포들은 독일에서 재료를 수입하여 독일식 전통 주택을 신축했다. 독일마을은 독일의 문화와 한국 전통문화 예술촌을 연계한 관광지 및 문화교류 장의 역할도 하고 있다.

부의 임시 고용계획에 관한 협정'에 근거하여 제정되었다. 이에 따라 독일에 이주하여 임금을 목적으로 근로를 제공한 광부, 1966년부터 한국해외개발공사를 통한 알선과 1969년 체결된 '한국해외개발공사와 독일 병원협회 간 협정'에 따라 독일에 진출해 임금을 목적으로 근로를 제공한 간호사 및 간호조무사의 노고와 희생을 기념하고 국가 경제 발전에 공헌한 이들의 공로에 적합한 기념사업 및 지원이 이루어질 수 있도록 했다. 이 법은 2021년 6월 10일부터 시행되고 있으며, 이 법의 영향으로 강원도 양구군은 대한노인회 독일지회(회장 하영순)와 협의를 거쳐 양구군 양구읍 송청리에 위치한 힐링하우스를 '파독근로자쉼터'로 제공하여 한국으로 귀환하는 파독 근로자 출신 독일 한인의 안식처를 마련했다.

파독 간호사의 이주생애가 주는 시사점은 이들의 생애 경험이 현재 한국 사회로 유입되는 이주자에게서도 유사하게 나타난다는 점이다. 또한 파독 한인 간호사는 교통과 통신이 발달하기 전에 이주했으나, 기술의 발달로 비교적 잦은 고국 방문과 고국 사회와의 다양한 연결 등으로 초국적 행태를 보여준다. 이러한 초국적 이주자 행태는 현재 한국으로 유입되는 현대 이주자 행태와 유사한 양상을 나타낸다. 그렇기에 이들의 이주생애는 과거의 일이 아니라 현재 진행형으로 여전히 유효한 의미를 담고 있다.

이들은 이주로 인해 고립되거나 분리되지 않는 경향을 보이며, 지속하여 자신의 고향과 모국 사람들, 그리고 거주국을 연결하며 스스로 사회적 위치와 정체성을 설정하고 규정한다. 김영순 외(2014)에서는 1990년대 후반 이후 한국으로 결혼을 통해 이주한 외국 여성들이 초국적 가족관계 안에서 자신의 위치를 결정하고 상대로부터 인정받기 위한 다양한 초국적 소통 전략을 구사한다고 했다. 이들은 초국적 공동체를 구성하고 활동함으로써 이주자로서 이방인 · 타자가 되는 현실을 공유하고 문제를 해결할 사회적 연결망을 형성하는 주체적인 성향을 보인다. 또한, 이들은 초국적인 사회적 장에서 자신들이 지닌 역량과 자원을 다층적으로 결합하여 초국적 생존을 모색하고 탈영토화된 정체성을 나타내고 있다(김정선, 2009). 이주자의 정체성은 이주를 수용하는 국가나 송출하는 국가 모두에 중요성을 가진다. 세계 여러 나라는 인구절벽에 대비하고자 하는 국가적 필요성과 노동력 충원을 위해 국경의 장벽을 느슨하게 하기도 하지만, 실질적인 정주를 위해 사회통합을 내세운 동화 중심의 포용주의를 강화한다. 우리나라의 경우 사회통합정책의 기조로 다문화주의를 표방하고 있으나 정책의 세부 내용이나 실질적인 서비스 콘텐츠는 동화를 내세우고 있음은 부인할 수 없다.

우선 한국 정부가 지향하는 사회통합정책으로서 외국인 정책을 눈여겨볼 만하다. 외국인 정책은 2007년 5월 제정된 「재한외국인처우기본법」에 따라 법무부 장관이 5년 단위의 '외국인 정책 기본계획'을 수립하고, 외국인정책위원회의 심의를 거쳐 확정된다. 제1차 외국인 정책 기본계획(2008~2012)은 '외국인과 함께하는 세계 일류국가'를 비전으로 우수 인재 유치, 이민자 사회적응 지원 등 새로운 정책 분야가 도입되어 외국인 정책의 기반을 조성했다. 제2차 외국인 정책 기본계획(2013~2017)은 '세계인과 더불어 성장하는 활기찬 대한민국'을 비전으로 제1차 외국인 정책 기본계획 가치의 지속적인 추진과 함께 질서와 안전, 이민자의 책임과 기여를 강조하는 국민 인식을 반영하는 것으로 추진되었다(이선영, 2017). 또한 제3차 외국인 정책 기본계획(2018~2022)은 '국민이 공감하는 질서 있는 개방', '이민자의 자립과 참여로 통합되는 사회', '국민과 이민자가 함께 만들어가는 안전한 사회', '인권과 다양성이 존중되는 정의로운 사회', '협력에 바탕한 미래 지향적 거버넌스' 등의 정책 목표를 제시했다(박미정 · 임다희, 2021). 위의 사회통합정책은 외국인 정책이지만, 심층적으로 살펴보면 외국인과 이민자에 대한 한국의 사회문화 적응을 넘어서 이들을 포용한 한국사회 구성원들이 문화 다양성을 존중하고 나아가 세계시민으로서 살아갈 수 있는 글로벌 시민성을 요구하는 것으로 이해할 수 있다.

초국적 이주가 빈번해진 현대에 개별국가들은 민족과 국가라는 근대적 획일성에서 벗어나 다문화주의라는 인식의 틀에서 사회통합을 이루려고 노력해야 한다. 다문화 사회는 초국적 이주에서 시작된 다양한 사회변화의 모습이며, 그 과정에서 이주민과 정주민의 새로운 관계가 설정되고, 사회경제적 · 정치적 요인이 작용해 갈등이 유발되기도 한다. 그렇지만 정책 도입 및 시행과 아울러 시민에게 상호문화성을 인식할 기회를 제공함으로써 새로운 통합의 길을 모색하기도 한다(김영순 · 박봉수, 2016). 또한 다문화가족 현상으로 인한 다문화 사회는 '차이'로 인해 갈등을 유발하기도 하지만, 다양한 문화수용이라는 긍정적인 면도 있다. 이주민 중에서도 특히 결혼이주여성의 경우 가능한 한 한국 국적을 희망하고 한국에서 뿌리를 내리고 살아가기를 원한다. 이들을 위해 정부에서는 이미 다문화가족 정책을 실천하고 있다.

이 책은 한국 사회에 정착한 이주민의 이주생애사 연구와 이를 기반으로 한 사회통합정책에 교훈을 줄 수 있는 파독 간호사의 이주생애에 관한 기록물이다. 집필자들은 이들의 이주생애 이야기를 인하대학교 다문화융합연구소의 사회통합 총서 시리즈에 편입시켜 출판하고자 한다. 이는 문헌상의 정책 사례 혹은 정책 분석 연구보다 실제 일상생활에서의 적응과 정체성 변화를 담고 있는 이야기들이 사회통합정책 구성에 중요한 공헌을 할 수 있다고 믿기 때문이다. 다시 말해 파독 간호사의 이주생애사가 한국 사회통합정책의 개선 방향에 영감을 주고 교훈으로 작동할 수 있다는 기대감을 갖고 있다.

독일과 오스트리아, 스위스 등지로 이주한 파독 간호사 1만 1천여 명 가운데 절반 이상이 1975년 독일 정부의 외국인노동자 귀국 정책에 의해 한국으로 돌아왔고, 약 5천 명의 한국 여성이 독일에 정착했다. 그 가운데 700명은 독일에 있던 한국인 광부와 결혼하여 한-한 가정을 이루었고, 약 3천 명의 여성이 독일 남성과 결혼하여 한-독 가정을 이룬 것으로 추정한다(이영석, 2015: 131). 이러한 국제결혼이 이주와 관련하여 여성들에게 경제적인 어려움을 벗어나게 하는 요소인가에 관한 논의들이 있다.

박혜경 · 이재경(2010)은 필리핀 여성들의 탈빈곤을 목적으로 한 결혼 이주가 한국 남성이 사회경제적으로 낮은 지위를 가진 경우 오히려 또 다른 빈곤가구의 형성으로 이어짐을 분석했다. 김민정 외(2006)는 국제결혼이 자원이 부족한 가부장적 부계가족을 지탱하는 방편으로 사용된다고 했다. 즉, 여성들이 국경을 넘어 결혼을 통해 경제적 빈곤을 탈출하는 것을 목적으로 이주하지만, 경제적으로 더욱 빈곤한 상태가 될 수 있음을 보여준다. 황정미(2011)는 여성들이 국경을 건너 결혼을 통해 이주하는 것은 물리적 이주만이 아니라 출신국과 유입국의 사회관계와 제도에 영향을 받는 사회적 과정이라고 했다. 여성들의 국제결혼을 이해하고자 할 때 경제적 측면뿐 아니라 사회적 과정으로 다루어져야 함을 말한다.

이러한 연구들은 빈곤 국가의 여성들이 국경을 넘어 결혼을 통해 그들의 경제적 상황의 변화를 추구하고 나아가 사회적 지위의 상승을 의도하지만, 국제결혼이 이러한 효과를 가져오는지는 명확하지 않음을 보여준다. 즉, 여성들이 초국적 이주로써 사회적 이동에 따른 계층 변화의 원인에 국제결혼이 작동하는지를 규명하는 것은 간단하지 않다. 경제적으로 낙후된 국가에서 부국으로 인식된 나라로 이어지는 여성들의 이주와 그 과정에서 국제결혼이 여성들에게 빈곤 탈출과 사회적 상승 이동의 역할을 할지는 개인의 상황에 따라 다르다. 개인의 상황과 여건에 따라 국제결혼이 또 다른 빈곤과 사회적 하향 이동의 원인이 되기도 하고, 반대로 탈빈곤과 사회적 상승을 이룰 가능성의 원인이 되기도 한다.

여성의 이주와 국제결혼이 사회학자들에 의해 주목받는 동안 한국 사회에서는 국제결혼을 결행한 여성들을 사회적 편견의 그늘 속에 가두었다. 남성 중심의 한국 가정에서 자신의 딸이 다른 민족의 배우자를 만나 혼인하는 이른바 국제결혼에 대해 특히 아버지들이 엄하게 반대했으며, 호적에서 이름을 삭제하거나(가족이라는 울타리에서 쫓겨나는 의미를 가짐) 추천될만한 결혼으로 인정받지 못했다. 한인 국제결혼 여성이 한국 사회에서 받았던 편견과 차별적 시선은 한국으로 시집온 결혼이주 외국 여성들의 등장으로 사회적 낙인 효과가 어느 정도 희석된 측면을 가진다. 그러나 한국 사회는 결혼하여 한국으로 이주한 외국 여성들에게도 가난한 나라에서 시집온 여성이라는 편견을 거두지 못함으로써 여성비하 태도를 보인다. 이런 점은 아직도 한국 사회가 가부장적 가정관을 버리지 못한 민낯을 그대로 보여주고 있는 것이라 본다.

한국 여성들은 결혼이주 외국 여성이 한국 사회에 유입되기 약 한 세대 전에 간호 노동이주를 실행했으며, 거주국의 남성과 결혼하여 정주했다. 이들 파독간호사이면서 동시에 국제결혼을 한 한인 여성들은 거주국 정주 후에 거주국을 기반으로 지속하여 모국과의 초국적 연계를 실행하고 있다. 이러한 초국적 활동이 연구참여자들의 삶에 어떻게 나타나는지를 살펴보는 것은 다음과 같은 학문적 기대를 가져올 것이다. 첫째, 한인 여성 이주자의 초국적 활동과 그 의미를 이해할 수 있으며 그로 인해 현대 사회의 이주 현상과 영향을 이해하게 될 것이다. 둘째, 이들의 선행된 경험이 한국 사회에 유입되어 그들의 모국과 초국적 연계를 하는 결혼이주 외국 여성들과 그들의 가족에 대한 이해에 다양성의 관점으로 접근할 수 있을 것이다. 셋째, 한국 사회가 한인 국제결혼 여성에 관한 편견이나 타자성에 대해 관점을 넓힐 기회를 가질 수 있을 것이다.

현재 한국으로 이주한 결혼이주 외국 여성들도 초국적 이주자의 행태로 결혼이주여성들만의 공동체를 만들어 타지에서 일종의 피난처를 만든다. 그리하여 이방인의 고단함을 녹이고, 스트레스 해소의 공간을 만들며, 인터넷을 통해 정보를 교환하고 초국적 공론장을 형성한다. 그럼으로써 정체성 형성 등과 같은 주체화를 나타내기도 했다(김영순 외, 2014). 한국으로 이주하여 한부모가정의 가장이 된 이주여성들은 생존을 위해 치열하게 살아가야 했으며, 그 속에서 꿈과 현실의 간극을 인지하기도 했다. 또한 불안, 분노, 극심한 우울을 경험했으나 그 속에서도 자녀를 키우면서 현실을 숙명으로 받아들이고 비가 온 뒤 땅이 굳듯 자립을 추구했다. 이와 더불어 결혼이주여성들은 한국 사회에서 위기와 기회의 공존을 이해했으며, 주체적인 삶으로 나아갔다(김강남, 2016).

결혼하여 한국으로 이주한 외국 여성들은 이전의 이주자보다 과학과 통신, 교통 등의 발달로 자국민 공동체와 연결하고 소통하는 것을 쉽게 실행한다. 이에 비해 해외로 이주한 한인 여성들은 교통 · 통신의 발달이 현재보다 현저히 낙후되었던 시기에 이주했으므로 외로움과 고통스러운 이주자의 삶을 살았기에 더욱 어려움이 컸다. 그러므로 이 책을 통해 파독 간호사 출신으로 해외에 거주하는 한인 여성들의 삶과 초국적 연계, 그리고 이들의 생애사에 나타난 정체성 협상이 어떠한지를 살펴보고자 한다. 이를 위한 연구 문제는 첫째, "파독 간호사 출신 한인 국제결혼여성의 생애사는 어떠한가?" 둘째, "이들의 이주생애사에 나타난 정체성 협상과 상호문화소통은 어떠한가?"이다. 이 책에서는 개인과 연결된 사회 · 문화적 맥락 등을 살피기 위해 생애사 연구를 적용했다.

2.
연구 내용 및 연구 방법

1) 연구 내용

이 책은 1950년대 말부터 1976년까지 독일로 노동이주를 떠났던 파독 간호사 출신 한인 여성의 이주생애사를 살펴보는 데 목적이 있다. 따라서 본고의 연국참여자는 이주 후 거주국에 정주한 한인 여성이다. 이를 위해 앞서 설정한 두 가지 연구 문제의 해결책을 찾고자 한다.

첫 번째 연구 문제인 "파독 간호사 출신 한인 국제결혼 여성의 생애사는 어떠했는가?"에 대해 설명하면 다음과 같다. 파독 간호사들은 한국전쟁을 겪은 후 폐허가 된 경제와 낙후된 사회 여건에서도 고등학교와 대학교에 다닌 고학력 여성들이었다. 노동자가 되어 해외로 이주한 이들 한인 여성의 이주생애사를 살펴봄으로써 당시로부터 현재까지 이어지는 우리 모두의 삶에 대한 통찰을 얻을 수 있을 것으로 여긴다. 생애사는 현재 시점에서 과거를 해석하고 미래를 조망하는 해석적 지평을 제시한다. 생애사 연구는 참여자의 삶 속에서 발현된 사회적 조건의 생성과 발달, 소멸을 탐구한다. 즉 생애사는 과거, 현재, 미래의 '시간 축'에 따라 개인의 삶과 사회적 조건의 관계를 탐구한다(이동성, 2015). 이와 같은 생애사의 특성을 활용하여 개인의 발자취, 행위들을 살펴보아 한인 여성들이 거주국에서 어떻게 살아왔으며, 그 영향은 어떠한지를 알아보고자 한다. 또한 파독 간호사들의 이주와 이주의 영향을 살펴봄으로써 재외한인 여성들에 관한 이해를 넓히고 아울러 한국 사회의 과거와 현재를 돌아보아 현재를 조명하고자 한다.

두 번째 연구 문제인 "파독 간호사 출신 한인 여성의 이주생애사에 나타난 정체성 협상과 상호문화소통은 어떠한가?"에 대해서는 거주국에서의 삶과 모국과의 연결에서 나타난 그들의 정체성이 어떠한지, 그리고 개인적 경험을 통한 상호문화소통을 살펴보고자 한다. 독일과 오스트리아로 이주한 파독 간호사 출신 한인 여성들은 거주국에서 이주민으로 살아간다. 이들은 거주국의 구성원으로서 그곳의 문화와 가치관을 자신들의 삶에 적용하지만, 거주국 구성원과 동질의 정체성을 가지지는 않는다. 또한 파독 한인 여성들은 이주 후 모국과 연결하고, 모국의 친지를 거주국에 데려와 공부시켰다. 그리고 계속해서 거주국에서 다른 민족이나 거주국의 사회단체와 연계하며 모국의 정치 · 경제 · 사회문화 측면으로 초국적 관여와 간섭을 실천하고 있다. 이 같은 파독 간호사들의 모국에 대한 관여와 간섭의 의미를 살펴보고자 한다. 파독 간호사들은 한국인으로서의 정체성을 가지고 살아가지만, 한국 사회의 내적 구성원으로 여겨지지 않는다. 또한, 거주국 사회의 구성원으로 살아가지만, 스스로를 독일인이나 오스트리아인으로 여기지 않으며 거주국 사회 내에서도 외국인으로 인식된다. 이처럼 양쪽 사회에 모두 연결되어 있으나 다른 한편으로는 온전히 어느 한쪽에 속하지 않은 현실을 보여준다. 이러한 현실에서 파독 간호사 출신 한인 여성들은 모국과 거주국에서 어떻게 소통했는지를 살펴보았다.

이 책은 총 7장으로 구성되어 있다. 도입 부분에서는 이 책의 집필 목적과 필요성, 그리고 집필 개요와 연구 방법에 관해 기술했다. 이어서 1장에서는 초국적 정체성과 상호문화소통에 대해 살펴보았다. 나아가 국제이주와 초국가주의, 그리고 정체성 협상과 상호문화소통을 다루었다. 즉 이주를 추동케 한 국제환경에 관한 이해, 초국가주의와 디아스포라, 상호문화소통 등을 함께 살펴보았다. 초국가주의 이론은 현대사회의 이주자가 소외된 개념으로서의 이주자가 아닌 모국과 거주국 양쪽을 모두 연결하여 이주에서 주체적 행위자가 되는 데 주목하는 이론이다. 이주자들은 문화와 언어가 다른 거주국 사회에서 소통의 필요성을 절박하게 가진 그룹이다. 그러한 이유에서 파독 간호사가 그들의 삶에서 어떻게 적응하며 소통하고자 노력했는지를 살펴보고자 했다.

이어서 2장에서는 이주생애사를 이론적으로 설명하고, 파독 간호사에 관해 개념을 정의했으며, 관련 선행연구를 검토하고 정리했다. 3장부터 6장까지는 연구참여자로 이 책을 집필하는 데 협조해준 파독 간호사의 이주생애사를 정리했다. 또한 순차적 시간성에 따라 개개인의 행위를 구성하여 분석하고 기술했다. 분석을 위한 범주는 이주생애사를 중심으로 1) 유년-청년기 2) 이주와 결혼 3) 거주국의 적응기 4) 노년의 삶으로 분류했다. 마지막으로 7장은 첫째, 연구참여자 네 분의 이주생애사를 요약했다. 둘째, 이주생애사에 나타난 초국적 정체성의 양상을 나타냈다. 파독 한인 간호사들의 정체성을 정치 · 경제 · 사회문화 측면과 한국 정부의 지원, 노년의 정체성, 그리고 종교적 측면에서의 정체성으로 분류하여 살펴보았다. 셋째, 연구참여자 개인이 그들의 생애에 실천한 상호문화소통은 어떠한지를 상호문화소통 역량의 다섯 가지 범주, 즉 이해, 공감, 소통, 협력, 연대로 구분하여 분석했다.

2) 연구 방법

이 책에서 살펴보고자 한 내용은 앞서 밝힌 연구 문제인 첫째, "파독 간호사 출신 한인 국제결혼여성의 생애사는 어떠한가?" 둘째, "이들의 생애사에 나타난 정체성과 상호문화소통은 어떠한가?"에 관한 연구 결과를 제시하는 것이다. 두 가지 연구 문제는 한인 간호사가 독일로 경제적 필요에 따라 이동하기 전후에 이루어진 개인의 역사와 관련이 있다. 특히 한 개인이 이주라는 생애 경험을 통해 이주 이전 본국에서의 삶, 이주 직후의 적응과정, 이주국과 모국 사이에서의 문화매개자 활동 등은 생애사 연구를 통해 상세하게 파악할 수 있을 것이다. 이런 맥락에서 시간의 흐름에 따라 연대기적으로 삶의 이야기를 구성하는 것은 생애사 연구의 중요한 부분이다.

이야기의 흐름은 시간성을 기반으로 하는 만큼 생애사 연구는 시간에 대한 상세한 고찰을 요구한다. 즉 현재부터 과거까지의 시간에 걸쳐 있는 사회적 조건 변화의 영향, 사건이 개인에게 끼친 영향, 그리고 참여자의 삶의 과정을 관통하는 사회적 조건의 생성, 성숙, 소멸 등을 연구한다(Miller, 2000; 김영천, 2013).

생애사 연구에서 시간의 개념은 크게 크로노스의 시간과 카이로스(또는 아이언)의 시간으로 구분한다. 크로노스의 시간은 과거 · 현재 · 미래, 그리고 봄 · 여름 · 가을 · 겨울처럼 명료하고 논리적인 개념의 시간을 말한다. 크로노스의 시간에 기초한 생애사 연구는 참여자가 살아온 삶을 연대기로 파악하여 과거 · 현재 · 미래를 직선상으로 놓아 그가 살아온 삶의 사실적 탐구에 집중한다. 이에 반해 카이로스의 시간은 시간에 대해 한 개인이 부여하는 심리적 개념으로, 과거 삶의 여러 사건 가운데 특별히 더욱 값지고 의미 있게 기억하고 회고하는 시간을 의미한다. 그러한 시간은 항상 과거에 머무르지 않고 재구성되며 재해석된다. 참여자가 어떻게 기억하고 해석하는가에 따라 과거의 삶과 시간은 현재에 다른 의미로 만들어지고 다른 색으로 나타난다. 따라서 카이로스(또는 아이언)의 시간은 현재 시점에서 과거와 미래를 끊임없이 나누는 유동적인 의미의 시간을 말한다(김영천 · 한광웅, 2012; 김영천, 2013).

생애사 관점에서 시간성은 현재 관점에서 이해된 과거와 현재의 경험으로 인해 예기된 미래를 담는 것이다. 다시 말하면, 현재의 틀에서 과거를 되짚어보고 미래를 예견함으로써 과거 · 현재 · 미래가 촘촘하게 연결된다. 생애사의 주체인 개인은 '나는 누구인가?'라는 질문에 대답하는 과정을 통해 자신의 정체 구조를 드러낸다(McAdams, 1985; 이만영 · 김수연, 1995). 즉, 개인이 그의 삶 동안 추구한 행위들은 이러한 크로노스와 아이언의 시간성에 의해 표면화되고 재해석되며, 개인의 행위를 통해 표현된 의미들은 변하지 않는 시간성의 속성에 의해 삶의 특징으로 남아 개인의 정체성을 나타낸다.

이 책에서 이주생애사를 구술한 연구참여자들은 한국에서 태어나고 여성 이주노동자가 되어 이주국에 정주하여 살아오면서 크로노스의 시간을 지나왔다. 그리고 이들은 이주생애사를 통해 아이언의 시간을 보냈다. 이 시간은 과거에 머물지 않는 사건이나 경험을 현재에 나타낸다. 이주를 발생시킨 한국과 독일 등지의 상황이 개인마다 유사했고 이주를 결심하게 된 개인적 동기에서도 유사점이 나타나지만, 이에 대응하는 삶은 개인마다 특성이 있었다. 그리하여 같은 범주화에 따라 분석했으나 서로 다르게 구성된 개개인의 이주생애사는 그 자체로 개인의 정체성을 드러낸다. 이러한 이유로 연구참여자의 이주의 삶을 살펴보는 방법으로 생애사를 적용하고자 했다.

생애사 연구의 또 다른 특성은 생애사가 개인과 사회의 상호작용에 의한 구성물이라는 관점이다. 사회학 관점에서의 생애사는 개인이 그의 생애에서 직면하는 사회적 환경에서 행하는 행위에 대해 개인이 대처하는 전략과 행위들의 구성물이다. 어떤 인간의 전 생애과정에서 일어나는 개인의 사회적 경험, 지위, 신분 등은 개인화의 표현임과 동시에 사회구조적인 사회화 내용을 보여준다[Berger & Luckmann, 1998(1969); 이희영, 2005]. 이러한 생애사 연구는 사람들에게 해당 연구참여자에 대한 통찰을 제공하고 명료화한다. 또한 연구참여자가 살아가는 사회적 · 역사적 세계를 효과적으로 묘사하도록 한다. 생애사 연구는 사건 및 경험과 관련된 조건의 원인과 의미를 조명한다(민성은 · 김영천 · 정정훈, 2015).

이처럼 생애사 연구는 개인과 그를 둘러싼 환경을 함께 살펴봄으로써 그 개인에 대한 이해를 심화한다. 또한 생애사는 한 개인이 자신의 삶에 대처하는 행위와 전략들을 궤적으로 남겨 그 개인의 삶을 나타낸다. 그러므로 생애사를 통해 표현된 개인의 모습은 그 자체로서 역사성을 가지며, 뚜렷하게 개인만의 정체성을 나타낸다. 이러한 생애사의 특성은 파독간호사 출신 한인 여성들이 이주의 주체이며 사회적 행위자로서 자신들의 삶을 어떻게 구성하고 조정해왔는지를 살피기에 유용하다. 그러므로 한인 여성의 삶의 조건이 변화됨에 따라 달라진 삶의 적응방식과 변화과정을 살펴볼 수 있다. 이들의 과거에 담긴 우리의 삶, 그리고 과거에만 머묻지 않고 현재와 미래를 연결하는 생애사의 시간성을 통해 우리의 삶을 통찰적으로 바라볼 수 있다.

파독 출신 한인 여성들이 이주하여 거주국에 정주한 일련의 행위들이 한국에서 살아가는 구성원들과 관련이 없는 것처럼 보이지만 실상은 그렇지 않다. 이주 현상은 지구촌 모두에게 연결되어 있고, 모두에게 직접적이거나 간접적으로 영향을 미치고 있다. 그리고 독일 등지로 이주하여 정주한 한인은 여전히 한국의 이슈에 관여하고, 한국의 민간대사 역할을 하며, 자녀 세대가 한국과 연결되고 있다. 무엇보다 그들의 경험은 이주자들을 대하는 우리의 태도와 연결되어 있다. 그러므로 그들의 삶을 이해하는 것은 우리 자신을 명확하게 파악하는 중요한 방법이다.

이 책의 연구참여자들은 그들의 생애사에서 '이주'라는 특수한 상황이 추가되었고, 그것은 그들에게 삶의 전환점이 되었다. 그들의 이주와 새로운 문화에 대한 적응, 가치관의 변화 등과 같은 삶의 과정들을 이주생애사를 통해 분석하고 해석하고자 한다. 이주생애사는 위에서 제시한 생애사 이론 가운데 총체적 형태에 근거하여 개인의 삶에 관한 전체적 관점을 유지하고 진행했다. 그리고 개인의 삶을 아우를 수 있도록 정체성과 상호문화소통 등에 따라 삶에서 일어난 여러 경험을 연결하여 분석했다. 그리하여 파독 간호사로 이주한 한인 여성들이 보여준 이주자의 삶을 다각적인 관점에서 살펴보았다.

1장

초국적 정체성과 상호문화소통

1. 국제이주와 초국가주의
2. 정체성 협상과 상호문화소통

1.
국제이주와 초국가주의

1) 초국가주의와 디아스포라

국제이주는 새로운 현상이 아니며 인류 역사에서 꾸준하게 있었던 현상이다. 개인적 이주는 정치 · 경제적 빈곤이나 억압을 벗어나기 위한 이유이거나 새로운 삶으로의 모험과 도전, 그리고 희망에 근거하여 발생했다. 인류 역사 가운데 서구에서 대규모 이주가 일어난 시기를 살펴보면, 1850년에서 1914년까지 공업화로 인해 유럽과 북미에서 이주가 이루어졌다. 1914년 이후 외국인 혐오와 경제적 정체는 이주의 감소를 가져왔으며, 제2차 세계대전 이후 경제성장이 이루어짐에 따라 다시 이주의 시대가 도래했다. 1945년부터 1980년대 이후 급격하게 확대된 이주는 전 세계 거의 모든 지역을 아울렀다(Castles & Miller, 한국이민학회 역, 2013).

사람들이 한 지역에서 다른 지역으로 그리고 한 국가에서 다른 국가로 이주하는 현상은 지구촌에서 일어나는 일반적인 현상이지만, 이를 살펴보는 방법과 대상은 매우 다양하며 복잡하다. 여성의 이주를 예로 들면 여성들의 이주 현상을 살펴보려는 관점과 이주 시기, 방법, 이주에 따른 영향, 여성들의 이주로 인해 일어나는 송출국과 유입국 사회의 변화 양상 및 사회적 영향에 관한 연구 등이 이루어졌다. 이와 더불어 이주를 바라보는 관련 이론도 함께 발전했으며, 그 영역도 확대되었다. 이처럼 이주와 관련된 하나의 이슈를 살펴보는 것도 단순하지 않으며 복잡다단함을 알 수 있다. 그럼에도 국제이주에 관한 연구는 다양하게 수행되었는데, 이는 이주가 전 지구적 관심의 중심에 있음을 나타낸다.

한국 사회가 다문화 사회로 나아가는 과정의 주요 주체인 결혼이주 외국 여성과 관련한 연구에서 전형권 · 이소영(2013)은 한국 사회가 가부장적 온정주의로 결혼이주 외국 여성을 보호와 지원의 대상으로 대하며, 그 대가로 그들에게 국민성을 강요한다고 했다. 또한 다문화 사회 표방의 실제는 다채로운 문화의 진열이 존재할 뿐이며, 초국가 시민성을 기반으로 한 사회적 역동성은 부족하다고 했다. 이용승(2014)은 국제관계 연구와 국제이주 연구의 연관이 확대되는 추세에 있으며, 이주민에게 야기되는 위험은 같은 공간에 거주하는 모두에게 해당하는 위험이라고 했다. 이어서 이주자가 인종, 민족, 성별, 계급 등에서 겪을 수 있는 인권의 취약함을 주장했다. 양소영(2012)은 결혼을 통해 국제이주를 실행한 여성들의 인권침해가 법 개정을 통한 보완책 마련에도 불구하고 지속되고 있음을 나타냈다. 그리하여 이주자에 대한 지속적 지원 및 보호조치 정책, 그리고 포괄적 법체계 마련의 필요와 아울러 한국 사회의 성찰과 반성을 강조했다. 김선미(2011)는 이주자들이 이주 전의 문화와 거주국 문화의 이중 가치 규범에 대한 충돌과 갈등을 가지며, 한 사람 안에서도 다양한 문화동화 양상을 보인다고 했다. 김용찬(2006)은 독일로 이주한 한인 여성들이 '간호사'라는 직업을 통해 한국의 전통적 가족관계 및 남녀관계로부터 자율적인 지위를 확보했다고 했다. 또한 이러한 자율성이 독일에서 한인 여성 노동자의 조직화에 영향을 미쳤으며, 한인 여성들이 계속해서 다른 한인 공동체 내 조직들의 성립과 발전에 참여하면서 중요한 역할을 수행했다고 했다.

위의 선행연구를 통해 국제이주에 참여한 이주자들은 거주국에서 일반적으로 사회적 편견과 차별선상에 있으며, 동화의 요구를 받고 있음을 알 수 있었다. 또한 이주자에 대한 인권침해가 지속되고 있으며, 이주자에게는 정체성에 관한 갈등의 양상이 있음을 확인할 수 있었다. 그리고 다른 한편으로는 이주자들이 다양한 사회 조직을 구성하고 활동함으로써 스스로 거주국에서의 부족한 사회자본을 형성하기도 했음을 발견할 수 있다. 즉, 이주자들은 그들 스스로 역동성을 가지고 삶에 임했다. 이주자들을 수용하는 각국 정부는 사회적 약자의 위치에 있는 이주자들을 지원하는 다양한 규칙과 법안을 마련하여 이주자와 원주민 사이의 상생을 도모하고 있음을 알 수 있었다. 그러나 각국의 노력에도 불구하고 이주와 관련한 정치 · 사회적 갈등은 해결되지 못하고 있으며, 어떤 경우에는 더욱 심화하는 양상을 보이기도 함을 아울러 확인했다.

국제이주에 관한 이러한 연구들은 이주에 대처하는 사회와 국가 그리고 개인의 행위들이 담겨 있다. 그러나 국제이주를 이해하기 위해서는 더 많은 연구가 필요하다. 그리하여 이주를 실행한 개인들에 관한 이해의 폭을 넓혀야 한다. 이주자의 삶은 거주국 구성원의 삶과 연계되어 있으므로 그들에 관한 이해는 곧 모두에 관한 이해로 연결될 것이기 때문이다. 그러므로 이 책에서는 한국 사회가 다문화 사회에 이르기 전에 타국으로 이주한 한인 여성들의 생애사를 통해 이주자의 삶을 다각도로 살펴보려 했다. 이주자들은 이주의 영향력을 그들이 이주한 유입국뿐만 아니라 송출국인 모국으로 확장하고 있다. 현대사회의 기술발달과 이주의 보편화 현상은 개인의 이주로 인한 영향력이 이주자가 거주하는 국가뿐 아니라 이주자의 모국 사회로 확장해나가는 현상을 가져온다. 사회학자들은 이를 '초국가주의'로 개념화했다.

초국가주의 개념은 바쉬(Basch), 실러(Shciller), 블랑(Blanc)에 의해 처음 개념화되었으며, 이들은 이주자들이 국가의 경계를 가로질러 두 사회를 하나의 사회적 장으로 구성하는 데 주목했다. 이들은 초국가주의를 "이주자들이 모국과 거주국을 연결하여 사회적 관계를 형성하고 유지하는 과정"이라고 정의했다(Basch, Glick-Shciller & Blanc, 1994; 이윤경, 2014). 초국가주의의 접근은 현대의 국제이주가 과거와 비교해서 모국과 거주국 간의 쌍방향적 인구이동이며, 이주민이 거주국에 정착하면서도 모국과 긴밀한 관계를 유지하는 데 주목한다(윤인진, 2017).

초국가주의는 특히 이주자의 삶에서 간과되어온 모국과의 연계 측면에 주의를 기울인다. 즉, 이주자의 모국에 대한 영향력과 모국인 국민국가의 이주자에 대한 영향력을 인식하고 분석하려는 것이다. 초국가주의는 이주자의 정체성, 모국과의 연계, 그리고 모국의 정부가 하는 역할에 관심을 가진다. 또한 이주자들이 새로운 국가에 정착하는 과정에서도 계속하여 모국과 연계를 유지하는 다양한 활동에 참여하는 데 주목한다(이윤경, 2014).

이주자들의 초국적 활동은 지구촌의 세계화 현상을 기반으로 더욱 확대되는 추세다. 이주자들은 본국과 거주국의 경계를 가로지르는 다양한 활동을 하며, 이주자에 대한 모국 정부의 대응도 확대되고 있다. 모국 정부는 자국에서 해외로 이주한 자국 동포에 대해 새로운 법적 지위를 부여하는 등의 지원을 하며, 필요한 정부 기구를 설치한다. 그리고 이러한 추세 또한 더욱 확대되고 있다. 예를 들어 1970년대 지구촌 각국이 설치한 재외동포 관련 기구는 채 10개국이 되지 않았으나 2014년에는 110개 국가가 재외동포 관련 기구와 제도를 유지하는 것으로 나타났다. 이들 가운데 47개 이상의 국가들은 복수의 재외동포 지원기구와 제도를 운영하고 있다(Gamlen, 2014; 김용찬, 2017). 재외로 이주한 이주자와 이주자의 모국 정부의 연계는 정치 · 경제 · 사회 · 문화, 이주자의 법적 지위 등 영역과 내용에서 다양하고 복잡하게 확대되는 추세다. 한국도 1997년 재외동포재단이 출범했으며, 1999년 「재외동포법」이 제정되어 재외한인과의 연계를 강화하고 있다.

이주자들이 정치 · 경제 · 사회 · 문화 측면에서 둘 이상의 사회와 동시에 관계를 지속하는 현상인 초국가주의는 주권국가의 가장 중요한 기반인 '온전한 충성'을 해치는 것으로 여겨지기도 한다. 그러나 이에 대한 반대의견도 제기된다. 과르니조 외(Guarnizo, Portes & Haller, 2003)는 교육 수준이 낮고, 소외되어 있으며, 인적 자본 및 사회적 자본이 불충분한 이주자들이 본국으로의 소통과 연계를 지속한다는 기존의 연구와 해석을 달리 했다. 즉 초국적 활동을 지속하는 이주민은 평균적으로 나이가 많고, 교육 수준과 개인 소득 수준이 높으며, 거주국으로의 귀화율도 높은 편이라고 했다. 이와 더불어 이주자의 초국적 행동은 거주국에 정박함을 기반으로 하며, 거주국에 대한 충성을 버리는 것을 의미하지 않는다고 했다. 즉, 이주자의 초국적 행위가 거주국에서의 성공적 통합을 방해하는 것은 아니라는 것이다. 다시 말하면 초국적 이주자들은 오히려 거주국과 본국 양쪽에 연계되어 있으며, 기존의 정치체계와 강력하게 연계되어 있다는 것이다(Castles & Miller, 한국이민학회 역, 2013). 포르테스(Portes, 1999)는 "초국가주의는 국가의 경계를 넘어 지속하여 발생하는 것으로서 이에 참여하는 사람들의 정기적이고도 상당한 시간의 투입을 요구하는 행위"(Castles & Miller, 한국이민학회 역, 2013)이며, 이는 이주자의 초국적 행위가 거주국 내의 통합과 적응에 방해가 되지 않는다는 의미라고 했다(윤인진, 2017). 이러한 연구는 초국가주의를 통해 이주자에 대한 기존의 패러다임에 변화를 가져왔다. 기존의 이주 연구에서 이주자는 수동적이며 거주국 국가의 영향력 아래 그들의 삶이 놓여있는 것으로 이해되었다. 그러나 초국가주의에서 이주자는 모국과 이주국을 연결하는 행위의 주체자로서 양국의 사회와 문화에 영향을 주고받는 매개자 혹은 중재자적 존재로 자리매김했다.

이와 같은 초국가주의에 대한 개념을 요약하면 이주자들이 거주국에 정착하고 모국으로의 연계와 간섭, 그리고 이로 인해 발생하는 이주의 영향에 관한 이론을 포괄하는 용어다. 초국가주의는 국가와 정부 및 다국적 기업의 대표 같은 상대적으로 강력한 행위자들에 의해 수행될 경우 '위로부터의 초국가주의'라고 부르며, 이민자 및 본국의 친척들 같은 평범한 개인들에 의한 것은 '아래로부터의 초국가주의'로 분류된다(Castles & Miller, 한국이민학회 역, 2013). 과거와 달리 신속하고 저렴한 교통 · 통신으로 이주자들은 초국가적으로 '여기'와 '저기'의 삶을 유영한다. 이주자들은 일상생활 속에서 그들의 가족과 친족을 연결하는 네트워크를 구성하고, 나아가 혼인, 개인과 가족 차원의 송금, 선물 수수 등 위로부터의 초국가주의보다 미시적인 차원의 사회 · 문화적 연결을 시도하며 아래로부터의 초국적 활동을 실행한다(김경학, 2007).

한편 초국가주의에 대한 또 다른 관점은 이 이론이 역사적으로 새로운 현상이거나 이주자의 새로운 적응양식이 아니라는 점을 상기시킨다. 현대의 이주 이전 이주자들도 본국과 유대를 유지했으며, 나아가 본국의 정치 · 경제적 활동에 참여했다. 그러나 포르테스(Portes, 2001, 2003; 윤인진, 2017)는 세계화, 정보화가 고도로 발달한 현대사회에서 나타나는 초국가적 현상은 양적으로나 질적으로 특별한 현상으로 다루어야 한다고 했다. 즉 현대의 이주자들이 모국과 연결하는 현상은 이전의 이주자들이 연결한 방식과는 규모와 속도, 파급력 등에서 차이가 있을 수밖에 없다.

초국가주의는 연계와 동시성의 특성을 가진다. 연계(linkage)는 지리적 경계를 지나 사람들을 묶어내는 것을 말하고, 그러한 연계를 지속시키는 특징을 '동시성(simultaneity)'이라고 한다. 새로운 과학기술의 발달은 이주자들이 모국과 거주국에 동시에 관여할 수 있도록 한다. 이러한 동시적 관여(engagement)의 의미는 서로 다른 공간으로 분산된 사람들을 좁히고, 사회적 제도를 변화시키며, 새로운 삶의 기회를 창출하는 역할을 한다(윤인진, 2012). 초국적 이주에서 이주자들은 새로운 기술 혁명과 지구화의 맥락에서 떠나온 곳과 머무는 곳이라는 두 장소의 연결성에서 과거보다 훨씬 더 주체의 성격을 가진다. 또한, 디아스포라 개념에서 이주자의 모국은 이주자의 유일한 근거지로 기능했으나, 초국적 관점에서 이주자의 본국은 잠시 머무는 곳으로서의 경유지 또는 중간역으로 기능한다(Bruneau, 2010; 우명숙 · 이나영, 2013). 현대의 이주자들은 빈번하게 국경을 넘지 않으면서도 초국적인 사회적 장을 형성한다. 즉, 경제적(예: 송금), 사회문화적(예: 위성방송), 정치적(예: 본국의 투표 참여)으로 이주국에 거주함과 동시에 본국에서의 소속감을 누릴 수 있음을 말한다. 이러한 동시 개입을 통해 이주국에서의 자본과 본국에서의 자본을 결합하게 할 수 있다(구본규, 2013).

이러한 초국가주의 이론과 아울러 이주자들의 삶을 이해하려는 이주 이론으로 디아스포라 이론이 있다. 디아스포라는 '흩어짐'을 의미하며, 유대인이 나라를 잃고 나그네처럼 세계를 유리하는 가운데에서도 고향에 대한 그리움을 잊지 않으며 그들만의 규범과 관습을 유지하는 삶의 방식을 말한다. 이후 디아스포라는 유대인뿐만 아니라 국외 추방자, 정치적 난민, 외국인, 이민자, 소수인종 및 소수민족 집단 성원 등 다양한 범주의 사람을 은유하게 되었다(김영순 외, 2020). 즉, 디아스포라는 다음의 두 가지 의미로 이해된다. 하나는 '이민이나 국제적 인구이동'을 뜻하는 말로 사용되고 다른 하나는 '강제 이주나 비극적 종족 이산의 경험'을 지칭하는 말로 사용된다(이수자, 2004). 이러한 디아스포라는 계속 확장되어 현대에 와서는 이민을 경험한 사람들의 존재론적 불안정성과 정체성의 위기 등으로 그 의미를 확장하기도 한다(김영순 외, 2020). 그리하여 이주에 관한 연구에서 디아스포라와 초국가주의의 이론적 논의들이 중첩되기도 한다. 이 두 개념에 대한 의미를 〈표 1-1〉과 같이 구분했다.

디아스포라와 초국가주의 개념은 모두 이주자가 모국과 연계하는

〈표 1-1〉 디아스포라와 초국가주의의 비교

구분	디아스포라	초국가주의
용어	공동체, 집단을 일컬음	이주자, 공간, 연계를 강조함
초점	정체성, 종족 관계에 초점을 맞춤	이주 연구 영역에 초점
성격	정치적 속성을 가짐	정치적 의미로부터 자유로움
장소와 영토의 관계 (Bruneau, 2010)	- 모국에 강하게 정박함 - 모국과의 단절에 의한 향수 개념 도출 - 종족 정체성을 통해 집합적 연대감 산출 - 정박, 정착의 특징이 있음	- 모국과의 단절이 일어나지 않음 - 모국에 다시 뿌리내려질 필요 없음 - 이주자 가족은 2개 이상의 국가에서 평행적인 삶을 이룸 - 유목, 이동성의 특징이 있음
용어의 특징 (Faist, 2010)	강제 이주의 의미	자발적 이주와 분산
	모국으로의 귀환 함축	모국으로의 귀환은 순환적 이주와 초국가적 이동성의 의미가 있음
	거주국에서의 통합의 어려움이 있음	거주국에서의 통합은 문화적 혼성성의 특징을 가짐

출처: 이윤경, 2014: 18-20; 윤인진, 2017: 41-42의 내용을 표로 재구성함

데 중요성이 있다. 그중에서 디아스포라는 모국으로의 귀환에 의미가 있지만, 초국가주의는 귀환을 의미하지는 않는다. 이 책에서 디아스포라 개념과 초국가주의 개념 모두를 이해하고자 하는 것은 이주자가 거주국에 이주하고 적응할 때 이주자들의 행태는 초국가주의나 디아스포라 중 어느 하나에만 속하지 않을 수 있기 때문이다. 그러므로 두 개념을 모두 이해할 때 연구참여자들의 이주생애사에 관해 하나의 개념보다 정교한 이해를 할 수 있을 것이기에 두 개념을 모두 정리하여 이해하고자 했다.

윤인진(2017)은 고전적 디아스포라 개념에서는 모국으로부터 강제로 떨어진 상태를 말하고, 이에 반해 현대적 디아스포라 개념에서는 스스로 모국과 거주국 어느 쪽에도 속하지 않은 상태를 의미한다고 했다. 그리고 디아스포라와 초국가주의를 구분하는 두 가지 중요한 축은 이동성과 모국-거주국과의 연계성이라고 했다. 그리하여 이동성이 낮고 모국-거주국과의 연계성이 낮은 경우는 디아스포라적 생활을 하는 사람으로 구분될 수 있다고 했다. 한편 이동성이 높고 모국-거주국과의 연계성이 높은 경우는 초국가적 생활을 하는 사람들이라는 것이다. 그러므로 디아스포라와 초국가주의를 함께 이해함으로써 이주자들의 행위가 초국적 행위에 더 가까운지, 아니면 디아스포라 행위에 더 가까운지에 대해 더 넓게 이해할 수 있다.

현대의 초국적 이주자는 다음과 같은 특성이 있다. 예를 들어 이주자들은 다른 나라의 영토에 몸을 두고 있지만, 다른 한편으로는 여전히 출신국 구성원의 일부라고 간주된다. 즉 "세계 각지에 살고 있지만, 어떤 면에서는 여전히 국가 밖에 살고 있지 않다"라는 것이다(Basch, Schiller & Blanc, 1994; 이철우, 2008). 왈딩어와 피츠제럴드(Waldinger & Fitzgerald, 2004)는 동화 사회학 개념을 통해 국가가 국경을 강화함으로써 외부인을 배제하고 거주국 사회에서 허용되지 않는 거주자를 사회적으로 구별한다고 했다. 이는 이주자의 동화가 민족적 차이를 줄인다고 이해되어왔으나 사실은 국경을 통제하고 이질적 이주자를 배제함으로써 오히려 민족적 차이를 만들고 있음을 나타낸 것이다. 그리고 초국가주의 이론은 사회적 관계가 국가의 경계 안에 포함되어야 한다는 견해를 암묵적으로 거부한다고 했다. 왈딩어와 피츠제럴드는 초국가주의가 거주국의 동화정책에 의해 이주자가 구별되고 배제되는 것에 대해 이주자가 적극적으로 대응하는 행태일 수 있다고 했다. 이는 이주자들이 초국적 활동을 통해 자신들의 새로운 지지기반을 형성할 수 있음을 말한다.

포르테스와 그의 동료들은 초국가주의의 다양한 활동이 이루어지는 영역을 정치 · 경제 · 사회문화로 유형화했다. 경제 영역은 초국적 기업가들이 공급처와 자본, 그리고 시장을 찾기 위해 경계를 가로지르는 활동을 하는 것을 말하며, 정치 영역은 모국과 거주국에서 정치적 권력을 확보하고 영향력을 행사하는 활동을 하는 것을 말한다. 사회문화 영역은 해외에서의 모국 지향성 강화, 집단적 · 문화적 행사 및 물품의 향유를 지향하는 활동을 하는 것을 말한다(윤인진, 2017). 왈딩어와 피츠제럴드(Waldinger & Fitzgerald, 2004; 김용찬, 2017)는 이러한 초국적 행위에서 이주자의 출신국 정부의 행위 또한 초국가주의에서 중요한 역할을 하며, 국가는 입출국에 대한 통제권을 행사하고 국민이라는 자격을 규정한다는 것이다. 또한, 바우뵉(Bauböck)은 "이민 송출국 정부는 인적 자본의 업그레이드, 송금, 수용국 정부에 대한 정치적 로비 등의 동기에 의해 이민자를 통제와 연계의 대상으로 간주한다"라고 했다. 이러한 연구들은 이주자의 모국 정부가 자국 출신의 이민자들을 돕는 행위들을 통해 이주자들의 초국적 행위를 활성화한다고 주장한다.

초국가주의에서 또 하나 중요하게 다루는 개념은 이주자의 문화와 정체성이다. 과르니조(Guarnizo, 2003; 김용찬, 2017)는 이주자의 초국적 활동이 거주국에서의 성공적인 통합을 가로막는 것이 아니라고 주장한다. 그러나 이주자의 초국적 활동을 통한 모국으로의 연계는 거주국에서 이주자의 충심을 의심하는 눈초리로 이어짐을 피하기 어렵다. 그러므로 이주자의 문화와 정체성은 현대 이주자의 초국적 활동의 활성화와 아울러 중요한 관심의 대상이 된다. 캐슬과 밀러(Castles & Miller, 한국이민학회 역, 2013)는 종족적 소수자에게 문화는 정체성의 원천으로서 그리고 배제와 차별에 대한 저항의 중심 역할을 한다고 했다. 출신지의 문화는 이주자들이 자신들의 능력과 경험이 제대로 대접받지 못하는 상황에서 자존감을 유지하도록 돕는다. 문화는 모든 이주자 수용국에서 점점 더 정치화되고 있다. 인종적 우월성 개념이 이데올로기적 힘을 상실하면서 소수자 배제는 문화의 차이라는 쟁점에 초점을 맞추어 실천되고 있다고 했다. 이러한 상황에서 이주자의 정체성은 송출국과 수용국 모두의 관심에서 핵심을 차지할 수밖에 없다.

초국적 이주를 실행하는 집단이나 개인은 이주함으로써 그가 향유하던 문화나 습성을 모두 상실하는 것이 아니라 떠나온 곳과 목적지를 통과하는 초국적 상황과 마주하면서 오히려 그들만의 문화와 습성으로 표현되는 정체성을 재구성한다(강희영, 2012). 다양하고 빈번하게 이주가 실행되는 현대사회에서 모든 이주자가 지속하여 출신국을 위해 행위 하는 것은 아니다. 이주자들은 삶에서 여전히 독립적이며 주체성을 가진다. 초국가주의에서는 이주자가 모국과 연결하고 2개 이상의 국가 경계를 넘나들면서 초국적이며 사회적인 장을 형성하는 데 대한 다양한 관점이 논의되고 있다. 그리고 다양한 논의의 중심에는 능동적 행위의 주체자로서 이주자가 있다. 즉, 초국가주의에서 이주자들은 이주의 결과에 영향을 받는 존재가 아니라 이주행위의 주체자로 바라본다는 특성을 가진다. 그리고 이들은 모국과 거주국에 정치 · 경제 · 사회문화 측면에 영향을 미친다. 현대사회의 과학과 기술의 발달 그리고 미디어 사용의 놀라운 파급력과 발전 등은 이주자의 영향력이 어느 곳으로든 행사될 수 있음을 나타낸다. 그리고 이러한 모든 행위의 기저에는 이주자의 정체성이 존재한다. 이러한 정체성 연구에서 국제결혼하여 거주국에 정주하고 자녀를 양육하는 여성들의 특수한 삶의 환경에 관한 관심으로 이끌린다. 여성들의 이주와 국제결혼이 특수한 이유는 그들의 삶이 세대와 연결되기 때문이다. 즉 국가와 국가, 사회와 문화, 세대를 아우르는 삶으로 이어지기 때문에 국제결혼여성들의 삶과 정체성은 초국적 이주에서 관심의 초점이 된다.

2) 이주민과 문화적응

현대사회의 이주에서 또 하나 중요하게 다루는 개념은 문화와 정체성이다. 이주자가 모국과 완전히 다른 새로운 언어와 문화가 있는 지역으로 이주했을 때 문화의 다름은 이주자를 그 사회의 가장자리로 밀어낸다. 김광기(2014)는 정상과 비정상의 관점에서 문화를 설명하고자 했다. 즉 정상과 비정상의 문제는 인간의 규칙성과 밀접한 관련이 있으며, 인간 행위의 규칙성은 곧 반복성을 의미한다는 것이다. 그리하여 어떤 행위의 규칙적 되풀이는 예측 가능성을 의미하고, 이는 행위자들에게 평온 유지에 관한 부담을 줄이게 된다. 이러한 규칙성에 어긋난 '비규칙성'은 사회 성원에게 '비정상'으로 보인다. 그 이유로 비규칙성은 인간에게 '불안'을 일으키기 때문이라는 것이다. 다시 말해 이주자의 유입은 그동안 거주국의 원주민이 가졌던 문화적 규칙성에 비규칙성을 가져오는 것이고, 이는 문화적 동질성에서 규칙성을 가진 원주민이 보기에 이주자들이 비정상으로 보이며, 불안을 일으키는 존재로 받아들여진다는 것이다. 그러므로 '정상'과 '비정상'은 절대성이 아닌 상대성의 문제이며, 한 사회에서는 비정상인 것이 다른 사회에서는 정상이 될 수 있다고 했다. 캐슬과 밀러(Castles & Miller, 한국이민학회 역, 2013)는 국제이주는 종종 갈등과 연결된다고 했다. 이주가 갈등과 연결되는 이유는 '이주'라는 현상으로 마침표가 되는 것이 아니라 이주자에게 새로운 지역에서의 적응에 출발점이 되기 때문이다. 즉, 이주민의 등장은 원주민과의 사이에 필연적으로 상호적응 문제를 일으킨다. 이주민은 원주민이 가진 문화, 역사와는 다른 문화와 역사를 가진 존재이고, 이로 인해 두 문화의 갈등이 발생한다.

문화는 개인이 자신을 둘러싸고 있는 환경의 의미를 파악하도록 돕는다. 문화는 특정 규칙을 지시하여 다양한 사회적 · 물리적 맥락에 맞는 의사소통 행위를 결정하는 데 도움을 준다. 동일 문화에 속한 구성원들의 의사소통은 구성원 간의 내적 문화 규칙에 의존하며, 이 규칙은 의사소통 상황에 맞는 규범적 행위를 규정하는 역할을 한다(Samovar 외, 이두원 외 역, 2015). 즉, 같은 문화권 내의 구성원들은 커뮤니케이션 규범에서 유사한 문화 규칙을 실행하기 때문에 사회문화적 맥락을 상호 이해하기에 편리하다. 그러므로 의사소통이 원활하게 유지될 가능성이 크며, 이에 따라 소속감과 집단 정체성 형성에 유용하다. 그러나 문화가 다른 구성원 사이에서의 소통은 서로 다른 문화 규칙을 실행하게 됨으로써 상호이해로 나아가는 데 제약이 생성된다. 이처럼 문화의 차이는 종족적 경계를 표시한다.

지배집단은 문화차이를 이주자의 문화 부적응 증거로 간주한다. 동화되지 않는 사람들이 주변적 위치에 머무는 것은 '전적으로 그들의 책임'으로 여겨진다(Castles & Miller, 한국이민학회 역, 2013). 거주국의 사회구성원은 이주민에게 거주국 문화에 동화할 것을 요구함으로써 자신들의 우월성을 표시하고, 이에 대해 이주자는 출신국 문화를 고수함으로써 자신들의 정체성을 강화한다. 이승재(2011)는 문화가 개인의 인식 틀을 형성하고, 나아가 정체성과 행동 및 인지를 지배한다고 했다. 그러므로 문화의 차이는 인식의 차이를 가져오며, 타문화와의 만남은 행동과 인식의 차이를 동반한다. 서구 사회는 미디어를 통해 이주자들을 문화적으로 소속이 없는 집단으로 재현하고(Bauder, 2008a, 2008b), 이주자를 신비함, 일탈, 음식, 춤, 노래, 축제 중심으로 묘사한다(Mahtani, 2008; McMahon, 2009). 호주와 프랑스 언론은 이민자를 위협과 갈등 중심으로 묘사했으며(Benson, 2002; Burke, 2002), 캐나다에서는 이민자를 국가 경계 밖에 존재하는 대상으로 규정했다(Mahtani, 2008; 정의철, 2018).

남혜경 · 김영순(2019)은 독일에 거주하는 한인 국제결혼여성들이 한국과 독일의 문화가 서로 다르므로 부부, 자녀, 대인관계에서 정서적 틈을 가진다고 했다. 이주자와 거주국의 구성원은 문화의 다름으로 상호 소통에서 필연적으로 어려움을 갖는다. 사회학자들은 이를 문화적응 이론을 통해 파악하고자 했다. 문화적응이란 두 문화집단 간 직접적인 접촉으로 인해 문화적 변화가 생기는 것을 말한다(김영란, 2007). 린, 마스다, 다스마(Lin, Masuda & Tasuma, 1982; 전우택, 2000)는 문화적응의 유형을 다섯 가지로 구분했다. 첫째, 주변적 신경 긴장성 유형을 들었는데, 이 유형은 양쪽 문화 모두를 만족시키고자 하지만 결국 그렇게 하지 못하는 상태를 말한다. 둘째, 주변적 일탈 유형은 양쪽 문화를 충족시킬 수 없다고 여기는 것이다. 셋째, 전통주의형은 원래의 고유문화에 집착하는 유형을 말한다. 넷째, 동화형은 오직 새로운 거주지의 문화만을 추구하는 유형이다. 다섯째, 이중 문화형은 양쪽 문화를 통합하여 조화를 이루는 유형이다. 또한 베리(Berry, 1997)는 문화적응을 통합, 동화, 분리, 주변화의 네 가지 범주로 분류했다. 통합은 모국의 문화와 새로운 문화가 조화를 이루는 형태이며, 동화는 모국의 문화를 거부하고 새로운 문화에만 몰두하는 것을 말한다. 이와 반대로 모국의 문화만 고수할 경우 '분리'라고 했으며, 모국과 이주국의 문화 모두를 거부하는 경우는 '주변화'로 분류했다. 이러한 베리(Berry, 1997)의 이론은 현재도 많은 연구자에 의해 다수 인용되고 있으나 이주자의 문화적응을 네 가지 범주에만 한정할 수 없다는 주장이 제기된다. 이에 더하여 베리의 이론은 이주자가 하나의 범주에만 해당하는 것도 아닌 점을 설명하지 못하는 난점이 있다. 그리고 이러한 이론가들이 분류한 문화적응 유형들은 원주민의 문화에 이주민이 적응하는가 아닌가에 주목하는 오류를 극복하지 못했다.

그리하여 현대에 들어 이주가 다양한 양상을 띠게 되면서 이러한 관점에도 변화를 가져오고 있다. 즉, 다원적 시각의 등장이다. 다원적 시각은 이주자들 각 민족의 특징을 이해하고, 그것을 이용하여 전체 사회에 어떻게 더 도움을 주고 공헌하게 할 것인가에 관심을 가진다. 다원적 시각에서는 이민자들의 문화와 전통이 주류문화에 흡수·통합되는 것이 필요하다고 보지 않는다. 그러나 이러한 다원적 시각은 오히려 2세대들이 거주국에서 차별에 의한 갈등을 겪거나 각 민족의 고유한 특성이 나타남을 의도적으로 회피하는 문제가 있다는 비판이 있다(전우택, 2000). 이처럼 지구화 시대에 이주자들의 문화적응은 다양하게 연구되고 있고 관점도 다양하다. 이 책은 연구참여자들이 문화적응 유형에서 어느 지점에 있는지를 살피는 데 주안점을 두고 있지 않다. 다만 이주와 문화적응에 관한 다양한 관점을 이해함으로써 연구참여자들의 생애에 대한 이해를 넓히고자 한다.

한편, 종교적 측면에서 문화 다양성을 살펴보면 다음과 같다. 이주에서 종교는 문화와 같이 이주자의 적응에 중요한 요소가 된다. 어쩌면 문화보다 더욱 중요한 요인이 될 것이다. 이는 어느 일방이 종교적 특성인 절대성을 주장한다면 양쪽 당사자는 타협점을 찾을 수 없기 때문이다. 현대사회는 다양한 이주로 인해 민족과 문화가 뒤섞이는 현실이지만, 그 외에 종교 또한 이주의 시대에 종교적 공존의 필요성을 높게 가진다. 이주자의 유입은 기존의 원주민에게 낯섦을 가져오고, 그것은 불편과 두려움을 갖게 하거나 그로 인한 배제와 차별을 정당화하기도 한다. 이주자와 종교에 관한 연구는 현대에 들어 연구의 확대가 있다고 여겨지나 아직은 양적·질적으로 더 많은 연구의 필요성을 가진다. 이주와 종교에 관한 선행연구를 살펴보면 다음과 같다. 17세기 무슬림 사회의 이스탄불에 기독교인이 다수 이주하면서 기존의 무슬림 구성원은 불편과 위기감을 느꼈다. 그리고 기독교인의 반란 가능성을 우려하여 억압이나 추방 정책을 실행했다. 그러나 기독교인 이주자들은 경제적으로 부유한 존재였으며, 이스탄불 일부 구역의 집값을 상승시키는 원인이 되기도 했지만 다른 한편으로 그 사회에 세금을 내는 구성원이었으므로 이들을 몰아내고자 하는 시도가 실패하는 이유가 되었다. 당시 이스탄불에서 사회적으로 기독교인 이주자의 비중이 컸으므로 이들은 억압하기보다는 포섭의 대상이 되었다(이은정, 2015). 한국으로 이주한 무슬림 종교 배경의 결혼이주여성들과 자녀 세대에 관한 연구에서 자녀 세대는 한국에서 태어나고 자랐으므로 어머니의 종교를 이질성으로 인식했다. 또한 돼지고기를 먹지 않으려는 여성들의 노력은 한국 사회의 음식문화, 그리고 친지와 시부모, 남편의 몰이해로 성공하기 어려운 형편임을 나타냈다. 또한 결혼이주 외국 여성들은 한국에서 종교적 의례를 지키는 데 사회적 제약을 느끼고 있었다. 이처럼 이슬람식 종교 생활에 제약이 많았으나 이슬람 신앙 자체를 포기하지는 않았으며, 코란 낭송을 들으며 위안을 얻는다(안정국, 2010).

기독교인과 비기독교인 이주자의 삶에 관한 비교 연구에서 이주여성들에게 이주의 삶은 종교를 수용했는지와 관계없이 고단한 삶이었다. 그렇지만 종교를 가진 경우는 신앙을 통해 삶을 바라보는 관점을 달리하게 되었으며, 그로 인해 삶을 긍정적으로 받아들이는 효과를 거뒀다. 또한 교회 공동체를 통해 사회적 지지를 얻었으며, 그것은 이주자의 정착과 적응에 도움을 주었음을 나타냈다(오혜정, 2018). 유기쁨(2011)은 종교가 이주의 매개로서 기능했으며, 거주국에서의 적응기제가 되었고, 나아가 성직자들과 함께 인권 활동의 중심 역할을 하고 있음을 나타냈다. 또한 결혼이주여성들은 이슬람 종교를 유지하기 위해 남편을 설득하거나 다른 한편으로는 한국 문화로의 동화로 이끌리기도 했으며, 이 외에도 종교를 통해 양보, 타협 등의 다양한 방식을 적용하고 있다. 신광철(2010)은 한국 종교가 다문화 사회 현실에 어떠한 형식의 지원을 하는지 살폈다. 그리하여 종교는 이주자에게 소통의 기회를 열어주고 자립을 지원하며, 연합체험을 주고 참여를 독려하는 역할을 함을 나타냈다. 최영균(2012)은 이주 공동체의 형성과 유지에서 종교는 사회적 중요 요소이며, 이주 공동체의 정체성과 집합적 연대를 가능하게 하는 매개라고 했다. 이주자들은 종교적 의례를 통해 민족적 동질성과 소속감을 형성한다.

이주자와 종교에 관한 선행연구는 종교가 이주민에게 미치는 영향, 종교의 호혜적 기능, 신앙을 유지하기 위한 개인의 노력, 그리고 이주민의 경제력과 수적 우세가 거주국의 정치 · 경제 · 사회문화 · 종교적 측면에 영향을 미칠 수 있음을 나타내고 있다. 그러나 이러한 연구는 소수로 연구되었으므로 일부의 의견으로 분류될 수밖에 없다. 그러므로 이주자와 종교에 관한 다양하고 풍성한 연구의 필요를 갖는다. 또한, 소수의 이주자가 가진 종교적 신념이 거주국 사회에서 어떻게 차별과 배제의 대상이 되는지에 대해 더 깊이 살펴볼 필요가 있다. 왜냐하면 상대되는 것에 관한 몰이해는 갈등으로 이어지기 때문이다. 선행연구에서 나타난 시사점은 다양한 이주민의 수만큼이나 다양한 종교적 성향이 존재할 수 있으며, 이에 대한 모든 종교인과 비종교인의 호혜성이 필요하다고 볼 수 있다. 각 종교가 가진 자율권이 사회 안에서 어떻게 용인될 수 있는지, 또는 얼마만큼 제한되어야 할지 등에 관한 사회적 합의가 이루어질 필요가 있을 것이다. 결혼이주 외국 여성들이 모국과 거주국의 종교가 다름으로 인해 어떠한 심리적 · 문화적 갈등을 겪는지, 그리고 이에 대한 그들의 적응이 어떻게 이루어지는지 등에 대해서도 연구될 필요가 있다. 이와 더불어 재외로 이주한 한인 여성들의 경우 거주국에서 종교적으로 어떻게 적응하고, 또 종교적으로 어떠한 결핍이나 위안을 얻는지 살펴볼 필요가 있다. 이는 재외로 이주한 한인 여성에 관한 이해를 넓힐 뿐만 아니라 그들을 통해 현재의 한국 사회를 반추하며 우리 스스로 성찰하는 계기가 될 것이기 때문이다.

2.
정체성 협상과 상호문화소통

1) 이주와 정체성 협상

근대에 들어오면서 국가 간 자본의 쏠림 현상은 개인들의 이주를 추동하는 이유가 되었으며, 이와 더불어 교통과 통신의 발달은 이주 현상이 다양하고 보편화되는 데 일조했다. 이러한 이주의 영향은 이주자 자신뿐만 아니라 이주자가 도착한 거주국 구성원들 또한 이주의 영향력에 포함되도록 이끈다. 캐슬과 밀러(Castles & Miller, 한국이민학회 역, 2013)는 이주가 새로운 상호의존 형태들을 생성하고, 초국가적인 사회적 장을 만들어 수백만 명의 삶을 급속하게 변화시킨다고 했으며, 이러한 국제이주는 종종 갈등으로 이어진다고 했다. 즉, 이주민의 등장은 원주민과의 사이에 필연적으로 상호적응 문제를 일으킨다. 이주민은 원주민이 가진 문화 · 역사와는 다른 문화와 역사를 가진 존재이고, 이로 인해 두 문화의 갈등이 발생한다. 문화는 개인이 어떤 상황에서 어떻게 행동해야 하는가에 대한 것과 아울러 그 행동이 어떤 결과를 초래할 것인가에 대해 예측하게 하는 기능을 한다(Samovar 외, 이두원 외 역, 2015). 문화가 개인에 대해 민족적 · 종족적 규정의 요소가 된다면 개인을 규정하는 또 다른 요소는 정체성이다.

정체성(identity)의 어원은 라틴어의 identitas에서 유래한 것으로 '전적으로 동일한', '그것의 자기 자신', '정체' 등의 의미를 지닌다. 정체성의 철학적 논의는 'A는 A다'라는 동일성에 근거한다. 이에 더하여 현대에서는 자기 자신의 독립성 또는 독자성을 추가했다. 신분증명서(identity card: 여권, 신분증 등)를 예로 든다면, 이는 "내가 '나'라는 것을 증명하는 것"이다. 내가 '나'인 것은 증명할 필요가 없는 자명한 사실로서의 의미가 있다. 한편으로 신분증 등을 통해 내가 나인 것을 증명하는 것은 공적 조직에 귀속된 존재로서의 나를 증명하는 것이다. 즉, '자기 스스로에 대한 인식으로서의 나'와 타인과의 관계에서 승인되기 위한 '관계적 측면에서의 나'라는 정체성이 존재한다. 즉, 정체성은 '나 스스로를 나'라고 하는 존재적 의미와 '타인과의 관계에서의 존재'의 이중 구조를 함축하고 있는 말이다(박아청, 1998). 이러한 개인의 정체성은 타인과 수많은 상호작용을 통해 형성된다. 가족은 개인적 정체성을 구축하는 사회적 과정의 초기 단계이며, 모든 사람은 다수의 정체성을 가진다. 이러한 정체성은 친족 관계, 직업, 문화, 제도, 영토, 교육, 이데올로기 등을 통해 형성된다(Samovar 외, 이두원 외 역, 2015). 정체성은 타인과의 관계 안에서 이루어지는 것이므로 정체성이 이루어지는 과정은 사회를 전제로 하고, 그 정체성에 대한 타인의 확증이 필요하다. 개인이 어떤 정체성을 주장하는 것은 그 정체성과 자신을 동일시하는 것이며, 어떤 정체성을 갖고 있음을 타인들이 인정하는 것을 의미하므로 정체성은 사회적인 문제다(Hewitt, 윤인진 외 역, 2001). 존재론적 의미에서의 자아 인식이라 하더라도 타인이 존재하지 않으면 '나'라는 것에 의미가 드러나지 않기에 정체성은 사회적인 성격을 가진다.

다른 한편으로 에릭슨(Erikson)은 정체성을 주관적 측면과 사회적 측면으로 구분했으며, 주관적 측면의 정체성은 다시 개인정체성과 자아정체성으로 분류했다. 개인정체성은 시간이 지나도 자기 자신을 이전과 같은 존재로 인식하는 것이다. 이에 비해 자아정체성은 같은 집단에 소속되어 있어도 자신이 그 집단의 타인과 구별되는 독특한 존재임을 자각하는 것을 말한다(Erikson, 1968; 이해춘, 2006). 자아정체성은 개인이 자신의 역할, 삶의 목표, 타자와의 관계에서 '자기다움'에 대한 스스로의 인식이다. 이러한 자아정체성은 개인의 행동을 결정짓는 가장 중심적인 내적 요소다(박갑룡, 2014). 한편 사회적 측면의 정체성은 개인이 속한 집단에 대한 귀속감 또는 일체감이며, 집단정체성으로 구분된다. 개인은 사회적 관계망 속에서 그가 맡은 역할이나 지위에 따라 다양한 정체성을 가지며, 사회적 관계 속에서 형성된 정체성은 고정불변이 아닌 유동적이고 가변적인 특성을 가진다(이춘호, 2014).

개인은 개인적 정체성과 함께 사회적 정체성을 가진다. 사회적 정체성이 다른 사람들과의 소속감과 친근감에 근거한다면, 개인적 정체성은 분리와 차이에 근거한다. 개인적 정체성은 공동의 관여가 아니라 개인의 자율성을 강조한다. 또한, 개인적 정체성은 개인이 가진 독특하고 고유한 특성 때문에 공동체나 더 큰 사회 내에서 개인에게 위치를 부여한다(Hewitt, 윤인진 외 역, 2001). 한 개인은 단일한 정체성을 가지지 않으며, 관계와 맥락이 많을수록 개개인을 규정하는 정체성의 종류도 많아진다(박이은실, 2011).

테일러(Taylor)는 개인이 타인들과의 대화를 통한 상호관계에서 자신의 정체성을 규정하며, 자신의 진실한 내면의 모습에서 스스로 결정하는 가운데 자아정체성이 확립된다고 했다. 즉 스스로에게 진실한 개인은 자신의 고유한 언어로 세상과 자기 자신을 해석하고 이해하며, 결국 그 과정을 통해 개인의 정체성이 형성된다(Taylor, 1989, 1991; 성지영, 2018). 또한 사회적 정체성은 '나는 누구이며, 나는 무엇을 해야 하고, 어떻게 해야 하는지'에 대한 판단의 집합이다. 그것은 개인을 둘러싼 사회적 관계에서 자신의 지위와 역할에 관한 정의들로 구성된다. 정체성을 갖는다는 것은 그런 정의를 자신과 동일시하는 것을 뜻한다(이진경, 1997). 이주자가 자신을 누구로 인지하는지, 그리고 그 사회에서 자신이 누구이며 어떻게 살아가야 하는지에 관한 판단에는 사회적 영향이 어떠한지를 살펴볼 수 있다.

한국 여성들이 이주한 이후에 거주국 남성과 결혼하여 가정을 이룬 것은 또 다른 차원의 적응을 요구하는 삶으로 접어드는 것을 의미한다. 이주노동자는 독일식 표현에 의하면 '손님노동자'로서 돌아갈 사람들의 그룹, 즉 외부자의 위치에 있다. 그러나 한국 여성들이 거주국의 남성과 결혼하는 것은 그들 사회의 구성원 가운데 하나, 즉 그들 사회의 내적 존재가 되는 것을 의미한다. 한인 국제결혼여성들이 거주국 사회의 내부자로서 위치할 것이라는 예상과 달리 이들은 그들 생애의 2/3 이상을 거주국에서 살았음에도 여전히 거주국 사회의 동질적 구성원으로 헤아려지지 않는다. 또한 한인 국제결혼여성들도 자기 스스로를 독일인이라거나 오스트리아인이라고 말하지 않는다. 이는 외모 등이 다르다는 점을 포함하여 거주국 구성원의 이주자에 대한 태도와 연관된다. 한인 국제결혼여성들이 독일어를 배우고 독일 문화에 적응하고 독일 직업 현장에서 한 구성원으로 살아왔지만, 거주국의 구성원은 이들의 외모 · 언어 · 문화의 다름을 이유로 여전히 외부인으로 인식한다. 이주자가 자문화 정체성을 유지하는 데는 원주민의 배제 이유가 있음을 나타낸다.

사모바(Samovar)는 정체성이 자신을 무엇으로 부르는지와 다른 사람이 무엇이라 부르는지 그 차이에 대한 협상으로 급변하고 있다고 했다(Samovar 외, 이두원 외 역, 2015). 이주자의 정체성은 이주자 자신뿐만 아니라 거주국 사회에서 중요한 관심의 대상이 된다. 김선임(2012)은 정체성이 사회적으로 구성되는 것이기 때문에 정체성의 이해는 그것의 사회적 구성과정과 기능을 이해하는 것이라고 했다. 개인은 그가 속한 문화 안에서 사회적 관계를 배우고 형성하며 자신의 정체성을 정립해나간다. 정체성은 자신이 어떤 사람인지에 대한 본인의 인식 및 이해이며, 이에 대한 타자의 인정이다. 이주자는 거주국 사회에 제시한 자기 자신에 관한 정체성이 거주국 사회에서 인정되지 않을 때 이러한 차이에 관한 협상이 필요하게 된다. 이러한 정체성 협상으로 이주자는 이전의 정체성과는 다른 새로운 차원의 정체성이 형성될 수 있다. 김영순 외(2021)는 이주자가 문화 사이의 차이나 갈등을 다양성이라는 차원에서 이해하고 그들의 정체성을 재구성할 수 있다고 했다. 이주여성들이 초국적 유대관계에서 상호작용하면서 자신의 이해를 실현하는 것을 여성들 스스로 정체성을 협상하는 과정이라고 했다.

정체성은 형성되는 정체성과 협상되는 정체성으로 구분할 수 있는데, 형성되는 정체성은 일시적 현상이 아닌 개인의 삶 전반에 일어나는 지속적인 구성이며 개인에 의해 표현되는 행위다. 이에 비해 협상되는 정체성은 특정한 정체성들이 서로 경쟁할 때 발생한다(Pavlenko & Blackledge, 2004; 황은하, 2019). 박이은실(2011)은 정체성을 보는 관점에서 구성적 관점뿐만 아니라 협상적 관점의 필요성을 언급했다. 협상적 관점의 정체성은 개개인이 집단 소속감을 위해 특정 집단과 동일시하는 행위뿐만 아니라 그 집단의 정체성을 재구성하고 다른 집단과의 관계를 재설정하는 적극적인 행위자라는 점에 주목한다. 국가 간 이주 방법이 다양해짐으로써 문화와 민족의 뒤섞임은 더 복잡해졌고, 이에 따라 각 개인의 정체성 협상 또한 다양하고 복잡한 층위를 가질 것이다. 그러므로 현대사회에서 한 사회 안에 존재하는 다양한 문화적 존재들의 정체성 협상 행위는 그 사회구성원의 협력과 공존을 위해 중요한 의미가 된다.

간호사로 독일에 이주한 한인 여성들은 독일에서 자신들이 간호사라는 직업인 이전에 이주한 여성 노동자라는 사실을 인지하게 되었다. 처음에 그들은 언어와 문화에서 소통되지 않았으나 거주 기간이 길어지면서 그들이 독일어를 잘하든 못하든, 그 나라의 가치와 문화를 받아들이든 아니든 항상 이주민의 위치에 있음을 깨닫게 되었다. 그러면서 그들은 거주국의 원주민이 그들을 바라보고 주지시키는 이주민으로서의 정체성을 체득했다. 그런 의미에서 이주자의 사회적 정체성은 불평등한 면을 가진다. 그리하여 이에 저항하는 의미에서 이주자들은 모국 정체성을 강화한다. 거주국의 구성원이 이주민을 그들 사회의 동등한 한 구성원이 아닌 단지 이주민으로 치부하는 것을 거부하여 한국인이라는 정체성을 선택하는 것이다.

이런 의미에서 정체성 협상 개념이 대두한다. 협상이란 사회적 상호작용 과정에서 나타나거나 결과로 나타날 수 있는 사회구성원 간 상호 소통을 말한다. 따라서 이해관계에 있는 당사자의 갈등 해결 양식이라고 볼 수 있다. 양쪽 당사자의 상호이익을 위한 합의에 도달하기 위해 둘 또는 그 이상의 당사자가 발생한 갈등에 대해 의견 차이를 좁히거나 해소하는 과정이다(Moran & Harris, 1999; 김승철, 2006). 즉 협상은 일반적으로 당사자들이 자신들의 갈등이나 문제를 제3자의 도움 없이 스스로 해결하는 방법이며, 어떤 사안에 연루된 사람들이 서로 양립할 수 없는 가치 또는 목표를 추구하거나 같은 상황을 다르게 인식할 때 발생한다. 양쪽 당사자 사이에 갈등이 발생했을 때 이를 해소하고 서로 이익이 되는 합의에 도달하고자 무엇인가를 교환하고 거래하는 행위를 말한다(Gosselin, 2007; 조창연, 2012). 협상의 일반적인 의미는 '무엇인가를 교환하고 거래하는 것'을 말하지만 정체성에서 협상은 상대방에게 어떠한 것을 제시하는 것과 그에 대한 상대방의 수용 사이의 상호작용 과정이며, 관계적 측면을 강조한다. 젠킨스(Jenkins)는 정체성 협상을 "동일시로 획득된 개인의 정체성이 사회적으로 수용 가능한지에 대해 타자와 상호작용하는 과정"이라고 했다. 개인은 자신에 대한 이미지를 제시하고, 타자는 제시된 이미지를 수용하거나 거부하는 협상 과정을 통해 정체성이 형성된다는 것이다(Jenkins, 1996; 김선임, 2012).

미드(Mead)는 이와 같은 협상의 의미를 의미 있는 상징 개념을 통해 설명했다. 의미 있는 상징(significant symbol)이란 상징을 사용하는 사람과 상징이 향해지는 사람 모두에게 같은 반응을 일으키는 목소리 또는 일종의 몸짓이다. 음성을 통한 몸짓, 즉 말하는 행위가 전달될 때 청자뿐만 아니라 말하고 있는 화자에게도 들리기 때문에 둘은 상징의 의미를 공유하게 된다. 인간은 의미 있는 상징들을 사용할 수 있으므로 의미들에 기초해서 상호작용한다(Hewitt, 윤인진 외 역, 2001). 즉, 화자는 언어를 통해 청자와 커뮤니케이션함으로써 화자와 청자 사이에 상호작용이 이루어진다. 미드는 "우리는 우리가 말하는 것을 이해함으로써 다른 사람들에게 향하는 자신의 언급을 계속 따라가며, 이러한 이해를 통해 계속 이야기하는 방향을 인식한다"라고 했다. 우리는 현재의 말과 행동을 통해 앞으로 말하려는 것, 하려는 것을 찾으며, 이 과정에서 우리는 지속하여 그 과정 자체를 통제한다(나은영 역, 2010).

미드가 설명하는 상징적 상호작용은 화자가 청자에게 음성으로 전달하는 것을 화자 자신도 들음으로써 자신이 이야기하는 것을 인식하고 방향을 조정하며, 말하려는 것을 통제하는 것을 말한다. 이는 협상의 과정이 된다. 개인은 타자와 언어를 통해 대화하면서 자기 자신과 협상하고 상대방과 상호작용하며 협상을 진행한다. 가령 개인은 '나는 누구인가?'라는 질문을 통해 자기 자신과 대화하고, 또한 동시에 타자와 대화할 수 있다. 즉, 언어로 타자에게 발화함으로써 자신을 드러내고 그 타자와 상호작용할 수 있다. 상대방 또한 그 자신을 그렇게 설명하고 나타냄으로써 양쪽 당사자는 서로에 대해 이해를 넓히고, 각자의 정체성에 대해 협상과 타협을 이룰 수 있다. 미드는 우리가 다른 사람들에게 영향을 주는 것처럼 우리 자신에게도 영향을 줌으로써 우리의 행위는 사회적 과정의 일부가 되는 것이며, 우리가 말하는 것을 이해함으로써 사회적 상황을 중재하는 것(나은영 역, 2010)이라고 했다. 정체성은 사회적 관계에서 상호작용을 통해 형성되며, 상호작용은 언어로 화자와 청자가 의미 있는 상징을 교환하는 행위를 통해 이루어진다. 즉, 개인은 언어를 통해 사회적 행위의 주체가 되며, 의미 있는 상징을 통해 자신이 무엇을 말하는지를 이해함으로써 자신의 말과 행동을 조정하고 통제한다. 그렇게 함으로써 사회적 상황을 중재하고 협상할 수 있다. 개인은 의미 있는 상징을 통해 청자(타자)와 상호작용하고, 사회적 상호작용을 통해 정체성을 형성하고 협상한다.

홀(Hall)은 정체성 형성과정을 설명하면서 여기에는 자아와 외부 구성요소의 상호작용이 중요하다고 했다. 홀은 사회적인 사실과 개인의 주관적인 인식이 어떻게 연결되는지에 대해 주목했고, 개인의 해석과 행위에서의 의미에 강조점을 두었다. 즉, 정체성 협상 과정은 개인들의 주체화 과정을 드러내는 것을 의미한다(Hall, 1996; 박신규, 2009). 이주자들이 자신들의 정체성을 형성하여 개인의 주체화를 드러내는 것을 '정체성 협상'이라 할 수 있다. 그러므로 정체성 협상은 한 개인이 행하는 자신에 대한 스스로의 인지이며, 나아가 타자에게 자신을 제시하는 행위를 말한다. 타자는 개인이 제시하는 정체성에 대해 이를 수용하거나 거부함으로써 그 개인의 정체성 협상에 영향을 미친다. 정체성 협상에서 사회적 상호작용은 음성 제스처, 즉 몸짓과 언어를 통해 이루어지는데, 이것이 양쪽 당사자 사이에 이루어지는 커뮤니케이션이다. 양쪽 당사자 사이의 음성 제스처는 서로에게 의미가 있다. 이 의미들로 인해 상호작용이 이루어지기 때문이다. 이에 대해 미드는 다음과 같이 설명한다. 어떤 주어진 사회적 행위 안에서 한 유기체의 제스처에 다른 유기체가 반응하는 것이 그 제스처의 의미라고 했다. 펜싱에서 슬쩍 피하는 것이 공격에 대한 해석인 것처럼 사회적 행위에서 한 유기체가 다른 유기체의 제스처에 적응적으로 반응하는 것은 유기체가 그 제스처를 해석하는 것이며, 이것이 바로 그 제스처의 의미다(나은영 역, 2010). 한 개인의 정체성은 그가 속한 문화와 사회적 관계 속에서 형성된다(황은하, 2019). 미드는 사회적 상호작용이 음성 제스처(몸짓 포함)를 통해 이루어지며, 이때 음성 제스처를 통해 커뮤니케이션을 행하는 양쪽 당사자는 의미를 공유하게 되며, 이 의미들로 상호작용이 이루어진다고 했다(나은영 역, 2010). 정리하자면, 개인은 커뮤니케이션(음성 제스처)을 통해 사회적 상호작용을 하고, 사회적 상호작용 안에서 정체성 협상이 이루어진다. 협상은 고도의 추상적인 관계 형성이다. 그것은 자기 자신이 사용할 수 없게 된 무엇인가가 협상을 거쳐 그 사람을 다른 누군가와 관계 짓게 하기 때문이다(나은영 역, 2010).

한인 국제결혼여성들이 모국과 거주국에 어떠한 제스처를 행하고, 그에 대한 모국과 거주국 사회의 반응은 한인 여성들의 제스처에 대한 해석이 된다. 이로써 정체성 협상이 실행된다. 그리고 이 해석이 정체성 협상의 '의미'가 된다. 상징적 상호작용에서의 제스처에는 3개의 기본 요소가 내재되어있다. 첫째로는 한 개체가 타자에게 자신을 나타내는 제스처, 둘째로는 그 제스처에 대한 두 번째 개체의 반응, 셋째로는 첫 번째 개체의 제스처에 의해 시작된 사회적 행위의 완성이다(나은영 역, 2010). 그러므로 본 연구에서 한인 국제결혼여성들의 정체성 협상을 살펴볼 때 이들이 타자에게 보내는 제스처를 구분하고, 그 제스처에 대한 두 번째 개체의 반응은 어떠한지, 그리고 그로 인한 사회적 행위의 완성은 어떠한지를 살펴보고자 한다. 이를 모국에서, 또는 모국을 향해서, 그리고 거주국에서 어떻게 행해지는지를 살펴보고자 한다.

지금까지 살펴본 정체성 협상에 관한 연구를 종합하면 다음과 같이 정리할 수 있다. 첫째, 화자는 자신이 말하거나 행동하는 것을 인식함으로써 자신의 행위를 조정할 수 있고 이것이 자신의 정체성 협상 과정이 된다. 둘째, 개인은 사회적 상호작용을 통해 정체성을 형성하고 협상한다. 셋째, 정체성 협상은 개인의 주체화 과정을 드러내는 것에 의해 이루어진다.

2) 상호문화성과 상호문화소통

상호문화소통을 이해하기 위해서는 상호문화성에 대한 이해를 전제해야 한다. 상호문화성은 초국적 이주가 보편화된 세계화 시대에 특정 문화가 다른 문화를 지배하거나 동화시키는 것을 비판하고, 모든 문화가 상호 균등한 위치에서 교류를 가능케 하는 구성원들의 역량을 의미한다. 그래서 상호문화성은 구성원들에게 자신이 속한 문화에서 경험할 수 없는 다른 세계관과 문화를 배울 수 있게 한다. 이와 같이 상호문화성을 기본으로 하는 상호문화소통은 다른 문화, 다른 관습, 역할 규칙에서 살아가는 것을 배우며, 새로운 사고방식이나 행동 방법을 이해하고 즐기고 도와주는 것을 목적으로 한다(구현정 · 전영옥, 2017).

유수연(2012)은 상호문화소통 능력을 인지적 지식, 언어학적 지식, 상호문화성, 상호작용 내 행위능력의 네 가지로 구분하고, 이런 능력을 함양하기 위해 실제로 강의를 개발했다. 이에 참여한 학생들이 타문화와 접촉하면서 어떠한 경험을 했고, 어떤 소통 능력을 개발했는지를 주시했다.

상호문화소통은 자문화와 타문화가 접촉하면서 관계 맺기를 통해 발생한다. 자문화가 타문화와 접촉하면서 상호문화소통이 이루어지는데, 이때 해당 사회의 구성원들에게 때로는 위협적으로, 때로는 호기심으로 작동될 수 있다. 이를테면, 어떤 사람이 타문화와 접촉하게 될 때, 그 문화에 대한 지식이 없으면 그 문화는 물론 그 문화에 속한 타인의 성격 및 특성에 대해 제대로 이해하기 어렵다. 이에 더하여 상호문화소통을 위해서는 상대방의 문화뿐만 아니라 자신의 문화에 대한 지식이 있어야 한다. 그리하여 각각의 문화들이 접촉하면서 발생하는 상호문화 행위도 이해할 수 있어야 한다.

이병준 · 한현우(2016)는 상호문화 역량을 상호문화소통을 위해 갖추어야 할 능력으로 보았다. 예측이 어려운 다문화적 현상인 문화의 뒤섞임을 통해 구성되는 새로운 사회 환경에서 모든 사람이 평화롭게 삶을 영위할 수 있도록 문화가 새롭게 창출되는 과정에서 필요한 역량이라고 정의했다. 이어서 그는 상호문화 역량 구성요소 43개를 추출했으며, 비슷한 항목들은 통합하여 최종적으로 8개의 상호문화 역량군으로 성찰, 의사소통, 갈등관리, 유연성, 민감성, 문화적 지식, 공감, 존중으로 도출했다. 그에 따른 구성요소와 내용은 다음 〈표 1-2〉와 같다.

〈표 1-2〉 상호문화 역량 구성요소와 내용

상호문화 역량	구성요소	내용
성찰	거리 두기, 판단보류	자기 생각과 행위에 대해 스스로 돌아보는 역량
의사소통	언어능력, 언어 인식, 상황 파악, 감정 인식	언어적 · 비언어적으로 문화적 상황맥락을 인식하여 적절한 문화적 의사소통을 하는 것
갈등관리	상호작용을 위한 학습 규칙 인식, 대인 감지	다문화적 상황으로 인한 갈등을 바람직하게 해결해나가는 과정
유연성	개방성, 탈중심성	다문화적 상황에서 낯선 것에 침착하고 여유롭게 대처하는 능력
민감성	호기심	다른 사람, 다른 문화를 예민하게 인식하는 능력
문화적 지식	- 타문화에 대한 지식 - 자기 문화에 대한 지식	다른 문화를 이해하는 역량
공감	이해 능력	다른 사람, 다른 문화를 그들이 느끼는 것처럼 자신도 그렇게 느끼는 역량
존중	존엄성, 신뢰	다른 사람, 다른 문화를 인정하는 차원에서 벗어나 귀하게 생각하는 역량

출처: 이병준 · 한현우(2016)

이병준 · 한현우(2016)는 국내외 기관이나 학자들의 다양한 이론을 종합하고 비교하여 새로운 상호문화 역량을 제시했다는 데 다른 연구들과 차별성이 있다. 이를 바탕으로 윤현희(2019)는 상호문화 역량 영역과 구성요소들을 다각적으로 발전시켰다. 그는 상호문화 역량의 영역을 인지 · 정서 · 행동 영역으로 구분했으며, 이 영역들은 각기 독립적으로 분리된 기능이기보다는 영역과 요소들 사이의 지속적인 상호작용을 통해 발현된다고 주장했다. 이는 다음 〈표 1-3〉과 같다.

〈표 1-3〉에 따르면 인지 영역은 인식 · 지식 · 기능 측면으로 구분된다. 인식 측면은 나에 대한 인식과 성찰 부분, 타자에 대한 인식 부분 등이

<표 1-3> 상호문화 역량의 영역과 구성요소

영역	구성요소	
인지	인식	자기인식, 자기성찰, 자문화 성찰, 타자 인식, 타문화에 대한 인식
	지식	타자에 대한 지식, 타문화에 대한 지식, 문화이론적 지식
	기능	반성적 사고, 비판적 사고
정서	존중, 공감, 이해, 관용, 수용, 인정, 사랑, 개방	
행동	대화, 경험, 적응, 협상, 갈등관리	

출처: 윤현희(2019)

있으며, 지식 측면은 타자와 다른 문화를 이해할 수 있는 지식, 문화이론적 지식 부분을 포함한다. 기능 측면은 인식과 성찰에 대해 필요한 사고 기능, 즉 반성적 사고와 비판적 사고 부분을 포함한다. 이러한 '인지 영역'의 역량들은 정서적 영역과 행동적 영역의 상호문화 역량을 발현시키는 기능을 담당한다. '정서 영역'은 낯선 것에 대처하는 능력 차원의 요소들, 즉 공감, 이해, 관용, 수용, 인정, 사랑, 개방 등을 포함한다. 이를 통해 주체 중심적 사고에서 벗어날 뿐만 아니라 타자와 타문화에 대한 일방적이고 편협한 사고를 멈추게 할 수 있다. '행동 영역'은 우리가 일상에서 행하는 실천과 관련된다. 특히 의사소통과 연관성을 지니는데, 여기에는 언어적 · 비언어적 의사소통, 적절한 의사소통 능력을 모두 포함한다. 이 외에도 긍정적 관계 형성, 구성원들 간의 협력, 타문화에 대한 적응, 갈등 해결 등을 포괄한다(윤현희, 2019).

이상과 같이 상호문화 역량은 독립적으로 존재하는 것이 아니라 영역과 구성요소 간의 통합적이고 동시적인 발현을 통해 기능한다고 생각할 수 있다. 그렇기 때문에 상호문화 역량 요소들은 상호의존적으로 존재한다. 김영순(2020)은 일상에서 이주민의 문화적응을 나타내는 상호문화소통 과정을 개인적 차원과 대인적 차원으로 구분했다. 이 연구에서 개인적 차원이 소통의 주체로서 인식과 해석에 역점을 두었다면, 대인적 차원은 타인과의 의사소통과 상호작용 관찰을 중시했다.

〈표 1-4〉 상호문화소통 과정의 기술 요소

차원	영역	상호문화소통의 경험 내용 기준
개인적	지식	자신이 공유하고 있는 언어나 문화에 대한 지식뿐만 아니라 타인, 즉 소통하고 있는 상대방의 문화와 언어에 대한 지식
	해석 및 연관 기술	자국 문화와 타문화를 이해하고 해석할 수 있었던 경험
	발견 및 상호작용	자국과 타문화에 대해 이미 배웠던 지식, 습득한 기술 및 태도를 일상생활에서 실제로 활용한 경험
	태도	타인이 사용하는 언어와 그가 지닌 문화에 대한 지식으로 인해 상대방에게 공감과 호기심을 가지고 실제적인 행동이나 태도의 경험
	비판적 문화 인식	타인에 대해 배운 지식이나 태도를 통해 발생한 새로운 문화정체성의 경험
대인적	이해와 존중	- 자국 문화와 다른 문화권 사람들의 다양함을 이해하고 존중한 경험 - 접촉하는 대화 상대의 다양함을 파악하고 차이점을 인정하며 존중한 경험
	상호작용	사람들과 상호작용할 때 효과적이고 원활한 의사소통을 제공한 경험
	대인관계	다양한 문화권에서 온 사람들과 상호의존적이며 긍정적인 대인관계를 구성한 경험
	공감	타인의 의견에 경청하고, 그들의 감정을 이해하려고 그들의 입장에서 고려와 경험을 해보는 것
	자극 선호	상호문화적인 상황에서 개인이 지닌 인지적 특성인 자극을 중시함으로써 일상생활에서 조우할 수 있는 다양한 상황에 대응할 수 있도록 더욱 적극적인 태도를 가진 경험
	글로벌 태도	초국적 이주자로서 본국과 이주국 사이의 문화매개자 역할을 한 경험

출처: 김영순(2020)

〈표 1-4〉에 제시한 분석 내용은 이주자 개인이 이민 사회의 선주민인 다수자 혹은 다른 문화적 배경을 지닌 다른 이주자와의 상호문화소통을 이해하는 준거가 될 것이다. 나아가 김영순(2020)의 틀을 바탕으로 상호문화성의 다섯 가지 기준을 제시한 하종천(2021)에서는 상호문화소통을 상호문화 경험의 차원으로 구분하면서 이해, 공감, 소통, 협력, 연대를 제시했다. 상호문화소통의 토대를 이루고 있는 상호문화성의 다섯 가지 요인인 이해, 공감, 소통, 협력, 연대에 대해 살펴보기로 하자.

첫째, '이해'의 영역이다. 타자를 이해하는 것은 자신과 다르게 생각하고 느끼고 행동하는 사람들을 인식 · 인정하는 정신적 · 정서적 태도를 말한다. 이러한 타자에 대한 이해는 각각의 인식 주체가 타자에 대해 갖는 선입관에 의해 각인될 뿐만 아니라 자기 자신의 이해와 연관한 선입관에 의해서도 영향을 받는다(김완균, 2005). 예를 들어, 한국 남성들은 베트남의 문화를 이해하지 않고서는 베트남 결혼이주여성이 모국에 재정적인 도움을 주는 데 대해 이해하지 못한다. 베트남 문화에서는 여성이 결혼하여 출가하더라도 친정에 재정적인 도움을 주는 문화가 보편적이기 때문이다. 그러한 문화적 배경을 이해하지 못하고서는 서로 다른 문화 간의 소통에서 상호 간 이해가 이루어지기는 어려운 측면이 있다.

상호문화적 이해는 감정이입(empathy)이나 치환(transposition)이 아닌 실제 의사소통을 통해 이루어진다. 감정이입이나 치환은 타자에 관한 그 자신의 이전 믿음, 환상, 편견을 상상적으로 투사할 위험이 있기 때문이다. 소수자도 스스로 행복할 수 있다고 생각하는데, 내 판단으로는 불행하다고 느끼듯이 아무리 호의로 이루어졌다 하더라도 타자에 대한 편견은 항상 가능하다. 따라서 의사소통 참여자들은 선입관을 갖고 타자를 예단하지 말고 서로의 관점으로부터 배워야 할 것이다. 공동체 구성원들은 실제

의사소통에서 서로 능동적으로 참여하고, 타자의 말을 듣고 소통하는 과정을 통해 최소한 부분적으로 공감에 도달할 수 있다(현남숙 · 김영진, 2015).

타자를 이해하는 데 있어 각각의 인간과 집단이 전통적으로 가지고 있는 문화의 속성은 표층적으로 이루어지는 언어적인 소통과 더불어 중요한 것이다(김완균, 2005). 그는 타자에 대한 이해 요인을 '자기이입 실행'과 '상호주관성 추구'라는 두 가지로 설명하고 있다. 첫째, 자기이입은 타자가 되어보는 체험을 말한다. 물론 어떤 한 자아가 글자 그대로 다른 타자가 될 수는 없다. 하지만 특수한 형태의 자기이입을 통해, 즉 한 자아가 어떤 타자가 되어보는 모방이나 상상, 가정을 통해 이루어질 수 있다. 이것이 바로 타자 이해를 위한 자기이입이다. 둘째, 상호주관성을 추구하는 것이다. 상호주관은 자아와 타자의 존재를 동격으로 놓고 그들 사이의 관계에서 존립하는 공통적 주관에 초점을 맞춘다. 따라서 '나의 마음'이 아니라 '우리의 마음', '나의 세계'가 아니라 '우리의 세계'를 추구한다.

상호문화성의 두 번째 요인은 '공감'의 영역이다. 상호문화성은 반드시 문화와 문화 간의 접촉을 통한 상호 공감을 전제로 한다(박인철, 2010). 후설의 상호문화성에 대한 논의는 궁극적으로 '타자 경험' 이론에 근거를 두고 있다. 또한 후설의 타자 경험 이론은 대부분 '감정이입'이라는 방법에 따라 해명되고 있다. 후설의 '감정이입'은 나 자신의 상상을 통해 타인의 위치로 옮겨감으로써 타인의 내적인 삶을 나와의 유사성에 근거해 비슷하게 경험하는 것이다. 후설의 감정이입 이론은 매우 방대한 체계를 구성하고 있기는 하지만, 간단하게 표현하면 감정이입의 핵심은 절대적 중심으로서 '여기(Hier)'의 위치에 있는 나를 '저기(Dort)'의 위치에 있는 타자로, 즉 '만약 내가 저기에 있다면'이라는 가정에 따라 타자의 입장과 상황을 추측해보는 것이다. 따라서 후설의 감정이입은 '역지사지(易地思之)'의 정신, 즉 다른 사람의 처지에서 생각하거나 경험해보고 이해하는 것이라고 볼 수 있다. 후설은 나와 타자 간의 근원적인 접촉을 가능하게 하는 것이 감정이입이라고 보았다. 그러므로 감정이입을 다른 사람에게 미치는 나의 작용으로 규정한다(박인철, 2010). 감정이입이라는 말의 본래 의미는 타자의 감정적 상태에 대한 공감이다. 감정이입은 타자의 내부로 들어가 그의 기억을 떠올리는 것과 같은 것이며, 이에 맞추어 하나의 공감이 이루어진다. 여기에서 감정이입의 핵심은 타자의 내부로 깊숙이 들어감으로써 타자와 하나가 되는 데 있다. 더불어 "나는 자아로서 타자와 그의 느낌에 빠져있다"라는 후설의 말은 이를 잘 반영하고 있다. 이러한 공감으로서의 감정이입을 통해 타자와 합일하고자 하는 것은 일종의 정서적 노력으로 이해해야 한다. 따라서 타자와의 합일은 이루어진 상태라기보다는 이루어져야 할 하나의 실천적 이념이자 당위다. 감정이입은 이를 향한 인간의 노력을 뜻하는 것으로, 이해도 안 되고 받아들이기도 거북한 타자를 나와 같은 존재로 이해하고 전적으로 받아들이겠다는 일종의 실천적 의지의 표현이다(박인철, 2010).

셋째, '소통'의 영역이다. 이상적인 소통은 이에 참여하는 행위자의 진정한 의도가 그대로 행위의 결과로 관철되는 것을 의미한다. 따라서 왜곡되지 않은 이상적인 의사소통은 생활세계 참여자들의 합의에 의해 완성될 수 있다. 언어를 통한 의사소통 행위는 다수자와 소수자의 연대와 화해를 정당화시켜주는 보편적 기반이며, 언어는 의식이나 주체의 단순한 표현 수단이 아니라 언어가 주체의 생활세계를 결정하는 보편적 기반이다(김영필, 2013). 설동훈(2003)은 외국인노동자가 일상생활에서 겪는 가장 큰 어려움이 언어적 소통 문제이며, 활동가들이 전문화해야 할 영역의 최우선 순위 역시 한국어 교육의 전문성이라고 주장했다. 외국인노동자에 대한 한국어 교육의 문제는 외국인노동자가 한국 사회에서 삶을 유지하고 질을 높이는 측면뿐 아니라 한국 문화에 대한 적응과 노동 생산성의 향상과도 밀접하게 관련되어 있다는 것을 알 수 있다.

넷째, '협력'의 영역이다. 협력은 협동의 사회적 상호작용의 일종이다. 생존의 필수요소로 조직 내 다양한 이해관계자 사이의 협력이 무엇보다 중요하다. 조직 내에서 구성원들이 협력을 통해 조직의 성과를 발전시키는 것은 구성원들 모두에게 매우 중요하다. 이대응(2006)은 조직 내의 구성원들이 상호존중과 협력에 기초한 조직문화를 형성할 때 발생하는 갈등을 민주적으로 해결하며 구성원 관계에서 안정감이 증대된다고 했다. 또한 그는 조직 내 구성원의 관계가 상호신뢰에 기초하며 인격체로 존중되는 것 같은 안정성이 높을수록 조직의 문제를 자기 문제로 인식하여 조직에 헌신하는 조직몰입도와 직무만족도가 높게 나타난다고 했다.

다섯째, '연대'의 영역이다. 호네트는 "인간이 자신의 삶을 성공적으로 실현할 수 있는 규범적 · 사회적 조건"을 '인정투쟁'이라고 했다(Honneth, 문성훈 · 이현재 역, 2011). 인정투쟁 이론은 '상호주관성의 이론적 개인 개념'을 바탕으로 그 개인이 자기 관계를 형성하기 위해서는 사랑, 권리 부여, 연대라는 세 가지 인정 행위가 필요하다는 것이다. 여기서 말하는 '인정'이라는 사회적 행위는 개인의 심리와 자아 형성에 영향을 미치고, 사회적으로 어떠한 관계가 형성되는지를 좌우한다. 특히, 그의 인정이론 체계에서 가장 상위의 인정 형식은 '연대'다. 이는 한 개인을 주체로 완성시키는 가장 중요한 사회적 행위이기 때문이다. 호네트는 '연대'라는 인정방식이 그 이전의 두 인정방식, 즉 '사랑'과 '권리'의 종합명제라는 점을 지적한다. 사랑은 정서적 결합을 통해 개별적이고 구체적인 욕구를 인정하는 방식이고, 권리는 보편적이고 형식적인 자격을 인지적 관점을 통해 인정하는 방식이다. 이렇게 살펴볼 때, 연대는 사랑과는 '정서적 결합'이라는 측면을, 권리와는 '보편적 평등 대우'라는 인지적 관점을 공유한다. 또한 연대는 사랑과는 인정 대상으로서의 '내용'을 공유하며, 권리와는 인정 대상으로서의 '형식'을 공유한다. 그러므로 연대는 '인지적이면서도 정서적인, 형식적이면서도 내용적인' 인정방식이 되는 것이다. 이러한 관계에서 호네트는 "사랑이 권리라는 인지적 측면을 통해 공동체 구성원 사이의 보편적 연대로 정화될 때 인륜성이 등장할 수 있다"고 했다.

박문범 · 김회용(2020)은 호네트의 연대 개념을 정의하기 위해 다음의 세 가지를 제시했다. 첫째, 연대의 전제조건은 '상호 가치 부여'이며, 이는 사랑, 권리 부여라는 선행 단계의 인정이 이루어지고 나서야 연대가 이루어질 수 있다는 의미라고 했다. 둘째, 연대의 대상은 차이와 특수성이며, 이는 타인이 나와 다르기에 그들과 연대할 수 있는 것이지, 이미 나와 동질적인 타인과는 연대라는 사회적 행위의 필요성이 없다고 했다. 셋째, 연대의 방식은 인지적인 것과 정서적인 것이 결합되어 있다는 것이다. 즉, 연대라는 인정 단계에서 발현되는 것은 '주체'의 '개인적 특수성'이며, 이것은 정서적 결합과 인지적 결합이 모두 작용해야 인정될 수 있다고 했다. 이는 누구나 동등한 권리를 지니는 인격체라는 인식(인지적 결합) 위에 그가 영위하는 삶에 대한 존중(정서적 직관)이 더해져야 한다는 의미다. 연대가 가능하려면 타인의 능력과 속성이 그뿐만 아니라 나 자신에게도 중요하고 가치 있는 것이라는 인식을 상호적으로 가지는 사회적 환경이어야 한다는 것이다. 그러므로 연대의 의미를 종합하여 이주자에게 대입하면 다음과 같이 설명할 수 있다. 이주자들은 자신들이 동등한 권리를 지닌 인격체(인지적 결합)라는 것을 거주국 사회에 드러내고 존중을 통해 타자, 즉 사회적으로 인정(정서적 직관)됨으로써 연대를 실행할 수 있다. 연대가 이루어질 수 있는 환경은 연대가 행해질 수 있도록 사회적으로 상호 '인정'되어야 한다는 것을 의미한다.

2장

이주생애사와 파독 간호사

1. 이주생애사
2. 파독 간호사

1. 이주생애사

생애사 연구는 사회문제를 연구자의 관점이 아닌 문제의 중심에 있는 경험자 또는 내부자의 시각에서 모은 자료를 토대로 연구된다. 그리하여 생애사 연구는 사회적 행위 주체가 사회구조와 상호작용하여 어떻게 특정한 삶의 환경을 구성하는지를 탐구할 수 있으며, 사회적 조건에 따른 개인의 변화 과정을 포착할 수 있다는 데 유용성이 크다(김영순 외, 2018). 이러한 생애사 연구의 특성을 기초로 하여 이주생애사를 분석하고자 한다.

이주 한인의 생애사를 탐색한 선행연구로 독일 거주 한인의 생애사, 중앙아시아 및 러시아의 고려인, 사할린 한인의 생애사 연구를 살펴보았다. 독일로 이주한 한인의 경우 양영자(2015, 2016)가 생애사에 관해 다양한 분석을 시도하며 정교화했다. 첫째 연대기적 서술, 둘째 텍스트 분석을 통한 주제영역 도출, 셋째 체험된 생애사의 재구성, 넷째 이야기된 생애사와 체험된 생애사의 비교 분석, 다섯째 각 사례의 고유성, 특수성, 공통점을 유형화했다. 이러한 분석을 통해 양영자(2015)는 광산노동자로 이주한 한인 남성의 정체성을 생애사에 기반하여 이주 이전과 이후, 그리고 노년으로 분류하여 분석했다. 또한 양영자(2016)는 독일로 이주한 한인 간호사의 사회운동 과정을 생애사에 근거하여 분석하면서 그들의 고유한 정체성이 끊임없이 새롭게 구성되는 탈정체화가 이루어짐을 나타냈다.

이희영(2005)은 이주자의 사회활동을 분석하면서 첫째, 살아온 생애사-이야기된 생애사-체험된 생애사로 재구성했다. 둘째, 사회운동 참여의 생애사적 배경, 정치 활동의 내용 및 생애 역사가 갖는 현재의 의미를 통해 사례의 유형을 형성했다. 그리하여 이주노동자의 생애 특징을 나타냈는데, 그것은 이주자들이 공간적 · 문화적 단절을 경험한다는 것이다. 그러나 이러한 공간과 문화의 단절 환경에서도 이주자들은 양쪽 사회의 서로 다른 생활세계에서 역동적으로 사회적 · 정치적 소통을 실행하고 있음을 나타냈다.

이효선 · 김혜진(2014)은 슈츠(Schütze)의 이야기 분석법을 이용하여 첫째로 화자의 이야기를 연대기적으로 서술했고, 둘째로 삶의 과정과 경험을 구조화하여 기술했다. 셋째로는 구조적 기술을 바탕으로 해석적 개념을 끌어냈고, 넷째로 각각의 사례들을 비교함으로써 유형을 만들어내는 형식을 사용했다. 이와 같은 분석을 통해 이주 노동이 여성에게 'We를 위한 삶'에서 'I를 위한 삶'으로의 전환점을 제공했음을 나타냈다. 또한 여성 이주노동자의 삶은 자신과의 충돌 시간이기도 하며, 이를 미완성의 정체성을 성취해나가려는 여정으로 결론지었다.

마지막으로 남혜경 · 김영순(2018)은 만델바움(Mandelbaum, 1976)의 생애사 분석법을 활용하여 개인의 생애 경험을 삶의 영역, 전환점, 적응으로 구분하고 분석했다. 그리하여 삶의 영역에서는 개인의 삶에 영향을 미친 주된 원동력으로 지속적 도전이 있었음을 나타냈다. 이주자가 된 한인 여성들이 삶에서 전환점으로 여기는 지점은 예기치 못한 생애사적 사건들이 발생한 지점이었으며, 다른 하나는 스스로 전환점을 만들기도 했다. 이에 대한 적응은 개인적 요인과 사회적 요인으로 구분하여 나타냈다. 그리하여 한인 여성들의 이주를 기회와 주도성의 형성으로 분석했으며, 다른 한편으로 이들은 한국을 떠났으나 거주국에 아직 안착하지 못한 현실을 나타냈다.

미국에 거주하는 한인의 생애사 연구분석은 첫째로 연대기적 서술, 둘째로 특별한 사건 또는 업적을 중심으로 분석하고자 했다. 임영상(2006)은 북한에서 태어나 월남 후 미국으로 이주하여 인디애나폴리스 지역의 한인 커뮤니티를 위해 헌신한 한인 부부의 생애사를 연구하고 기록했다. 김혜정(2012)은 이중문화를 경험하는 재미교포 1세 중년 기독교 여성의 심리적 · 영적 변화와 요소들을 이해하고자 했다. 최성규(2016)는 청각장애를 가진 조경건의 생애를 연구하여 '조경건이 지켜낸 것'과 '조경건을 지켜낸 것'에 대한 시사점을 도출했다. 곽애영(2018)은 생애사를 통해 43년 동안 한국 에어로빅의 정착을 위한 외길 인생을 살아온 이영숙의 삶을 고찰했다. 윤택림(2010)은 연대기적 서술과 아울러 시대적 환경의 영향이 개인에게 어떠한 영향을 미쳤는지에 주목하여 분석했다. 그리하여 1930년대부터 1950년대에 성장한 이들이 공유하는 역사적 경험이 이들에게 어떤 심리적 특성과 정체성을 가져오는지를 분석했다.

고려인에 관한 생애사 분석은 강희영(2012)의 경우 사회학의 인구이동을 분석할 때 이주를 촉진하는 원인을 밀어내고-끌어당기는(push-pull) 요인으로 구분하는 것을 사용했다. 밀어내고-끌어당기는 요인으로 고려인 여성들의 한국 이주와 한국 체류 체험 후 재이주 과정을 분석했다. 배은경(2008)은 서시베리아 지역에 거주하는 고려인 지식인의 생애사를 통해 고려인으로서 선대 조상의 역사에 대한 자부심이 매우 크고, 고려인의 정신문화와 풍습을 보존하려고 애쓰는 삶을 조명했다. 황영삼(2008)은 우랄 지역을 포함한 시베리아 지역 고려인에 관한 연구로 박보리스의 생애를 연구했다. 그리하여 강제이주와 가족들에 대한 정치적 탄압, 총살 등의 불운한 환경에서도 학문적 업적과 명성을 이뤄낸 고려인의 삶을 나타냈다. 고가영(2008)은 1950년대 중반 이후부터 다시 이루어진 신이주를 살폈다. 그리하여 새롭게 이주한 이주자 사이에 갈등이 존재하여 고려인의 단합에 장애요인으로 작용함을 도출했다. 임영상(2010)은 평생 한국어 교사로 살아온 김게오르기에 대한 생애사를 역사적 순차성과 한국인 교사로서의 경험을 중심으로 나타냈다.

한편 사할린 한인에 관한 생애사의 내용분석은 거주국에서의 생활, 귀환 후 적응, 삶의 경험과 행동을 통해 생의 본질적인 의미와 의미들의 관련성을 밝히려 했다. 박경용(2013)의 연구분석은 기억의 환기 방식을 따랐다. 이것은 개인의 삶을 통해 개인이 속한 사회의 역사와 문화를 분석하는 방법이다. 이러한 분석 방법을 통해 한 개인의 노년에도 여전히 지속하는 디아스포라의 굴레를 나타냈다. 조일동(2015)은 거시적 차원에서 사할린 한인의 역사와 개인의 생애사 수집과정에서 만나는 미시적 차원의 삶의 이야기를 비교하고, 비판적으로 재검토했다. 그리하여 영주귀국 이후 사할린 귀환 동포들이 겪는 문제의 본질을 이해하고, 이들에 관한 새로운 관점을 가져야 함을 제시했다. 문현아(2016)는 구술된 내용을 시공간적으로 재배치하여 의미화를 시도하려는 크로노톱 기법을 활용했다. 즉, 사할린 한인의 다중적이고 탈-한민족 중심적인 초국적 경험의 의미를 생애사 연구를 통해 되살리고자 했다. 김영순 · 박봉수(2016)는 사할린 한인의 한국어 교사 경험에 관한 연구의 분석을 첫째, 삶의 맥락적 시간성을 기준으로 분석했다. 둘째, 개인의 경험과 행동의 본질적인 의미와 의미들의 관련성을 밝히려 했다. 이를 통해 한국어 교사들은 한국어 교육을 통해 한민족의 자긍심을 심고 민족정체성을 유지할 수 있었음을 나타냈다. 그리고 한편으로는 기억에 의한 연구가 시간의 축적에 따라 기억하는 주체의 주관성이 나타남과 기억의 왜곡이 있음을 밝혔다.

이와 같은 재외한인의 생애사(구술사 연구 포함) 연구의 분석은 거시적인 국가 차원의 중요 사건에 개인의 연대기적 경험들이 어떻게 서로 맞물려 가는지를 살피려 노력했다. 이를 위해 연대기적 서술, 삶에 대해 총체적 관점으로 분석, 물리적 · 문화적 공간 중심 분석 등 다양한 시도가 이루어졌다. 또한, 개인의 경험을 분류하는 방식에 문화, 역사 등과 같은 범주를 두었다. 사할린 연구의 경우 한국에서 사할린으로의 이주, 그리고 그 후손의 한국 재이주와 사할린에 남아있는 자녀들 사이에 재생되는 이산 등이 연구되었으며, 이를 위해 초국적 관점과 디아스포라 관점, 그리고 개인의 역사적 사건 등이 함께 연구되었다.

이상에서 살펴본 바와 같이 재외한인에 관한 생애사 연구의 분석 틀은 통일되지 않았으며 연구자에 의해 다양한 방법으로 시도되었다. 그 가운데 각각의 연구자에 의해 가장 많이 적용된 구성은 첫째, 연대기적 서술이 있었다. 둘째, 개인의 삶에서 이루어졌던 다양한 경험에 대해 주제별로 범주화한 후 연구자가 제시한 이론에 적용하여 분석했다. 셋째, 시대와 역사적 사건에 연관된 경험의 생애사적 의미분석과 해석, 그리고 이를 통한 유형 도출이 있었다. 이처럼 생애사 연구의 관점과 분석 틀은 연구자마다 다양하게 시도되었다. 이러한 다층적인 분석이 시도될 때 중요한 것은 맥락이다. 연구자는 개인의 삶의 맥락이 유연하게 이어짐으로써 생애에서 일어나는 어떠한 사건의 원인과 그로 인한 영향을 맥락의 연결이 약할 때보다 명료하게 살필 수 있다.

재외로 이주하여 살아온 한인의 이주생애사는 일반 생애사에 비해 개인의 생애에 '이주'라는 특수한 요소가 합성된다. 그러므로 이주생애사는 개인이 이주하게 된 역사적 · 사회적 · 국제적 요인을 아울러 이해할 필요가 있다. 이주자 생애에서는 이주로 인해 개인의 삶에 변이를 일으키게 되는 언어와 문화적 환경요인이 삶의 중요 요소로 작동한다. 더 나아가 여성의 경우 결혼과 자녀 양육에서 지리적 · 문화적 풍습이 다른 환경에서 살아가야 하는 삶이기에 일반 생애사와 차별성을 갖는다. 또한 이주자가 노년이 되었을 때의 삶 또한 각별하게 다루어질 필요가 있다. 이러한 이주생애사의 특성을 정리하면 다음과 같이 요약할 수 있다.

첫째, 이주생애사는 개인을 둘러싼 모국의 역사적 · 사회적 환경뿐만 아니라 국제적 환경, 즉 이주자의 출신국과 유입국의 역사적 · 사회적 환경과 이주 당시 국제사회의 사회 · 경제적 흐름을 고려해야 한다.

둘째, 이주로 인해 언어와 문화가 다른 환경으로 나아간 삶의 변화가 개인에게 일으키는 전환점을 세밀하게 다루어야 한다.

셋째, 이주생애사에서 젠더의 특성, 거주국의 언어와 문화의 특성 등이 고려되어야 한다.

넷째, 이주자의 노년은 역사 · 사회 · 문화 · 철학 등에 배경을 두어 깊이 있게 고찰될 필요가 있다.

이러한 이주생애사의 이론적 근거는 기존의 생애사 연구를 따른다. 그리하여 먼저 총체적(통합적) 관점을 유지하고자 한다. 이는 연구참여자의 삶이 파편화되는 것을 방지하기 위함이며, 이야기들의 플롯을 만들기 위함이다. 이주자 개인의 삶의 이야기를 재구성할 범주를 마련하고, 삶에서 행해진 개인의 선택과 경험을 분석하여 이주생애사를 구성하고자 한다.

본 연구의 연구참여자들은 한국에서 태어나고 자랐으며, 성인이 된 후 간호사라는 직업을 통해 독일과 오스트리아, 스위스로 이주하여 거주국에 정주한 후 결혼한 여성들이다. 이들의 삶은 모국인 한국과 거주국을 연결하는 초국적 형태의 성격을 함축하고 있다. 그러므로 현대사회 이주자의 다층적 삶을 총체적으로 이해하기 위해 이주생애사를 위한 범주를 다음과 같이 구성했다. 첫째, 유년-청년기, 둘째, 이주와 결혼 시기, 셋째, 거주국의 적응기, 넷째, 노년의 삶이다. 그리고 이주생애사 분석은 다음의 과정을 따르고자 한다.

먼저 연구참여자들이 이주하게 되기까지의 과정을 살펴볼 영역으로 어린 시절부터 이주 전까지를 '유년-청년기'로 두어 설명하고자 했다. 이 시기에 연구참여자들의 가족생활, 부모님과의 관계, 기억하는 놀이 등의 경험을 통해 연구참여자가 삶에서 어떤 선택을 하고 그 선택의 기반이 되는 배경이 무엇인지를 이해하고자 했다. 그리하여 연구참여자들이 이주 후 실행하는 삶의 선택들과 환경이 어떻게 연관되는지를 살펴볼 것이다.

이주생애사 분석의 두 번째 분류기준은 '이주 후 결혼'이다. 이 시기는 이주 초창기로 거주국의 언어습득과 거주국에서의 병원 업무 적응, 그리고 이성으로부터 구애를 받았던 시기이고, 한국을 떠나 거주국 사회로 나아가는 중간 지점의 시기다. 이 범주에서 이주자로서의 삶을 시작할 때의 각종 갈등과 이를 극복하기 위한 개인의 시도가 나타난다.

세 번째 범주는 '거주국에서의 삶'이다. 이 범주는 연구참여자들의 사회활동, 결혼생활, 이혼, 자기 삶의 주도성, 경제적 안정기, 모국으로의 초국적 활동 등의 내용이 다루어진다. 이 범주에서는 연구참여자들이 거주국의 문화와 모국의 문화적 차이를 어떻게 수용하고 변용하는지에 관련한 내용이 포함된다. 또한 자녀를 위한 교육 경험이 이 범주에서 나타나고 분석됨으로써 이주자의 정체성 및 자녀의 정체성 형성과 협상 등의 내용이 나타날 수 있을 것이다.

마지막으로 '노년의 삶'에서는 이주자의 노년과 자녀 세대를 위한 활동, 거주국 구성원과의 친목, 자기성찰, 여가, 경제적 위기 및 안정 등에 관한 내용을 분석하고자 한다. 이를 개별적으로 살펴보면 다음과 같다.

1) 유년-청년기

흔히 현대를 '이주의 시대'라고도 한다. 이주가 빈번해지고 거의 모든 지역의 지구촌에서 다양하게 이루어지기 때문이다. 이러한 빈번한 이주 가운데 여성 이주는 지난 2010년 전체 이주의 49%에 이르렀고, 동아시아와 남미에서는 이미 여성 이주가 남성 이주를 추월했다(이지영, 2013). 캐슬과 밀러(Castles & Miller, 한국이민학회 역, 2013)는 현대이주의 특징을 여섯 가지, 즉 이주의 전 지구화, 이주의 가속화, 이주의 차별화, 이주의 여성화, 이주의 정치화, 그리고 이주 변천의 확산으로 요약했다. 그 가운데 이주의 전 지구화는 이주의 영향이 거의 모든 나라에 미치고 있음을 말하며, 이주의 여성화는 모든 이주 지역과 이주 유형에서 여성 이주자의 주요 역할과 특별함이 있음을 나타낸다. 이지영(2013)은 여성의 이주에서 노동이주가 가장 큰 비중을 차지한다고 했다. 파독 간호사의 독일과 오스트리아로의 이주는 한국 여성의 대규모 자발적 노동이주였다. 이 이주는 1960~1970년대에 이루어진 현상이지만, 현대사회의 거대한 조류인 이주 현상과 연결되어 있으며, 또한 대규모 여성 노동이주라는 점에서 현재 이주의 여성화 현상과 연결되고 있다.

개인이 이주를 실행하기까지 국제적 상황, 그리고 이주자 모국의 정치 · 경제 · 사회문화적 상황과 이주자 개인의 상황이 존재한다. 국제적 환경은 지구촌 노동환경의 변화나 거대자본의 이동, 전쟁 등과 같은 이유로 노동력의 흐름을 발생시키거나 중단시킨다. 이주자를 둘러싼 국제환경은 유입국과 송출국의 정치 · 경제 · 사회문화 상황에 영향을 줌으로써 노동자의 이주에 영향을 미친다. 그러므로 생애사를 살펴볼 때 이주자 개인의 환경과 아울러 국제적 환경, 유입국과 송출국의 정치 · 경제 · 사회문화 측면을 살펴보아야 한다. 이는 이주자의 환경이 이주생애사의 분석을 달리하게 되는 요소가 될 수 있기 때문이다. 이와 더불어 이주 전 범주에서는 이주자의 어린 시절과 가족관계, 이주 전까지의 성장기 과정을 살펴볼 수 있다. 이는 이주자의 삶을 이해하고 분석할 중요한 자료가 된다. 다음은 파독 간호사의 이주와 관련된 국제 · 국내 · 개인의 환경을 살펴보았다.

(1) 파독 간호사 이주의 국제적 요인

파독 간호사의 이주가 이루어지기 전까지 한국의 상황과 국제적 환경을 조망해보고자 한다. 해방 후 민주 정부를 수립한 한국은 재정의 상당 부분을 미국으로부터의 무상원조에 의존했다. 한국전쟁 이후 전후 복구자금도 마찬가지였다. 당시 미국은 전 세계적인 유동성 부족 현상을 해결하기 위해 의도적으로 달러를 해외로 방출했다. 그러나 1958년을 기점으로 서구 주요 통화의 태환성이 회복되었기에 달러에 대한 신뢰가 떨어질 것을 우려한 미국은 개도국의 무상원조를 유상원조로 전환하기 시작했다. 이 시기에 한국으로의 원조도 1957년 3억 8,920만 달러를 정점으로 점점 하향했고, 1959년 2억 2,220만 달러, 1961년 1억 9,910만 달러로 감소했다(정성화, 2013). 한국으로 향하는 미국의 원조가 줄어들 때 서독과 일본은 마셜플랜과 한국전쟁을 계기로 경제가 전쟁 이전 수준으로 빠르게 회복되었다. 그리하여 미국과의 무역에서 역조 현상이 나타나면서 독일은 세계 여러 나라로부터 경제적 연대 책임에 대한 압력을 받게 되었다. 따라서 이러한 문제를 해결하기 위해 서독과 일본은 한국을 비롯하여 개발도상국가에 대한 원조를 고려하게 되었다(노명환 외, 2014).

한국과 독일은 전후 나라가 분단된 점, 그리고 각각 공산주의 정권과 자유주의 정권이 통치하는 구조가 되었던 부분에서 유사성을 가졌다. 이러한 한국과 독일의 관계를 살펴보면, 1950년 한국전쟁이 발발했을 때 서독은 한국에 군사를 파병하지는 않았지만 1954년 2월 적십자병원을 통해 의료 부문을 원조했다. 그 후 1956년 양국 정부는 각국에 총영사관을 설치했고, 1957년 영사관을 공사관으로 승격한 후 1958년 공사관을 대사관으로 승격시켰다. 이후 1965년 2월에는 한독 투자보장협정이, 4월에는 한독 무역협정이 조인되었다. 이러한 긴밀한 교류의 바탕에서 광부와 간호사의 독일 이주가 이루어질 수 있었다(이애주 외, 2011).

독일은 1955년 12월 이탈리아와 노동인력 지원 협약을 맺은 것을 계기로 외국인노동자 취업 정책이 시작되었다. 그리고 이어서 주변 유럽 국가들, 그리고 터키와 국가적 협약이 체결되었기에 노동인력은 충분한 듯 보였다. 그러나 1964년 이후 고용 사정이 개선된 유럽지역에서의 노동자 유입이 현저하게 줄어들어 인력 수급에 어려움이 증가하기 시작했고, 1967년부터 1970년에 이르자 독일의 노동력 부족은 한계를 넘어선 형편이 되었다(나혜심, 2009). 그리하여 1950년대 말 병원이나 요양원 등에서 개별적으로 부족한 간호인력 수급을 위해 한국에 파견된 가톨릭 신부들에게 요청하여 한국 여성들의 개별적 독일 이주가 시작되었다. 그리고 이어서 1966년 한국과 독일 정부 사이의 공식 협정에 의한 파독 간호사 행렬이 본격적으로 이어졌다. 한국의 여성 간호인력이 독일 등지로 떠난 이주는 1975년 독일에 오일쇼크가 오면서 독일 정부에 의해 공식 중단되었다. 그러나 일부 기계약된 이주는 1976년까지 이어졌고, 이후 한국 여성의 공식 파독 간호사 이주는 막을 내렸다. 한국 여성 간호 노동자의 독일 이주가 이루어지기까지 초국적 상황은 미국의 한국에 대한 원조가 줄어들기 시작한 시점과 독일과 일본이 한국전쟁을 기반으로 하여 경제 대국을 향해 급부상하던 시기와 맞물린다. 당시 경제적으로 가파르게 성장한 독일은 국제사회로부터 한국 같은 개도국의 원조에 참여할 책임을 종용받았다. 그리고 독일 사회 내 노동력의 급감으로 인한 해외 노동력 유입의 필요성이 있었다. 이 시기에 한국과 독일의 교류가 활발히 진행되었고, 이러한 환경에서 파독 간호사 이주가 시행되었다.

(2) 파독 간호사 이주의 국내적 요인

간호사 또는 간호보조원으로서 한국 여성이 독일로의 이주 노동을 선택하던 시기의 한국은 정치적 격변기였다. 1960년 4.19에 의해 제2공화국이 수립된 후 1961년 제2공화국이 무너지고 군사정부가 들어선 상황이었다. 1960년대 초 한국은 농업 중심의 경제구조였고 1차 경제개발 정책이 시행되고 있었으나 높은 실업률로 인해 실업자를 수용할 기업이 없었으므로 사회문제가 되고 있었다. 이때 유휴 노동력의 해외유출은 국내 실업을 완화하고 외화획득의 목적도 이룰 수 있을 것으로 전망되었다(이애주 외, 2011). 이와 더불어 1차 경제개발정책을 실현하기 위해서는 추가적인 자본이 필요했고, 일본의 원조를 받기에는 국민의 정서가 맞지 않았다. 이에 한국의 군사정부는 서독으로 방향을 돌렸으며, 이를 통해 경제성장을 이루어 정치 안정과 정권의 정통성 확보를 도모하려는 목적이 있었다. 결과적으로 박정희 정권의 서독 선택과 광부 · 간호사의 파독은 미국 · 서독 · 일본의 저개발 국가에 대한 경제적 원조 책임과 서독의 노동력 입구 전략, 그리고 한국의 출구 전략이 시기적으로 국내외 환경과 맞아떨어진 결과라 할 수 있다(노명환 외, 2014). 광부와 간호사의 파독 당시 한국 사회는 전후 복구가 시급했고, 정권을 잡은 군사정부는 그들 자신의 정당성을 위해 경제 회복이 필요했다. 당시 한국은 전후 재건에서 상당 부분 미국에 의존했으나 미국의 원조가 대폭 줄어들면서 경제적으로 상당한 압박을 받는 현실에 처해 있었다. 이러한 시기에 파독 광부 · 간호사의 이주로 인한 실질적 외화 유입이 크지 않았다 하더라도 박정희 정권에는 매우 유용한 역할이 되었다. 그리하여 한국 사회에서 파독 간호사의 송출을 위한 사회 분위기 조성도 상당했다.

(3) 파독 간호사 이주의 개인적 요인

한국인 간호사의 파독 당시 한국 사회는 높은 실업의 형편에 처해 있었다. 1960년대 한국의 경제 수준은 세계 최빈국 상태였고, 해외여행 자체가 사회의 극소수 그룹이 누리는 특권을 의미하던 시기였다. 당시 서독의 1인당 GNP는 한국의 11배에 달했고, 경제 부국으로 인식되던 서방 선진국들은 한국에서 동경의 대상이었다. 한편, 서독 취업 중인 간호사를 대상으로 한 취업 동기에 관한 질문에 응답자의 53%가 경제적 이유를 들었고, 32%는 서구 사회의 동경을 이유로 들었다(심윤종, 1975; 노명환 외, 2014). 파독 간호사의 교육 정도는 고등학교 졸업자 65.7%, 대학졸업자 15.3%, 중학교 졸업자 20%였다. 나이는 21~25세가 48.5%로 가장 많았으며, 평균 연령은 25.9세였다. 이들 가운데 미혼이 82.1%였고, 기혼자는 17.9%였다. 이들의 이주 동기는 경제적 이유가 61.1%였고, 해외여행을 하기 위함이 31.6%로 나타났다(김조자, 1975). 이러한 파독 간호사의 이주에 관한 여러 조사를 통해 알 수 있는 것은 파독 간호사가 고등학교와 대학을 졸업한 여성이 80%가 넘는 고학력 여성들의 이주라는 특징이 있다. 그리고 이주 동기에서 경제적 빈곤으로 인한 동기가 높기는 하지만, 전적으로 그것만이 이유의 전부는 아니었다는 것이다. 빈곤 극복의 이유와 개인적 성취목표를 가지고 실행한 이주가 그 개인과 개인을 둘러싼 주변 인물들의 삶을 어떻게 변화시켜갔는지를 이주생애사를 통해 살펴볼 수 있다.

2) 이주와 결혼

파독 간호사로서 독일과 오스트리아로 이주한 한국 여성의 평균 나이는 20대 초반이었다. 이들은 처음에 3년 계약으로 이주했으나 3년이 지난 후에도 독일과 오스트리아에서 계속적으로 간호사를 필요로 했다. 그리고 한국 간호사의 업무 능력이 거주국에서 긍정적으로 평가받고 있었으며, 파독 간호사 개인도 체류 연장에 불만이 없었으므로 연장은 자연스럽게 이어졌다. 그리고 체류가 길어지면서 거주국 남성, 또는 거주국에 체류하고 있는 한국 남성과의 교제가 있었고 결혼으로 이어졌다. 결혼은 여성들의 삶에 새로운 장을 여는 계기가 되었다. 결혼은 여성이 부모를 떠나 자기 삶에서 주체가 되는 중요한 사건 가운데 하나다. 결혼을 통해 여성은 배우자와의 관계를 스스로 설정해나가야 하고, 자녀를 출산하고 양육한다. 그리고 그것은 가족의 형태가 세대로 이어지는 과정이 된다.

이희영(2014)은 결혼이주를 포함한 여성의 이주와 결혼은 신자유주의적 경제구조 혹은 개인의 단순한 공간이동으로 환원될 수 없는 복합적인 사회현상이라고 했다. 개인이 체화된 문화 양식들을 가지고 새로운 공간으로 이주하게 된다는 것이다. 이는 새로운 거주지역에서의 삶을 시작함과 동시에 다양한 규모와 차원에서 특정한 방식으로 새로운 공간이 생산되는 과정이라고 했다. 최종렬 · 최인영(2008)은 이주여성이 이주하기 전까지는 모국의 문화자원을 통해 행위전략을 구성하며 살아왔지만, 이주 후 그러한 행위전략이 통하지 않는 문제 상황에서 이를 해소하기 위한 새로운 행위전략으로 국제결혼을 선택할 가능성을 언급했다. 그러므로 그것은 이주여성이 결혼을 적극적으로 자신의 행로로 선택한 것으로 보아야 한다고 했다. 여성의 적극적 의지의 표출로 국제결혼에 이르렀으나 한국에서 국제결혼은 한인 여성에게 새로운 사회적 제약을 경험하게 했다. 정혜실(2007)은 한국 남성과 결혼한 외국 여성은 한국 사회로의 편입을 유도하지만, 한국 여성과 결혼한 외국 남성은 거주권, 노동권 제한* 같은 법적 · 제도적 차별을 둠으로써 타자의 위치에 둔다고 했다. 한국에서 국제결혼은 한국전쟁에 이은 미군의 주둔, 그리고 미군과 한국 여성의 결혼으로 이미지화되었다. 그리하여 이희영(2014)은 미군과 결혼한 한국 여성은 반도덕적으로 여겨져 질타의 대상이 되었으며, 이들은 오랫동안 한국 사회에

* 한국 여성과 결혼한 외국 남성의 거주권과 노동권 제한은 1997년 이후 개선되었다(정혜실, 2007).

서 드러나지 않았다고 했다. 그리고 해외에서 한국으로 유입한 결혼이주 외국 여성의 경우 한국 남성의 '돈' 때문에 결혼한 여성, 인권침해의 피해자, 국제적인 사기 결혼의 당사자라는 낙인이 재현되는 실정임을 나타냈다. 한국 사회는 이처럼 국제결혼에 관한 인식이 좋지 않음을 고려하여 최근 국제결혼 대신 '다문화가족'이라는 용어로 대체하려는 노력이 있다.

이러한 연구들이 나타내는 것은 여성의 이주와 이주한 여성의 결혼은 개인의 선택으로 인한 결과만으로 이해될 수 없다는 메시지다. 이주여성의 결혼으로 야기되는 개인적 삶의 변형, 거주국의 사회적 변화들, 그리고 기든스(Giddens, 1996)가 말하는 '낭만적 사랑'에 잠재된 사회적 억압 등에 관한 복합적 이해가 필요하다. 그리하여 이러한 이주와 이주 후 국제결혼을 통해 여성의 삶이 변형되고 새로운 전환점을 갖는 과정은 사회과학적인 측면에서 깊이 있게 관찰될 필요가 있다. 이주를 추동케 한 사회적 · 역사적 환경과 이를 선택하게 된 개인의 여건, 그리고 이를 살필 때 활용할 진화하는 사회학적 이론들은 이주생애사에 적용할 수 있다. 다양한 이론을 고찰하고 적용함으로써 여성의 이주와 결혼, 그리고 그 영향이 세대로 이어지는 현상에 관한 이해의 폭을 확장할 수 있을 것이다.

3) 거주국의 적응기

이주생애사를 분석하고자 할 때 거주국에서의 삶 부분은 이주자의 실질적 삶을 주로 다루게 된다. 이 시기는 이주 후 초기의 언어와 문화의 다름에서 오는 갈등을 어느 정도 해소하고 점차 거주국에서의 삶으로 들어가는 시기를 다룬다. 이때는 떠나온 모국문화의 정체성 강화와 거주국의 시민 정체성의 안정기다. 모국문화의 정체성을 강화하는 것은 이주자가 거주국에서 자신이 이주자임을 인지하게 되기 때문이다. 그러면서도 거주국에서 살아야 하기 때문에 거주국의 구성원으로서 적극적으로 행위하는 다양한 활동들이 이 시기에 다루어진다. 그리하여 삶에서 일어나는 여러 가지 차별과 편견, 문화를 기반한 제노포비아 등의 양상에 관련한 경험을 드러낼 수 있다.

이주자가 언어와 문화가 다르고 그에 따른 편견과 차별의 환경에서 어떻게 그들의 삶을 긍정적 또는 저항의 측면으로 나아가는지를 살펴볼 수 있다. 그러므로 '거주국에서의 삶' 범주는 이주생애사에서 핵심이 된다. 이주자는 거주국에서 살아내야 하는 삶의 과제를 가진다. 거주국에서의 삶이 안정되지 않으면 이주를 감행한 의미와 이주 이후의 삶이 보장되지 않기 때문에 치열하게 이 범주의 삶을 살아갈 것이다. 여기에서 이주자들은 자신이 살아온 삶과 살아가야 할 삶과의 괴리를 경험하고 이를 극복해내는 과정을 겪을 수 있다. 이주자가 거주국의 삶에서 극복해야 하는 것은 삶의 방식을 포함하여 언어, 문화, 가치관 등 삶의 전반적인 요소들을 말한다. 이러한 과정을 겪을 때 거주국 구성원의 전반적인 가치관이나 편견의 요소와 요인들에도 대응해야 한다. 또한 한국의 경우 정치적 · 이념적으로 대립하는 분단국가를 유지하고 있다. 그러나 독일과 오스트리아는 이념의 대립이 아니라 서로 다른 이념에 대해 이해하도록 개방적 태도로 다가간다. 그리하여 한국에서는 대립하는 이념논쟁이 거주국에서는 하나의 논리와 사상으로 존재하고, 그것을 어떻게 수용하거나 거부하거나 어떤 행태를 취하는 것은 개인의 책임이다. 이러한 정치적 태도에 관한 이주자의 반응도 이주생애사에서는 중요하게 다루어진다. 여기에 종교적 특성 또한 이주생애사에서 간과할 수 없는 요소다. 종교는 인간이 가장 첨예하게 대립하는 요인이다. 종교는 인간에게 종교적 절대가치와 인간으로서 가장 선한 것을 추구할 것을 가르치지만, 그에 반해 서로 다른 종교의 절대가치가 상충하게 되면 인류에게 인간의 무지함과 참혹함의 끝을 고통스러운 유산으로 남기기도 한다. 이주생애사에서는 이주자의 종교와 거주국의 종교가 상충하게 될 때 이에 대한 상생의 길을 이주자 개인의 행위를 통해 살펴보고자 한다. 즉, 이주자의 행위에 나타난 거주국의 정책과 거주국에서 상생하기 위해 노력하는 이주자 개인의 선택과 결과를 살펴볼 수 있다.

이와 더불어 이주자가 거주국에서의 안정을 기반으로 모국으로의 연계를 활성화하고, 거주국에서 충족되지 않은 정서적 외로움을 모국으로의 연계를 통해 해소하는 부분도 이 영역에서 다루게 된다. 거주국을 기반으로 모국이나 제3국으로 이어지는 초국적 이주자의 활동이 이주자의 삶에 미치는 영향을 아울러 살펴볼 수 있다. 이때 이주자의 삶을 살펴볼 수 있는 이론적 근거는 초국가주의, 디아스포라, 인종주의, 정체성에 관한 이론 등이 있다. 이러한 이론들은 이주자를 다양한 측면에서 이해하는 서로 다른 관점을 제시하며, 이주자를 대하는 거주국 구성원에 관한 관점을 함께 제시한다. 그러므로 이주자와 이주자가 살아가는 거주국 구성원 모두에 관한 이해를 통해 한인 여성의 이주생애사에 관한 이해를 도출할 수 있을 것이다.

4) 노년의 삶

'이주자에게 노년은 어떠한 삶의 변화를 가져오는가?'에 관한 관점이 이 부분에서 분석된다. 일반적으로 노년은 개인에게 신체적으로 기력이 쇠하고 에너지의 부족을 감지하는 시기라고 볼 수 있다. 이와 아울러 심리적으로 상실감과 고독감, 우울감을 가질 수 있으며, 가족 안에서 위계의 구조가 변화되는 시기다. 가정에서 부모로서의 권위는 성장하는 자녀들에게 리더로서의 자리를 이양하는 구도가 되면서 이에 따른 심리적 위축감을 가질 수 있다. 경제적으로는 수입이 줄거나 중단되면서 긴축이 필요하게 된다. 또한, 은퇴 등으로 사회적 관계의 축소가 일어나고 사기가 저하되거나 사회적 기여에 참여하는 것이 줄어드는 시기다. 일반적인 노년의 상태가 이러하다면 이주자는 이에 더하거나 덜한 요소가 무엇이 있는가에 관한 것을 이주생애사를 통해 살펴볼 수 있다. 이주자들은 거주국에서 생을 살아오면서 자연스레 노년에 이르고 그러한 노년을 어떻게 준비해왔으며 어떻게 살아가고 있는지를 살펴볼 필요가 있다.

한편, 파독 간호사들은 이주하고 정주함으로써 그들 자녀 세대에게 첫 조상이 된다. 민족적 · 문화적으로 거주국과 다른 점을 가진 한국에서 이주해온 시조 할머니로서 자녀 세대에게 무엇을 남기거나 전수하고자 하는가에 관한 것도 찾을 수 있을 것이다. 노년의 경제 상태, 여가, 치매 같은 질병, 2세대에게 한국인의 정체성을 전하기 위한 행위들, 자녀의 한국 문화적 행위, 삶에 대한 성찰적 태도 등을 노년의 삶에서 다룰 수 있다.

5) 이주생애사의 분석 범주

지금까지 이주생애사를 분석하기 위한 범주를 네 가지(유년-청년기, 이주와 결혼, 거주국의 적응기, 노년의 삶)로 구분하여 명료화했다. 제시한 네 가지 범주는 이주자의 삶에 대한 총체적 관점 유지에 초점을 두었다. 총체적 맥락의 유지는 이주자가 아닌 사람이 이주자의 삶을 이해하고자 할 때 파편화되는 것을 피하려는 데 목적이 있다. 이주생애사 분석을 위한 위의 네 가지 범주는 이주가 있기까지 개인을 둘러싼 국제적 · 국내적 · 개인적 환경을 정치 · 경제 · 사회문화 측면에서 살필 목적으로 구성했다. 여기에 이주자의 생애를 바라보는 다양한 이론을 적용하여 이주자의 삶을 이해하는 기반으로 활용하고자 했다.

파독 간호사는 한국 여성의 대규모 해외 노동이주라는 점에 특색이 있다. 당시 기득권 계층만이 가능했던 해외 출국이 사회적으로 빈곤계층에 있던 여성들에게 가능했던 것, 그리고 그 여성들이 독일과 스위스, 오스트리아로 이주하는 것은 사회적으로 큰 이슈였다. 선진 서방국가로의 여성 이주와 이들이 받게 될 높은 임금 등은 더 많은 관심의 대상이 되었다. 이러한 한국 여성 노동자의 해외 이주는 1950년대 말부터 1976년까지 이루어졌다. 이주는 송출국과 유입국의 국가 경계를 넘는 것뿐 아니라 국경을 사이에 두고 생활 공유는 물론 문화, 세계관, 인식 등에서 두 문화의 동시적인 향유, 고수, 유지를 의미한다(노명환 외, 2014). 이주는 개인적 차원에서 보았을 때 두 문화의 공유이지만, 사회적 차원에서는 이주자의 유입으로 인해 적응 문제가 발생한다. 오늘날의 이주는 어느 한 국가에 해당하는 일이 아니며, 지구촌 전체에 영향을 미치는 공동체적 의미를 지닌다. 그런 이유에서 해외에 이주노동자로 건너간 파독 간호사의 이주생애사 연구는 더욱 다양하고 다층적으로 연구되어 풍부한 자료를 수집할 필요가 있다. 이러한 자료는 세계화 현상에서 우리의 삶을 반추할 중요 요소가 될 것이기 때문이며, 파독 간호사의 이주는 그들의 자녀 세대가 자라나고 있으므로 역사성을 지니고 있고, 현재 진행형의 의미와 다음 세대로 연결되는 미래성이 있다.

이주는 개인적 차원과 이주를 보내는 송출국 차원, 그리고 이주를 유입한 유입국 차원에서 서로 다른 관점을 가진다. 이주자들은 이주 후에도 모국과 거주국을 오가는 양상을 지속하는 행태로 인해 그들과 연계된 사회와의 정치 · 경제 · 사회문화의 공유와 연계가 일어난다. 이에 더하여 여성의 이주와 거주국 정주는 다음 세대로의 연계를 가지기에 더욱 중요한 의미가 있다. 그러므로 본 연구에서는 파독 간호사의 이주가 이루어지기까지의 총체적(국제, 국내, 개인) 환경과 이주의 영향, 그리고 이에 대처하는 개인의 노력을 살펴보고자 했다. 이주생애사 분석은 다음 〈표 2-1〉과 같다.

〈표 2-1〉의 이주생애사 분석 범주는 개인의 생애사를 총체적으로 이해하기 위해 역사적 순차성을 바탕으로 구성했다. 그리고 이주 전 유년-청년기를 살펴보는 것은 어린 시절의 특성이 생애사 전체에서 어떻게 발휘되는지를 살펴볼 때 유용할 것이다.

〈표 2-1〉 이주생애사 분석

구분	분석요인
유년-청년기	이주를 추동케 한 요인(국제적, 국내적, 개인적)
이주와 결혼	결혼으로 야기되는 개인적 · 사회적 삶의 변화
거주국의 적응기	- 왕성한 활동기 - 자문화 정체성과 거주국에서의 안정기 - 초국가주의, 디아스포라 - 이주와 정체성 - 한인 이주여성의 삶이 모국과 이주국에 미치는 영향 - 자녀 세대를 길러냄
노년의 삶	- 삶을 되돌아봄 - 거주국 정착 - 후손의 정체성에 영향을 미침 - 신체적 질병

파독 간호사의 이주는 20대 초 · 중반에 이루어진 경우가 많으므로 이주 후 결혼으로 이어진 경우가 많았다. 결혼 선택과 그에 따른 영향, 그리고 거주국 사회로의 적응 노력이 시작되는 시기다. 이주 후 거주국 남성과의 결혼은 실질적 이주자의 삶으로 나아가는 전환점이 되므로 이를 고찰하고자 했다. 한편, 거주국의 삶에서는 자녀의 출산 및 육아와 교육이 있었으며, 직업에서 숙련되고 적응하면서 삶의 안정기로 이어졌다. 이 시기에는 이주자 정체성과 어머니 됨, 모국 방문 등이 이루어지면서 새로운 이주자로서의 정체성 형성을 살펴볼 수 있을 것이다. 또한, 거주국에서 삶의 안정은 그 사회에서의 다양한 활동으로 연결될 것이다. 이주자의 삶에서는 한인 여성 이주자의 모국 연결과 거주국에서의 사회활동, 그리고 다음 세대를 위한 정체성 연결 등에 대해 살펴보고자 했다. 마지막으로 이주자의 노년을 통해 노년과 이주의 의미를 살펴보고자 했다. 다음은 파독 간호사에 관해 살펴보았다.

2.
파독 간호사

2017년 6월 27일부터 9월 3일까지 서울역에 있는 서울역사박물관에서 파독 간호사들의 삶에 관한 전시회가 있었다. 이 전시회는 파독 간호사가 이주하게 된 당시의 상황, 간호사들의 이주와 삶에 관한 증언, 사진, 간호사 복장 등의 자료들이 이주, 젠더, 분단, 이념, 상호문화 등의 주제에 따

출처: 서울역사박물관

[그림 2-1] 파독 간호사의 삶과 역사 전시회

라 다채롭게 전시되었다. 이들의 이주가 1950년대 후반에 이루어졌으므로 약 60년에 가까운 세월이 지난 후에도 이들의 삶의 이야기는 한국과 독일에서 여전히 현재 진행형이다. 파독 간호사의 노동이주가 어떻게 생성되고 실행되었는지를 살펴보았다.

1) 여성 이주

1950년대 말부터 1970년대 중반까지 한인 여성들이 독일로 간호사가 되어 취업 · 이주한 일은 당시 환경에서 흔한 일은 아니었다. 캐슬과 밀러(Castles & Miller, 한국이민학회 역, 2013: 238)에 따르면 1970년대 후반까지만 해도 아시아 여성들의 노동이주는 거의 없었고, 1990년대에 이르러서 여성 노동이주의 통계적 우위가 표면에 드러나기 시작했다. 당시 인도네시아는 이주노동자 중 81%가 여성이었으며, 사우디아라비아에 도착한 남성 이주자 1명당 여성 이주자가 12명에 달할 정도로 여성 이주자가 수적 우위를 차지했다. 필리핀 출신 이주노동자의 경우 여성의 비율이 1992년 50%에서 1998년에는 61%로, 그리고 2006년에는 72%로 증가했다.

한인 여성들은 일제 강점기에는 일본으로, 한국전쟁과 휴전이 이루어졌던 당시에는 미국으로, 그리고 산업화 시기이던 1960~1970년대에는 독일 등지로 이주했다. 아시아 여러 나라의 여성들도 세계 경제의 흐름에 따라 아시아에서 서방국가로 이주가 이루어졌으며, 최근에는 아시아의 경제적 저성장 국가에서 삶의 여건이 더 나은 아시아의 다른 나라로 이주의 흐름이 이어지고 있다. 여성들의 이러한 이주 형태는 노동이주뿐만 아니라 국제결혼도 주목되는 이주 현상의 하나다. 이에 더하여 유학과 정주,

이민 등의 이주에도 여성들이 포함되어 있다. 이 가운데 본 연구에서 주목한 것은 여성의 노동이주와 국제결혼이다.

여성의 노동이주는 첫째, 경제적 빈곤 현장에서 여성들이 자신의 삶을 더 나은 환경으로 변화하기 위해 기존의 터전을 떠나는 현상을 일으킨다. 그리고 그 영향은 여성 이주자와 그 여성의 가족(친정이나 자녀들), 그리고 이주여성이 소속되었던, 또는 소속될 사회와 국가에 영향을 미친다. 둘째, 여성의 이주는 이주의 영향이 그들의 자녀를 통해 다음 세대로 연결되는 고리가 되며, 이주자의 정체성에 관련한 이슈 또한 다음 세대로 이어지기에 여성의 이주는 이주사에서 그 무게를 더한다.

노동이주를 떠난 여성 이주자들은 이주국에서 소수 그룹에 속하며 사회적 타자의 위치에 있다. 김민정 외(2021)는 미국이나 유럽으로 이주한 동아시아의 이주자들에 대한 거주국 사회의 평가는 '모범적 소수자' 또는 '조용하고 근면하며 법을 준수한다'라는 이미지이며, 거주국의 주류사회에 성공적으로 편입한 것으로 인정되고 있다고 했다. 그러나 실상은 독일을 예로 들어 독일에 거주하는 외국인이 외모의 차이에 의해 인종적으로 배제됨을 말하고 있다. 또 다른 선행연구들에서는 독일에 이주한 한인 여성 노동자들이 겪는 어려움은 인종주의에 의한 차별, 편견과 아울러 그들의 삶에서 겪는 크고 작은 문화 갈등과 적응, 그리고 가치관의 변화와 정체성의 변화 등에서 많은 어려움에 처해 있음을 보여주었다(양영자, 2016; 유정숙, 2017; 남혜경 · 김영순, 2018). 한편 김미경(2004)은 한국으로 이주한 외국 여성 노동자들이 열악한 노동조건과 인권침해, 문화적 충돌과 소외감에 노출되어 있음을 나타냈다. 그리하여 화폐나 권력처럼 탈언어화된 도구에 의한 통합의 시도가 아닌 의사소통적 합의로 나아가는 것이 대안이 될 수 있다고 주장했다.

이주노동자로 국경을 넘은 여성들의 직업은 전문직도 있으나 일반적으로 저임금과 열악한 노동환경에 처하는 경우가 월등하게 더 많다. 그 때문에 여성들은 인종적 편견과 차별, 인권침해, 정체성 갈등 등에 노출되어 있으며 이를 해결하기 위한 개인의 적응이 지금도 지구촌 곳곳에서 계속 진행되고 있을 것이다. 이러한 여성 이주에 관한 연구는 우리 모두의 고정된 인식에 변화를 가져올 것이기에 여성 이주에 관한 다양한 연구가 지속되기를 기대한다.

2) 한국 여성의 노동이주

한국 여성이 간호사가 되어 이주하던 독일은 1950년대 중반에 이르러 유례없는 경제적 호황을 맞이하면서 극심한 노동력 부족 현상을 겪었고, 이를 외국인 손님노동자의 유입을 통해 해결하려 했다. 한국인 노동자들도 이 시기에 독일에 유입되었으며, 업종은 광산과 병원, 결핵 요양원, 양로원 등과 관련되었다. 그 외에 양말공장이나 초콜릿공장 등에 기술 실습생 명분으로 가기도 했다. 당시 한국 사회는 한국전쟁 이후 열악한 복구 과정에 있었고, 정치적으로는 군사 쿠데타가 일어났으며, 경제적으로는 국가 주도의 경제발전을 이루기 위해 외화 유입이 필요했던 시기였다. 당시 국가 경제의 어려움은 높은 실업률로 나타났고, 젊은 여성들에게는 교육과 취업의 기회가 좀처럼 주어지지 않았다. 가정경제의 어려움 속에서 같은 경우라면 남자 형제에게 먼저 교육의 기회가 있었고 여성은 배제되었던 현실은 여성들이 이주를 선택하는 동기가 되었다(정성화, 2013).

서독은 1955년 이탈리아를 시작으로 총 8개국과 국가 간 양해각서를 체결하여 공식적으로 외국 인력을 유입했다. 양해각서는 계약 기간만 독일에 근무하고 계약 만료와 동시에 본국으로 돌려보내는 순환 원칙에 기반했다(윤서옥, 2018). 한국인 간호인력의 파독은 크게 3단계로 구분된다. 첫째는 1950년대 말부터 1966년 1월까지 민간 주도기가 있다. 둘째, 1966년 3월부터 1969년까지 민관에 의한 파견 병행기가 있다. 셋째는 1970년부터 1976년까지의 제1차 및 제2차 간호 협정에 의한 정부 주도의 파견기다(파독 광부백서, 2009; 이애주 외, 2011). 민간에 의한 한국 간호사의 파독은 1950년대 후반부터 시작되었다. 이 일은 처음에 독일의 가톨릭 신부들, 개신교 계통의 신자들과 본(Bonn) 대학의 의과대학생 이종수, 마인츠(Mainz) 대학 이수길 박사의 주선으로 이루어졌다. 이후 서독에서 간호사의 지속적 수요가 있었으며, 1966년부터 한국해외개발공사에서 간호사 송출을 전담했다. 진실 · 화해조사위원회(6차 보고서)의 자료에 의하면, 당시 파독 간호사의 규모는 1만 1,057명으로 기록되었다(진실 · 화해를위한과거사정리위원회, 2008).

이러한 파독 간호사의 이주는 한국과 독일 사회에 다양한 영향을 미쳤다. 1960~1970년대에 있었던 파독 간호사는 19세기 후반기부터 지속한 한민족의 디아스포라 이주의 연속선상에 있었고, 한국전쟁 후의 경제적 빈곤으로 추동되었다. 또한, 이 일은 진실 · 화해를위한과거사정리위원회에 의해 한국 경제발전에 공헌한 것이 인정되었으며, 서독의 지속적 경제발전에도 상당한 공헌을 했다. 아울러 한인 간호사의 이주는 유럽과 북미의 한인사회 형성에 중요한 계기가 되었다. 파독 간호사의 업무 형태는 미국 같은 전문직이기보다 비전문직 돌봄노동의 형태를 포함했다. 그리하여 이 영향으로 한국에 간호조무사 제도가 정착되는 영향이 있었다(이애주 외, 2011). 독일에 이주한 한국 여성들은 반공 이데올로기는 물론 여성해방 의식이나 소수자 문제 등에 대한 인식의 전환을 경험했다. 1975년 독일은 외국인 고용중단을 선언하고 외국인 간호사에 대해 해고와 귀국 조치를 단행했다. 한인 간호사들은 이에 항의하여 체류권 획득을 위한 투쟁을 했고, 서베를린이 그 중심지였다. 이를 계기로 결성된 재독 한국 여성 모임의 주요 활동지였던 베를린의 여성들은 정치 · 사회적 운동에 적극적으로 참여했으며, 다른 한편으로는 지역사회와 소통하기 위한 문화 활동에도 활발하게 임했다(서울역사박물관, 2017).

1950년대 말부터 1970년대에 파독 간호사에 대한 인기가 높았던 이유 가운데 하나는 높은 소득에 있었다. 한국인 간호사들은 오전, 오후, 야간반 등으로 나뉘어 근무했고, 기숙사에 거주했으며, 휴가 때는 아르바이트를 했다. 그러나 독일 사회에 적응하는 데는 언어장벽, 외로움 등의 어려움이 있었다. 의사소통을 위해서는 상당한 시간이 필요했고, 근무 후 독일어 공부를 위해 단어를 외우거나 스터디를 하고 시민대학이나 문화센터에 등록하여 배우기도 했다(김용출, 2015). 한편, 한인 간호사들은 근무형태에 따라 다수의 갈등이 발생했고 적응 문제가 제기되었다. 당시 한인 간호사가 고용주를 변경하는 것이 불가능한 것은 아니었으나 법적으로 많은 제약이 뒤따랐다. 그리고 무엇보다 심각했던 문제는 생활과 근무조건에 대한 정보가 매우 부족했던 점이다(유정숙, 2017). 한국 간호사의 적응 문제는 특히 요양원에서 심각하게 발생했으며, 이유는 업무에서 돌봄노동이 중심이었기 때문이다. 한국은 간호사가 전문직이지만, 독일은 전문직과 돌봄노동이 혼재되어 있기에 처음에 한국인 간호사들은 독일 병원이 자신들에게 일부러 청소 등을 배정한다고 여겼다. 이와 더불어 한국 여성들의 작은 체구는 육체적으로 힘든 일을 감당하기에 적합하지 않았으며, 이 외에도 언어 적응과 소통의 문제, 문화차이에 의한 문제 해결방식의 다름이 있었고, 이로 인해 불이익을 당했다. 상황이 이와 같았음에도 파독 간호사는 한국에서 큰 호응을 일으켰다. 진실 · 화해를위한과거사정리위원회(2008)에 따르면, 1975년 1월 1일부터 4~5년 지속하는 2차 송출 계약이 체결되었다. 그러나 이러한 파독 간호사 송출에 제동이 걸린 데는 다음과 같은 원인이 있었다. 첫째, 초기 간호사들의 좋은 이미지에 반해 시간이 지나면서 한국 간호사들이 제3국으로 무단이탈하는 등 부정적 이미지가 축적되었다. 둘째, 한국 간호사의 송출로 인해 한국 국민의 보건에 지장을 초래하고 있다고 판단한 서독의 노조와 정부는 한인 간호사 유입중단 의지를 강력히 표명했다. 셋째, 1974년 서독 내에서 간호사의 임금이 11% 상승함에 따라 독일 여성들이 대거 간호사직에 진출하게 되었다. 또한, 독일 측에서 임금이 한국보다 저렴한 필리핀이나 아프리카 등 저개발국가의 간호사를 고용하는 쪽으로 정책을 바꾸었다. 이러한 영향으로 1976년 70명을 마지막으로 파독 간호사는 공식적으로 막을 내리게 되었다.

한편, 1966년부터 독일에 파견된 한국 간호사들의 성실함과 근면성은 주변국인 오스트리아도 한국에 간호사를 요청하는 결과를 가져왔다. 이에 1차(1972년 8월 27일) 빈 대학병원에 20명, KFJ Spital(Kaiser Franz Josef Spital) 20명, 라인츠 병원 10명 등 총 50명, 2차(1973년 5월 31일) AKH 20명, 룽겐하일슈테테 결핵 요양원(현재 오토 바그너 병원) 30명 등 50명, 두 그룹을 합하여 총 100명이 오스트리아로 파견되었다(재오스트리아 한인연합회, 2012). 그리고 국사편찬위원회(2013)에서는 스위스에 간호사로 이주한 한인 여성은 1968년 11월 13명, 1972년 54명이 베른의 인셀 병원에 취업했다는 기록이 있다. 이들 또한 1960년대 파독 간호사가 독일에 대거 유입되어 호평을 받던 과정에서 스위스 병원이 고용했다. 오스트리아에 이주한 한국 여성들의 이주 동기는 독일로 이주한 간호사들과 마찬가지로 가족과 동생들을 지원하기 위한 경제적 이유와 더불어 선진국을 향한 동경이 있었다. 그리고 이와 아울러 남성 중심인 한국 사회에서 벗어나 여성으로서 자립과 독립을 추구하고 자유로움을 찾으려는 열망에서 시작되었다.

한국 간호사들은 1972년 프랑크푸르트 공항에 도착하여 그곳에서 스위스, 독일, 오스트리아로 나뉘었다. 당시 오스트리아로 온 50명의 한국 간호사들은 빈 공항에 도착하자 첫 아시아 취업자로 신문 기자들과 각 병원 원장들의 환영 인사를 받았다. 이들 파독 간호사들은 한국의 간호사 월급보다 훨씬 많은 금액을 받았지만, 그만큼 견뎌야 했던 어려움도 많았다. 제일 큰 것이 의사소통이었다. 거주국의 나이 많은 환자나 간호사는 오스트리아 빈 사투리를 많이 사용했고, 독일어 사전에 나오지 않는 단어들도 너무 많았다. 종일 잘되지 않는 독일어를 사용해야 하거나 육체적으로 지친 상태에서 입에 맞지 않는 음식을 먹어야 하는 것도 고역이었다. 더욱 어려웠던 것은 사람들과의 관계였는데, 독일어를 잘하지 못한다는 이유로 담당이 아닌 일을 떠맡거나 억울한 누명을 썼을 때도 부족한 독일어로 반론을 제기하지 못했다. 그렇지만 한국 사람들은 예의 바르고 책임감이 있었기에 서서히 인정받게 되었다. 1975년 한국에 홍수가 났을 때 30명의 파독 간호사들이 100실링씩 모아 3천 실링을 한국대사관에 전달했고, 크리스마스에는 병원 환자들을 위해 한복을 입고 캐럴을 불러주기도 했다(재오스트리아 한인연합회, 2012).

3) 파독 간호사의 정주와 결혼

파독 간호사의 정주와 국제결혼을 살펴보면 다음과 같다. 1970년부터 1981년까지 1,622쌍의 독일인과 한국 사람이 결합하여 부부가 되었고, 그 가운데 90%가 한국인 여성과 독일인 남성의 결합이다. 한국인과 독일인 부부 사이에서 태어난 자녀는 1,427명이며 모계가 한국인인 경우가 대부분이다. 국제결혼가정의 자녀들은 독일에서 태어나고 자랐기 때문에 한국어 구사에 능숙하지 못하며 정체성의 혼란을 겪는 경향이 나타났다(유정숙, 2017). 독일 남성과 한인 여성의 결합은 서로 다른 문화의 결합이기에 가족관계 안에서의 갈등과 갈등 조정의 필요를 가져왔다. 또한, 두 국가의 발전 정도가 달랐기 때문에 이에 따른 세계관에서 차이를 나타냈고, 특히 정치와 교육에서 두드러졌다. 철저한 반공 교육의 영향을 받은 한인 간호사들은 사회주의나 사회단체 등 사회 비판적인 목소리에 거부감이 강했던 반면, 독일 남성은 이념의 차이에 대해 상대적으로 관대한 성향을 나타냈다. 자녀 교육에서도 한국 여성이 높은 교육열과 치열한 경쟁을 일반화하는 데 비해 독일 남성은 그에 대해 한국인 아내보다 자유로운 태도를 나타냈다(김용출, 2015). 음식 적응에 있어서 국제결혼가정의 당사자들은 모두 배우자 나라의 음식에 적응해야 하는 특성을 나타냈다. 또한, 식탁예절과 문화가 달랐으므로 남편과 아내는 서로의 문화에 적응하고 협력하는 것이 필요했다(손대원 · 윤서옥, 2017). 크게 보았을 때 상호적응이지만, 좀 더 미시적으로 살펴본다면 독일의 생활 문화에 한국 여성들의 동화라는 측면이 더 일반적일 것이다. 국제결혼가정의 이혼 비율이 상대적으로 높은 이유는 언어와 문화, 그리고 관습의 차이를 극복하지 못하는 경우가 많기 때문이다. 그러므로 국제결혼 커플의 경우 거주국의 제도와 법률에 대한 이해를 높여 불이익을 받지 않게 해야 한다는 지적을 한다(국사편찬위원회, 2013).

오스트리아 빈에서는 2008년 한인 국제결혼 여성들의 친목 도모 및 정보교류를 위해 빈 국제부인협회 '나오미'를 결성했다. 이 단체는 2009년 오스트리아 정부로부터 정식 인가를 받았다. 나오미는 성서 최초로 이방인과 결혼한 아들을 둔 여성이어서 이를 협회의 특징과 배경을 함축하는 이름으로 삼았다. 원래 성서상의 결혼이주여성은 룻이지만, 발음하기 편한 '나오미'로 명명했다고 한다. 오스트리아에는 현재 160가구의 국제결혼가정이 있는 것으로 추정하며, 나오미에는 약 80명 내외의 회원들이 참여하고 있다. 나오미는 다음의 네 가지를 중점사업으로 추진한다. ① 어린이 한글 놀이방, ② 가정 지원 무료상담센터, ③ 음식 만들기, ④ 워크숍이다. 이 가운데 특히 한국인으로서 자긍심과 정체성을 위해 한글 교육에 가장 큰 초점을 맞춘다. 나오미는 국제결혼 여성들에게 마음의 친정이 되기를 희망한다(재오스트리아 한인연합회, 2012).

국제결혼가정은 언어, 문화, 가치관, 정치의식, 관습의 차이, 자녀 양육 등 삶의 많은 부분에서 어려움을 가진다. 한인 국제결혼 여성들은 문화와 문화 사이에 존재하며, 문화를 연결하거나 새로운 문화를 창조하는 주체이지만, 특별히 주목받지는 못했다. 이들의 존재가 있었기에 거주국의 구성원들은 한국을 더 가깝게 이해할 수 있었으나 그러한 한인 여성들의 행위는 잘 알려지지 않았다. 그러므로 한국 사회의 구성원은 해외에 거주하는 한인 여성들의 삶을 이해하지 못하며, 노년의 재외한인 여성들 또한 한국에 대해 미디어로만 접하여 한국 사회와의 소통에 한계점을 가진다. 한국 사회가 재외한인의 삶을 이해하는 것은 현대사회의 다양성에 관한 이해를 풍성하게 하는 요소가 될 것이다. 따라서 본 연구에서는 파독 간호사 출신 한인 여성들이 국가와 민족의 경계를 넘어 그들의 생애 전반을 어떻게 살아왔는지를 살펴보고자 한다.

3장

김혜정의 이야기: 가방 하나 들고 떠난 이주

1.
유년-청년기

1) 나의 어머니

"울 어머니가 여장부세요. 어렸을 때 아버지가 운수업을 하셨어요. 시골에서 그때 당시에 트럭 두 대 운전사를 두고 하셨기에 당시에는 유지셨어요. 우리 어머니가 서울분이셨어요. 서울 혜화초등학교 나오시고 일제 강점기 때 산파 교육을 받으신 분이에요. 그러니까 교육을 많이 받으신 분이에요. (중략) 엄마가 여섯 명을 대학을 다 보냈잖아요. 삯바느질로 대학을, 여섯을 다 키웠으니 얼마나 힘드셨겠어요. 어머니가 보통분이 아니셨어요."

김혜정이 기억하는 어머니는 교육을 많이 받았으며, 여장부처럼 어려운 환경에서도 절대 낙담하지 않고 목표한 것을 해내는 특성을 가진 분이다. 이것이 그녀에게 어떤 의미일까. 어머니는 서울 혜화초등학교를 졸업했고 일제 강점기에 산파 교육을 받았다. 그리고 후에 일본의 한 대학의 의과대학에 자리가 생겨 그곳으로 유학하려고 했으나 어린 남동생을 두고 차마 일본 유학을 실행하지 못했다. 외할머니는 어머니가 어릴 때 돌아가셨고, 그때 어린 남동생을 어머니가 키웠다. 자신이 일본으로 유학을 떠나고 나면 혼자 남을 남동생이 눈에 밟혔기에 결국은 자신의 꿈을 접었다. 그리고 의사가 되려던 꿈은 그야말로 꿈으로 남았고, 그것은 어머니가 평생 책을 손에서 놓지 않은 이유가 되었던 것 같다. 그리고 혼기가 되어 아버지를 만나 결혼했다. 서울에서 살았던 어머니는 아버지와 결혼하여 시골에 왔으나 시골 아낙처럼 살지 않았다. 어머니는 솜씨가 좋았기에 여섯 자녀의 옷을 직접 만들어 입혔다. 그리고 그 옷이 당시 아이들이 흔하게 입고 다니던 한복이 아닌 양장 형태였고, 디자인이 현대의 의류 디자인에 견주어도 손색이 없을 정도였다. 여름이면 어머니는 서울이나 인천에 가서 순모 털실을 사다가 아이들의 옷을 손뜨개로 짜서 겨울에 입혀주었다. 아이들이 많아 집은 항상 할 일이 많았기에 어머니의 일을 도와주는 아주머니가 있었다. 아버지가 갑작스럽게 사망한 후 어머니가 삯바느질로 6남매 모두 고등학교를 졸업시켰고, 그중 딸 셋은 한국에서 대학에 보낼 만큼 의지가 굳은 분으로 기억한다. 그리고 어머니가 삯바느질로 생계를 이을 때 한 번도 고객과의 약속을 어기거나 못해낸 적이 없었다고 했다. 그것은 김혜정이 이주자로서 독일에서 살아갈 때 그녀의 업무처리 방식에 영향을 주었다. 일에서 자기의 역할을 다해내는 것을 어머니에게서 배웠다. 어머니가 많이 배운 분이었다는 점과 시골에 살면서도 시골의 아낙처럼 살지 않고 시대를 앞서나가는 옷 디자인을 아이들에게 만들어 입힐 만큼 부지런하고 감각이 있었던 점, 그리고 남편 사망 후 혼자 자녀들을 교육하고 먹이고 입힌 강인함은 김혜정에게 하나의 닻과 같은 역할이 되었던 것 같다. 힘들고 고된 이주자의 삶을 살아갈 때 어머니가 보여주었던 삶의 모범은 그녀가 스스로에 대한 자존감을 높이는 동력이 되었다.

[그림 3-1] 6남매

위 사진의 6남매는 김혜정의 언니들과 동생들이다. 가운데 앉아 아기를 안고 있는 사람이 큰언니이고, 큰언니의 무릎에 앉은 아기는 막내 남동생이다. 큰언니의 왼쪽에 줄무늬 상의를 입고 서 있는 아이가 김혜정이다. 큰언니는 아버지가 돌아가신 후 홀어머니와 동생들 다섯을 두고 시집갈 수 없어서 평생을 홀로 지냈고, 월급을 봉투째 모두 어머니께 드렸다. 김혜정은 그런 큰언니에게 항상 감사함과 미안한 마음을 가지고 있다. 사진의 제일 뒤쪽에 있는 아이는 김혜정의 둘째언니이며, 그녀는 일찍 시집을 갔다. 그리고 사진 앞쪽의 두 여동생은 김혜정이 독일에 이주한 후 학비를 지원하여 자립하도록 도왔다. 특히 사진 맨 앞줄의 왼쪽에 있는 여동생은 피아노를 특히 좋아했고, 그 여동생이 고등학교 다닐 때는 종이에 피아노 건반을 그려놓고 엎드려 자면서도 연습하는 모습을 보았다. 그리하여 김혜정은 그 여동생이 피아노를 공부할 수 있도록 독일에서 번 돈으로 지원했다. 그 결과 여동생은 교육대학 음악교육과에 진학했고, 현재 중·고등학교 음악 교사로 재직 중이다.

[그림 3-2] 초등학교 1학년 때

위 사진에서 모자 쓴 어린이가 김혜정이다. 오른쪽 사진 속의 김혜정은 베레모 형태의 모자, 노랑 바탕에 검은색 체크무늬 바지, 그리고 분홍색 나일론 옷을 입었다. 그리고 백팩 형태의 가방을 발치에 내려놓고 친구와 어깨동무를 하고 있다. 사진에 나오는 다른 아이들은 개량 한복에 스타킹 대신 내복을 입고 등교하는 경우가 일반적이었던 것을 생각하면 김혜정의 어머니가 아이들에게 어떻게 정성을 쏟으며 키웠는지 상상해볼 수 있다. 여기에 김혜정의 머리는 불파마를 해서 뽀글머리이고, 모자부터 가방까지 모두 엄마가 만든 것으로 패션은 요즘에도 손색이 없을 만큼 '신식'이다. 구두는 가죽으로 맞춰 신었다. 당시 백팩 형태의 가방은 어디서도 팔지 않았지만, 어머니가 만들어준 것이다. 김혜정은 어머니가 서울에서 교육을 받은 분이었기에 이런 것에서도 앞서갔다고 생각한다. 왼쪽 사진에서 두 여동생이 입은 옷도 어머니가 털실로 짜준 옷이다. 김혜정은 어머니가 자주 털실을 풀어서 자신들 옷을 짜주곤 했다고 기억한다. 옷의 형태로 보았을 때 어머니 솜씨가 예사롭지 않음을 알 수 있다. 1960년대 한국 사회의 가장 큰 관심사는 먹고사는 일이었다. 자녀들의 사진을 찍어주는 것도 호사였던 시기다. 김혜정의 어린 시절이 씩씩하고 당당했으며 경제적으로 풍족했음을 짐작해볼 수 있게 하는 사진이다.

2) 풍요로운 어린 시절

"아버지는 운수업을 하셔서 재물이 받쳐주니까 부자는 아니었어도 동네에서 우리 집에 전화가 있었고 일제 전기 재봉틀이 있었고 전축이 있었고 그러고 살았어요. 초등학교 들어갈 때 저는 가죽구두 맞춰 신고 들어갔어요. 가죽가방 메고."

1953년 한국전쟁이 휴전했고, 1960년대 한국 경제가 세계 최빈국 상태를 벗어나지 못한 현실을 생각하면 김혜정의 가정 형편은 넉넉한 편이었다고 볼 수 있다. 당시 그녀의 집에는 일하는 아주머니가 있었고, 아버지는 김혜정의 언니를 데리고 음악회를 다니는 등 삶에 여유를 가지고 살았다. 김혜정의 어머니는 일제 강점기 때 산파 교육을 받았다. 그리고 계속해서 일본 의과대학에 진학하려 했지만 여의치 않아 중단했기에 평생 공부하지 못한 것에 대해 아쉬움을 가졌다고 한다. 김혜정은 어머니가 치매에 걸려서도 성경책을 필사하고 영어를 공부하는 것을 보았다. 그리고 언니로부터 어머니에 관한 이야기를 들으면서 그제야 어머니의 평생소원이 공부하는 것이었음을 알았다. 늘 공부하던 어머니의 영향은 김혜정이 거주국에서 자격증을 취득하기 위해 공부할 때 포기하지 않았던 것, 그리고 평생 거주국 언어를 공부하는 습관에서 나타나고 있다.

3) 아버지의 백혈병

"아버지가 저 열두 살 때 급성 백혈병에 걸리셨어요. 저는 기억이

나요. 겨울인데요. 어느 날 아버지가 코피가 나더라구요. 눈이 하얗게 쌓였는데 코피가 밤에도 안 멈추는 거예요. 동네에 아버지 지인분인 의사가 있었어요. 그분이 와가지고 밤에 지혈하고 큰 병원에 갔더니 병을 못 고친다고 그랬어요. 거기에서 몇 달 계시다가 집으로 모시라고 그랬대요. 그래서 아버지가 겨우내 그리고 봄에 돌아가셨어요. 그래가지고 4학년 봄에 돌아가셨어요."

눈이 하얗게 쌓인 어느 날, 아버지가 갑자기 코피를 흘렸는데 멈추지 않았다. 아버지의 지인이며 같은 동네에 살던 의사가 와서 지혈한 후 서울 종로6가에 있던 큰 병원으로 옮겼으나 병원에서는 아버지의 병을 고칠 수 없다고 했다. 그녀의 아버지는 급성 백혈병으로 병원에서 몇 달을 지낸 후 집으로 돌아왔고, 겨우내 투병하다가 이듬해 봄에 사망했다. 김혜정은 독일에서 병리학을 공부하면서 아버지가 앓았던 혈액암에 대해 더 많이 배우게 되었다. 그녀는 아버지의 백혈병이 골수에서 피가 만들어지지 않아 발생하는 백혈병 종류일 것이라 예상했다. 그것은 밤송이에 맞으면 피부에 빨간색 작은 점들이 생기듯이 아버지의 온몸에 피멍이 들었던 것을 기억했기 때문이다. 4학년 봄에 아버지가 혈액암으로 사망했고, 그로 인해 가정에 경제적으로 큰 타격이 왔다. 아버지 사망 직후에는 그나마 땅과 차가 있었기에 어느 정도 경제적 여유가 있었다. 이때 집에서 살림만 했던 김혜정의 어머니는 자녀 여섯명을 키우기 위해 경험 없는 사업을 이것저것 시도했다. 김혜정의 어머니는 군대에 빵을 납품하다가 4.19 또는 5.16으로 인해 빵 공장의 문을 닫아야 했다. 4.19는 1960년, 5.16은 1961년 일어난 사건들이다. 이로 보아 그녀의 아버지에게 암이 발생했던 때[김혜정이 초등학교 2, 3학년(1961~1962년) 즈음]부터 어머니가 가정의 경제를 이어나가기 위해 애썼던 것으로 보인다.

또한 그녀의 어머니는 당시에 시발택시사업*을 했으나 실패했다. 시발자동차의 쇠락에는 사회 구조적인 이유가 자리한다. 당시 정부에서 추진했던 것은 시발자동차 같은 영세한 자동차 제조업체의 육성 보호가 아니라 일본에서 자동차 부품을 통째로 들여와 조립하는 형식의 산업을 육성했다. 이 일은 한국 자동차의 발달사에서 아쉬운 면으로 남아있다(이옥분, 2010). 사업의 흥망에는 개인의 역량과 책임이 더 많은 부분을 차지하지만, 사회적 영향 또한 간과할 수 없다. 정부의 자동차산업 육성 방침이 달라짐으로써 시발자동차와 시발택시가 더 빠르게 내리막으로 치달았음을 짐작할 수 있다. 그리고 그 영향은 사업 경험이 없었고 여성이었던 김혜정의 어머니가 남성 운전자들을 관리하기 어려웠던 현실과 연결되어 사업의 실패로 이어졌다. 신군부 정권의 자동차 정책이 김혜정의 집이 경제적 나락으로 떨어지는 이유에 한 줄기 영향을 미친 것이 후에 그 정권의 해외 개발 사업에 의해 김혜정의 가족이 경제적 빈곤 탈출의 기회로 연결된 것은 삶의 아이러니이기도 하다.

한편, 이렇게 저렇게 시도했던 사업의 실패로 김혜정의 집은 아버지 사망 후 2~3년 내에 모든 재산을 잃게 되었다. 그런 후 어머니가 손재주가 좋았기에 재봉틀로 삯바느질을 하여 생계를 유지했다. 김혜정은 당시 초등학교 4학년이었으므로 아버지의 혈액암 투병과 사망을 지켜볼 수밖에 없었다. 추운 겨울에 내리는 눈과 대비되는 아버지의 피는 흰색과 붉은

* 시발(始發)택시: 1955년 미군 지프의 4기통 엔진을 그대로 본따고 실린더헤드를 국산화하여 한국에서 만든 최초의 국산 자동차다. 엔진을 개발하여 처음으로 제작한 차량은 "처음으로 출발하다"라는 뜻으로 '시발(始發)'이라 이름 붙였다. 이 차는 1955년 광복 10주년 기념 산업박람회에서 대통령상을 받았다. 시발자동차는 새나라자동차 등의 등장으로 1964년 폐업했다(이옥분, 2010).

색의 대비만큼이나 강렬하게 어린 김혜정에게 각인되었다. 이것은 그녀가 자신의 삶을 자립의 기반에 놓게 하는 이유의 시작이었다.

4) 뼈에 사무친 모욕감

"제가 이렇게 평생 살면서 느낀 게 하나가 있어요. 평생 남의 돈은 엄청 무서운 거라는 것을. 초등학교 다닐 때인데 어머니가 아는 사람한테 돈을 빌렸는데 그 돈을 제때 못 갚으셨어요. 그러니까 내가 아는 사람인데 그 사람이 우리 집에 왔어요. 와가지고 어머니가 삯바느질 하는 재봉틀을 땅에 팽개치더라구요. 제가 봤어요. 그리고 어머니가 젊은 여자인데 엄마한테 하고 그러는 게 굉장히 굴욕적이고 모욕적이었거든요. 그때 그 뼈아프게 사무쳐가지고요. 남의 돈 무서운 거. 그리고 또 하나 나 스스로는 내가 생활을 남한테 기대지 않고 살아야되겠다. 그런 의지가 굉장히 강했어요. 엄마 영향이 엄청 컸죠."

아버지가 돌아가신 후 어머니에게 있었던 재봉틀은 김혜정 가족의 생계 수단이었다. 여섯 자녀를 키우던 어머니가 남에게 돈을 빌리고 제날짜에 갚지 못하자 채권자는 김혜정의 집에 와서 어머니의 재봉틀을 마당에 팽개쳤다. 그 사람은 어린 김혜정도 아는 사람이었다. 이 경험은 여러 가지로 그녀의 삶에서 중요한 전환점이 되었다. 김혜정은 당시 어렸고 그 순간에 자신이 어떻게 할 수 없었던 것, 그리고 어머니에게 무례하게 행하는 '아는' 사람을 보았던 그 상황이 뼈아프게 사무쳤다. 이러한 상황은 아이의 눈에 비친 어머니의 사회 · 경제적 체면의 손상이었다. 이 장면이 평온하게 살아왔던 김혜정의 기억 속에 계속해서 재생되면서 상처가 아물지 않았다. 이것은 그녀에게 지울 수 없는 트라우마로 남았으며, 생애 동안 절대로 빚을 지지 않아야겠다는 다짐으로 이어졌다. 그리고 나아가 자신의 삶을 남에게 의지하지 않고 살아야겠다는 의지가 그녀의 뇌리에 각인되었다.

> "그때 당시 670원, 학교 내는 돈이 있었는데 육성회비를 못냈어요. 670원이 밀렸어요. 그때 그것이 적은 돈이 아니었어요. 연탄이 20원이었으니까요. 그 돈을 못 내고 밀렸어요. 그런데 졸업은 했고 상장은 있었는데 졸업식장에서 막상 끝나고 나서 선생님이 졸업장을 안 주셨어요. 못 내서. 돈 내고 가져가라고. 그래서 제가 와가지고 남의 집 담이 있었어요. 그 6학년짜리가 울면서 내가 돈 벌러 간다고 그랬어요(울먹임). 나중에 돈을 엄마가 학교 선생님한테 가져다드렸어요. 선생님이 상장을 주시더래요. 그래서 엄마가 그러셨대요. 졸업은 내가 한 게 아니라 혜정이가 한 거니까 혜정이가 오면은 주라고. 가서 받은 기억은 안 나는데 하여간 그래서 그 담임 선생님이 지금도 살아계셔요."

김혜정은 초등학교를 졸업하면서 육성회비 670원을 내지 못해 졸업장과 상장을 받지 못했다. 670원은 당시 적지 않은 금액이었다. 독일에서 한국에 다시 왔을 때 만난 김혜정의 초등학교 동창들은 초등학교 때 그녀의 집안 사정이 어렵게 된 줄 모르는 친구도 있다. 가난을 숨기려고 하지는 않았으나 가난의 현실이 어린 시절과 청소년기의 김혜정을 힘들게 했던 것은 변하지 않는 사실이다. 어머니의 재봉틀이 자신의 눈앞에서 마당에 팽개쳐진 것도 민망하기 그지없는 일이었지만, 친구들에게 자신의 가난이 드러나는 일은 가난 자체보다 더 힘들었다. 어린 김혜정은 그것을 성장기에 체감하며 살아야 했다. 그 경험이 그녀의 삶에 대한 태도를 달라지게 했을 것이다. 육성회비를 내지 못해 우등상을 탄 칭찬을 받기는커녕 상장과 졸업장도 받지 못한 그날, 김혜정은 학교에서 돌아오며 남의 집 처마 밑에 쪼그리고 앉아 울었다. 그리고 김혜정을 마중 나온 어머니에게 그녀는 울면서 돈 벌러 가겠다고 했다. 이러한 기억들은 가난으로 인해 야기되는 자존감의 상처로 남았고, 그것은 경제적 안정을 추구하는 그녀의 결심이 더욱 확고해지는 계기가 되었다. 한편 아버지의 사망 이후 혹독한 경제적 빈곤뿐만 아니라 경제적 여유가 있다가 없어진 현실을 받아들여야 했던 내면의 갈등이 더욱 거셌다.

> "넉넉하게 살다가 별안간에 있던 게 없어진 그거를 소화시키는 게 엄청 힘들었어요."

김혜정이 초등학교에 다니던 1960년대 초 집에 전화가 있었다면 그 전화는 김혜정 가족만의 전화가 아니다. 시골의 경우 마을 사람들의 중요한 소식은 그 전화기를 통해 전달될 가능성이 있다. 그러나 경제적 처지가 바뀜으로써 남들에게 도움을 주던 환경에서 남에게 도움을 받아야 하는 처지로 사회적 위치가 바뀐 것이다. 이 또한 어린 김혜정이 감당하기에 버거운 부분 가운데 하나였을 것으로 예상된다.

김혜정은 초등학교 3학년 때 우등상을 받았다. 그때 기념으로 선생님(앞줄 남학생들 사이 가운데)과 우등상을 받은 아이들의 어머니들이 함께 찍은 사진이다. 이때 아버지의 병환 때문에 큰언니가 어머니 대신 왔고, 사진의 뒷줄 왼쪽 단발머리 소녀가 김혜정의 큰언니다. 큰언니 앞에 앉은 여학생

[그림 3-3]
3학년 때 담임 선생님과
우등생 학생 어머니들

이 김혜정이다. 이때도 언니와 김혜정은 어머니가 직접 짠 윗옷을 입고 있다. 앞자리에 앉은 김혜정의 옷은 앞에 검은 바탕에 빨간 단추가 달렸고 손에는 우등상장이 들려있다. 한편, 어머니의 노력에도 불구하고 이 가족의 가난은 쉽게 물러나지 않았다. 다행히 김혜정의 언니가 학교 선생님이 되면서 형편이 조금 나아졌다. 그러나 여전히 김혜정은 고등학교 재학 때 교과서를 살 여력이 없어서 공부를 계속해야 할지 말아야 할지 고민할 만큼 상황이 열악했다. 김혜정은 가난한 현실에 엄마와 동생들을 위해 열심히 일하는 언니에게 늘 고마움을 가지고 있었다.

> "우리 언니는 수십 년 동안 월급을 봉투째 우리 어머니께 가져다드렸어요. 엄청 효녀죠. 그런데 너무 효녀라서 동생들이 줄줄이 있는데 홀어머니를 두고 결혼을 못 했어요. 그러니까 그게 엄청 가슴 아프죠."

김혜정은 친정 가족에게 항상 경제적 빈곤의 그림자가 있었던 만큼 그 일에서 바람막이가 되었던 언니한테 항상 감사함과 미안함이 있었다. 그러던 차에 김혜정이 독일에서 은퇴할 시기에 막내 남동생이 친정어머니보다 먼저 세상을 떠났다. 그때 그녀의 어머니는 아들의 사망을 받아들이지 못하여 매일 아무 때나 울었고, 나중에는 치매에 걸렸다. 그런 어머니를 평생 가족을 위해 헌신한 언니에게 또다시 맡길 수 없었다. 언니를 향한 감사함과 미안함, 그리고 가족 구성원으로서의 책임감 등의 이유가 김혜정이 한국과 독일을 오가며 어머니 곁에 반년씩 머물게 된 이유다. 자신이 한국에 와있는 동안 언니가 언니 자신의 삶을 살도록 하려는 것이었다.

5) 파독 간호사 준비

> "초등학교 애들 둘을 가르치는 것을 해가지고 그 집에서 먹고 자고, 나는 그 학원을 가고 그랬는데 월급이라야 얼마 … 먹고 자는 것을 우선으로 했으니까 그러니까 돈이 빠듯했죠. 어느 때는요, 흑석동에서 서울역 뒤까지 걸어간 적이 있어요. 젊으니까 했죠. 차비가 없어서. 그렇게 해서 1973년에 독일로 간 거예요."

김혜정이 고등학교를 졸업할 1972년 당시에는 간호사로 독일에 가는 광고를 굉장히 많이 했다고 한다. 그녀는 파독 간호사가 되기 위해 입주 가정교사를 1년 동안 하며 서울에 있는 고려학원에 등록하여 간호보조원 과정을 수강했다. 먹고 자는 것에 주안점이 있었던 입주 가정교사 수입으로는 학원비를 내기에도 빠듯했다. 그래서 때로는 흑석동에서 서울역까지 걸어가야 하던 때도 있을 만큼 고달픈 시기였다. 그런 노력을 들여 독일에 간호보조로 가게 되었다. 김혜정은 한국에서 대학에 진학할 수도 없었고, 실업률이 높았던 당시 상황에서 마땅한 직업을 구하기도 어려웠다. 그때 가난한 현실을 타개할 대안이 파독 간호사 이주였다.

2.
이주와 결혼 시기

1) 종이 한 장의 설움

"저랑 같이 어떤 여자가 배치되었는데 그 사람이 ○○대학교 간호학과를 졸업한 사람이에요. 그런데 이 양반이 처음 배정받으며 나한테 '얘 너는 보조원이니까 재만 쫓아다니면서 일을 배워. 재가 보조원이래. 그럼 나는 간호원이니까 재 쫓아다니면서 일을 배울게.' 그러더라구요, 나한테. 저를 그렇게 싹 무시를 해가지고 굉장히 상처를 받았어요. 엄청!"

서독에 처음 도착하여 배정받은 병원에서 만난 한국인 간호사는 한국에서 정규 간호대학을 나온 간호사였다. 김혜정은 학원에서 간호보조과정을 1년 배우고 독일에 왔다. 두 사람이 같은 병원에 배치되었을 때 한국인 간호사는 김혜정이 정식 간호사가 아님을 상기시킴으로써 자신과 김혜정을 구분하고 위계를 두고자 했다. 그 일은 김혜정의 자존감에 상처가 되었다. 김혜정도 대학에 가고 싶었으나 가난하여 진학하지 못했고, 그것은 김혜정에게 매우 아픈 상처였다. 그 한국인 간호사가 가만히 두어도 아픈 그 상처를 쓰라리게 한 것이다. 그 사람은 대학에서 간호사 과정을 배웠기에 이론에서 김혜정보다 뛰어났음을 그녀도 인정한다. 그렇기에 더욱 상처가 되었다. 독일 간호사로부터 무시당하는 것도 견디기 힘든 일이지만, 같은 민족인 한국인으로부터 구별되고 무시당한다고 여겼을 때 더욱 상처가 깊게 밸 것이다. 그 일을 통해 김혜정은 동료인 한국인 간호사로부터 무시당하지 않고, 독일 직장에서도 책임감 있는 업무를 하려면 다른 무엇이 필요하다는 것을 깨달았다.

> "그래서 뭐를 했느냐. 일단 여기서 살아야 되니까 말을 해야 되잖아요. 엄청 말을 빨리 배웠어요. 빨리 배웠고 열심히 했고. 그러니까 이 여자가 못 쫓아오는 거예요, 말을. 맨날 주머니에다가 사전 넣어놓고 다녔어요. 그리고 휴식 시간에 신문 보고 단어 쓰고 그랬어요. 늘 공부를 했어요. 똑같이 왔는데 그 양반이 이론으로는 많이 알겠지만, 그거 가지고는 저를 따라올 수 없었어요. 일단 실무를 빨리 알아듣고 그러니까 소통할 수 있는 사람. 그러니까 저를 이뻐했어요."

자신의 상황을 변화시키기 위해 김혜정이 취한 선택은 언어습득이었다. 독일 병원에서는 머리에 든 지식보다 눈앞에 보이는 일 처리를 잘하는 사람을 더욱 필요로 했기에 언어가 필수였다. 이러한 현실에서 그녀의 언어습득 전략은 독일 간호사들과의 소통을 원활하게 했고, 아울러 그녀에 대한 신임을 높이는 역할도 했다. 이론은 그 한국인 간호사가 앞섰으나 독일어에서는 김혜정이 월등했다. 그리하여 간호사 자격증이 없어도 소통과 업무에서 인정을 받았으나 간호사와 간호보조원이 또 다른 점에서 차이가 있음을 인지했다.

"간호원이나 간호보조원이나 일하는 것은 거의 똑같아요. 그리고 간호원들은 한 가지 더 하는 게 서류 정리하고 그런 일을 많이 했는데 월급이나 일하는 것은 거의 같았어요. 독일 사회에서 밤번을 하려는 게 아니라 책임이 있잖아. 밤번을 혼자 할 수 있는 능력이 되는 사람한테 주는. 혼자 하기 때문에 권한을 주는 건데 간호보조원한테는 처음부터 권한을 안 주는 것 같더라구요. 저 같은 경우에는 싫은 게 아니라 아, 내가 이거밖에 안 되는구나 그런 느낌. 나는 일을 할 수 있는데 사회에서 인정하는 게 내가 이거밖에 안 되는구나, 이런 거. 뭐든지 내가 살면서 입증하려면 다른 쭝이 있어야 되겠구나. 이왕이면 똑같은 일을 하는데 간호원은 대우를 조금 더 받고, 간호보조원보다 느낌이, 느낌이 그런 거죠."

김혜정은 독일에서 간호사와 간호보조사의 업무와 급여는 큰 차이가 없다고 했다. 그러나 그녀가 깨닫게 된 것은 간호사는 책임성이 있는 업무를 하고, 간호보조는 책무가 없는 업무가 부여되는 것이었다. 예를 들면 야간에 근무할 때 간호사는 혼자서 밤 근무가 가능하지만, 간호보조에게는 그러한 업무가 부여되지 않았다. 그녀는 간호사와 간호보조의 업무 차이는 급여가 아니라 책임성에 있다는 것을 생각하게 되었다. 김혜정이 여기에서 생각한 것은 간호사가 되거나 책임 있는 업무를 맡는 것이 목표가 아니라 자존감을 회복하고 싶었던 것으로 보인다. 그녀는 자신에 대해 무엇이든 할 수 있는 능력 있는 사람으로 보았으나 다른 사람은 그녀를 그렇게 인정하지 않았다고 느낀 것이다. 그녀는 이왕에 일한다면 인정받으며 일하고 싶었다. 누구도 그녀에게 간호보조사이므로 무엇인가 부족하다고 말하지 않고 업무도 간호사와 비슷하게 하지만, 그녀가 느꼈던 미세한 차이는 자신에게 있어야 할 어떤 것이 없기에 그렇다는 것을 깨달았다. 한국인 간호사가 간호보조였던 자신을 무시했던 것과 병원에서 일하면서 느꼈던 대우가 다른 작은 경험들은 김혜정이 거주국에서 '자격증'의 필요를 깨닫게 한 계기가 되었다.

2) 태권도를 아는 독일 청년들

"그때 당시 독일에서는 한국이 어디 있는지도 몰라요. 있는지도 모르고. 어떤 남자가 오더니 태권도 얘기를 하고 태극기 얘기를 하고 그래요. 그래서 제가 깜짝 놀래가지고. 자기가 태권도 몇 단이고 그러더라구요. 줄줄이 얘기 다 해요. 그 친구를 알면서 그 친구들의 그룹을 알게 된 거예요. 그러다 보니 돌아가신 양반(남편)이 그 친구들 중의 하나였어요."

김혜정은 독일에서 지내면서 대학에 가든 안 가든 뭐라도 해야겠다고 생각했다. 그리하여 낮에 일하고 저녁에 야간 고등학교에 다녔다. 독일은 초등학교 7학년이 되면 학생들의 진로가 달라진다. 즉, 대학에 갈 그룹과 기술을 배워 직업인의 길로 갈 그룹이 나누어진다. 대학에 갈 학생들은 김나지움(고등학교 과정)에 들어가게 되고, 김나지움에 들어가지 않은 학생이 대학에 들어가려면 성인 고등학교 과정을 다시 거쳐 대학에 들어갈 수 있다. 김혜정은 이 성인 고등학교 과정을 다닌 것이다. 그때 성인 고등학교에 다니다가 급성 맹장염에 걸려서 4주 과정을 쉬어야 했다. 4주를 쉬고 나니 학교 공부를 따라갈 수 없었다. 그리하여 학교를 그만두게 되었으나 가끔 같이 학교에 다녔던 사람들과 만나 맥주를 같이 마시며 친목을 다지기도 했다. 그때 갔던 곳이 어느 클럽 같은 곳이었는데, 그곳에서 한국의 태권도와 태극기 이야기를 하는 독일 청년들을 만나게 되었다. 독일에서 듣는 한국 이야기에 귀가 솔깃해진 김혜정은 그 독일 청년들과도 친구가 되었고, 그 독일 청년들 그룹에 장차 김혜정의 남편 될 사람이 있었다.

3) 한국으로 돌아오다

> "베를린에 오면 연장이 잘된다는 소리를 들어서 제가 베를린으로 왔어요. 그리고 일자리를 구했어요. 베를린 와서 일을 시작하니까 일자리는 많은데 노동청에서 허가가 안 나오는 거예요. 그래서 아, 이것도 안 되고 저것도 안 되고 그러니까 나 집에 간다고 그랬어요. 3년 끝나고 집으로 온 거예요."

김혜정은 한국에서 독일에 올 때 배정받았던 병원에서 3년을 근무하고 난 후 체류 연장을 신청했다. 그녀는 1973년 독일에 왔고, 1975년 독일 정부는 공식적으로 외국인 간호사 유입을 중단했다. 그렇지만 그 이전에 기계약된 사람들을 포함하여 일부는 1976년에도 독일로 입국한 경우들이 있었다. 당시 독일 정부는 1973년 이후 독일에 유입한 간호사들은 체류 연장을 받아들이지 않았다. 김혜정의 계약이 만료되었을 때는 한국인

간호사들이 독일 정부에 의해 귀국 조치되던 때였다. 그리하여 그녀는 한국으로 돌아가지 않고 연장하기 위해 독일 체류가 비교적 잘된다는 베를린으로 이주할 계획을 세웠고 베를린에서 취직이 되었다. 그러나 직장에서 받아들여도 독일 노동청에서 체류 허가를 하지 않았다. 상황이 이러했으므로 그녀는 귀국할 결심을 굳혔다.

> "내가 베를린으로 간다고 얘기했는데 남편이 그 소리를 듣고 얼마 후에 만났는데 자기도 거기 베를린에 직장을 잡았다고 그래요. 그리고 결혼을 하자고 그러더라구요."

김혜정은 독일에 체류하는 것을 연장하기 위해 베를린에서 새로운 직장을 찾았다. 그리고 그녀에게 관심을 둔 독일 청년에게 베를린으로 간다고 얘기했을 때 그 청년은 무작정 자신의 직장도 베를린으로 옮겼다. 김혜정을 떠나보내고 싶지 않았던 것 같다. 그리고 그녀의 독일 체류가 안정되지 않았으므로 그녀가 떠나가기 전에 서둘러 청혼했다. 그러나 김혜정은 체류를 위해 결혼할 생각이 없었으므로 거절하고 한국으로 돌아왔다. 체류 연장 때문에 그 청년을 이용하고 싶지 않았던 면이 있었고, 또 다른 이유는 그 청년의 마음이 진심인지도 알아야 할 필요가 있었다.

4) 국제결혼 그리고 재이주

> "한국으로 오니까 편지를 일주일에 한 번씩 꼭꼭 보내구요. 그리고 베를린의 주간 잡지 책을 편지하고 같이 보냈어요. 독일말 잊지 말고

배우라고. 자기 여름에 휴가 때 오겠다고. 그래서 내가 '진짜로 결혼할 마음이 있고 진짜로 생의 반려자로 생각을 한다면 오면 내가 결혼을 할게' 그랬더니 진짜 왔어요."

김혜정이 한국으로 돌아간 후 독일 청년은 계속하여 김혜정에게 일주일에 한 번씩 편지와 잡지를 보냈다. 잡지를 보면서 독일어를 잊지 말라는 것이었고, 또한 편지로 자신의 마음을 보여주고자 했다. 독일 청년의 노력으로 김혜정은 "당신이 한국으로 온다면 결혼하겠다"라는 답장을 보냈고, 독일 청년은 여름휴가를 내어 한국에 왔다. 그리하여 그녀는 친정엄마에게 국제결혼을 하면 어떤지 물었고, 이에 대해 어머니는 한숨을 쉬었으며 고민을 많이 했다. 그것은 당시 한국 사회에서 국제결혼에 관한 인식이 긍정적이지 않았기 때문이다. 김혜정의 어머니는 다음과 같이 말했다.

"너는 그 사람이 반려자가 될 수 있다고 생각을 했으니까, 네 결정을 네가 해보라 그러셨어요. 엄마는 'Nein(반대)'은 안 하겠다. 그래서 그 양반 오고 나서 부랴부랴 결혼식 청첩장 돌리고 그래서 결혼을 했어요. 그 여름에. 8월 25일날. 그리고 (남편은) 3주인가 있다가 결혼하고 갔어요. 그리고 그때 여권이 내가 말소된 상태였거든요. 독일 대사관에 가서 여권 다시 만들고 하는 데 반년이 결렸어요. 결혼 후에. 독일에서 한국에 온 지 1년 만에 제가 다시 독일로 갔는데 이번에는 베를린으로 간 거죠. 그 양반 사는 데로."

국제결혼을 고민하는 김혜정에게 어머니는 딸의 결정을 존중해주었고, 그로 인해 그녀는 국제결혼을 선택할 수 있었다. 김혜정은 국제결혼이 본격적인 이주를 함축하고 있음을 이해하고 있었다. 그러므로 결혼 결정은 김혜정의 삶에서 다른 하나의 전환점이 되었다. 독일 청년이 김혜정과 결혼하기 위해 여름휴가를 이용하여 한국에 나왔고, 그녀의 가족은 부랴부랴 결혼을 서둘렀다. 결혼 후 남편이 먼저 독일에 갔고, 김혜정은 6개월이 걸려 만료된 비자를 새로 받아 한국에 온 지 1년 만에 남편이 있는 베를린으로 이주했다.

독일에 다시 온 후 김혜정이 가장 먼저 생각한 것은 제대로 된 직장을 가져야겠다는 것이었다. 이는 이전의 이주에서 얻은 경험을 통해 갖게 된 생각이다. 간호보조로 일할 당시 자신에게 책임성 있는 일이 부여되지 않는다는 것을 알았고, 그것은 자신에게 능력이 없음이 아니라 단지 그 일에 대한 자격증이 없으므로 대우가 다르다는 것을 인지했다. 그리하여 자격증을 취득하기 위해 임상병리사 학교와 간호사 학교에 지원서를 냈다. 시간의 차이를 두고 두 곳 모두에서 입학 수락이 왔으나 고민 끝에 임상병리사 학교에 갔다. 임상병리사 학교에 입학하면서 그녀는 남편에게도 대학에 입학할 자격이 있는 고등학교 과정에 등록할 것을 권유했다. 그녀의 남편은 초등학교를 졸업하고 대학을 가기 위한 중 · 고등학교에 진학한 것이 아니라 기술학교에 진학했고, 기능공직업을 가지고 있었다. 그러한 남편의 직업은 김혜정의 마음에 차지 않았고, 그리하여 남편에게 대학에 가서 기술자가 될 것을 권유했다.

3.
거주국의 적응기

1) 자격증 취득을 위한 공부

> "병리사 학교에서 공부하는데 무~지 어려웠어요. 말도 제대로 못했는데 의학용어가 다 라틴어거든요. 밤새껏 공부했어요. 무지하게 공부했어요. 우리 신랑이 그랬어요. '도대체 나한테 시집온 건가? 책한테 시집온 건가?' 그랬어요. 그런데 그렇게 안 하면 따라갈 수가 없었어요. 2년 동안 60명 가운데 20명이 합격을 했어요."

김혜정이 들어간 임상병리사 학교에서 60명 학생 중에 동양 여성은 그녀가 유일했다. 이전에도 임상병리를 공부했던 한국인 학생이 있었지만, 그녀가 공부하던 그룹에는 없었다. 이주자였기에 독일어를 공부하기도 바쁜 형편에 의학용어인 라틴어를 배우는 것이 몹시 어려웠다. 그녀는 독일이 공부하는 것에서 어느 학교든 '쎄게' 시킨다고 했다. 독일 사회가 학생들에게 공부를 '쎄게' 시키는 현실에서 김혜정은 외국인으로서 자격증 공부를 해나가는 것이 버겁기도 했다.

"내가 참 못 알아듣는 표정을 여기(이마를 가리킴)에 썼나 봐요. 물리, 수학, 화학, 생물을 가르치는 교수님 이렇게 오더니 한국에서 왔느냐고 해요. 그렇다고 그랬더니, 걱정하지 말래요. 다 붙는다고."

외국으로 이주한 김혜정이 학교에서 고군분투할 때 친절하게 격려해 준 교수님이 있었던 반면, 학생이 그 자격증을 받을 만큼 공부하지 않았다면 자격증 시험에서 절대로 통과시키지 않는 엄한 교수도 있었다. 열심히 공부한 덕에 그 엄한 교수로부터 면접시험 없이 통과하여 60명 가운데 합격한 20명 안에 들 수 있었다.

2) 백마 탄 기사를 만들다

"나는 내가 평생 살면서 백마 탄 기사를 만들었어요. 백마 탄 기사가 어디 하늘에서 뚝 떨어지는 건 아니잖아요. 그런데 고맙게도 그 사람이 내 말을 들어가지고 저도 그게 모험이었거든요. 얘기를 했는데, 머리가 미련한 사람 같지는 않은데 생각을 했거든요."

김혜정은 인터뷰의 상당 부분을 남편과의 추억에 할애했다. 이 부분에서는 그녀가 남편의 특성을 구술한 부분들을 모았다. 김혜정과 그녀의 남편이 어떻게 함께 노력하며 살아왔는지를 보여준다. 김혜정은 당시 기능공이었던 남편에게 여러 차례 대학에 갈 것을 권유했지만, 남편은 요지

부동이었다. 그러나 그녀는 포기하지 않았고 계속되는 아내의 권유에 드디어 남편이 마음을 바꾸었다. 김혜정은 이때 남편이 온전히 아내인 자신을 위해 본인의 의사와 행동을 바꾸었다고 했다. 남편은 김혜정이 아니었다면 결코 직업을 바꾸거나 대학에 가려는 의사를 갖지 않았다. 자신의 직업에 만족하고 있었고, 굳이 대학에 가서 엔지니어가 될 필요성을 느끼지 않았다는 것이다. 상대방을 위해 자신의 의사와 진로를 바꾼 것은 아내에 대한 남편의 지극한 애정을 나타내는 부분이다.

> "이 사람은 초등학교 10학년인가 나오고 기계공고를 공부한 사람이에요. 그런데 그게 저한테는 속이 안 찬 거예요. 그래서 제가 결혼하자마자 그랬어요. 나는 이 학교를 갈 건데 당신은 앞으로 살날이 30~40년 되는데 언제까지 기름 묻혀서 살 거냐고. 젊으니까 공부를 해서 학교를 가는 게 어떻겠느냐 그랬더니 안 하겠대요. 몇 번을 끌더니, 제가 '여기 병리사 학교에 원서 냈어. (나는) 이제 할 거야' 그랬더니, 며칠 있다가 김나지움 야간 학교에 원서를 냈다고 그러더라구요. 그때 원서 냈을 때가 29세, 내가 27세였어요."

부부가 학교에 등록하던 당시 김혜정의 남편은 치아 관리를 전혀 하지 않아서 음식을 씹지 못하는 상태였다. 김혜정은 이주여성이지만, 독일인 남편을 대신하여 병원 예약 등을 하여 치과 치료를 받도록 했다. 그 치과는 사람을 많이 받지 않았고 예약제로만 진료하는 치과였다. 치아 치료 때문에 남편은 오른쪽 뺨이 퉁퉁 부은 상태로 저녁에 가서 공부하고 새벽에 다시 일하러 가는 것을 한 번도 빠지지 않고 했다. 그렇게 열심히 공부하여 김혜정이 임상병리사 자격을 취득했을 때 그녀의 남편은 대학에 입학했다. 김혜정은 1982년 6월에 임상병리사 자격을 받았고, 그해 8월 1일부터 근무를 시작했다. 그리고 그달에 남편은 친구들과 한 달 동안 그리스로 오토바이 여행을 떠났다. 쉬지 않고 공부하고 일했던 김혜정이 생각하기에 남편의 그런 선택은 이해할 수 없는 부분이었지만, 부부가 서로 문화권이 다르므로 이해하고자 했다. 그리고 9월 학기가 시작되었을 때 김혜정은 임신했다. 임신했기에 혹시 직장에서 쫓겨나지 않을까 불안했으나 과장인 여의사가 다가와 걱정하지 말라고 말해주었다. 아이가 태어나고 6개월이 되었을 때 남편의 미열이 떨어지지 않아 병원에 가서 검사를 받았다. 검사 결과 시아버지가 앓다가 돌아가신 혈액암인 악성 임파선 판정을 받았다.

3) 남편의 항암과 방사선 치료

"크리스마스에 독일은 생소나무를 사거든요. 그거를 장식해요. 그 나무를 사가지고 오면서 이 나무가 이 아이한테는 아버지와의 첫 번째이면서 마지막이다. 돌아갈 것 같은 느낌이 있었거든요. 남편은 학교를 휴학하고 항암과 방사선 치료를 받으면서 얼굴이 보름달같이 부었어요. (중략) 항암치료 받는 날은 애를 데리고 밤에 돌아다녔어요. 애가 잘 때까지. 집에 이 양반 혼자 있는데 너무 힘들어. 그거 항암 주사 맞고 오면 다 토해요. 하루 내내 토하고 밤새껏 토해요. 그렇게 1년 치료받고 복학을 했어요. 복학하고 엔지니어 디플롬이라고 학사 받는 거를 점수를 1점을 받았어요. 1점이 A+예요. 최고점을 받았어요."

김혜정은 남편의 치료를 위해 자신이 일하던 병원이 있는 베를린에서 혈액암으로 매우 저명한 교수를 찾아갔다. 그리고 남편은 휴학하고 암 치료를 시작했다. 당시 아이가 6개월이었기에 아이는 아빠에게 안아달라고 보챘으나 항암치료를 받은 남편은 아이를 안아줄 힘이 없었다. 그리하여 김혜정은 남편이 항암치료를 받는 날은 아이가 잠들 때까지 아이를 업고 밤에 동네를 돌아다녔다. 남편의 항암치료는 환자 자신과 가족 모두에게 힘든 과정이었다. 남편의 치료 과정에서 어떤 날은 혈관으로 들어가야 할 암치료약이 밖으로 나왔는데, 그것이 맨살을 태우는 것을 보았다. 그런 독한 약을 사용하여 1년 동안의 치료가 끝나고 남편은 대학에 복학하여 최고점수를 받으며 졸업했다. 그리고 지멘스에서 엔지니어로 일하게 되었다. 이로 인해 남편의 직업 환경도 좋아졌고 급여도 달라졌을 뿐 아니라 당당한 모습으로 바뀌었다. 그녀의 남편은 남에게 자신의 의견을 표현하는 것이 어색했으며, 특히 많이 배운 사람과 대화할 때는 불편한 기색을 감추지 못했다고 했다. 그러나 엔지니어가 되면서 그러한 태도가 달라졌다는 것이다. 그녀는 독일 사회가 개인의 성취를 인정해주는 사회라고 인식한다. 한편 김혜정의 남편은 일하기 위해 새벽 5시에 출근하고 오후 2시에 돌아오면 항상 아이를 돌봐주고 아이와 함께 시간을 보냈다.

> "자전거 타고 수영 가고 극장 가고 안 간 곳이 없이 다 갔어요. 아이는 파파아들이에요. 아빠랑 같이 여행 가고 친구처럼 친했어요."

김혜정의 남편은 요리 만드는 것을 무척 좋아했고 관심이 많았다. 그리하여 요리 프로그램이나 책자를 자주 살펴보고 아내가 좋아하거나 먹고 싶어 하는 음식을 만들어주곤 했다. 그리고 김혜정의 가족은 그 요리들을 예쁜 접시에 담아 먹는 것을 즐겼다. 그녀는 자신이 만약에 생을 다시 산다면 지금과 같이 똑같은 남편과 똑같은 생활방식으로 똑같이 살라 해도 살겠다고 했다. 남편을 떠나보내고 10년 가까이 지난 후, 남편과의 추억은 아름다운 기억만 꽃처럼 피어난다. 한편 그녀의 남편은 아내와 아이를 데리고 한 달에 한 번은 꼬박꼬박 자신의 어머니를 만나러 갔다. 시어머니의 집은 서독이었고 그녀가 사는 곳은 동독 안에 있던 서베를린이었으므로 시어머니를 만나기 위해서는 동독을 지나야 했다. 당시는 동독과 통일되기 전이었다.

"돌아가시기 7년 전부터는 한 달에 한 번은 갔어요. 가서 목욕시켜드리고, 청소해드리고, 대청소해요. 매번. 그리고 개도 살았는데 개도 목욕시켜줘요. 나는 개 싫은데. 그래서 우리가 거리가 멀잖아요. 제발 사람을 쓰라고 우리가 돈을 낼 테니까. 그런데 남한테 문을 안 열어줘요. 사람을 쓸 수가 없어요, 문을 안 열어줘서. 아들이 오면 좋아하죠. 우리 시어머니 돌아가실 때 72세였어요. 할 일이 없고 몸은 힘들고 오는 사람도 없고 가는 사람도 없고 창문에 앉아서 지나가는 사람 구경하고. 독일 노인들이 외로워요."

김혜정이 남편과 함께 시어머니에게 가고 올 때 군인들이 총을 들고 경계근무를 했다. 그리하여 그녀에게 안경을 쓰게 했다가 다시 쓰지 말라 했다가(여권 사진에는 안경을 썼음) 요구사항이 많았다고 한다. 또한 차의 바닥을 거울로 들여다보았으며 불이 대낮보다 더 환해서 아무도 도망가지 못하도록 경계가 삼엄했다. 그녀와 그녀의 남편은 이러한 곳을 지나야 만날 수 있는 시어머니를 한 달에 한 번 정기적으로 방문하여 청소하고 목욕시켜

드리면서 7년을 돌보았다. 그리고 그녀와 남편은 자주 집 주위의 공원을 산책했고, 많은 대화를 나누었다. 그러던 어느 날 남편에게 다시 암이 찾아왔다.

4) 남편을 그리워하다

> "어느 날 남편이 기침을 심하게 해서 병원에 갔는데 정밀검사 후 의사는 우리를 앉혀놓고 당신의 병명이 췌장암인데 살 시간이 얼마 없으니까 준비할 것은 준비하고 정리할 것은 정리하라고 그러더라구요. 회사에서는 출장 많이 다녔는데 그거 싹 없애고 일을 할 수 있는 만큼만 주더라구요. 병가를 내지는 않았어요."

김혜정의 남편은 췌장암 선고를 받고 처음에는 받아들이지 못했다. 그리고 자신이 이전에 암을 이겨냈기 때문에 이번에도 이겨낼 것으로 자신감을 가졌다. 그러나 병원에서 퇴원 후 8개월 동안 일하면서 천천히 자신의 삶을 정리하기 시작했다. 남편의 회사 동료는 자신의 부인이 1년 전에 백혈병으로 먼저 갔을 때 했던 장례 절차를 유에스비에 담아와서 옮겨주었다. 그리하여 김혜정의 남편은 본인의 사망 후 편지 보내야 할 곳, 아내가 해야 할 일, 그리고 자신의 이름으로 되어있는 전화, 차, 보험 등의 명의를 바꾸었으며 이를 하는 데 몇 개월이 소요되었다. 또한, 미리 장례사에게 가서 꽃, 노래, 옷, 관 등을 계약하고 유골함 색깔을 정하는 등 자신의 사망으로 인해 일어날 일들을 준비해놓았다. 남편의 회사였던 지멘스에서도 남편의 상황을 고려하여 업무의 양과 형태에 변형을 주어 배려했다.

김혜정은 남편이 생을 마칠 즈음에 남편에게 다음과 같이 말했다.

“당신은 요만큼도 다른 사람에게 해를 끼치지 않고 후회 없이 산 사람이니까 허리 꼿꼿하게 펴고 머리 곧게 들고 가라고 그랬어요. 그렇게 가라고. 당당하게 가라고. 그러고 갔어요.”

김혜정의 남편은 기능공이었던 자신의 직업에 불만이 없었고 다른 직업으로 바꿀 의사도 없었다. 그러나 아내가 바라는 바였으므로 온전히 아내를 위해 자신의 삶을 바꾸었다. 그리고 늘 가족을 위해 살아온 남편이 생의 마지막 끈을 놓는 순간에 아내는 남편을 위로하고 격려했다. 그렇게 2010년 남편을 떠나보내고, 인터뷰를 했던 2018년 김혜정은 인터뷰의 많은 시간을 남편과의 추억에 할애함으로써 남편에 대한 그리움을 표현하고 있다.

5) 남편이 남긴 12장의 생애 이야기

“남편이 사망한 후 우리 아들이 서랍을 열다가 ‘엄마 이게 뭐지?’ 하는데 작은 카드 6장, 12페이지에 빽빽이 썼어요. 언제 썼는지도 몰라. 그런데 페이지 하나가 한 테마야. 첫 번째 테마가 자기가 태어나서 자라고 전쟁 후에 바깥에서 애들하고 놀고 그러던 거. 그다음 장에는 자기 초등학교 이야기. 또 한 장은 결혼하고 애 키우고. 맨 끄트머리는 자기보다 먼저 죽은 친구들에 관한 얘기. 그래서 12페이지. 한 장 한 장 다 한 테마예요. 그래서 그거를 보고 아빠가 이런 얘기를 하려고 했구나. … 그래서 장례식 때 그 사람(장례사)이 그거 읽었어요."

남편이 떠나고 난 후 장례를 치르기 전 아들은 6장의 작은 카드 앞뒤에 적힌 12개의 기록을 발견했다. 남편이 언제 적었는지 모를 그 카드에는 남편의 생애 이야기가 6장의 카드에 주제별로 짧게 적혀있었다. 그녀의 남편이 6장의 카드에 적은 12개 주제의 기록은 장례사가 고인의 행적을 이야기할 때 읽을 자료를 정리해놓은 것 같다고 했다. 장례사가 너무나 독특하다며 달라고 했지만, 내용만 보내주고 원래 기록은 아들이 보관하고 있다.

6) 아들이 아버지를 추억하다

"그리고 1년 안에 100개 도시에서 100개의 콘서트를 하겠다고 피아노를 들고 다니면서. 전기 피아노인데 다리만 접었다 폈다 하는 그걸 들고 다니면서. 어디 교회에서도 하고 남의 집 거실에서도 하고 정거장에서도 하고 그랬대요. 그래서 100번을 했대요. 한국 서울, 베트남, 상하이, 대만, 일본 그리고 유럽으로 가서 자동차와 비행기로 1년에 45,000을 차로 가고 35,000을 비행기로 갔다고 그러더라구요. 그리고 마지막은 크리스마스 전날 우리 집 앞에 우퍼팝이라고, 개가 거기서 놀고 그랬거든요. 거기 극장이 있으니 마지막 공연을 거기 극장에서 했어요. 1부는 ppt를 가져와서 설명하고 그렇게 해서 자기가 끝냈다고 하더라구요."

김혜정의 남편은 새벽에 일찍 출근하고 이른 오후에 퇴근했다. 그리고 남은 오후 시간을 아들과 함께 보냈다. 아들과 안 갔던 곳이 없을 만큼 많은 곳을 여행하고 많은 시간을 아들과 함께했다. 그 추억은 아들의 기억에도 아버지의 자리를 만들어놓았다. 김혜정의 아들은 4세 반부터 피아노를 배웠다. 아들의 피아노 배우기는 처음에 구청 어린이 놀이반에 일주일에 한 번 가는 것으로 시작되었다. 그곳에서 1년을 공부한 어느 날 노령의 피아노 교사가 김혜정의 아들을 따로 불렀다. 그 할머니 교사는 10명(3세 반, 4세반)의 어린이들에게 미술과 음악, 무용을 가르쳤는데 1년 동안 아이들에게 수업을 가르친 후 그중 1명만 골라서 피아노 레슨을 해주었다. 그때 김혜정의 아들이 그 피아노 수업에 선택된 것이다. 그리고 피아노 수업의 조건은 집에 피아노가 있어야 한다는 것이었다. 그 선생님은 부모가 다 오페라 가수였고, 그녀 자신도 어릴 때부터 피아노를 배웠으며, 오랫동안 학생들에게 피아노를 가르친 사람이었다. 그 선생님의 제자가 되는 것은 누구나 할 수 있는 일은 아니었고 선생님의 선택이 있어야 가능했다. 그 선생님은 일주일 뒤에 결정을 알려달라고 했다. 김혜정 부부는 고민되었다. 당시 남편은 학생이었고 김혜정 혼자서 벌어 살던 때였다. 아이가 피아노를 배우는 것은 좋은 일이었고, 더구나 시에서 하는 것이라 비용도 많이 들지 않는 기회였다. 배우고 싶다고 해도 누구나 할 수 있는 기회도 아니었기에 부부는 고민 끝에 아이를 위해 피아노를 사기로 결정했다. 그리하여 처음으로 빚을 냈다. 그리고 야마하 피아노를 사느라 당시 8천 마르크(약 4천 유로)를 은행에서 빌렸다. 이 금액은 김혜정 부부에게 큰 금액이었고, 더구나 김혜정이 빚을 낸다는 것은 엄청난 결단을 한 것이다. 그러나 이런 상황을 알 리 없는 그 피아노 선생님은 김혜정 부부가 2만 마르크면 중고 그랜드 피아노를 살 수 있는데 싸구려 피아노를 샀다며 야단쳤다. 그러나 부부의 생각은 아들이 20세이고 음악을 직업으로 한다면 빚을 내서라도 그랜드 피아노를 살 수 있겠지만, 이제 4세반 아이를 위해 빠듯한 형편에 몇만 마르크의 빚을 진다는 것은 적당치 않다고 생각했다.

그렇게 시작된 아들의 레슨은 10년 동안 이어졌고, 아들이 피아노를 배우러 가는 길은 늘 아버지와 함께하는 시간이었다. 피아노 레슨이 끝나면 아버지는 아들과 함께 항상 1시간씩 강제 산책을 했다. 아들은 1시간 동안 피아노를 배우고, 1시간은 이론을 공부했다. 그리고 아빠와 1시간 산책하고 집으로 돌아오는 것이다. 그 과정을 일주일에 한 번씩 한 번도 빠지지 않고 했다. 그래서 아들에게 그 시간은 클래식 음악을 배우고 익히는 시간이었고, 한편으로는 아버지와의 추억을 쌓는 시간이었다. 아들은 피아노에 두각을 보였다. 그러나 김혜정 부부는 아들에게 음악으로 생계를 이어가는 것보다는 다른 직업을 가질 것을 권유했고, 아들은 전기공학과를 거쳐 건축학과에 안착했다. 김혜정의 남편은 아들이 27세 때 사망했다. 아들은 아버지의 사망 후 아버지를 추억하며 만든 곡들로 CD를 만들어 음반 제목을 「sailing」이라고 지었다. 이 제목은 아버지가 요트 타는 것을 특히 좋아했던 것에 기인한다. 아버지와 자주 요트를 타던 추억이 있기에 아버지를 추억하며 만든 곡들의 제목을 그렇게 지은 것이다. 이 CD들은 아들이 1년 동안 100개 도시에서 100개의 콘서트를 한 것을 모아 만든 것이다. 100개의 콘서트는 아들이 여러 가지 의미를 두어 기획하고 실행한 것이다.

김혜정의 아들은 건축사 자격증을 취득하고 취직하여 3년간 돈을 모았다. 그리고 직장을 그만두고 실업수당까지 모두 모아 아시아와 유럽 여러 나라의 100개 도시에서 셀프 연주를 했다. 접이식 전자 피아노를 들고 다니며 공원, 어느 집 거실, 교회, 정류장 등 연주가 가능한 곳이면 어디서

↑김혜정 아들의 유럽지역 콘서트(기차역, 카페, 마을, 마을 공터 등)

소식이 독일 잡지에 실림 →

[그림 3-4] 김혜정 아들의 100개 도시 100개 콘서트

든 연주했다. 공연은 자신이 공부했던 도시에서 시작했고, 마지막은 자신이 어렸을 때 뛰어놀던 엄마의 집 앞 극장에서 연주하며 마쳤다. 이러한 아들의 셀프 연주는 독일 신문과 잡지에도 실렸다. 아들은 자신의 연주를 CD와 책으로 만들어서 기록해두었다. 그중 하나가 「sailing」이다.

> "지가 피아노를 치고 그래서 CD를 두 개 만들었어요. 아버지에 대한 그리움을 담아 많이 만들었더라구요. 아들이 음악을 작곡해서 음반을 만들었어요. 그리고 제목을 「sailing」이라고 붙였어요. 아이 아빠가 요트 타는 것을 무~척 좋아했거든요. 한 음반에 10개에서 12개의 곡이 들어가요. 아버지를 생각해서 기념으로 제작했어요."

아들이 이런 연주를 계획한 것은 아버지와의 추억이기도 하고, 한편으로는 자신의 진로에 대한 고민을 담은 것이다. 김혜정의 아들은 예술적 재능을 가진 엄마를 닮아서 피아노에 두각을 보였고 음악인의 길로 나아갈지, 아니면 다른 길로 나아갈지에 관해 고민했다. 그러나 현실적인 경제적 안정을 위해 다른 진로를 선택했고, 시간이 지난 후 이에 대해 진지하게 생각했다. 그리고 자신의 진로를 분명하게 정하기 위한 아들의 의도도 이 100대 콘서트 기획에 담겨있을 것이다. 음악을 계속할 것인가 아닌가에 대한 실험이 이 콘서트에 담긴 것이다. 언젠가 아들은 김혜정에게 자신의 진로에 대한 고민을 털어놓은 적이 있었다.

> "아들이 속마음 이야기를 하는 것이 많지는 않은데 그럴 때가 가끔은 있어요. 예를 들어서 애가 지금 받는 월급이 많지 않고 어쩌고저쩌고 그래요. 옮겨야 될까 그래요. 그래서 제가 장문의 편지를 썼어요. 엄마는 가방 하나만 가지고 독일에 갔다. 그런데 잘살고 있지 않느냐. … 너는 아직 창창하고 너는 잘할 수 있고. … 조바심하지 말고 기다리고 살으라고. 그런 이야기를 장문으로 쓴 적이 있어요."

아들은 음악을 계속하고 싶은 마음과 경제적 안정 사이에서 고민했을지도 모른다. 그리고 자신의 삶을 어떻게 살아갈 것인가에 대한 고민이 많았던 청년 아들은 어머니에게 고민을 털어놓았다. 그러한 아들에게 김혜정은 자신의 경험을 담아 위로와 용기를 주는 긴 편지를 썼다. 이주자 2세대 아들의 진로 고민들이 100대 도시 100개 콘서트에 포함되어 녹아 있을지도 모른다. 김혜정의 아들은 예술적 재능을 가진 어머니와 꼼꼼하게 삶의 역사를 기록해두는 아버지를 절묘하게 닮았다. 이제 아들은 한편으로 음악을 계속하지만, 건축사로서 본업에 집중하고 있다. 그리고 그는 현재 독일에서 매우 유능한 건축사로 인정받고 있다. 2021년 독일 정부에

[그림 3-5]
김혜정의 남편과 아들

서 아시아 지역의 독일 건물을 관리하는 직원을 모집했을 때 이에 지원했다. 처음에는 친구의 직장을 새로 찾아주려고 시작된 지원이었으나 최종 선택되면서 어머니의 나라인 한국과 더욱 가까워질 여건이 생겼다.

[그림 3-5]에서 김혜정의 왼쪽이 남편, 그리고 오른쪽이 아들이다. 이 사진은 아들이 16세 때 가족이 함께 찍은 것이다. 남편의 암이 재발하기 11년 전이다. 김혜정의 아들은 독일에서 건축과 관련하여 석사과정을 마쳤다. 음악을 좋아하고 잘했으나 음악으로 안정적인 직업을 갖기 어렵다고 판단한 부모의 권고에 귀 기울여 건축사 자격을 취득하여 일하고 있다. 가족들의 뒤에 걸려있는 그림들은 김혜정이 그린 것이다. 김혜정은 이주 후 40세가 되었을 때 대학에 등록하여 정식으로 그림을 배우려고 했다. 그러나 독일의 대학에서 "두 사람이 있는데 한 사람은 20세이고 한 사람은 40세다. 두 사람이 똑같이 준비했다면 우리는 20세를 뽑을 수밖에 없다"라고 하며 입학이 불가함을 가감 없이 이야기했다. 그리하여 김혜정은 학교에 진학하지 않는 대신 개인 화가에게 10년 동안 유화를 배웠다. 그리고 집안 곳곳에 자신이 그린 그림들을 걸어두었다.

7) 독일의 의료복지

"독일은 아프면 병원 가도 다 해주고 그러기 때문에 독일에서 있으면서 돈돈돈 안 그러고 살아요, 사람들이. 독일 사람들이 행복지수가 굉장히 높대요. 왜냐하면 나 있는 고 안에서 사니까. 그리고 우리는 국민 전체가 다 내는 게 있어요. 그러면 병 보험에서 다 카바를 해줘요. 암이나 백혈병 환자들이 수억이 들어도 그 병 보험 들었으면 다 해줘요. 그거 아주 돈 쬐~~금밖에 안 내요. 옛날에는 다 공짜였는데 지금은 하루에 10유로씩 300유로가 제일 많이 내는 거예요. 거기 살면 아주 안정적으로 살죠. 차분하게 안정적으로."

김혜정은 수년 전에 은퇴했고, 2022년이면 70대가 될 것이다. 노년의 건강에 의료의 뒷받침은 필수다. 김혜정은 독일 사회의 의료 시스템을 한국의 의료 시스템보다 더욱 안정적이라고 여긴다. 독일은 1884년 12월 1일 「노동자 의료보험에 관한 법률」이 발효되었으며, 이 보험법은 인류사회의 사회보험제도 가운데서 가장 오래된 것으로 알려져 있다. 독일 의료보험의 주요 원리는 아픈 사람은 누구나 도움을 받아야 하며, 그의 수입이나 병원비를 지불할 능력 여부와 관계없이 이루어져야 한다는 것에 근거를 두고 있다. 한국은 「의료보험법」 제정 초기부터 독일의 「의료보험법」을 참조하여 제정되었기 때문에 독일과 기본적인 법개념과 이념의 차이점이 크지 않다. 100여 년 동안 축적된 독일의 의료보험 체제는 보험법 자체가 전문성을 뒷받침하고 있다. 이에 비해 한국의 「국민건강보험법」은 통합된 의료보험 체계의 출발로 행정상의 간소화를 갖추었으나 역사적 검증을 충분히 거쳤다고 할 수 없으므로 시행상의 미비점은 보완할 필요성이 있다. 독일인은 개인의 필요와 욕구를 사회 속에서 충족시킬 권리가 있으며, 이를 보장할 제도를 만들어 함께 관리한다는 시민의식을 갖추고 있다. 이에 반해 한국은 시민의식 결여와 「국민건강보험법」에 대한 국민의 참여가 활발하지 못하다(이순득, 2000). 독일은 「의료보험법」에 관련하여 축적되어온 과정을 통해 사회 내에서 구성원과 정부가 유기적으로 소통을 위한 노력을 한다. 그리하여 합의점들을 찾고 실행해왔으므로 사회 구성원들의 합의에 의해 만들어진 법은 사회적 힘을 가진다. 그러므로 독일 사회는 정치와 경제의 영향력을 갖춘 체계에 의해 소수자들의 삶이 소외되거나 억압되지 않고 상호 소통이 이루어질 가능성이 크다. 그러나 한국은 이러한 사회적 소통에서 소통의 주체인 시민이 소극적 자세를 취하고 있으므로 소수의 의견이 드러나지 않거나 사회구성원들의 합의에 의해 만들어진 사회적 힘이 약한 측면이 있다. 독일과 한국의 합의에 따른 사회적 힘의 차이는 김혜정이 느낄 때 독일 사회를 안정적으로 느끼는 이유가 된다.

8) 친정 방문과 송금

"돈 벌어야겠다. 그런 거였죠. 절박했어요. 저희 그때 정말 너무 어렵게 살아가지고. 맨 처음에 얘기했듯이 애초에 뭐가 없었으면 덜할 텐데 좀 넉넉히 살다가 어느 날 갑자기 없으니까. 월급 중에 반 보냈어요. 3년 동안 꼭 반씩 보냈어요. 그리고 여기 나와서 결혼해서 갔으니까. 가끔씩 엄마한테 돈을 드리고 그런 것은 있었죠. 그런데 저는 남편 몰래 돈 집에다 주고 그런 거는 하나도 없었어요."

김혜정은 독일에 간호사로 이주한 후 가족에게 월급의 절반을 꼬박꼬박 보냈다. 그리하여 당시 언니와 엄마가 감당했던 생계의 짐을 함께 나누었다. 그녀는 아버지의 사망 이후 그들 가족에게 닥친 경제적 빈곤의 영향을 크게 받았다. 당시 가장 어려웠던 것은 경제적 풍요로움이 있다가 어느 날 갑자기 없어진 현실을 받아들이는 것이었다. 김혜정은 2020년 현재에도 독일에 자기 집이 없고 월세로 살고 있다. 월세로 사는 이유는 집을 사려면 은행에 대출을 받아야 하고 대출을 받은 후 삶이 어떻게 될지 모르는 상태를 피하려는 이유였다. 집은 필요하지만, 어떤 뜻하지 않은 일에 의해 자신이 겪었던 것을 자녀가 겪을 수 있는 일이기에 은행 빚을 내어 집을 사는 일은 살면서 고려하지 않았다. 그리고 현재 자신이 감당할 수 있는 월세로 사는 것에 대해 만족하고 있다. 그리고 그녀의 가족은 집을 사지 않은 대신 친정 가족을 자주 방문했다.

> "집이 좋으니까. 나는 진짜로 많이 왔거든요. 나 결혼했을 때 내 동생들이 결혼 안 하고 있잖아요. 걔네들이 형부형부 하면서 잘해줬거든요. 그리고 나중에는 조카들이 이모부 하면서 잘 따라주고 그러니까 그때 친척 그런 분위기가 거기는 없는데 여기는 식구들이 많고 그러니까 좋은 거야. (중략) 그러니까 우리 아들이 여기 와도 사촌들하고 떨떠름하고 그런 게 하나도 없어요."

김혜정은 집을 사지 않은 대신 남편과 본인이 번 월급을 모았다가 한국에 오갈 때 한꺼번에 사용하곤 했다. 남편도 한국에 와서 아내의 가족과 지내는 것을 좋아했다. 남편은 한국에 와서 아들과 함께 자주 호텔에 가서 한국의 재래식 화장실을 피해 가기도 했다. 이 가족이 집을 사지 않으면서

까지 한국에 자주 나온 궁극적인 목적은 아들과 친척의 연결에 있다. 시집에도 시어머니와 남편의 형이 있었으나 남편의 형은 김혜정이 한 번도 만난 적이 없었을 만큼 가족 간에 교류가 적었다. 그리하여 한국의 친정 가족과 교류를 더욱 견고하게 했다. 자주 만나서 서로를 알고 이해함으로써 혼자 있는 아들이 독일의 친척과 연결되지 않는 대신 한국의 조카들과 정서적으로 가깝게 연결되기를 바랐다. 그러한 노력을 들인 지금 모든 친척과 친밀도가 똑같이 연결된 것은 아니지만, 자기 형제의 자녀들과 아들의 친밀감은 더욱 가깝게, 허물없이 연결되고 있다. 이를 위한 방법은 송금과 친정 방문을 통해 이루어진다. 오랜 세월 주기적으로 아들을 친정에 보내 한국어를 배우고 한국 문화를 익히게 함으로써 문화적 · 정서적 연결을 도모한다.

> "애가 한 3학년쯤 되니까 어느 날은 안 가겠다고 따져요. 내가 왜 주말학교(한글학교)를 가야 되느냐. 왜냐하면 지 친구들은 주말에 축구를 하고 놀러가는데 나는 왜 거기(한글학교)를 가야 하는지 설명을 하래요. 그래서 애한테 설명했죠. 니가 알다시피 거기(한국) 가면 이모도 있고 사촌도 있고 조카도 있고 할머니도 있고. 그런데 네가 말을 못 하면 어떻게 할 거냐고 설명을 했어요, 30분 이상을. 그랬더니 그다음부터는 아무 소리 않고 갔어요. 가면은 많이 배우고 그러는 것보다는 일단은 한두 마디라도 듣잖아요. 제일 많이 도움이 된 거는 한국에 자주 온 거."

김혜정은 7년 동안 한글학교 교감으로 활동했고, 그 가운데 일정 기간은 교장으로도 활동했다. 그리고 아들을 일주일에 한 번 토요일에 2시간 동안 한글학교에 가서 한국어를 배우도록 했다. 자녀가 거주국에서 이주여성인 어머니의 모국어를 배우는 것은 매우 힘든 일이다. 언어 자체의 어려운 점보다 그 언어를 사용할 기회가 없는 점이 엄마의 모국어 공부를 더욱 어렵게 한다. 그리고 어머니의 모국어를 배우는 것이 미래에 유익하게 되리라는 희망이 없었으므로 자녀에게 자신의 모국어를 전해주고 싶은 많은 한인 여성들에게 좌절감을 맛보게 했다. 김혜정의 아들도 엄마에게 독일 학교 공부량이 많고 친구들과 놀이하는 시간을 빼면서까지 한국어 공부를 해야 하는 이유를 물었다. 이에 그녀는 가족과의 소통을 위해 필요함을 말해주었다. 이 설명이 그녀의 아들에게 설득된 것은 이 가족이 자주 한국의 친지를 방문했고, 그것을 아들도 즐겁게 여겼기 때문이다. 김혜정의 아들은 한국의 외사촌들과 최소 1~2년에 한 번씩은 만나서 같이 놀았기 때문에 소통하기 위해 한국어 습득이 필요한 일이었음을 이해한 것이다. 한국어 교육은 자녀와 한국의 연결, 그리고 한국인 정체성 형성에 도움을 준다. 그리하여 어머니의 모국에 있는 친지와 연계를 지속하도록 하는 역할을 한다.

9) 세월 속에 묻힌 청춘

"그런데 내가 막내 남동생한테는 조금 감정이 있어요. 우리가 어렸을 때는 굉장히 힘들었거든요. 밥도 굶을 지경이었고. 그런데 남동생이 학교 다닐 때는 웬만큼 살만했어요. 제가 독일에서 벌어서 여기에 부치면 동생들 등록금도 하고 그러니까. 엄마가 해달라는 대로 다 해줬어요. 그래서 애가 책임감이 없다고 할까. 애는 지가 돈을 벌어서 쌀 한 가마를 사온 적이 없어요. 그래서 제가 엄청 뭐라고 그랬어요. 휴가 오면 싸움을, 제가 동생한테 난리를 치고 그러면은 우리 양반이요, 어느 해는 그래요. 올해는 제발 동생하고 트라블 하지 말고 아무 소리 말고 그냥 오라고."

김혜정은 스스로 이주를 선택했으나 그 배경에는 친정 가족이 있다. 그리고 이주 후 3년 동안 월급의 절반을 송금했다. 그리하여 가족을 굶주림에서 헤어나오게 했다. 그리고 이후에 자주 한국을 방문하여 동생들의 진로 선택과 진학에 관여하고 도움을 주었다. 그러나 남의 나라에 노동자로 이주하여 지낸 돌봄노동자의 애환은 이야기만으로 풀어낼 수 있는 것이 아니었다. 가족만을 위한 이주행위는 아니었을지라도 그 삶에 흘러가버린 자신의 청춘을 생각하면 억울한 마음이 없지 않다. 김혜정은 위로 언니들과 아래로 여동생들의 경우 자기 밥벌이는 자기가 한다고 했다. 그런 딸들과는 달리 남동생은 자기 밥벌이를 하지 않았다. 장성해서는 남동생이 가게를 했는데, 그것도 직원들에게 맡기고 자신은 취미활동을 하며 삶을 여가처럼 사는 것에 김혜정의 불만이 있다. 그녀는 이를 가만히 보고 있지만은 않았고, 그야말로 난리를 쳤다. 김혜정은 가족과 함께 자주 한국에 나왔는데, 방문 때마다 남동생과 갈등이 있었다. 어느 해엔 김혜정의 남편도 제발 동생과 갈등하지 말라고 말할 만큼 이 갈등 과정은 가족 안에서 첨예한 일이었다.

이러한 갈등은 그녀의 흘러간 청춘과 이주자의 애환, 경제적 부유함이 있다가 없어졌을 때 그것이 얼마나 견디기 힘든지 모르는 남동생을 보는 것 등으로 나타난 억울함과 답답함의 단면일 수 있다. 이여봉(2011)은 떨어져 살던 가족이 잦은 만남을 가질 때 상대방의 생활에 관여하는 정도가 높을수록 서로에 대한 기대와 이해관계가 불일치함으로써 갈등이 발생할 가능성이 커진다고 했다. 김혜정처럼 친정 방문주기가 비교적 짧은 경우 이주한 딸들의 친정 살림에 대한 '간섭'이 있을 수 있다. 김혜정은 독일로 이주하여 친정에 송금함으로써 가정경제에 동참했다. 그러한 경제적 참여와 정규적으로 이루어지는 방문을 통해 친정 가족에 대한 간섭이 이루어졌을 수 있다. 간섭은 간섭 당사자가 간섭 대상자에게 자신의 존재를 인지시키는 하나의 표시다. 자신이 그러한 행위를 할 수 있는 존재임을 표현하는 것이다. 다시 말하면 김혜정의 행위는 친정 가족 내에서 자신의 사회적 위치에 관한 구축이며, 인정 요구의 일면이다. 즉 그녀가 가정 내에서 자신의 위치를 외부(친정 가족, 남편, 아들, 이웃 등)에 지각하게 하는 행위가 된다. 그리고 간섭 행위는 자신이 이주자로 살아온 삶에 대한 보상기제일 수 있다.

남동생과의 갈등은 남동생이 먼저 세상을 떠나고 어머니의 치매로 이어지면서 일단락되었다. 김혜정은 어머니가 사시던 집을 언니와 나누어 사용하게 되면서 자연스럽게 한국 친정에 안착하게 되었다. 큰언니는 어머니의 상가주택 위층에 살고 그녀는 아래층에 산다. 둘째언니는 일찍 시집을 갔으므로 가정경제에 부담을 끼치지도, 도움이 되지도 않았다. 두 여동생은 김혜정이 교육을 지원하여 스스로 자립하게 도왔으며, 남동생이 일찍 세상을 떠났기에 김혜정이 어머니의 집을 기반으로 독일과 한국을 오가며 생활하는 여건이 마련되었다.

10) 독일어 공부

"제가 40~50년 (독일에서) 살아도 독일 사람같이 말을 못 해요. 내 아들이지만 '독일에서 공부하고 대학 나온 사람들은 저렇구나' 그렇게 느끼는 게 많아요. 나는 그렇게 표현을 못 하거든요. 그렇지만 소통을 못 하거나 그런 거는 없었어요. 그런데 얘가 내가 여기 있는 동안에 말을 잊어버리고 그러는 게 굉장히 은근히 걱정이 되나 봐요. 작년에 공항에 나오면서 '엄마 책 좀 가져가서 읽어요' 그러는데 엄마가 말을 못 하면 심각하게 트라블 있어서 안 되니까, 말을 잊어버리면 안 되니까 책을 사주더라고 공항에서."

김혜정은 살아오면서 늘 독일어를 공부했다. 인터뷰 때 연구자에게 보여준 핸드폰은 독일어로 설정되어 있었다. 그것은 독일어를 잊지 않기 위해 그녀가 하는 노력의 하나였다. 그리고 한국에서 독일어 방송을 보고 독일 뉴스를 듣는다. 김혜정은 1년의 절반 이상을 한국에서 머물다가 독일로 복귀한다. 그러면 독일 친구들이 독일 발음이 좀 이상하다고 말한다. 그러한 현상을 줄이기 위해 늘 독일어 공부를 한다. 그녀는 독일에 사는 한국인 부모들이 집에서 한국어도 아니고 독일어도 아닌 그런 말을 사용한다고 했다. 그런 이유로 자녀들과 대화할 때 일상어에는 문제가 없지만, 자녀들이 성장한 후 부모와 독일인으로 자란 자녀들 사이에 '대화'하기가 어렵다는 것이다. 다시 말하면 부모와 자녀 사이에 대화다운 대화가 이루어지지 않기 때문에 심한 불화를 겪는 가정들이 있다는 것이다. 독일에서 자라난 한국인 자녀들이 부모처럼 한국어를 구사하는 것은 매우 어려운 일이고, 부모 또한 자녀만큼 독일어를 구사하는 것이 불가능하다. 그러므로 독일에 이주한 한인이 그들의 자녀와 '대화'하는 것에는 실질적 어려움이 있음을 말하고 있다.

독일의 삶이 이러하므로 김혜정은 스스로 독일어를 그녀의 생활 중심에 놓아두고 늘 공부하고 발음을 연습하고 책을 읽고 독일 뉴스를 듣는다. 그렇게 연습하고 노력함에도 언젠가 아들이 e 발음 들어간 것을 자꾸 교정해주어 그녀가 대단히 화를 낸 일이 있었다. 아버지가 살아계실 때는 아들이 어머니의 발음을 교정하려는 행위를 하지 않았지만, 아버지가 없는 현실에서 어머니가 걱정되었던 것 같다. 아들은 어머니의 마음을 상하게 할 생각이 아니었으므로 사과했고, 그 이후로 더는 어머니의 발음을 교정하려 하지 않는다. 그 대신 어머니가 독일어에 대한 감각을 유지하도록 책을 사준다. 국제결혼가정에서 언어(거주국 언어와 어머니의 모국어)는 이주자와 가족의 삶에서 상호이해로 이끌어 공감하고 소통하는 데 매우 중요함을 알 수 있다. 한편, 김혜정은 노년이 되어 모국어는 자연스럽게 발화되지만, 거주국 언어는 지속하여 노력하지 않으면 쉽게 잊어버린다고 했다. 거주국의 언어소통이 원활하지 않다면 이주자의 삶이 노년에 더욱 외로워질 가능성이 있다.

> "애아빠는 독일 사람이기는 하지만 독일어는 빵점이에요. 독일어를 진짜로 하기는 하지만 엉터리로 하고 문법에서는 전혀 모르고 그랬어요. 그래서 초등학교 과정은 총관리를 했죠. 애 학교를. 그래서 1학년 2학년 3학년 학년마다 책이 있잖아요? 교과서. 그거 말고 내가 책방에 가서 부교재를 산 거예요. 내가 봐가지고 그거를 물어본 거죠. '애가 1학년이고 2학년인데 여기에다 어떤 책을 보충해서 하면 좋을까요?' 물어보죠. 내가 샀어요, 그 책을. 그래가지고 같이 공부한 거예

요. 애 공부 가르쳐주면서."

김혜정은 자녀가 독일에서 잘 적응하도록 처음에는 독일어와 한국어를 같이 사용했다. 그리고 아이가 학령기가 되었을 때 남편이 독일 사람이지만 아이의 학습을 도와줄 형편이 아니었기 때문에 자신이 매 학년마다 학생용 교재와 부교재를 보면서 아이와 함께 공부했다. 그리고 아이의 받아쓰기를 계속 연습시켰다. 그 결과 자녀는 김나지움에 가는 학생 그룹에 속했고 석사를 졸업했다. 김혜정이 자녀의 거주국 언어에 공을 들인 이유는 자녀는 독일인으로 살아갈 것이기 때문이었다.

11) 50세, 새로운 직장 적응기

"나는 평생 내 돈을 갖고 있어야 되는 그런 게 있었어요. 남편이 없어도 내가 먹고 살아갈 내 돈을 벌어야 되겠다. 안전, 독일말로 지셔하이트(Sicherheit)*가 항상 있어야 되겠다는 게 머릿속에 박혀있었어요, 늘. 그래서 내가 직장이 없으면 안 되는데. 그래서 내가 50살에 이력서를 넣은 거예요."

김혜정은 독일에서 임상병리사 자격을 취득하고 곧이어 취직한 병원에서 20년을 일했다. 그 병원은 규모가 컸고, 서독의 한 대학병원과 동독의 대학병원 중간 지점에 자리하고 있었다. 그 병원에서 20년을 근무했

* '안심', '안전', '확실성'이라는 뜻을 가진 독일어

[그림 3-6] 20년 근무한 독일 병원의 동료들

을 때 독일 정부에서는 가까운 지역에 큰 규모의 병원이 세 개가 있는 것을 조정하고자 했다. 그리하여 김혜정이 근무하던 병원을 폐업처리한다는 공고를 했다. 그때 그녀의 나이 50세였다. 두 개의 큰 대학병원 사이에 있는 병원을 다른 병원에 통합하거나 병합하는 것이 아니라 폐업하는 것이었기에 그곳에서 근무하던 사람들은 모두 직장을 잃는 것이었다. 김혜정은 일자리를 잃는 것이 불안했다. 남편이 엔지니어로 대기업에 다녔고 당시 김혜정이 반드시 일해야 할 형편은 아니었으나 미래를 위해 경제적으로 안정된 뒷받침이 필요하다고 느꼈다. 그래서 그녀는 계속해서 일할 직장을 찾았다. 50세에 새로운 일자리를 찾는 것은 어려운 일이었다. 경력자는 급여를 많이 주어야 했으므로 병원에서 경력자를 잘 구하지 않는 것도 김혜정이 직장을 구하기 어려운 점의 하나였다. 김혜정은 병원을 그만두게 되는 시기 이전부터(통합에 대한 예고를 미리 했으므로) 새로운 직장을 찾기 위해 여러 병원에 이력서를 넣었다. 그 많은 곳 중에서 한 곳에서만 연락이 왔다.

그리고 이전 병원에서 9월 30일까지 일하고 10월 1일에는 새로운 직장으로 출근했다. 새로운 직장에서는 은퇴할 때까지 10년을 근무했다. 새 직장은 같은 임상병리 일이기는 했지만, 사람도 새롭고 컴퓨터도 달랐기에 오십의 나이에 새로운 직장에서 적응하는 것은 엄청난 스트레스를 동반했다. 그녀는 혈액학을 공부했기에 종일토록 현미경으로 암세포를 보고 독일어로 설명해야 했다. 김혜정이 정확하게 보고 설명한 자료는 의사의 진단에 영향을 미칠 뿐 아니라 그 일에 대한 책임이 김혜정에게 있었다. 그러므로 고도의 정신적 압력을 감당해야 하는 일이었다. 또한, 그녀는 다른 병원에서 이미 20년을 근무한 전문가였기 때문에 자기 일에 대한 무게감이 더했다. 김혜정이 새로운 직장에서 너무나 스트레스에 시달렸으므로 남편은 그렇게 스트레스를 받느니 차라리 그만두고 쉬도록 권유했다. 그러나 그녀는 '남들도 다 하는데 내가 왜 못하겠느냐?'라는 심정으로 버텨냈다.

"그게 엄마가 그러신 것 같아요. 엄마가 하면 못하는 게 없었어요. 저는요, 뭘 할 때 '엄마 이거 어려운데' 그러면 '알았어.' 엄마가 그러면 엄마는 반드시 그걸 해놔요. 밤을 새워서라도 해놓고 완성을 시켜놓고. 누구 바느질하는 것도 언제까지 해놓겠다 그러면 밤을 새워서라도 그걸 해놓으시는 그런 분이셨거든요. 그런 것을 보고 자라서 저도 완벽하게 딱 끝내고 오지 남이 뒤에서 어쩌고저쩌고 할 만큼 흐지부지 그렇게 일을 안 해놓고 살았어요, 평생을. 내가 힘들고 내가 시간을 내 꺼 더 써도 마무리해놓고 나가지 내가 내 시간이라고 딱 끝내고 하다 말고 가고 그런 것은 없었어요."

김혜정은 인터뷰 처음부터 자신의 엄마를 '여장부'라고 표현했다. 그리고 김혜정의 엄마는 어려움 속에서도 삯바느질로 여섯 자녀를 모두 대학에 보낸 억척여성이었다. 어머니는 자신의 말에 책임성을 갖는 데 주의를 기울였다. 그것을 김혜정이 보고 자랐고 독일의 직장에서 근무하거나 새로운 직장에 적응할 때 자신의 말에 책임을 지는 역량이 발휘되었다. 그런 성향이었기에 스스로 스트레스를 더 받았겠지만, 직장에서는 욕을 먹지 않았다. 독일은 평소에 친절하고 차별하지 않는 것 같지만, 만약에 자신의 업무를 잘 처리하지 못하면 "욕 들어 먹는다"라고 다른 한인 여성들도 이구동성으로 말한다. 이러한 것은 어느 곳에서나 있는 일이지만, 이주자들의 경우 거주국 사회에서 도태되지 않고 살아남으려면 더욱 분투하는 삶을 살아야 함을 내포한다.

한편, 김혜정이 은퇴가 가까운 50대에 새로운 직장을 고집한 것은 무엇보다 남편이 자신의 울타리가 되지 못할 상황을 위한 대책이 필요했기 때문이다. 자신이 이주여성이었기에 거주국에서 남편 없이 혼자 남게 되었을 때 자녀와 함께 살아갈 안전장치가 필요했다. 그중 하나가 경제적 안정이었다. 그랬기에 엄청난 스트레스를 동반하는 새 직장에서의 적응을 이겨냈다.

"이다음에 남편이 만약에 없을 때 내가 돈 없어서 저런 설움을 받으면 어떻게 할까 그래서 저금을 하는 게 늘~ 박혀있어요, 머리에. 나는 이다음에 혼자 살게 되면 '내가 굶으면 어떻게 하지? 춥고 배고프면 어떻게 하지?' 춥고 배고픈 것을 어렸을 때부터 알았기 때문에 나 그게 싫거든요. 명품백 저는 그런 거 관심 없어요. 그런 거 이해 못하는 사람이에요. 그런 게 자기 수입이 있는 만큼만 사야지 그거를 넘으면은 빚이 되고 망하는 거잖아요. 그래서 늘 그렇게 했기 때문에 그리고 일을 했으면 연금이 있잖아요. 그러니까 사는 데는 문제가 없어요. 그러니까 왔다 갔다 하면서 살아요. 여기에서도 살다 저기에서도 살다, 하고 싶은 거 하고."

김혜정은 아버지가 갑자기 돌아가시는 바람에 경제적 빈곤 상황에서 어머니가 어떻게 살아왔는지를 보았으므로 늘 저축하며 살았다. 현재는 연금이 나오므로 더는 저축할 필요가 없지만, 지금도 그녀는 수입이 생기면 저축부터 한다. 그녀는 어릴 때 가난으로 인해 받은 상처를 기억하고 있으므로 또다시 그러한 나락으로 떨어지는 것을 미리 방지하는 삶의 원칙을 고수하며 살아왔다. 그리고 젊었을 때 꾸준히 일한 덕분에 이제는 연금으로 한국과 독일을 반반씩 오가며 살아간다. 모국과 거주국을 오가며 살아가는 형태는 파독 간호사들이 가지는 로망 같기도 했다. 거주국에서 다 채워지지 않는 정서적 간극을 모국에 와서 해소하고, 모국에서 다 충족되지 않는 부분을 다시 거주국에서 채우는 방식이 선호되는 듯 보였다. 김혜정은 풍족하지는 않아도 자기의 수입 범위 안에서 그 생활이 가능하므로 한국과 독일을 오가며 살아가고 있다.

12) 스며드는 거주국 문화

"한번은 친구가 주말에 놀러 오는데 제가 항상 은행에 저금해서 현금이 없었어요. 주말에 은행도 안 하고 그래서 그 부인한테 주말이라 돈을 찾을 수 없으니까 돈을 빌려줄 수 있느냐고 물어봤어요. 얼마든지 해주겠다고, 돈이 있으니 오라고. 그래서 그 집에서 몇백 마르크를 빌렸어요. 그런데 깜짝 놀란 게 그걸 빌려주면서 차용 증명서를 쓰시더라구요, 그 부인이. 3년 동안 왔다 갔다 했는데. … 썼죠. 그리고 월요일에 당장 은행 문 열자마자 돈 찾아다 드렸거든요. 그런 문화를 접하게 되면, '아, 내가 여기에 적응해서 살아야 되니까 이런 게 있구나' 하면서도 저한테도 점점 스며드는 거죠. 그 사람들의 생활방식, 사고 이런 게."

김혜정이 젊었을 때 독일에 적응하면서 사귀게 된 한 독일인 가족이 있다. 그리고 그 가족과 매우 가깝게 지냈다. 자주 그 집에 방문하여 음식과 문화를 익히고 한국 음식도 만들어 같이 먹기도 하고 비슷한 나이의 자녀들과는 친구가 되었다. 그 가족의 부인은 따뜻한 사람이었고 몇 년을 지내와서 서로의 심성이 어떠한지를 잘 안다고 생각했다. 그런데 돈을 빌려주면서 차용증을 쓰자는 것에 김혜정은 놀라운 마음이 들었다. 그러면서 차츰 '독일의 문화가 이렇구나'라는 것을 인식하고 받아들였고, 나중에는 자신도 모르게 독일 문화의 특성으로 행동하는 자신을 발견하게 되었다. 그녀는 차용증을 쓰는 독일의 방식을 자신의 경우에 적용하지는 않았지만, 독일 사회에서 주로 사용하는 분명하고 명확한 방식의 표현양식을 기꺼이 수용하고 실생활에서 사용하며 살아왔다. 분명하게 자신의 의사를 밝히는 대화방식은 한국 사회에 다시 왔을 때 그것이 오히려 자신이 한국 친구들에게 한국 사람 같지 않고 독일 사람 같아서 낯선 사람으로 느껴지는 이유가 되기도 했다.

> "사람들이 저한테 독일 사람이라고 하더라구요. (중략) 독일에서는 까망이든지 하양이든지 해야지 회색이라는 것이 없어요. 중간에. 대강 이런 것도 없고. 분명하고 정확하게. 그런데 여기 사람들은 그렇게 안 하더라구요. 예를 들어서 동창들이 여행을 간대요. 버스를 타고 밤새 가서 아침에 도착하면 하루 보고 그렇게 한대. 내 나이에 미쳤다고 밤새 버스를 타고 가요? 난 안 한다고 그랬어요. 나중에 어떤 친구가 그러더라고. 그렇게 '안 해'라고 얘기 안 해도 된대요. '어차피 안 될 건데 나중에 결정돼가지고 안 가면 되지' 그렇게 얘기를 하더라구요. 자기 의견을 얘기하라고 그런 자리였는데 얘기를 안 하고 뒤에 가서 하더라구요. 처음에 여기 사람들이 그렇게 하는 거를 몰랐죠. 우리는 앉아서 얘기를 하다가 '그래, 그럼 너는 그렇게 하고 너는 이렇게 하고 나는 안 해' 이게 분명하거든요. 근데 그거를 안 하고 있다가 어차피 안 할 건데 안 가면 되지 이런 식이 아니거든요."

한국과 독일은 대표적인 고맥락 · 저맥락 문화권의 나라다. 한국의 대화방식은 집단문화가 발달하여 상대방에 대해 어느 정도 파악되므로 고맥락 패턴으로 메시지를 이해하는 데 익숙하다. 김난영(2019)은 고맥락 패턴의 대화는 대화 내용에 대한 상세한 배경정보가 필요하지 않으며, 의사소통 분위기와 상황 그리고 직관을 통해 정보를 얻는다고 했다. 그러므로 청자는 화자가 말하는 화행의 행간을 읽어서 적절하게 대처해야 한다.

이와 반대로 독일 같은 저맥락 문화권은 이질적이고 이동이 심하고 사회 변화가 빠르며, 공통 경험이 적은 사람들의 집단이라 할 수 있다. 공통 경험이 적은 사람들끼리 의사소통을 하게 되므로 언어표현 자체에 상세한 배경정보가 담겨있는 것이 필수다. 독일인은 직접적이고 명확한 의사소통을 수행하며, 메시지가 상세하고 명확하기를 기대한다는 것이다. 김혜정은 한국에서 태어나 20대 초반까지 한국 문화권에서 살았다. 그런 후 독일로 이주하여 한국에서 살아온 시간의 두 배 가까운 세월 동안 거주국에서 살아왔다. 이주자로서 그녀가 거주국에 적극적으로 동화하며 살아왔음은 의사소통에서 문화의 차이를 나타내는 것을 통해 알 수 있다. 그녀는 한국과 독일을 오가며 거주하지만, 한국에서 독일 방식의 의사소통을 하므로 친구들로부터 독일 사람이라는 말을 듣는다. 김혜정의 저맥락 문화권 형태의 의사소통 행위는 고맥락 문화권에 속한 한국 사람들에게는 이질적인 행태가 되므로 같은 민족이고 친구이지만 서로가 이질성을 감지하는 이유가 되고 있다.

4. 노년의 삶

1) 기러기의 삶

> "한국에서 월요일에는 영어를 배워요. 수요일은 시청에서 하는 하모니카가 있어요. 하모니카 한 지가 3년 됐어요. 그리고 제가 그림을 좋아해요. 그림은 옛날부터 독일에서도 그렸으니까. 그래 일주일에 세 번을 나가요. 독일에서는 한국 사람이 하는 합창단, 그리고 그림하고 영어 배워요."

김혜정이 한국에 장기체류하게 된 이유는 친정어머니 간호 때문이었다. 그러나 2018년 4월 친정어머니가 돌아가신 후 특별히 한국에 올 이유가 없어졌다. 그러나 오랫동안 한국과 독일을 오가는 생활을 하면서 옛 친구들도 만나고 모임도 하며 한국에 삶의 장이 형성되었기에 양쪽 국가에서의 삶을 유지한다. 그녀가 양쪽 국가를 오가며 살아가는 초국적 이주자의 삶을 유지할 수 있는 데는 한국 정부의 역할도 크다. 한국 정부는 재외동포재단을 만들고 「재외동포법」을 제정하여 해외에 거주하는 한인이 한국에 와서 장기체류할 경우 거소증을 발급한다. 이로써 한국 국적이 없는 재외한인이 한국에서 법적 · 제도적 · 경제적 등의 이유에서 불편 없이 지낼 수 있도록 장치를 마련한 것이다. 이러한 제도적 장치가 김혜정 같은 재외한인의 초국적 생활방식을 촉진하는 역할을 한다. 김혜정은 한국과 독일에서 같은 취미를 배우기도 하고 같은 종류의 취미활동을 하면서 새로운 사람들과 친구가 되어 새롭게 네트워크를 형성하기도 한다.

2) 한국 사회의 보여주기식 문화

> "그리고 한국 TV에서 보면 '기아, 아프리카 어디에서 굶고 있습니다.' 뭘 전해주는 건 … 좋아요. 좋은데 언제부터 한국이, 지네들이 밥 먹고 산다고 그렇게 가서 눈물 뚝뚝 흘리고 도와달라고. (중략) 내가 열 받는 것 중의 하나는 젊은 애들이 벤츠 타고 다니는 거. 여기 부모 세대들이 일한 돈으로다가 지네들이 그 덕을 보는 것이지 지들이 일으켜서 지들이 벌어서 다니는 거 아니거든요. 저는 그런 것을 굶어보지 않아서 참 뭐라 그럴까. (중략) 여름에요. 다니면서 보면은 이만~한 브라운색 루이뷔… 가방인가 뭘 들고 다녀요. 다 똑같이. 누구한테 보여주려고 저런 것을 들고 다녀야 되나 그렇게 생각이 들어요."

김혜정은 한국의 젊은이들이 굶어본 기억이 없어서인지 자신의 능력 이상으로 행세하는 것, 그리고 한국 사회가 남의 눈을 의식하여 자기 분수에 맞지 않게 허례허식을 앞세우는 행동에 대해 비판적 관점을 가지고 있다. 그녀가 한국을 떠날 때 한국은 세계 최빈국의 상태였다. 그리고 그녀는 굶는 것이 무엇인지를 경험했다. 그녀는 가난이 사람의 체면을 어떻게 바닥에 내동댕이치는지를 보았다. 그런데 수십 년을 돌아 이제 한국에 와 보니, 한국의 젊은 세대는 일반적으로 그 연령대가 벌어서 살 수 없는 고가의 가방을 들고 다닌다. 그리고 시장에 가도 그런 고가의 명품 가방을 (그것이 진품이든 가품이든) 너나없이 들고 다닌다. 이러한 현상에 김혜정은 의아한 생각이 든다. '한국 사회가 왜 명품 가방을 들어야 하는 사회가 되었는가?'라는 것이 김혜정의 의문이다. 김혜정은 자기의 수입 범위 안에서 살아가는 것이 생애 철칙이었고, 남에게 어떻게 보여지는가보다는 자기 삶을 자신의 조정권 안에 두는 것을 추구했다. 그것은 자신이 이주하여 살아온 독일의 전반적인 생활철학이기도 하다. 그러나 그녀가 보는 한국은 독일 같은 내적 튼튼함보다 남에게 어떻게 보이는가를 더 중요하게 여기는 듯하다. 그러한 한국 사회의 인식이 김혜정은 낯설고 위태로워 보인다.

그녀가 한국을 바라보는 관점은 자신의 어릴 때 기억과 연관되어 있다. 풍족했던 가정경제는 아버지의 부재로 한순간에 무너졌고 그 이후의 삶은 가난으로 인한 불편과 체면의 손상, 지독한 자기극복의 시간으로 연결되었다. 현재 한국이 경제성장을 이룬 것은 매우 좋은 일이지만, 그것을 지켜가는 것은 올바름의 원칙을 지키는 힘에 있다. 남에게 보여주기식의 행위, 그러한 것을 요구하는 사회 풍조 등으로는 지금까지 이룬 한국의 놀라운 성장을 지켜갈 수 없음을 인지했던 것일까. 김혜정은 한국 사회의 맹점을 예리하게 짚는다.

3) 행함이 없는 한국의 껍데기 교육

"한국 사람들은 내가 즐겁자고 남에게 피해를 줘요. 그리고 피해 주는 것을 몰라요. 그런데 서양 사람은 나도 즐겁고 너도 즐겁게. 피해 안 주고. 그런데 그게 없어요. 시끄러워요. 뭐라 그럴까 안하무인이랄까? 그런데 서양 사람들은 절대 안 그래요. 한국 사람들이 내 꺼는 굉장히 중요해요. 내 꺼는 여기서부터 요기까지 내 꺼이고 여기서부터 남의 거잖아요? 그럼 남의 것 영역은 상관없어요. 내 울타리 안에는 깨끗한데 그 바깥은 깨끗하든지 말든지 상관없고. 내 쓰레기도 거기다 버리고. 우리 집 건물이 상가건물인데 3층에 애들이 많이 와요, 중학생, 고등학생 애들이. 카페인가 봐요. 교복 입고 오니까. 참 애들이 침을 그렇게 뱉어요. 내가 얼마나 신경질이 나는지 그 아줌마는 미안해가지고. 거기 '침 뱉지 마세요' 주인이 써 붙여놨어요. 근데 애들이 보는 앞에서 뱉어요, 침을. 무슨 성격이냐고 그게."

김혜정은 3년 전에 한국에서 중학생들이 담배를 피우고 길에 버리는 것을 보았다. 그래서 즉시 그 중학생을 불러서 "이봐요, 학생! 그거 주워요"라고 했다. 그때 여자 중학생은 가만히 김혜정을 쳐다보았고, 남자 중학생은 조금 후에 담배꽁초를 주웠다고 한다. 친구들은 이 일을 듣고 운이 좋았다고 했다. 그러나 그녀가 보기에 그 아이들이 원리를 모르는 것이 아니라 청소년이라 무엇이 옳은지 아는데 지키지 않는 것이라고 여긴다. 즉, 아이들이 지키지 않는 것은 어른들이 지키지 않기 때문이라는 것이다. 아이들에게 침을 뱉지 않게 하고 싶다면 어른들이 먼저 그렇게 하지 말아야 한다는 것이다. 그러나 한국의 어른들은 침을 뱉으면서 아이들에게 침 뱉지 말라고 한다는 것이고, 그렇게 하면 아이들이 지키겠느냐는 것이다. 김혜정이 한국 사회에 대해 비판하는 것은 원칙이 지켜지지 않는 것에 대한 것이다. 나만 아니면 되는 태도, 남의 영역에는 자신의 쓰레기를 버려도 내 영역은 침해를 거부하는 행위, 남의 행복보다는 나의 행복이 우선시되는 태도를 비판하고 있다. 이 내용을 인터뷰하던 날 옆 테이블의 한 무리는 실내가 쩌렁쩌렁하게 웃고 떠들고 있어서 인터뷰 내용이 거의 들리지 않을 정도였다. 김혜정이 이야기하는 내용을 옆 테이블에 앉은 사람들이 행동으로 보여주는 것 같았다. 그녀는 한국 사회 내적으로 이러한 부실함이 있으면서 어떻게 남을 돕자는 것인지 이해되지 않는다고 했다. 한국의 어른들은 말로만 가르치고 실제로는 가르침대로 행하지 않는 죽은 가르침을 보여주고 있다. 이러한 것은 기대하는 가르침의 효과를 가져올 수 없다. 원칙이 지켜지는 사회, 어른이 먼저 아이들에게 모범을 보이는 교육과 실천이 필요함을 그녀가 상기시켜준다.

4) 잘해도 이방인, 못해도 이방인

"옛날에는 코트도 만들고 투피스도 다 만들어 입고 다녔어요. 어느 날 전철을 탔는데 앞에 어떤 나이 드신 할머니 한 분이 자꾸 나를 쳐다보더라구요. 그리고 나중에는 나한테 독일어를 할 줄 아느냐고 하더라구요. 그래서 할 줄 안다고 했더니 예쁘다고 말해주고 싶어서 왔다고 그러더라구요. 그래서 고맙다고 말했지만 내 생각이 '아, 나는 여기서 죽었다 깨도 외국인이구나' 그 생각을 내가 한 거예요. 살면서 내가 외국인이라고 생각을 하지 않고 살았거든요. 거울 보며, '맞다.

독일 사람 아니구나.' 어느 해인가는 바이에른 지방에 갔더니 빵을 사러 갔는데 나보러 어떻게 그렇게 표준어를 잘 쓰느냐 그런 거. 그래서 나는 '독일 사람이 아니구나' 그랬는데, 근데 내가 거기서 살면서 외국인이라고 느끼고 그런 거는 없었어요. 직장에서도 그렇고 난 그것에 대해서 독일에 굉장히 감사해요. 일자리에서도 한 번도 외국인이라 … 그 대신 자기 일을 제대로 못 하거나 그러면 눈치 보고 욕 들어요. 독일 사람들한테."

김혜정은 솜씨 좋은 어머니를 닮아 독일에서 옷을 만들어 입었다. 그리고 그녀는 독일에서 자신이 외국인이라고 생각한 적이 없고, 독일 사람이라는 것을 너무나 자연스럽게 생각하면서 살아왔다. 그것은 그녀가 독일어를 잘하거나 독일 문화에 익숙해서라기보다는 독일 사회에서 이주자를 특별히 구별하여 대우하지 않았기 때문이다. 특히 직장에서 일할 때 김혜정은 자신이 이주민이기 때문에 차별을 받았거나 편견의 대상이 되지 않았다고 느꼈다. 그것은 그녀의 경험에 따른 것이다. 그녀는 독일에서 자주 아팠고 큰 수술도 여러 번 받고 몇 달 또는 1년이 되도록 직장에 나갈 수 없었던 때가 있었다. 그러나 독일의 직장 시스템은 그녀가 그만둔 것이 아니면 그 사람이 직장 업무 시스템에 도움이 되지 않는다고 하여 해고하지 못하게 되어있다는 것이다. 아픈 사람이 다시 올 때까지 다른 사람으로 대체할 수 있으나 그 직원이 아픈 것을 치료한 후에는 다시 직장으로 돌아갈 수 있었다. 김혜정은 그런 점에서 외국인이라고 자신을 차별하지 않는다고 느끼는 것이고, 그렇게 해준 독일에 감사한 마음을 가지고 있다. 김혜정이 1년을 아프고 난 후 자신의 일터로 돌아갔을 때 업무에서 차별하거나 불이익을 주는 행위가 없었고 휴직하기 이전과 똑같은 조건으로 일할 수 있었다. 그러한 점에서 김혜정은 독일이 외국인에게 차별적이지 않다고 말한다.

그렇지만 동양 여성으로서 서구 사람과의 외모 차이로 인해 그녀를 어쩔 수 없는 외부인으로 구별되도록 이끌었다. 외국인인 김혜정이 독일어를 하는 것, 그리고 사투리가 아닌 표준어를 구사하는 것은 오히려 자신이 그 사회에서 이방인이라는 것을 인지하는 순간이 되기도 했다. 로드(Load, 2016)는 독일은 외국인에 대해 눈에 띄지 않게 지극히 배타적인 형태를 취한다는 것을 들려주고 있다. 그는 신나치주의에 소속된 독일인이 극소수인 것은 사실이지만, 꽤 많은 독일인이 신나치주의자들의 의견 표출방식, 패션 기호는 거부하면서도 외국인에 대한 관점에는 크게 동의하고 있다는 점을 상기시켰다. 부동산 중개인은 그에게 집주인들이 요구하는 '외국인 사절'에서 외국인은 앵글로색슨 계열의 외국인이 아니라는 것을 알려주었다. 독일에서 일하는 외국인은 독일 경제에 이익을 주는 직업인이라면 더 많은 존중을 받을 수 있지만, 비숙련직 또는 반숙련직에서 일한다면 하층민으로 평가받을 수 있다고 했다. 즉, 인종과 피부색만이 차별의 대상이 아니라는 것이다. 독일로 이주한 한국 간호사들은 독일에 노동력이 필요했을 때 이주했으며 독일인이 기대한 것 이상으로 업무의 능률을 보여주었기에 독일 사회에서 인정을 받았다. 그렇지만 독일 사회는 그들의 경제가 어려워졌을 때 외국인노동자였던 파독 간호사들을 먼저 귀국 조치했다. 한국 간호사들은 환자를 인간으로 대우했지만, 독일 사회는 파독 간호사를 노동력으로 인식한 것이다. 그리고 김혜정이 독일에 정주하고 독일 남성과 결혼하여 가정을 이루어 살면서 독일어를 잘해도, 그리고 독일어를 못해도 독일 사회에서는 외국인이다. 그래도 독일 사회에서 노동자로서 일할 때 김혜정이 외국인이어서 차별을 겪지 않았다고 느낄 만큼 독일 사회가 사회 구조적으로 이주자에 대해 분리와 배제를 지양하고 있음을 나타낸다. 이는 한국 사회 역시 지향할 점이 될 것이다. 이주자와 원주민을 구별하고 차별하는 것에서부터 갈등이 시작되기 때문이다. 모든 사람의 상황과 형편이 다른 만큼 모든 사람을 똑같이 대해야 함을 의미하는 것이 아니라 인간에 대한 보편타당한 선을 추구함에 있어 용감할 필요가 있음을 말하고자 한다.

5) 한국인도 독일인도 아닌

"나는 거기 가서 안 살았으면 여기서 어떻게 살았을까 답이 안 나온다고. 왜냐하면, 내 친구들 보면 어떤 애는 장사하느라 힘들게 살았고, 어떤 애는 농사지으면서 고생했고, 어떤 애는 땅을 사서 땅값이 올라가서 부자가 됐고. 그런데 걔네들 이야기하는 거 보면 나는 할 말이 없어요. 한두 시간 동안 뭐 안에서 재미있게 지내고 나오지만 아쉬운 게 많죠. 한 친구가 이제 자기도 1박 2일 여행을 간다고. 남편한테 해방을 … 그걸 굉장히 … 나도 여기서 살았으면 저렇게 살았을까. … 굉장히 삶이 좁은 거예요. 나는 거기서 살면서 오만 데를 다 다녔잖아요. 오만 거를 다 캐고 다니고, 그런데 누가 시켜서 한 게 아니고 바래다준 것도 아니고 난 내가 혼자 스스로 다녔거든요. 그거를 여기서도 할 수 있었을까? 여기서 살아도 누구를 만나느냐에 따라서."

김혜정은 이주 후 노년이 되어 다시 한국에 와서 친구들과 만나 어린 시절의 추억과 현재의 삶을 공유하며 살아간다. 그러면서 친구들의 삶과 자신의 삶을 자연스럽게 비교하게 된다. 여기에서 이주의 경험을 가진 김혜정의 삶이 한국에 있는 친구들과의 삶과 차별성을 갖는 부분은 주체성이다. 자기 스스로 결정하고 행동하고 보고 느끼는, 주체성과 자율성에서 친구들과 자신의 삶이 다르다고 느낀다. 김혜정은 자신이 한국에 살았다면 거주국에서처럼 삶의 주체성을 가질 수 있었을지에 대한 답을 낼 수 없다고 했다. 이러한 자율성과 주체성이 이주가 그녀에게 미친 영향 가운데 가장 중요한 부분이다. 자율성과 주체성은 이주의 긍정적 부분이다. 그리고 이주의 또 다른 측면에는 소외와 외로움이 있다. 또한 언어와 문화의 다름은 이주자가 노인이 되었을 때 거주국의 노인들과 소통하지 못하는 이유가 되기도 한다.

"내가 독일의 노인들 커뮤니티에 아직 안 갔는데 거기 가서 어쩌다 노인들 모여서 얘기하고 그러면 그 사람들이 옛날에 불렀던 노래하고 그런 거 있잖아요. 그런데 나는 그런 걸 하나도 모르거든요. 그 사람들의 유년기 그런 게 생소한 거예요, 나한테는. 그 사람들의 젊었을 때나 그 사람들이 옛날에 학교에서 배운 거나 이런 거를 내가 전혀 모르니까. 예를 들어서 「고향의 봄」 노래 하면, 다 아는 노래잖아요. 어렸을 때 배웠으니까. 그런데 얘네들도 그런 거를 한다면 저는 모르거든요. 그런 면에서는 공감이 안 되죠."

김혜정은 어린 시절을 함께 보내지 않은 이주자와 원주민의 노년은 같은 지역에 존재해도 과거 존재했던 시공간이 다르므로 함께 동심으로 돌아가지 못함을 이야기했다. 물론 노년의 모든 여가 활동이 어릴 때의 추억을 배경으로 하는 것은 아닐 것이다. 그러나 이주자와 원주민이 자라온

정서가 다르고, 두 그룹이 삶의 어느 시공간에서 공유되지 않는 부분이 있음으로써 공감대가 제한적으로 형성된다. 이는 다민족 · 다문화 사회에서 노인의 여가를 준비할 때 고려되어야 할 사항이다. 그러므로 서로의 문화를 모티프로 한 활동을 한다면 노년의 여가가 문화적으로 상호소통하는 방편이 될 수 있다. 노인을 대상으로 하는 활동에도 문화를 소재로 한 활동이 필요하다. 한편, 김혜정은 한국의 친구들과도 공감하지 못하는 부분이 있다는 것을 보여주었다.

> "왜냐하면, 여기서는 친구들이 가족들도 있고, 자기 시댁들이 있고 그렇잖아요. 친구도 위층 친구, 옆집 친구들이 있는데 나는 그런 게 하나도 없잖아요. '아, 나는 여기 사람이 아니구나' 그런 것. 김장철이 되면 친구들 만나면 고추를 얼마에 샀다느니 그러는데 나한테 해당이 안 되는 거거든요. 해본 적도 없고 할 줄도 모르고. 그러니까 이런저런 얘기를 안 하죠. 그냥 듣고 있죠. 고추를 얼마에 사느니 검은 고추를 사느니 나는 그런 거에 전혀 관심이 없으니까."

김혜정은 한국에 장기체류하면서 초등학교 동창들도 만나고 한국의 노인 커뮤니티에도 참여하고 있다. 그렇지만 막상 동창들을 만나면 동창들은 시집과 윗집, 옆집 친구들이 있는 반면에 자신은 한국에 그러한 연결이 없음을 깨달으면서 자신이 한국에 속한 사람이 아니라고 생각한다. 모국에서도 문화적 단절감을 느끼는 것이다. 예를 들면 김혜정은 40년 이상 김장을 할 필요가 없는 문화권에 있었고 현재 한국에 있지만, 친구들만큼 김치가 꼭 필요한 음식이 아니다. 독일로 이주한 후 40년 이상이 흘렀고, 독일에서는 아침에 빵과 잼을 먹었기에 한국에 왔을 때 김치찌개가 당기지는 않았다고 한다. 한국인에게 김치는 김치 이상의 의미를 가지며 생활이고 문화이지만, 그녀에게는 김치가 생활도 문화도 아닌 그저 다른 반찬 가운데 하나일 뿐이다. 친구들이 김장과 고춧가루에 관해 대화하는 것은 한국 사회에서 문화를 공유하는 것이지만, 김혜정은 같은 한국인이고 어린 시절 함께했던 친구들과 같이 있어도 바로 그 문화적 측면에서 동질성을 찾지 못하는 것이다. 이러한 문화적 단절감은 이주 후 일찍부터 인식했다. 그리하여 김혜정은 자신의 이주로 인해 끊어진 한국과의 문화적 시공간을 연결하기 위해 미디어를 활용하고자 했다.

> "1973년부터 2007년까지는 딱 끊어졌던 거예요. 2007년에 인터넷이 연결돼서 내가 한국에 대해서 알고 그러는데 거기는 문화, 사회 이런 게 나한테는 백치예요, 백치. 내가 여기 휴가를 많이 와도 와서 몇 주만 있다가 가고 그런 거지. 연속극을 그때 내가 더 많이 본 것도 한국을 배우면서. 80년대 90년대 연속극을 보면은 그때 당시 살은 거 있잖아요. 회사에 가서 인사를 하면서 '안녕' 아침에 인사를 한다던가 그런 거 나는 모르잖아요."

김혜정은 1970년대 독일로 이주한 후 한국 사회가 어떻게 살아왔는지에 대해 자신은 백치와 같다고 여겼다. 이주자인 김혜정이 독일에서 고군분투하며 살았듯이 한국 사회도 숨돌릴 틈 없이 달려왔다. 그랬기에 이주자가 그들이 떠나던 시대와 확연히 달라진 한국 사회를 만날 때는 또 다른 문화충격을 경험한다. 그들이 떠나갈 때와 달리 몰라보게 달라진 한국 사회의 외관은 그렇다 하더라도 수십 년의 세월이 지나가면서 가치관도 달라졌기에 한국인인 자신들이 외국인인 듯 한국이 낯설기 그지없다.

그리하여 김혜정이 독일에서 한국 드라마를 본 이유는 드라마에 당시 한국 사회의 문화가 있기에 이주함으로써 생긴 모국과의 문화적 간극을 메우기 위해 한국 드라마를 보면서 학습했다. 결국, 한국에서 태어나고 자랐지만 이주하여 다른 문화권에 속한 그녀는 유년 시절을 공유하는 친구들을 만났어도 함께 공감하거나 한국에서 소속감을 느끼지 못한다. 친구들과 만나 몇 시간 즐겁게 웃고 떠들다가 오지만, 마음 한쪽에 독일에서 생의 절반 이상을 살아온 자신은 친구들과 마음 깊이 일치되지 않는 부분이 있음을 느낀다. 그것은 이주하여 살아온 시간과 공간, 그리고 적응해온 문화가 서로 다른 데 하나의 이유가 있다. 거주국과 모국 양쪽 사회에서 김혜정은 자신에 대해 생각할 때 공중에 뜬 사람, 주변인, 외부인처럼 느껴진다.

> "저는 가끔 그래요. 저는 공중에 뜬 사람이라고. 독일의 어느 심리학자가 저 같은 사람에 대해 말하기를 '거기서는 떠났지만, 아직 여기 도착이 안 된 거' 그렇게 얘기를 해요. 그 말 맞아요. 여기(한국)서는 떠났는데 아직 독일에 도착이 안 됐어. 나는 여기(한국)도 아니고, 여기(독일)도 아닌 거예요. 그거 맨날 그래요. 나는 여기도 아니고 여기도 아니다."

이주여성으로서 김혜정은 스스로 한국인도 아니고 독일인도 아니라고 느끼고 있다. 양쪽 문화에 모두 적응하고 이해하여 그로 인해 다양하고 풍성한 경험을 하며 여기와 저기에 속하는 삶을 살아왔다. 그러나 다른 한편으로는 그로 인해 여기에도 저기에도 속하지 못하는 이유가 되기도 한다. 한국에서 이주하여 거주국 독일로 출발했지만, 독일 사회 속에서 완전히 그들 가운데 하나가 되지는 못한다. 그러므로 거주국에 아직 도착하지 않은 불안정한 상태이고, 한국으로 다시 돌아와도 자신이 있을 자리는 없다. 문화의 차이는 이주자가 거주하는 사회, 그리고 모국 사회에서 타자라고 느끼는 이유가 되고 있다.

5.
소결

이제 김혜정의 이주생애를 요약하여 이주의 영향을 개인적 측면, 모국으로 연결하는 초국적 활동, 거주국에서의 문화적응, 이주자의 삶 측면에서 살펴보고자 한다. 첫째, 김혜정에게 이주의 영향은 자기 삶의 주체성을 형성해간 데 있다. 삶에서의 주도성은 이주를 통해 더욱 확고하게 갖게 되었는데, 그것은 거주국으로 이주함으로써 혼자서 선택하고 결정해야 했던 환경적 영향이 있었기 때문이다. 또한, 독일의 사회문화적 환경은 이주한 한국 여성에게 한국 사회보다 덜 억압적이었다. 그리하여 삶에서 자율성과 주도성, 주체성을 더욱 공고히 할 수 있었다. 자기 삶에서 자기 스스로 판단하고 결정하는 삶의 주체성은 이주를 통해 김혜정이 획득한 삶의 중요 요소다.

둘째, 초국적 이주자의 행태로 모국과의 연계가 있었다. 이는 친족 간 친목을 강화하여 이주자의 외로움을 달램과 동시에 자녀가 친정의 친지들과 정서적으로 연계됨을 도모한다. 그리하여 한국을 자주 방문하고, 자녀에게 한국어 교육을 했다. 이러한 초국적 행위는 자신의 정체성을 공고히 하고, 자녀에게 두 개의 정체성을 갖게 하는 역할을 했다. 자녀의 거주국 정체성의 바탕에 어머니의 모국인 한국인 정체성을 추가함으로써 삶의 역경에 대처할 방편이 두 개가 된다는 논리다. 이를 위해 김혜정은 거주국에 집을 사지 않고 해마다 모은 돈을 한국에 오가는 때에 사용했다. 초국적 연계는 시간의 여유와 경제적 여건이 필요하다.

셋째, 국제결혼에 따른 문화적응에 있다. 여성과 남성에게 결혼은 생의 전환점이 되기에 충분하다. 그러나 국제결혼이 가져오는 생의 전환점은 이주자의 삶으로 이끈다는 특성이 있다. 개인이 어떤 이유를 가지고 국제결혼을 선택하든 그것은 개인을 양쪽 문화 사이에 위치하게 하고 그 안에서 자녀를 양육하는 길을 가게 됨을 의미한다. 이 일은 국제결혼을 선택한 개인과 자녀들의 생애에서 끊임없는 정체성 협상으로 이어지도록 이끈다. 김혜정은 오랜 거주국 생활에서 자신이 독일 사회의 구성원이라는 것을 의심하지 않았다. 그러나 현실은 그녀가 독일 사회에서 무엇을 잘해도 무엇을 잘하지 못해도 여전히 이방인의 위치에 둔다. 그녀는 자신을 '거주국으로 출발했지만 아직 거주국에 도착하지 않은 공중에 뜬 사람'으로 규정한다.

넷째, 이주자의 삶은 개인의 차이가 있으나 경제적 안정, 정서적 외로움이 있다. 김혜정은 어렸을 때의 결심으로 젊었을 때 쉬지 않고 일한 덕분에 노년에는 안정되게 살 여건이 되었다. 독일의 정년퇴직은 만 65세였으나 10년 전쯤부터 차츰차츰 길어져서 지금은 67세가 되어야 연금 혜택을 받을 수 있다. 김혜정은 연금수령할 때 65세가 아니었다. 왜냐하면 그녀가 많이 아파서 조금 일찍 연금수령을 하게 되었기 때문이다. 남편이 사망한 후에는 남편 연금의 60%를 수령하고 있다. 그녀가 은퇴할 때만 해도 독일의 연금수령 나이는 65세 + 2, 3개월 더 근무해야 했다. 김혜정의 남편도 병으로 고생했지만, 그녀 자신도 병치레를 많이 했다. 그러나 자신이 아플 때 독일 사회의 복지로 부담 없이 치료받고 건강을 회복했다. 그러한 점에서 독일에 이주한 것을 다행으로 여기고 고마운 마음을 가진다. 그리고 자신이 독일 사회에서 이방인이고 자신은 죽었다가 깨어나도 독일인이 아님을 인지하고 있지만, 그래도 한편 독일에 이주한 것을 다행으로 여긴다. 그것은 자신의 삶에서 주체성을 가질 수 있었기 때문이다. 자신의 무덤은 독일에 있겠지만, 조국인 한국을 잊을 수는 없다. 김혜정은 여전히 자신을 한국과 독일 어느 곳에도 안착하지 못한 사람, 그렇기에 한국인도 아니고 독일인도 아니라고 여긴다. 한국과 독일 양쪽을 이해하지만, 양쪽 정체성 어디에도 속해있다고 느끼지 않는다. 김혜정은 오랜 이주자로 살아온 후 자신이 한국인도 아니고 독일인도 아닌 단지 한 인간이라는 것에 안착한다.

4장

문정균의 이야기: 뚝심과 근면으로 일군 삶

1. 유년-청년기
2. 이주와 결혼 시기
3. 거주국의 적응기
4. 노년의 삶
5. 소결

1.
유년-청년기

문정균은 1947년 겨울에 태어났으며, 다섯 딸과 한 명의 아들이 있는 집안에서 남동생 바로 위의 누나로 태어났다. 딸이 넷 있었던 상태에서 또 딸이 태어났으므로 할머니, 할아버지, 아버지는 아들을 기대했기에 실망했다. 그리하여 어른들은 남동생이 태어나기를 바라는 마음으로 그녀의 이름을 남자 이름으로 지었다.

1) 감꽃 목걸이의 추억

"고향인 마포에서 여름이면 뒷마당에 커다란 감나무와 포도가 주렁주렁 달려 따먹었던 생각과 감꽃으로 팔걸이, 목걸이 등을 만들고 너무 높아 채 따지 못해 떨어지는 연감을 맛있게 먹고 국민학교 때는 감에 대한 글을 써서 글짓기상을 받은 적도 있었다. 제일 힘들었던 것은 학교 공부가 끝나면 논밭에 가서 벼를 따 먹는 참새들을 쫓아내는 일이었다. 논밭이 적으면 모르지만 얼마나 큰지 이곳저곳에 허수아비를 세워 참새들을 쫓아버린다고 하지만 재빠른 새들은 내가 뛰고 달리고 '훠이, 훠이 날아가라' 소리도 치고 고함도 치지만 그때뿐이고 나를 약을 올려 집에 오면 피곤하여 잠에 푹 들었다."(자기생애사)

문정균의 어린 시절 기억은 목가적 풍경의 서울 모습을 담고 있다. 그녀의 집은 서울 마포에 있었다. 어린 시절 그녀는 뒷마당의 감나무와 포도나무 열매를 따 먹었고, 감꽃으로 팔찌와 목걸이를 만들어 놀기도 했다. 초등학교에 다닐 때 그녀에게 맡겨진 일은 논에 가서 참새를 쫓는 일이었다. 논에 허수아비가 있었지만 별다른 효과가 없었으므로 극성스러운 참새들을 쫓아내기 위해 어린 문정균은 이리 뛰고 저리 뛰어다녀야 했다. 어린아이였기에 뛰어다녀야 했을 논과 밭에서 그녀에게 닿았던 바람의 감촉과 달콤한 과일 꽃을 가지고 놀던 눈과 코와 손끝의 기억들이 노년이 된 문정균의 기억에 더욱 새롭다. 그녀는 아버지의 얼굴을 사진으로만 보았고 실제로는 기억하지 못한다. 아버지는 1951년이나 1952년 한국전쟁이 한창일 때 전사했다고 한다. 그때 그녀의 나이 4~5세쯤 되었다. 그리고 그녀의 어머니는 38세의 젊은 나이에 혼자되어 아이들 다섯(여섯 명 중에서 한 명 사망)을 키워냈다.

2) 양자의 배신

"아들을 우리 엄마가 양자들인 거. … 마포였어. 그 땅이 그때 다 날아가고. 그 사람이 선수를 쓴 거야. 항상 엄마가 그거를 마음 아파하신 거라. 왜냐하면, 그 당시에 예를 들어서 우리는 밀가루를 먹어도 그 오빠한테는 쌀밥을 해준 그런. 그때는 아들아들 했잖아. 그리고 우리 엄마는 아들이 요만하니까. 조그맣고 그랬는데 그 아들은 듬직해서. 그래서 엄마가 그 사람을 푹 믿은 거야. 그래서 전부 없어진 거죠. 그때부터 우리가 고생이 시작된 거야. 그때 당시 당신이 바보 같아서 우리를 잘 키우지 못했다, 그러는 거라. 그래서 엄마 그런 소리 하지도 말고 그건 다 지나간 일들이고 다들 결혼해서 잘들 살고 있는데 걱정할 거 없다고. 그런데 그 얘기를 굉장히 가슴 아프게 그 얘기를 자주 했어요."

문정균의 어머니는 남편이 일찍 세상을 떠나고 난 후 올망졸망한 아이들 다섯을 돌보는 데 전념했다. 너른 논밭이 있었으나 그 논밭에 일꾼을 두면 일꾼들이 젊은 과수댁의 말을 수월하게 듣지 않았다. 품꾼들은 3일이면 끝낼 일을 5~7일에 끝냈으므로 품삯을 감당하지 못했다. 이러한 현상 때문에 문정균의 어머니는 양자를 들였다. 양자가 드센 품꾼들도 관리해주고 집안의 여러 가지 일을 담당해줄 것으로 온전히 믿었다. 문정균의 어머니는 자신의 아이들에게는 밀가루 음식을 먹이더라도 양자에게는 밥을 해서 주는 등 갖은 정성으로 대했다. 그리고 모든 재산 관리를 믿고 맡겼다. 그러나 믿었던 그 양자는 문정균 집안의 모든 가산을 빼돌렸고, 문정균의 가족은 살던 집도 내주고 나와야 하는 처지가 되어 생활이 몹시 궁핍하게 되었다. 문정균의 어머니는 그 일이 평생 한으로 남아 자식들에게는 "내가 못나서 새끼덜 고생시켰다"라는 이야기를 자주 했다. 어머니는 평생 그 일을 미안해하고 같은 말을 반복하며 애통해했다. 자녀들이 어머니에게 이제 그만 잊으시라고 해도 소용없었다.

문정균의 어머니는 남편 대신 곰살궂게 행동하는 양아들을 의지했다. 믿음직하게 집안의 대소사를 처리해줄 것이라고 여긴 것이다. 너른 논과 밭을 가진 젊은 과부인 문정균의 어머니에게 관심을 보이는 사람들이 없지 않았다. 그러나 어머니는 아이들이 올망졸망 어렸기에 혹시 자신이 재혼하게 되면 아이들이 고생하게 될지도 모른다는 생각을 했다. 혹여 재산을 보고 다가오는 사람일지, 아이들을 잘 돌볼 사람인지 아닌지 고민하지 않을 수 없었다. 그래서 문정균의 어머니는 아이들을 위해 재혼하지 않기로 결심했다. 이를 두고 문정균은 어머니가 자신들을 위해 당신의 인생을 희생하신 것이라고 말한다.

그녀의 어머니는 재혼 대신 착하고 믿을만한 양자에게 모든 신뢰를 두었다. 어머니가 양자를 이렇게 믿은 이유는 당시 남성 중심의 가치관, 즉 아들에 대한 믿음, 장남이 집안 모든 일을 책임지고 돌보던 사회적 · 제도적 전통을 따랐기 때문이다. 믿을만한 양자가 집안의 장남 역할을 하여 어려운 일을 잘 정돈하고 처리할 것으로 믿은 것이다. 그러나 양자가 그 믿음을 저버린 것이다. 이 일은 문정균의 어머니에게 평생의 한으로 남았다. 그리고 자녀들에게는 평생 어머니로부터 지겹도록 재생되는 교육이 되었다. 그리고 그 교육의 효과로 문정균은 평생 정직을 가장 중요한 가치관으로 여기고 살았다. 그리고 사람 사이의 관계를 중요하게 여기고, 약속한 것은 반드시 지키는 신뢰를 쌓아오며 살아왔다. 어머니가 평생을 애달프게 여긴 그 사건의 교훈이 문정균의 삶을 건강하게 만든 요소가 되었다.

3) 독일과의 첫 만남

> "중학교 때 나는 학교에서 프로젝트로 독일에 관한 여러 가지 Information 자료를 독일 대사관에서 받아 학교에서 발표한 적이 있었다. 주로 독일에 큰 탄광도시, 항구도시, 대학도시 등 이름 정도의 안내였다. 말하자면 전쟁 후 1960년 초창기 독일 발전은 라인강의 기적이라고 할 만큼 우리가 동경하는 근면하고 부지런한 부자나라였다. 이것이 첫 번째 나의 독일 경험이 되었다."(자기생애사)

어머니 혼자서 다섯 자녀를 부양하고 교육했기에 문정균은 중학교와 고등학교에 들어갈 때 각각 1년씩 기다렸다가 진학했다. 중학교에 들어가기 위해 신문 배달을 열심히 했지만, 몇 개월씩 신문 배달료를 못 받기도 했다. 또한 학교를 오가는 길은 경비를 아끼기 위해 안국동에서 신촌까지 걸어 다니는 일이 많았다. 집안 경제가 좋지 않아 일과 학업을 병행했지만, 꾸준하고 성실하게 공부했다. 중학교 때 학교에서 있었던 한 프로젝트에 참여하면서 독일에 대해 발표할 기회를 가졌다. 그 발표는 단순히 독일에 관해 소개하는 정도이기는 했으나 1960년대 당시 한국에서 독일을 바라보는 시선은 부자나라, 발전한 나라로 부러움의 대상이었다. 그 발표가 문정균이 독일과 사소하게나마 연결된 첫 번째 고리다. 고등학교는 창덕여고에 합격했으나 경제적으로 도저히 갈 수 없는 상태였기에 1년을 쉬는 동안 체신청에서 사환을 하면서 학금을 받고 야간 여자고등학교를 장졸업했다.

4) 간호대학 진학

> "그러니까 학교 들어가고 하는 것도 아르바이트하면서, 교환수 생활을 하면서 했어요. 밤에도 저녁 6시부터 12시까지 내가 일을 했어. 그때는 낮에는 학교에 가고 저녁 먹을 시간도 없지. 학교 나오면 바로 거기로 가는 거야. 그렇게 하고 아침 6시부터 7시에 또 일했어. 한 시간을 더 한 거지. 그리고 집에 가서 아침 식사하고 학교 가고 그랬어. 가만히 생각하니 이거 나중에 내 직업으로 쓸 건데 국가고시에 떨어지면 국가고시에 2번인가 3번 떨어지면 취득을 할 수가 없어. 그런데 만약에 한 번 떨어지면 우선 자존심도 그렇지만 이 용기가 없어지지. 그래서 안 되겠다. 내가 간호사 국가고시를 봐야 하니까 아르바이트를 고만뒀어요."

경제적으로 어려운 형편이어서 일과 학업을 병행했기에 대학에 지원할 때 염두에 둔 것은 경제적 안정이 될 직업과 연결되는 학과였다. 그리하여 당시에 여성 직업으로 인기가 있었던 약학대학에 지원했으나 낙방했다. 그리고 고등학교 때부터 지금까지 50년을 친구로 지내온 가장 친한 친구가 새로 생긴 ○○간호대학 간호학과에 지원하자고 제안하여 함께 지원했다. 그리고 그 친구와 함께 합격하여 1971년 졸업했다. 집에서는 아무도 대학에 간 사람이 없었기 때문에 문정균이 대학의 무슨 학과에 가야 할지 고민할 때 진로에 관한 조언을 해줄 수 없었다. 그러므로 그녀는 단지 돈을 벌어야겠다는 생각으로 약학대에 지원했다. 그때는 단지 돈을 잘 벌고 싶은 마음에 약대에 지원했으나 생각해보면 만약 약대에 합격되었어도 등록금도 문제가 되었을 것이다. 그때 문정균이 선택할 수 있는 최선의 길은 간호대학 진학이었다.

대학 생활을 하는 동안 친구들은 미팅을 하거나 다양한 클럽 활동을 했다. 하지만 문정균은 강의가 끝나면 오후 6시부터 자정까지, 그리고 아침 6시부터 7시까지 전화국 교환수 일을 해야 수업료를 낼 수 있었다. 체신부 전화국 교환수는 공무원 신분이었고, 그때는 교환수 공무원으로 일하는 대학생들이 꽤 많았다. 늘 잠이 부족했던 문정균은 졸면서 강의를 들을 때가 많아 각각의 과목마다 친구한테 강의 내용 필기한 것을 빌려 열심히 쓰고 공부했다. 하지만 몇 년 동안 일과 학업을 병행하느라 학업에 성과를 내지 못해 몇 과목은 낙제를 면하지 못했다. 그리하여 시험을 다시 치르거나 유급당할 위기에 직면하기도 했다. 다행히 추가 시험을 잘 보아 유급은 면했다. 또 당시에는 아직 학교 병원이 없다 보니 이곳저곳 다른 병원에서 실습하고 밤번 실습 등을 해야 했기에 저녁에 교환수 일을 계속할 수 없었다. 졸업 1년을 남겨놓고 간호사 국가시험을 준비해야 했으므로 교환수 일을 그만두었다. 하지만 힘들었던 그때 생활은 문정균에게 정말로 좋은 사회 경험이 되었다. 그리고 이주 후에 알게 된 사실이지만, 체신청 전화국 교환수로 일한 것이 공무원 일로 인정되었다. 그리하여 몇 년 동안 일한 연금을 친정어머니께 입금해드렸다. 그때는 그런 것이 있다는 것도 몰랐는데, 정부에서 먼저 찾아서 보내주었으므로 정말 고맙게 받았다.

문정균은 자신이 대학에 다니고 졸업하던 1960년대부터 1970년대 한국 여성들의 취업은 대학교를 졸업해도 전문직업이 아니면 거의 불가능했다고 기억한다. 여성들은 당시에 여성 전문직업으로 사회적 인식이 좋았던 약사 아니면 간호사, 교사 직업에 경쟁이 몰렸다.

"당시에는 여성들이 공부를 하고 싶어도 '여자는 남자만 잘 만나면 잘살 수 있어'라는 봉건적인 생각 때문에 똑똑한 여성들이 자기의 능력을 발휘할 수 없었다. 지금은 여성가족부도 있고 여성의 권리와 지위 향상 등 많은 노력을 하고 있다. 여성이 국가의 원동력과 힘이라고 나는 생각한다."(자기생애사)

문정균이 사회에 첫발을 내디딘 1971년 즈음에는 한국 사회에서 여성의 사회진출에 대한 인식이 높지 않았던 시기였다. 문정균이 살면서 마음에 가졌던 생각은 첫째 돈을 벌어야겠다는 것이었고, 둘째는 여자도 직업이 있어야 한다는 것이었다. 적어도 고등교육을 받은 여성들이 집에서 살림만 하고 산다는 것을 당연하게 여기지는 않았다. 그리하여 자신은 결혼하더라도 경제활동 하는 것을 추구했다. 당시에 경제적으로 조금 넉넉했던 사람들은 집에 TV와 전화 등이 있었지만, 자신의 집에는 그런 것이 없었다. 그녀는 부족하고 만족스럽지 않았던 현실이었기에 적극적으로 기회를 찾고 능동적으로 필요한 준비를 하고자 했다.

5) 외국에 대한 동경

"대부분의 간호사들은 미국이나 다른 나라로 이민 갈려고들 했다. 나도 외국, 특히 부강한 미국에서 간호사 생활을 하는 미래 생각을 종종 하게 되었다. 하지만 미국을 가려면 적어도 임상 경력 2년 이상이 되어야만 신청할 수 있다. 개중에 몇몇 친구들은 언니, 아니면 친척이 벌써 미국에 있기에 미국으로 간 친구들도 있었다."(자기생애사)

대학을 졸업하면서 그녀는 간호사 자격증과 양호교사 자격증을 취득했다. 그래서 한때는 양호교사로 일할까 하다가 학교 병원 의료원이 개원하면서 산부인과에서 몇 개월을 근무하게 되었다. 대학에서 병원을 개원하니 의료원에는 같은 학교 출신 졸업생 친구들이 다수였고, 개중에는 다른 학교 간호사들도 종종 눈에 띄었다. 동료 간호사들은 열심히 임상 경험을 쌓았고, 그러한 경력은 나중에 외국으로 나갈 기회에 요건으로 작용할 것이었다. 문정균도 외국에 나가보고 싶은 동경이 있었다. 미국으로 가고 싶었으나 임상 경력이 없었고 아는 사람이 없었으므로 미국으로 가는 것이 그녀에게 마땅하지 않았다. 그리고 당시 외국에 나간다는 것은 경제적으로 부유한 소수에게나 해당하는 이야기였다. 경제적으로 넉넉한 소수가 아니라면 똑똑해서 정부의 장학금을 받는 사람들 같은 특수한 경우 외국에 나가서 새로운 문물을 접하던 시절이었다. 그러므로 평범하고 경제사정이 넉넉하지 않았던 문정균은 미국에 갈 수 있는 경력도 채워지지 않았고, 미국에 친인척도 없었으며, 자력으로 미국 유학 갈 처지도 아니었다. 그때 파독 간호사 모집이 한창이었다. 그래서 문정균은 미국 대신 독일로 방향을 바꾸어 파독 간호사에 지원했고, 스위스로 가게 되었다.

6) 파독 간호사가 되어 스위스로

"내가 그 당시 ○○의료원 분만실에 근무하다 갔는데, 어우 친구들이 '야, 너는 좋겠다. 스위스도 가고.' 또, 산부인과 과장이 어 그때는 우리 간호사를 선생님이라고 안 부르고 미스 ○… 미스 뭐 이렇게 불렀어요. '어, 미스 문 축하합니다.' 그러면서 크게 파티도 해주고 자기네들이 사인해가지고 큰 꽃병이 있어. 그거를 지금 내가 갖고 있어요. 갖고 있는데 꽃병에다가 밑받침 되어 있는 거 있잖아요. 이렇게 놓고 꽃병 놓은 거. 큰 선물이었어요, 내게는. 그거를 지금 2019년 현재 47년 동안 간직하고 있는데 안 깨졌어요."

꽃병을 자세히 보면 화병 중앙 볼록한 부분에 '○○의료원 분만실 간호원 일동'이라고 적혀있으며, 1972년에 받은 선물이다. 문정균은 해외개발공사를 통해 같이 이주한 33명(간호사 11명, 간호보조사 22명)과 함께 스위스 베른 대학병원에서 일하게 되었다. 그녀가 스위스에 간호사로 가게 되었으므로 당시 주위의 부러움을 샀다. 그리고 한국의 대학병원에서 함께 근무하던 동료들이 꽃병을 선물했다. 그것을 이주하여 생활하면서도 그대로 간직했다. 꽃병 보관 및 관리를 통해 문정균이 사람과 사람 사이의 관계를 어떻게 소중하게 간직하는지를 47년 동안 고스란히 보관된 꽃병으로 보여주고 있다.

[그림 4-1]
선물 받은 꽃병과 받침

2.
이주와 결혼 시기

1) 스위스에서의 적응

"스위스는 스위스-독일말이야. 스위스 사투리가 들어가면서 이게 표준도 아니고 그러니까 나한테는 굉장히 불편한 거죠. 배우는 게 힘들지. 스위스는 말 배우기가 힘든 게 거기는 불어도 쓰고 이탈리아말도 쓰고 영어도 쓰고 그래요. 스위스는 네 나라말을 써요. 레트로 로매니쉬라고 하고 이탈리쉬, 그담에 불어, 그담에 스위스-독일말. 스위스-독일말이 우리한테는 사투리예요."

문정균이 재학했던 고등학교에서는 제2외국어로 프랑스어와 독일어를 가르쳤고, 그녀는 독일어를 선택했다. 그때의 경험으로 독일어의 기초적인 것을 조금 알고 있었다. 그리고 스위스에 가기 전 집중 독일어 교육을 4주 받았다. 그렇게 아주 서툴게나마 독일어의 기초를 배우고 스위스에 도착했을 때 스위스는 프랑스어, 이탈리아어, 독일어(스위스 사투리), 영어

[그림 4-2]
근무하던 스위스 대학병원 정원에서

를 사용했다. 문정균이 한국에서 배운 독일어는 표준 독일어였으나 실생활에서 사용되는 독일어는 사투리 형태의 독일어였다. 그러므로 독일어를 들어도 도통 이해하지 못했다. 언어에서 소통되지 않으니 처음에는 간단한 일로 환자들 닦아주는 일, 침상 만들기 등을 하게 되었고, 책임 있는 일들은 주어지지 않았다. 그리고 근무시간은 일주일에 45시간을 하는데 아침 7시부터 오후 1시까지, 그리고 휴식이 있고 다시 오후 4시부터 저녁 8시까지 일했다. 그러다 보니 독일어를 배우기 위해 시민대학이나 학원에 갈 기회를 만들기가 매우 어려웠다.

"환자들도 각계각층 사람이 오잖아요. 내가 신경외과에 있었는데 알코올 중독자들도 오고 그래요. 정상도 아니고 아주 심한 것도 아니고. 이런 중환자실이 아니고, 수술하고 나서 잠시 이렇게 머물고 하는데 정상도 아니고 아주 심한 것도 아니고 거기에서 돌보는 거. 중환자는 아니면서 가기 전에 그런 사람을 돌보는. 그러니까 어떤 때는 힘든 사람도 있고, 그 사람의 언어를 써야 되니까, 신경외과니까 이 사람이 이해를 하나 정신이상인가 그런 거 물어보면서 '오늘은 무슨 날입니까?' 이렇게도 물어보고. 알코올 중독자라든지 정신 혼미상태에 있는 사람들은 그런 것도 잘 모르잖아요."

문정균은 스위스 병원 신경외과에서 근무하면서 환자의 상태를 파악하는 질문을 하면서 때로는 뜻을 모르는 상태로 질문하기도 했다. 얼마 후에 문정균은 중환자실로 근무지를 이동했고, 그곳에서 대부분을 근무했다. 스위스에서 통용되는 언어가 여러 나라의 언어가 혼합된 형태였고, 언어가 부정확한 상태에서 환자를 대하는 것이 환자와 병원, 그리고 간호사 모두에게 어려움이 따를 수밖에 없었다. 그러므로 중환자실로 옮긴 것은 문정균에게 언어가 그리 중요한 요소가 되지 않으니 다행이었으나 다른 한편으로는 언어를 배울 기회가 더욱 좁아진 점이 있었다. 중환자실은 말이 필요하지 않았고 링거, 호흡 등과 같이 어떤 단어 정도를 파악하면 실무에서는 크게 문제가 되지 않았다. 그러나 다른 한편으로 말을 배우는 것이 더 느려질 수밖에 없었던 것은 자주 만나는 동료들하고도 늘 환자 얘기만 했으므로 언어의 확장이 되지 않았다. 그런 가운데에서도 전혀 늘지 않은 것은 아니었다. 중환자실은 환자 한 명, 간호사 한 명 또는 두 명이 있었으므로 환자의 상태를 세심하게 살피고 파악하여 그때그때 상황을 의사에게 알리는 업무를 했다. 그러므로 중환자실은 언어 이외의 다른 면에서 더욱 전문성을 요구했다. 그래도 그 일이 오히려 더 수월했다. 그렇게 스위스에서 거의 5년을 근무하고 독일로 병원을 옮겼다.

2) 독일로 이직

"독일은 스위스와는 달리 우선 사회보장제도가 잘되어 있는 나라이고, 또 먼저 온 언니가 있어 이곳 대학병원 중환자실에서 근무하게 되었다. 중환자 간호사들은 오랜 간호사 경험과 2년의 중환자 간호사 과정을 받아야만 한다. 말하자면 모든 것을 빠르게 판단하고 정확한 관찰력과 환자의 모든 상태를 간호하고 아픔 없이 편하게 해주어야 한다. 중환자 간호사는 반(半)의사이다. 처음 들어온 의사들은 중환자 간호사들한테 많이 배우기도 하며 서로 존중하며 협력적으로 해야만 좋은 중환자 의사가 될 수 있는 하나의 방법이기도 하다. 또 동료끼리도 서로의 협조 없이는 2시간마다 움직이지 못하는 환자 몸 change* 하기는 아주 힘들다."(자기생애사)

독일 병원은 스위스 병원보다 간호사의 사회적 위치와 월급은 적었으나 표준 독일어를 들을 수 있었기에 문정균은 언어 적응에서 훨씬 편안함을 느낄 수 있었다. 그리고 옮기는 병원의 과장이 문정균의 이력을 보고 빨리 자신이 있는 병원으로 와서 일해달라고 부탁하며 어려운 서류처리를 모두 해주었다. 중환자실의 간호사가 되기 위해서는 2년의 중환자 간호사 과정을 거쳐야 했다. 그리고 중환자실의 간호사들은 환자 상태에 대한 반응이 빨라야 했고, 처치를 위한 준비를 미리미리 해놔야 한다.

"우리 중환자 간호사들은 관찰력이 깊어야 돼요. 관찰력뿐만 아니

* 움직이지 못하는 환자들의 몸에 욕창이 생기는 것을 방지하기 위해 누워있는 환자 몸의 위치를 2시간마다 바꿔주는 것을 말한다.

고 그때그때 반응을 빨리 해야 돼. 리액션을 빨리빨리 해서 상태가 어떻게 되는 것을 바로바로 해야 되니까. 예를 들어서 이 사람 모니터를 보면은 심장이 어떻게 돌아가는 걸 알잖아요? 그러면 물론 알람도 하지만 우리가 상태를 봐서 '이거 위험한 상태다' 그러면 이거 shok 같은 거 하는 거를 준비가 돼 있어야 해요. 어떤 때는 의사보다 간호사가 더 빨리해요. 그리고 검사. 검사 같은 것도 착 나오면은 칼륨 칼슘 이런 게 적으면은 그것도 얼른 줘야 돼요. 심장 같은 데. … 또 너무 많이 주면 죽기도 하고 또 뭐 여러 가지 그때그때 이거를 빨리빨리 행동을 해야 되고 움직여야 돼요. 그러니까 중환자 간호사가 굉장히 그 관찰력과 모든 것을 빨리빨리 알아서 해야 돼요."

긴박하게 돌아가는 중환자실의 업무에 적응하려면 무엇보다 환자의 상태를 읽어내는 능력이 필요했다. 문정균은 오래 일한 경험 많은 간호사는 때로 의사가 처치를 내리기 전에 이미 그 준비를 다 해놓는다고 했다. 그리고 독일의 의사와 간호사의 관계는 상하 위계적이기보다는 협력적이고 상호 존중하는 태도를 지향했다. 이주 전 한국의 병원에서는 의사가 간호사를 부르는 호칭에서도 이미 위계가 작동했다. 간호사가 의사를 부를 때는 '○선생님'이라고 하지만, 의사가 간호사를 부를 때는 '미스 ○'라는 호칭을 사용하여 의사와 간호사 사이에서 호칭에 차별을 두었다. 이에 대해 간호사협회 등이 오랜 시간을 들여 시정을 요구한 끝에 최근 간호사에게도 '○선생님'이라는 호칭을 사용하게 되었다. 그러나 아직도 동네 작은 병원 진료실 현장에서는 '○간호사' 같은 호칭이 여전히 사용되고 있다.

문정균은 이주한 후 의사와 간호사의 관계가 한국과 다른 환경을 접했다. 그리고 그것이 자신이 존중받는 것 같아 한국 사회보다 이주국 사회의 직업 현장을 높게 평가하는 이유 가운데 하나가 되었다. 그리하여 다른 문화와 가치관을 접한 문정균의 사고 또한 확장되어 한국 사회의 가치관을 고수하지 않게 되었으며, 한국의 문화와 가치관을 다른 시각과 관점에서 바라볼 수 있게 되었다. 한편, 독일 병원에서의 어려운 점은 체력적 열세였다. 덩치가 큰 환자의 몸을 2시간마다 동료들과 함께 바꾸어주어야 할 때 다른 동료들과 비슷하게라도 하려면 작은 체구의 문정균은 갑절의 에너지가 필요했다.

3) 한국에서 맞선보기

> "사실은 나는 국제결혼은 생각도 안 했어요. 스위스에 있을 때 한 4년 만에 한국을 갔어요. 그때가 거의 서른이 됐지. 집에서는 너 나이도 있고 결혼도 해야 되는데, 선을 보라고 그러더라고. 그래서 선을 봤어요. 두 사람 봤는데. (중략) 또 이제 보니깐 외국이, 독일 남자들이 잘해주고 하는 것 보니까 그냥 내가 여기서 살 것 같으면 독일 남자하고 하는 게 낫겠다."

문정균은 간호사로 스위스에 간 후 4년 만에 처음으로 귀국했다. 한국에 오기 전 집에서는 혼기가 찼고 결혼을 해야 하니 얼른 나와서 선을 보라고 재촉했다. 그때까지만 해도 연애 한 번 못해보고 옆도 돌아볼 새 없이 앞만 보고 달려왔다. 어머니의 말씀에 따라 결혼하기 위해 한국에 온 후 두어 번 선을 보았다. 당시 선을 본 사람 중 한 사람은 중학교 교사라고 했고, 한 사람은 홍대를 나온 화가였다. 중학교 교사라는 사람은 서울대학교 교수였던 아버지가 반대한다는 이유를 알려왔다. 그 사람이 왜 자신과 선을 봤는지, 어떤 사람이었는지 기억도 나지 않게 헤어졌다. 다른 한 사람은 홍대를 나와 작품을 팔아 생활한다고 했다. 그리고 군대를 가지 않았다고 했고. 얼굴이 시커멓게 보였다.

문정균은 "직업이 무섭다"고 했다. 자신의 직업이 간호사였고 환자를 면밀하게 살피는 중환자실에 있었으므로 선보러 나온 청년의 얼굴이 심상치 않게 느껴졌다. 무슨 병이 있는 사람처럼 보였다. '간이 나쁜가? 그렇다면 술과 관계가 있을까?'라는 생각을 했다. 그런 생각이 있었지만, 그 사람과는 두 번을 만났다. 좋아서가 아니라 다른 이유가 있었다. 그것은 오랜만에 한국에 나와서 친구들을 만나보니 친구들은 결혼했고, 대화의 주제가 아이들이나 남편들 이야기가 주를 이루었다. 이런 이야기들에 흥미를 느끼지 못한 문정균은 친구들을 만나기보다는 선본 청년을 한 번 더 만나는 쪽을 선택했다. 그리고 두 번째 만났을 때 그 청년은 문정균에게 청혼했다. 문정균은 두 번밖에 만나지 못했는데 결혼을 하자는 것도 평범하게 보이지 않았지만, 다른 한편으로 외국에서 지내다 보니 자연스럽게 한국 남성과 외국 남성들의 다름이 보였다.

> "외국에서 몇 년 있다 보니까 남자들이 굉장히 친절해요. 외국 남자들이 젠틀맨이야. 여자라면 이렇게 의자를 쓱 내주고 오바 같은 거는 모자 착~ 해가지고 걸어주고 이러잖아요. 유럽 남자들이, 특히 독일 남자들. 아우 그런 게 이제 자꾸 눈에 보여. 그러니까 '결혼을 언제 해요? 날짜를 잡을까요?' 깜짝 놀랐어. 어우 나 그거 아닌 거 같애요. 그래서 핑계가 '그 사람 어디 아픈 사람 같애, 언니야. 그리고 나 맘에

없고. 한두 번 만에 결정하는 것 못하겠어. 그래서 나 고만둬야 되겠다'고 그랬어요."

스위스에서 언어와 문화적응, 그리고 직업에서의 전문성을 익히고 실행해나가는 일을 하며 앞만 보고 달려오다가 결혼을 위해 처음으로 남자를 남성으로 보게 되었다. 그러다 보니 한국 남성들의 외모나 여성을 대하는 것에서 유럽의 남성들과 비교하게 되었다. 더구나 선을 보아 한두 번 보고 자신의 일생을 결정해야 한다는 것이 너무나 모순처럼 여겨졌다. 오랜만에 한국에 돌아와 한국 남성을 보았을 때 키도 작은 듯이 보였고, 얼굴도 못생긴 듯이 느껴졌다. 더구나 한국말도 이상하게 들렸고, 모든 것이 이상해 보였다. 국제결혼을 하겠다는 의사가 없었으나 한국에 나와서 한국 남성이 여성을 대하는 태도에서 두 나라의 남성을 자연스럽게 비교하게 됨으로써 선택 방향이 달라지고 있었다.

4) 한국 남자와 독일 남자

"한국 사람들 담배 막 길거리 가면서 허는 그런 거가 여기(팔)에 탁 닿았어, 나한테. 그래서 내가 '앗 뜨거' 그랬어. '앗 뜨거' 그랬는데 그 한국 남자분이 '어우 미안합니다' 그래야 되는데 그냥 가. 그것도 난 눈에 걸리는 거라. 그래서 내가 '여보세요! 미안하다고 얘기 좀 하세요!' 그랬어. 그래도 그냥 가더라구. 그리고 마늘 냄새가 그냥 모두 다 나는 거야. 그러니까 여러 가지가 거슬리는 게 많이 있더라구. 그러니까 이제 아… (탄식) 그때는 또 유학생들도 여기(독일) 많이 없었어요.

한국 사람이 많이 없었으니까. 광부는 저 중부 쪽에 많이 있었고. 그러다 보니까 독일 사람을 사귀게 된 거죠."

문정균은 독일에서 한국에 나올 때 언니에게 주려고 카메라를 사 왔다. 그런데 그 카메라는 세관에서 압수되었고 나중에 찾으러 가야 했다. 카메라를 찾으러 가는 길에 담뱃불 사건이 일어났다. 자신의 담뱃불이 상대방에게 상해를 입혔다면 사과하고 조처를 취하는 것이 마땅하다는 인식을 가진 문정균에게 그 한국 남성은 아무런 사과나 조치 없이 그냥 지나갔다. 더구나 사과하라고 말하는 문정균에게 아무런 대꾸도 없이 그냥 지나간 것은 명백한 무시의 태도로 여겨졌다. 그 자신이 한국에 살았을 때는 몰랐지만, 한국을 떠나 다른 문물을 봄으로써 이전과는 다른 관점으로 한국을 바라보게 됐다. 그리하여 한국에 다시 왔을 때 오히려 한국문화의 여러 가지가 낯설게 느껴지고, 눈에 거슬리는 것들이 보였다. 문정균은 당시 시간이 더 있었거나 외로움 같은 이유가 있었다면 선택을 달리했을 수도 있었을 것이라고 말한다. 그러나 문정균은 한두 번 보고 결혼을 선택하고 싶지 않았고, 일하느라 외로울 틈이 없었다. 그리고 주변에서 대하는 상대가 주로 외국 사람이었고, 한국 남성보다 여성을 존중한다고 생각되는 독일인에게 관심을 두게 되었다.

문정균이 해외에 나가지 않고 한국에서 계속 살았다면 한국인에게서 마늘 냄새가 난다고 느끼지도 않았을 것이고, 한국 남성이 자신의 담뱃불로 인해 남에게 해를 끼치고도 미안하다고 말하지 않고 그냥 지나치는 것에 대해서도 체념했을 것이다. 그러나 그녀는 해외에 나가서 다른 문물을 보았기에 한국문화와 서구의 문화를 비교했고, 두 문화의 비교에서 문정균에게 더 우위에 있다고 느낀 것은 서구문화였다. 서구 사회의 남성들이 여성을 대할 때 존중하는 태도를 한국 사회보다 더 많이 보인다고 생각한 것도 한 가지 이유였다.

5) 결혼과 이혼

> "6개월 정도 사귀고 결혼을 하게 되었다. 늘 독일 남성들의 좋은 점들만 보았기 때문에 나는 다른 아무런 생각 없이 믿었다. 하지만 질투와 신뢰, 신임이 없어져버려 1년 후 이혼하게 되었다. 이제는 결혼은 다시 하지 말아야 하겠다 하면서 내 일에만 충실했는데, 어느 날 친구와 함께 어떤 행사에 참석하면서 현재 남편을 사귀게 되었다. 모 회사의 인사과장으로 조용하고 내성적인 성격을 가진 꾸준하고 성실한 두 살 연하의 남성이었으며 몇 년 후 1985년에 결혼을 하게 되었다."(자기생애사)

문정균은 스위스에서 독일로 이직하고 얼마 후 한 독일 남성을 만나 6개월 만에 결혼했다. 자기생애사에도 적었지만, 당시 문정균은 독일 남성의 좋은 점만 보았던 문화적응의 콩깍지 시기였다. 따라서 결과적으로 결혼에 관한 서툰 결정이 되었다. 결혼한 후 첫 번째 남편은 문정균에게 병적 집착을 보이기 시작했다. 문정균이 다른 남자와 인사만 해도 질투했으며, 이러한 일들로 인해 서로에 대한 신뢰에 금이 가기 시작했다. 그녀는 남편의 병적 집착을 평생 안고 살아갈 수는 없다고 판단했다. 그리하여 결혼한 후 얼마 되지 않았고 첫 아이가 태어났으나 1년을 별거하며 이혼 과정을 밟았다.

이혼을 결정했으나 아이는 갓난아기였고 경제적 문제도 겹쳤다. 문정균은 대출을 받아서 집을 샀고 그 집을 수리했다. 그러나 남편과 헤어지면서 대출과 수리 등의 금전적 부담을 감당할 수 없었다. 이에 더하여 골동품 가게를 하려고 한국에서 골동품들을 사 왔던 것도 있었는데, 그 장사도 할 수 없게 되었다. 이혼 과정에서 겪었던 신체적 · 정신적 · 경제적 스트레스는 대단히 컸다. 아기를 낳은 후 6개월은 정부에서 지원이 나온다. 그리고 아이를 키우는 동안은 무급으로 아이 키우기에 전념할 수 있지만, 문정균은 수입이 없는 상태에서 무급으로 아기를 키울 형편이 되지 못했다. 남편이 양육비를 준다면 그렇게 할 수 있겠지만, 남편과 어떤 연결고리도 만들고 싶지 않았고, 남편도 문정균에게 양육비를 지원하지 않았다. 그렇게 해야 문정균이 어쩔 수 없이 자신에게 돌아오리라는 계산이었다. 아기를 낳은 지 얼마 되지 않은 상황에서 이혼과 경제적 문제 등으로 정신적인 고통이 극심했던 시기였다.

그때 딸의 산후조리를 하러 친정엄마가 독일에 왔다. 문정균은 이혼하면서 정신적 · 육체적으로 너무 힘들었던 그때는 아기도 제대로 보이지 않았다고 한다. 그때 아기를 봐도 덤덤하게 아무 느낌 없이 그렇게 보는 경험도 했다고 했다. 그만큼 정신적 고통이 극심했다. 남편은 문정균과 아기를 떼어놓기 위해 자신이 아기를 키우겠다고 했으며, 심사자들에게 문정균이 한국으로 돌아갈 것이라고 말했다. 사회단체에서는 이혼하려는 문정균이 아기를 키울 능력이 되는지 심사하러 왔다. 이에 문정균은 자신은 한국으로 돌아가지 않을 것이며, 친정엄마가 있고 직업이 있으므로 아이를 키울 능력이 된다는 점을 부각하여 자신을 변호했다.

문정균도 당시 남편이 있는 그곳을 떠나고 싶었으나 한국에 돌아갈 수는 없었다. 이혼한 상태로 한국 사회에 돌아가게 되면 아무도 자신을 환영하지 않을 것이라고 생각했기 때문이다. 더구나 이혼하려는 상태에서 한국으로 가더라도 사회적으로 더 낙인만 찍히게 되리라는 생각이었으므로 한국에서 정상적으로 살아갈 수 없다고 판단했다. 그러므로 자신은 한국에 돌아갈 의사가 전혀 없다는 것을 심사자들에게 분명하게 이야기했다. 그리고 아기의 아빠는 직장에 다니면서 갓난아기를 키울 수 없을 것임을 설명했다. 그리고 자신은 아이를 키울 수 있는 여건과 재정적 상태가 된다고 주장했다(대출이 있기는 했으나 집을 소유한 것으로 인정되었음). 사회단체가 보기에 친정어머니가 있었고 직업도 있었으며 문정균 명의의 집도 있었으므로 아이의 양육권을 문정균에게 두게 했다. 그런 후 문정균은 대출받아 산 집을 감당할 수 없었고 한국 골동품 가게도 운영할 수 없었기에 모든 경제적 손해와 피해를 안고 처분한 후 아이를 키우는 것에 집중했다. 문정균이 당시의 극심했던 정신적 스트레스를 극복하는 데는 친정엄마의 역할이 컸다. 친정엄마는 독일에서 6년을 함께하면서 그녀를 돌보았다.

6) 너를 위해서 살아

> "우리 엄마, 엄마가 힘을 많이 줬어요. 항상 그래. '아이고 너 이혼 잘했다.' 그 남자하고 신뢰를 못하고 그러면은 너 살아도 언젠가 헤어질 수도 있는 거고, 그리고 앞만 보라고. 그리고 다시 결혼하고 싶은 마음도 없고. 나는 애 키우면서 해야 되겠다 그랬는데, 엄마가 '야, 나도 내가 과부로 몇십 년을 살아보니까 나중에 너를 제일 생각하는 것은 남편뿐이 없다. 자식들은 품에 있을 때나 니 자식이지 키워놔봐야 소용없어. 너를 위해서 살아.' 엄마가 항상 그래요. '너를 위해서 살아.'

그러니까 결혼을 해라. 항상 '놀러 좀 나가~ 놀러 좀 나가라. 너 왜 집에 있니.' 그러면서 내가 집에 있는 거를 안 좋아해요. 엄마가 그 조그만 애들 다 키웠으니 얼마나… 내가 우리 엄마를 생각하면은 그때 그렇게 나를 위해서 고생을 해주셨어. 여러 가지 얼마나 힘드셨겠어요. 엄마 생각하면 자꾸 눈물이 나와."

문정균은 32세에 첫아들을 낳았다. 첫 번째 남편과 계속 살았다면 처음에는 조그만 구멍이었던 것이 결혼생활을 지속함에 따라 더 커다란 구멍이 되고, 그때는 헤어나올 수 없었을 것이라고 말했다. 문정균은 힘든 과정이었지만, 그때 이혼을 결정한 것은 잘한 선택이라고 생각하고 있다. 그리고 당시 친정엄마는 문정균에게 "너는 자랑스러운 딸"이라고 말하며 늘 용기를 주었고, 어린 아들을 돌봐주고 모든 살림을 맡아서 해주었다. 그러면서 이혼의 후유증으로 한인회에도 나가지 않는 딸을 구슬르기도 하고 혼내기도 하며 자꾸만 사회 속으로 들어가도록 등을 떠밀었다. 그녀의 어머니가 딸에게 해준 이야기는 자식이나 사회적 시선에 흔들리지 말고 자신의 행복을 위해 살라는 것이었다. 그러면서 사회활동과 재혼을 종용했다.

문정균의 어머니는 한국전쟁에서 남편을 잃고 올망졸망한 아이들 다섯을 혼자 키웠다. 오직 자식들을 위해 자신을 희생하며 살아온 문정균의 어머니는 자신의 경험을 들어서 막내딸에게 "너 자신을 위해 살라"고 조언했다. 이혼 후 세상과 담을 쌓고 살아가던 문정균은 그때 친정어머니가 자신의 어린 아들을 키우고 살림하며 도움을 주었던 것이 얼마나 힘든 일이었는지를 지나온 세월만큼 더 깊이 이해하게 되었다. 그리하여 이제 노년이 된 그녀는 어머니에 대한 생각만으로도 눈물이 난다.

"엄마가 그렇게 날 위해서 해주셨는데 내가 엄마를 위해 해준 게 하나투 없어요. 그냥 그 걱정 근심만 그 당시에 해준 거잖아요. 지금은 내가 충분히 해줄 수가 있는데 지금은 안 계셔. 경제적으로나 여러 가지로 충분히 엄마한테 해줄 수 있는데 그때는 경제적이고 뭐고 해 줄 수가 없었지요. 그렇게 엄마가 항상 나에게 힘과 용기를 준 거예요. '너는 누구보다 장한 딸이다. 네가 못났냐? … 언어를 못하냐? 네가 직업이 없냐? 니가 바보냐?' 이래가면서 항상 그러다 보니까 이제 친구랑 어디 놀러도 가고 행사 같은 데 가고 그래서 우리 남편을 만났어요."

문정균은 자신이 신체적 · 정신적으로 고생하고 경제적으로 어려움을 겪을 때 어머니께 근심을 준 것이 내내 마음이 아프다. 이제는 그때와 다르게 경제적으로나 모든 면에서 어머니께 충분히 해드릴 수 있는데, 어머니가 계시지 않는다. 문정균이 한창 인생의 절망 속에서 허덕이고 있을 때 어머니는 딸에게 "내가 네 아들을 봐줄 테니 놀러 나가"라며 등을 떠밀었다. 그렇게 친구와 함께 모임에 참여하면서 만난 사람이 현재의 남편이다. 첫 번째 남편은 만난 지 6개월 만에 맹목적 사랑에 이끌려 결혼을 결정하고 실행했으나 현재의 남편을 만났을 때는 신중에 신중을 기했다. 몇 년 동안의 데이트 기간을 가졌고, 재혼을 결정할 때는 아들을 많이 고려했다. 그리고 현재의 남편에 대해 문정균이 느낀 것은 외모는 독일 사람이지만 속에 있는 마음은 한국 사람 같다는 것이다.

7) 내 마음을 알아주는 사람

"이 사람은 몇 년을 내가 같이 사귀면서 이렇게 봐가면서 남편은 한국 사람 같애, 속마음이. 이 사람은 자기가 얘기한 게 그대로. 그대로. 꾸준한 그 마음. 그래서 이제 나중에 결혼을 했지. 집도 이제 잉글하임에 가서 같이 사고, 자기 이름 내 이름 이렇게 해가지고 그때 결혼하지 않은 상태에서 같이 샀으니까. 나중에 애를 위해서도 내가 한 거예요."

문정균은 현재의 남편을 만났을 때 처음에는 일을 쉬는 날 일주일에 한 번 정도 만나면서 서로를 조금씩 알아갔다. 그렇게 가까워지면서 같이 살 집도 두 사람 명의로 사고 결혼을 하나씩하나씩 준비해갔다. 그리고 시어머니도 문정균의 아들을 예뻐하며 손자로 받아들였고, 남편도 힘들이지 않고 아들을 얻었으니 자기는 행복한 사람이라고 말했다. 남편의 이러한 말을 들을 때 문정균은 모든 한국 남성이 그렇지는 않지만, '한국 남자와 유럽 남자는 의식이 다르구나'라는 생각을 했다. 문정균은 시어머니와 남편의 따뜻한 마음에 자신감을 얻어 재혼을 결심했다. 그리고 무엇보다 현재의 남편에게 마음이 기울었던 것은 한국 사람 같은 마음에 있다.

"1주일에 한 번씩 만나다가 몇 년 후에는 서로 아끼고 사랑하는 사이로 변하고 내 마음을 잘 알아 도와주면서 내가 필요로 하는 자동차도 사주었다."(자기생애사)

문정균은 32세에 한 짧았던 첫 번째 결혼을 기억할 때 힘들었던 이

[그림 4-3]
문정균과 남편

혼 과정이나 극심한 정신적 고통보다는 첫아들을 얻을 수 있었던 것에 감사하는 방향으로 마음을 달리먹었다. 세월이 그녀를 그처럼 성숙하게 이끌었다. 문정균은 38세에 지금의 남편과 재혼했다. 남편과 데이트할 당시 그녀는 차가 필요했다. 그러나 집을 손해 보고 팔았고 어머니도 와계셨고 방세도 내야 했기에 지갑은 항상 여유가 없었다. 그래도 직장에 오가기 위해 자동차가 필요했으므로 다 낡은 중고 자동차를 샀다. 그러나 너무 낡은 차였기에 브레이크에 문제가 있었다. 그때 데이트하던 현재의 남편과 같이 중고 자동차 시장에 다시 갔다. 그리고 차를 보면서 "어, 이거 맘에 드는데"라고 했더니 남편이 재빨리 그 자동차를 샀다. 문정균에게 필요한 자동차였고, 짤랑거리는 문정균의 지갑 사정을 알았기에 얼른 값을 지불한 것이다.

문정균은 그 당시에 중고 자동차도 꽤 많은 비용을 지불해야 했다고 기억한다. 그녀는 몇 년 동안 그 사람과 했던 데이트를 돌아보았을 때 결혼해도 괜찮겠다는 생각으로 돌아서고 있었다. 시어머니는 크리스마스

때 집에 놀러 가면 문정균을 위한 선물을 준비해두었다. 문정균은 한국에서 가족과 함께 살 때 그녀만을 위한 선물을 그렇게 많이 받아본 기억이 없다. 생일에 고기 몇 점 들어간 미역국이 전부였던 것과 달리 시어머니는 문정균만을 위한 선물과 아울러 손자를 위한 선물을 푸짐하게 준비했다. 문정균의 아들은 당시 선물을 풀면서 "어, 또 있네. 어, 또 있네"를 연발했다. 문정균은 현재의 남편과 데이트하면서 굳이 표현하지 않아도 자신의 마음을 알아준 남편에게서 마음의 위로를 얻었다. 그 점이 문정균이 남편에게서 느낀 한국 사람 같은 점이고, 문정균이 마음의 문을 열게 된 이유다. 말하지 않아도 알아주는 것의 바탕은 사랑일 것이다. 그래서 문정균은 재혼을 결심했다.

문정균은 재혼하면서 아들이 학교에 입학하기 전에 성을 바꿔주고자 했다. 그래서 전남편에게 연락했으나 연락이 안 되었다. 그리하여 전 시아버지께 연락했다. 전 시아버지는 문정균을 아꼈고 좋은 며느리로 보았다. 문정균은 시아버지께 전남편이 아이의 양육비를 보내지 않는 상황을 알리고 양육비를 받을 생각이 없으니 변호사를 통해 입양 절차에 동의하도록 도움을 요청했다. 그때는 아이가 학교에 입학해야 할 시기였고, 아이의 아버지는 입양에 동의하지 않음으로써 아이의 학교 진학 문제에 훼방을 놓고 있었다. 계속해서 문정균의 삶을 방해하려는 시도였다. 그리하여 문정균은 전 시아버지께 "지금도 아이의 양육비를 보내지 않는 아버지가 만약에 아이의 엄마인 자신이 죽게 되면 아이는 누가 봐주겠는가?"라며 설득했다. 전 시아버지는 며느리의 말을 듣고 얼마 후에 아이가 현재 남편의 자녀로 입양되는 것에 동의하는 서류를 만들어서 보내주었다. 그래서 문정균은 아들이 학교에 들어가기 전에 아들의 성을 남편의 성으로 변경하여 입학시켰다. 그리하여 아들이 학교생활을 하는 중간에 성을 바꾸는 복잡한 일이 생기는 것을 미리 방지했다. 그리고 현재 남편에게 "만약에 당신이 내 아들을 입양할 의사가 없다면 나는 결혼하지 않겠다"는 것을 분명하게 말했다. 남편은 아들 입양에 동의했고, 둘의 결혼은 성사되었다. 결혼 후 문정균은 현재 남편과의 사이에 딸을 낳았고, 문정균의 자녀는 남매가 되었다.

문정균은 언어와 풍속이 다른 사람과 결혼하여 함께 살아가는 것은 쉬운 일이 아니라고 말했다. 국제결혼가정으로 오랜 시간 살아온 후 그녀가 배운 것은 다음과 같은 것이다. 서로 다른 각각의 문화를 가진 남성과 여성이 가족으로 하나가 되기 위해서는 첫째, 상호신뢰가 바탕이 되어야 하고 둘째, 상호존중을 해야 하며 셋째, 서로에 대한 배려와 이해가 필요하다고 했다. 곱씹어보면 쉽지 않은 명제들이다. 그러나 이러한 가치관들은 함께 살아가는 이 지구촌에서 누구를 만나 결혼하여 가정을 이룰 때든지 꼭 필요한 요소들이기도 하다.

8) 가정 안에서 여성의 자율성

> "그러니까 내가 생각할 때는 내 처리하기에 달린 것 같아요. 국제결혼을 해도 이제 남편이 어떤 … 그러니까 내가 국제결혼을 해서 내 대로의 행동을 못 하거나 이러면은 외국 사람들 굉장히 무시해요~!! 부인 무시해요. 이제 경제력도 없고 그러면은 그런 사람 많이 있어요. (중략) 우선은 독일 사람들이 봤을 때는 엑소티시(exotisch: 이국적) 뭐라 그러나 … 좀 특이하잖아. 아시아 여자. 그런 호기심에서도 결혼을 했을 거예요. 여기 사람들 호기심 때문에도. 그런데 나는 그런 여러 가

지 면으로 해서 내가 결혼도 했지만 우선 자유가 많은 것 같아요. 우리의 유교적인 사상보다는 이거는 여자가 해야 된다 이게 아니고 다 서로 나눠서 하는 거야. 부부 사이에 남편과 아내로서 자유로운 관계, 위치 그런 게 저는 좋았어요. 딴 것보다도. 그래서 국제결혼을 잘했다(라고 생각해요)."

문정균은 국제결혼이 어떤 사람과 결혼했느냐에 따라 다르기는 하지만, 결혼의 주체자로서 먼저 자신의 주관성 또는 자기 삶의 주도성을 가져야 한다고 했다. 같은 문화권이 아닌 다른 문화와 언어, 그리고 외모가 확연히 다른 민족적 특성을 지닌 여성과 남성이 함께 가족을 이루었을 때 가장 필요한 것은 자신이 누구인지 아는 것이라는 것이다. 그리고 자신이 누구인지 아는 것을 기초로 하여 다른 사람과 협력하기 위해 자신의 삶을 조정할 능력이 없다면 배우자로부터 무시당한다는 것이다. 또한 여성에게 경제력이 없을 때 배우자로부터 무시당하는 경우가 많다고 말한다. 이러한 것은 비단 국제결혼에만 해당하지는 않으나 부부가 살아온 삶의 배경이 확연하게 다르다면 두 당사자가 서로를 이해하는 데 더 빠르게 한계점에 다다를 수 있을 것이다. 이때 결혼에 임한 두 당사자는 각자 자기 삶에서의 주도성을 가지되 그것이 상대방을 위압하지 않도록 주의한다면 결혼 관계 안에서 일어나는 다수의 갈등을 더 많이 줄일 수 있을 것이다.

문정균이 두 번째로 주장한 것은 자유다. 그것은 부부 관계에서 상대방을 무시하고 내 마음대로 하는 자유가 아니라 서로의 영역을 인정하고 존중하는 차원의 자유다. 그리하여 상대방을 통제하는 것이 아닌 상대가 원하는 것을 이해하고 수용하거나 인정하는 것, 또는 존중하는 것을 의미하고 상대방에게서 자신도 그렇게 인정되고 수용되고 존중되는 것을 말한다. 또한 한국 사회가 여성에게 지우는 책임이나 어떤 굴레 같은 억압에서 벗어나 한 사람의 개인으로 살아갈 수 있었음에 대한 자유로움이다. 모든 국제결혼이 이와 같다고 할 수 없으나 그녀 자신에게는 이러한 자유로움이 있었으므로 그녀는 결혼에 관한 자신의 선택을 긍정적으로 여긴다.

> "한국 남자분들도 그런 분이 있겠죠. 그런데 드물어. 그 당시에는 그러한 가부장제 같은 것이 더 강했고 여자는 그거 해야 되고. 여자가 왜 … 뭐 여자는 … 이런 식으로 그러니까 그런 게 이제 자유야. 그렇다고 내가 뭐 나쁜 행동을 해서 그런 자유가 아니고 내 그거를 옳게 살면서 서로가 존중 이게 저는 아주. 그리고 여행 특히. 가까운 이웃나라 여행도 자주 갈 수 있고, 한국은 또 그런 게 힘들어. 그리고 경쟁. 엄마들이 자식들 키우면서 힘든 거. 한국에서는 남자는 돈만 벌어다 주면은 끝나는 그런 시대고. 지금은 낫다고 그러지만 그 당시는 그게 심했고, 여자들이 모든 걸 해야 되고 그러니까 모든 게 여자들이 힘들어요."

문정균이 떠나던 시기의 한국 사회는 남성 위주의 사회적 통념이 더 많은 영향력을 발휘하던 시기였다. 여자이기 때문에 해야 하거나 해서는 안 되는 프레임이 사회적 통념으로 자리잡혀 있었으며, 그것은 여성에 대한 강력한 통제와 지배로 작동했다. 이에 더하여 여성에게 어머니로서의 책임성도 무거웠다.

> "그냥 엄마니까 해야 되고 모든 게 엄마가 힘든 거야. 엄마는 강하다고 하지만 정말 너무 인정(認定)하는 것이 없어요. 엄마라는 자체. 당

신은 엄마고 당신이 해야 될 의무이고."

문정균이 느끼는 한국에서의 어머니 역할은 '힘들다'라는 것이다. 어머니로서의 책임완수를 과도하게 요구하는 게 무겁다는 것이다. 지구촌 어느 곳인들 어머니의 이름이 고되지 않을까…. 자녀를 잉태하고 낳고 키우는 것이 신의 영역으로 일컬어질 만큼 그 중요성은 누구나 인정하는 부분이다. 그러나 문정균이 특히 한국의 어머니를 '힘들게' 느끼는 이유는 무엇인가? 그것은 어머니의 책임과 의무를 함께 나누지 못하는 사회적 인식에 있다. 어머니는 강해야 할 것이 요구되고, 어머니로서 감당해야 하는 의무와 책임은 한계가 없다. 이러한 현실을 고려할 때 여성들이 생각하기에 '내가 기꺼이 어머니가 되어야겠다'라는 의식보다는 어머니가 되는 길에서 뒷걸음치게 만든다. 훌륭한 어머니로 추앙하며 기리는 것보다 중요한 것은 어머니의 책임과 의무를 함께 나누어 감당하는 것, 그것이 어머니에 대한 '인정'이다. 함께 나누어 서로의 짐을 가볍게 하는 원리는 비단 어머니에게만 해당하는 것은 아니다. 모두에게 적용할 수 있는 원리다. 그러나 특히 한국에서 고귀한 어머니상에 가려진 어머니들에 대한 '인정'은 제대로 논의조차 되지 않고 있다. 비단 어머니뿐만 아니라 아버지와 자녀처럼 한국의 가족 구성원 가운데 그들 각자가 지닌 책임의 짐이 가벼운 사람은 없을 것이다. 그러므로 서로의 노고를 이해하고 서로의 어려움을 함께 감당하고자 하는 인식의 변화가 행동의 변화에 선행되어야 할 것이다. 상대방을 이해하려는 인식의 변화는 누군가에게 과도한 책임을 부과하는 병폐를 줄일 수 있을 것이다.

3.
거주국의 적응기

1) 자녀의 한국어 교육

"그때 내가 잘못 생각한 게 우리 애들 중 한 명은 한국말을 잘해요. 그런데 하나는 … 그런데 나도 그 당시에 못 하잖아. 그때 내 생각은 어땠느냐 하면은 아… 나도 독일말을 배워야 되잖아. 얘네 들도 독일말을 쓰는 게 낫겠다. 내가 못 하니까 얘네들이 만약에 독일어를 못하면 어떻게 하나 처음에는 그런 생각이었어. 그래서 독일어로 했어요. 잘하든 못하든. 그렇게 했는데 나중에 내가 생각이 바뀌었지. 가만히 생각해보니까 얘네들은 독일어든 뭐 어떤 말이든 금방 배우잖아. 여기서 태어나고 맨날 듣는 게 독일어니까. 언어는 어렸을 때 배워야 빠르잖아요. 그래서 내가 생각을 그렇게 했지. 한국어를 가르쳐야겠다, 그렇게 생각을 했죠."

문정균은 아이들의 언어교육에서 이주국 언어학습을 우선했다. 자신이 독일어를 잘하든 못하든 아이들과 이주국 언어로 대화하여 아이들이 거주국에서 잘 성장하고 살아갈 수 있게 하기 위해서였다. 그러나 시간이 지나면서 생각이 바뀌었다. 아이들은 독일어든 한국어든 습득이 빨랐다. 아이들의 언어습득 속도가 자신을 추월했고, 자신이 아무리 열심히 배워도 아이들같이 독일어를 할 수 없겠다는 것을 깨달았다. 아이들이 어릴 때는 어떻게든 독일어로 소통되겠지만, 아이들이 성장할수록 자신은 늙어갈 것이기에 자신의 독일어 실력은 발전 속도가 더딜 것이라는 생각이 들었다고 했다. 그래서 문정균은 아이들에게 한국어를 가르쳐야겠다는 것으로 생각을 바꾸었다.

독일은 6세에 초등학교에 입학한다. 초등학교에 입학한 후 일곱 살이 되었을 때 한글학교에 보냈다. 그리고 첫 아이를 키울 때 친정어머니가 양육했고, 친정어머니는 독일어를 할 줄 몰랐으므로 한국어와 한국 정서로 아이를 양육했다. 그래서 큰아이는 할머니가 사용하는 한국말을 배웠고 한국어를 잘한다. 그런데 둘째 아이는 시어머니가 돌봐줬다. 시어머니는 한국어를 하지 못했으므로 독일어와 독일 정서로 키웠다. 그래서 둘째 아이는 한국어를 못하고 한국 정서도 잘 모른다고 했다. 문정균은 그것은 어쩔 수 없는 일이라고 받아들인다. 아들은 한국에 있는 대학에 교환학생으로 다녀왔기에 한국어와 한국 문화를 잘 이해한다. 문정균은 아이들을 위한 독일어 교육에 참여하지 않았다. 아이들은 학교에서 독일어를 배우고 숙제는 남편이 도움을 주었다. 문정균은 아이들의 수학 공부를 도와주었으며, 아이들은 엄마가 수학을 잘했기에 엄마가 하는 말에 신뢰성을 가졌다. 문정균은 아이들의 중학교 과정까지는 수학을 가르칠 수 있었는데, 고등학교 과정인 10학년 때는 아이들에게 수학을 가르쳐줄 수 없었다. 그리하여 이후에는 아이들이 스스로 하게 했다. 아이들은 김나지움에 진학했고, 아비투어(Abitur)*를 거쳐 대학에 진학했다. 아들은 본(Bonn) 대학에서 번역학(Diplom Übersetzer)과 경영학(Diplom-Kaufmann)을 공부하여 독일 사회에서 안정적으로 자리를 잡았다. 그리고 한국 여성과 결혼하여 손녀를 낳아주어 기쁨을 더했다. 문정균의 며느리는 한국에서 독문과를 졸업하고 유학생으로 독일에 와서 번역학과 신문방송학을 전공하여 석사를 취득했다. 대학에 다닐 때 문정균의 아들과 탄뎀파트너(Tandempartner)**로 한국어와 독일어를 서로 유용하게 구사하면서 서로를 알게 되어 결혼으로 이어졌다. 사실 문정균은 아들이 한국 여성과 결혼하지 않기를 바라기도 했다.

> "나는 우리 아들이 한국 여자보다는 독일 여자와 결혼하기를 원했다. 내가 이곳에서 생활을 하다 보니 때에 따라 우리 남편이 측은할 때가 많다. 예를 들면 맛있는 음식도 못 해주고 이곳 독일 여자와 같이 잘해주지도 못하면서 남편한테 큰소리나 땅땅 치고 내 권리만 찾았으니 우리 애도 한국 여자를 만나면 괜히 우리 아들이 힘들 것 같았다. 또 문화의 차이 등으로 나의 처음 힘들었던 생활을 자식들만은 안 했으면 하는 바람으로…"(자기생애사)

문정균은 자신이 한국 여성이기에 남편에게 독일식으로 음식을 해주지 못했던 것, 대부분의 서류 문제는 남편이 해결해야 했던 점, 그리고 자녀의 교육 문제에서 서로 가치관과 관점이 달라 빚어졌던 갈등을 기억했다. 그런 형편에서도 자신이 남편에게 짜증을 내거나 자기주장과 권리만

---

* 독일의 고등학교 졸업시험, 대학 입학 자격시험

** 다른 언어를 서로 가르쳐주는 언어 교환 공부 파트너

찾았던 점을 떠올렸다. 그리하여 자기 아들이 한국 여성과 결혼하게 되면 자신과 같이 며느리가 혹여 아들을 힘들게 하지는 않을까 염려했다. 더욱이 가장 마음이 쓰였던 것은 자기 아들은 독일에서 태어나고 자란 독일인이며, 며느리는 자신처럼 한국에서 태어나고 자란 한국 여성이다. 그러므로 부부 사이에 문화가 다름으로 인해 서로 적응의 어려움을 겪지 않을까 걱정했다. 아들 부부가 자신과 남편이 겪었던 힘든 과정을 겪지 않기를 바랐다. 그만큼 그녀 자신이 이주하여 국제결혼가정의 주체로서 부부 사이의 문화적응이 쉽지 않았음을 나타낸다.

2) 자녀와 소통 노력

"나도 굉장히 보수적이 돼서 우리 애들하고 싸움 많이 했어요. 힘들더라고. 그런데 우리 딸은 특히 더해, 얘는. 이제 우리 아들은 뒤에서는 안 한다 하더라도 엄마가 얘기하면 '아유, 알았어 엄마' 그러는데 우리 딸은 아냐. 그리고 그걸로 나가. 내가 이렇게 해도 안 들어요. 사춘기도 있고 14~15세 이럴 때 아오 막 그냥 지 주장을 내세우는 거라. 근데 그게 오히려 좋은 거예요. 자기 의사를 정확하게 전달하는 건데. 근데 우리 한국 엄마들은 '너 엄마한테 대들어?' 이러면서 막 그러잖아. 야단치고 그러면 지는 지대로 뿔나고 나는 나대로 뿔나고 그러는 거지. 근데 그렇게 하면서도 은연중에 엄마의 정서적인 거는 아무래도 받게 되죠."

문정균은 한국 출신 이주여성으로서 독일에서 자녀를 양육하고 교육할 때 자녀와 갈등을 빚었다. 문정균은 어릴 때 한국에서 부모의 뜻에 따르지 않는 것은 잘못된 것이고 불효하는 행위로 자식이 해서는 안 되는 일 중 하나였다. 한국에서는 부모의 말씀에 순응하며 따르는 것을 가장 추구해야 할 일로 여겨졌다. 문정균은 그러한 한국의 전통문화 터전에서 가르침을 받고 따르며 자랐다. 그러나 독일에서 자녀를 낳고 키우면서 한국에서 체화된 자신의 교육 방법을 적용했을 때 자녀들은 자신의 어릴 때와 달랐다. 어머니와 자녀의 역사와 문화 환경의 다름은 자녀 훈육에 있어 갈등의 불씨가 되었다. 더구나 자녀가 한창 질풍노도의 시기를 지날 때였기에 문정균은 자녀와 상호 대척적인 상황을 경험하기도 했다.

> "아무래도 그러면서 이제 우리 애들은 가끔가다 우리 딸은 얘가 대학교를 공부하다 중퇴를 했어. 자기 대학교 공부하는 게 맞지 않는대. 그래서 애가 직업학교로 갔어요. 그리고 졸업했지만 그때는 내가 상관을 안 했어요. 얘네들은 지네들이 하고 싶은 대로 해야지 내가 공부해라 한다고 해서 하는 게 아니고 자기 적성에 맞게 하는 거지. 니 삶이니까 니 원하는 대로 해라."

딸은 신문방송학과에 들어갔으나 1년 뒤에 자신과 맞지 않는다며 의논도 없이 중간에 대학을 그만두었다. 독일의 대학 진학은 초등학교 때부터 이미 결정이 난다. 대학을 가는 그룹에 속해서는 더욱 공부에 매진해야 한다. 문정균은 딸이 대학에 들어갔고 이제 조금 더 공부하여 졸업하면 좋은 직업을 가지고 안정되게 살아갈 수 있는데, 돌연 학업을 중단한 딸의 선택을 받아들이기 힘들었다. 휴학한 것이 아니라 자퇴했기에 더욱 실망스러웠고 노엽기도 했다. 그렇지만 결국 그녀는 체념처럼 딸의 선택을 받아들였다. 이제는 딸이 성장했고 엄밀히 말해서 엄마가 자녀의 인생을 책임져줄 수 있는 게 아니라는 것을 받아들일 수밖에 없었다. 부모는 자녀가 현재 가고자 하는 길보다 자신이 제시하는 길이 더 좋은 길이라고 생각하지만, 그 길이 진정으로 자녀에게 좋은 길이 될지 아닐지는 누구도 알 수 없는 일이다. 엄마를 분노와 슬픔에 잠기게 하고 자신의 길로 나아간 딸은 현재 청각장애 어린아이들을 위해 소리를 글자로 번역해주는 직업을 가지고 있다. 또한 직업 양성 교사로도 일하고 있다. 딸은 이 직업들이 자신에게 맞는다고 말한다. 그리고 문정균은 이제 딸이 자신의 직업에 즐거움과 프라이드를 갖고 일하는 것을 기쁘게 여긴다. 문정균은 딸이 대학을 졸업했더라면 더 좋은 직업을 가질 수 있을 것이라는 생각을 했다. 그러나 딸은 자신이 원하는 길로 나아갔고, 그 길에서 열심히 즐겁게 살아가고 있으므로 걱정과 염려를 멈췄다. 그 대신 딸의 선택을 기쁘게 여기기로 마음을 바꾸었다. 문정균에게 딸이 말하기를 자신은 후회하지 않으며, 엄마가 자신을 위해 지원해준 것에 감사하고, 엄마가 자신에게 최선을 다했음을 알고 있다고 말했다. 문정균도 이 과정에서 한국 부모의 가치관을 버려야 했다. 자녀를 교육할 때 어쩔 수 없이 독일의 방식을 따라야 했지만, 다른 한편으로는 한국적 부모의 특성으로 아낌없이 자녀에게 교육적 지원을 했다. 문정균은 자녀와의 치열한 갈등을 통해 두 문화의 교육 가치관을 혼합할 수밖에 없었던 면도 있었고, 자녀의 성장 과정을 통해 이주자인 자신이 문화변용을 배울 수밖에 없었던 면도 있었다.

> "그런 면에서 내가 보수적으로 '너 이렇게 해!' 이러면 애가 '왜? 뭣 때문에?' 이런다고. 이런 거를 처음엔 힘들었어요. 그런데 이제는 '어,

그래… 그럼 내가 잘못됐네.' 이렇게 하죠. 그러니까 나도 이제 여기에 맞춘 거야. 그리고 그게 나한테도 편하고 또 애네들을 존중해주는 방법의 하나잖아요. 그리고 또 컸고. 그리고 옛날에는 내 주장을 냈지. 그러면 안 되고… (이렇게) 그러니까 나도 거기에 맞춰야 되고. 그렇게 한다면 나는 외로워지는 거야. 이해를 못 하면은. 그런 면에서 내가 변해야죠."

문정균은 자녀를 양육하고 교육할 때 자녀와 소통하지 않고 엄마의 주장만 내세우면 결국 자신만 외로워진다는 것을 배웠다. 자녀와 소통하기 위해 때로 자신의 주장을 버리고 변용하여 자녀의 요구와 음성에 귀 기울이는 방법을 사용하게 되었다. 자신이 어렸을 때 배운 가치관은 부모의 말씀에 이유를 묻기보다 순종하고 따르는 것이 중요했으나 독일 사회는 그렇지 않았다. 자녀들은 부모가 어떤 것을 말할 때 자신들이 그것에 따라야 하는 타당한 이유를 물었다. 이처럼 문정균은 독일에서 자녀를 가르치고 양육할 때 자신이 배워온 방식이 아닌 새로운 방식을 배워야 했다. 부모가 자녀에게 자녀가 배우면 좋은 것을 억지로 시키는 위압과 명령의 방법을 적용하는 것이 아니라 자녀에게 좋다고 해도 자녀의 선택을 기다려주는 것이 필요했다. 즉, 자녀의 선택을 존중하며 그 자녀가 선택할 수 있는 한 사람의 인격으로 존중해야 함을 배워야 했다. 자녀를 존중하는 방법은 이주자 모국의 문화와 거주국의 문화가 다르지 않을 것이다. 그러나 그 문화를 적용하는 데는 개인의 문화해석이 있고 습관이 있다. 문화에 대한 해석과 습관이 다를 때 상호 이해하는 것이 필요할 것이다. 문정균은 딸과의 갈등과 시행착오 등을 통해 스스로 발전해갔다. 그리고 자신의 문화와 가치관을 고집함으로써 자녀와 갈등하고 외로움 속에 남지 않도록 문화를 대하는 태도를 변화시켰다.

3) 자녀 양육 갈등

"남편하고 처음에 힘들었어요. 자녀 교육에 있어서. 그게 이 독일 사람하고 나하고 그러니까 많은 사람들이 그랬을 거야. 우리는 보수적으로 공부를 가르치고 나는 얘네들이 모르니까 모든 것을 다 해주고 싶어요. 어릴 때는 다 놀려고 하지 (공부)하려고 해요? 피아노, 플루트, 발레, 성악. 발레도 네 살부터 시켰어. 한글학교도 그렇고 이 피아노 치는 것도 아주 싫어해. 연습을 해야 되잖아. 그러면 애들은 하기 싫어 죽겠는 거라."

문정균은 자녀 교육 방법에서 남편과 갈등을 빚었다. 그녀는 교육열이 높은 한국 엄마답게 자녀에게 많은 교육을 해주려고 했고, 실제로 그렇게 했다. 그러나 교육 방법에서 남편과 갈등을 빚었는데, 그것은 문정균의 교육 방법 때문이었다. 문정균은 아이들이 어렸으므로 스스로 선택하기에 아직 서툴다고 여겼다. 이에 반해 남편은 자녀가 어려도 그들의 의견을 존중하고 스스로 선택하게 하는 방식을 취하고자 했다. 그것은 교육 전반에 관한 것과 음악, 미술 같은 많은 연습을 필요로 하는 분야, 그리고 한국어 교육에까지 대립이 불가피했다. 아이들은 많은 연습이 필요한 음악이나 무용, 그리고 독일에서 효용성이 없어 보이는 한국어를 배울 때 참고 견뎌야 하는 고독한 과정을 견디기 힘들어했다. 이에 남편의 의견은 아이들이 싫어하므로 아이들의 의견을 존중하여 다른 방법을 찾거나 중단할 것을 주장했다. 남편은 문정균의 자녀교육 방법에서 강압이 사용되는 것에 반대하는 것이다. 아무리 어린아이라고 해도 강압적 방법이 아닌 아이들의 선택을 수용해야 한다는 것이다. 이처럼 자녀를 교육하는 방법에서 남편과 갈등이 많았다. 이에 문정균은 남편에게 아이들 교육은 자신이 주도적으로 할 것임을 주장했고, 그렇게 했다.

"나는 애들한테 적어도 30분을 연습을 해라. 그러면 아빠가 이런 것을 보고 애들이 하기 싫어하면 그냥 놔두라고 그래. 강제로 시키냐 이러는 거라. 그리고 저렇게 싫어하는데 꼭 해줘야 되느냐. 애네들도 생각을 해줘야 되지 않느냐. 그런 거. 갈등이야. 당신 아무 소리 하지 마쇼. 애네들 지금 몰라. 나는 애네들이 스스로 판단하기에는 아직 어리다. 한 15세 정도 되면 내가 오케이. 싫으면 그때 그만두면 된다. 이러는데 우리 남편은 그전에 너무 그렇게 한다고. 내 욕심에는 계속해 주고 싶었지요."

문정균은 아이들의 투정을 다 받아주면서 교육하면 교육의 때를 놓칠 수 있다고 여겼다. 그러므로 강압적 방법일지라도 아이들의 교육을 위해 필요하다고 여겼다. 그리고 아이들을 한글학교에 보낸 이유는 친정에 가게 되면 아이들이 독일어만 하여 친척들과 소통하지 못하게 될 것이기 때문이다. 문정균은 자기 자녀들이 한국의 친지들과 연결되고 할머니와 대화할 수 있게 하려면 한국어 교육이 필요함을 뒤늦게 깨달았다. 그래서 아이들이 태어났을 때부터 한국어로 기르지 못한 것은 아쉽지만 늦게라도 한글 교육을 해야겠다고 결심했다. 그리고 어려움이 있다고 해도 중단할 수는 없었다. 그리하여 아이들을 한글학교에 보내면서 자신은 한글학교 교장으로 봉사했다. 그 일을 약 8년간 했으며, 매주 토요일이면 가기 싫다는 애들을 데리고 꾸준히 다녔다. 처음엔 아이들이 "배 아프다", "머리 아프다"라고 할 때 걱정했지만, 나중에는 꾀병임을 눈치채고 들어주지 않았다. 온갖 핑계를 대며 반항하던 아이들도 엄마가 주말마다 꾸준히 한글학교에 데려가자 나중에는 군말 없이 다녔다. 그리고 남편에게는 지금이 아니면 한국어 교육할 때를 영영 놓치게 되니 내가 하는 일에 아무 소리 하지 않는 것이 도와주는 것이라고 했다. 남편은 그녀의 의견을 존중했다. 그 결과 큰아이는 한국어로 소통할 수 있고 한국적 정서를 이해한다. 이러한 결과는 다른 한편으로 문정균이 한글학교 교장으로 활동했기 때문도 있다.

한글학교 교장을 하면서 분기별로 다른 선생님들과 협의하여 1년에 한 번씩은 한국으로 교사 연수를 다녀올 수 있었다. 그럼으로써 다음 세대에게 엄마의 모국어 교육의 중요성을 인지할 수 있었기에 동기부여가 되었다. 현재는 독일에서 한국에 대한 위상이 자녀들이 어릴 때와 많이 달라졌다. 이제 자녀들은 부모 세대에게 "어릴 때 때려서라도 한국어를 가르쳐주지 그랬느냐?"라고 하며 아쉬움의 눈길을 보내기도 한다. 자녀 세대는 현재 한국인이 한국어를 하지 못하는 것을 부끄럽게 여겨 그들 스스로 한국어를 배우려 한다. 문정균은 시간이 지나 아이들이 싫다는 것을 강압으로 교육했던 것에 대해서는 일부 효과가 없었음을 이제는 인정한다. 그렇지만 그 모든 과정이 문정균도 배우는 과정이었다. 자녀들도 엄마가 자신들을 위해 최선을 다해 교육하고 지원했다는 것을 이제는 인정한다. 그리고 문정균은 자신이 자녀들을 위해 최선을 다하여 교육했고 지원했기에 못 해줘서 아쉬운 것도 없고 부모로서 떳떳하다고 느낀다.

4) 자녀의 미래를 위해

> "(내 교육방식을) 밀고 나가려는 것이 왜냐하면 이걸 안 하면은 우리 애들은 이것으로 끝날 것 같다. 이런 생각이 내가 들었기 때문에 남편이 뭐라고 해도 난 이걸 끌고 나가야 되겠다. 내가 외국인이잖아요. 그러니까 아무래도 차이는 안 두고 어쩐다 하더라도 '아, 아시아 사람 같다. 찢어진 눈'이라고 하더라구요. 척 보면은 '아, 얘는 좀 섞인 애다. 그러니까 순수한 독일 애가 아니다.' 뭐 이런 … 그러니까 얘네들은 그런 게 있으니까 내가 얘네들을 여기 독일 애보다는 내가 조금 더 힘을 써서 우리 애들 나중에 그런 거 없이 해야 되겠다 그런 생각. 이 독일 애보다도 조금 더 높아야 된다 이런 생각을 했으니까 이제."

문정균은 아이들이 어릴 때 이제 막 젖을 뗀 아기를 자기 방에 혼자 자도록 두는 것이 마음에 걸렸다. 하지만 그녀의 남편은 혼자 자는 습관을 들여야 하는 아기에게 교육을 달리하는 아내의 방식에 반대했다. 이 문제는 문정균이 부모와 함께 자도록 강력하게 주장하며 물러서지 않았기에 그녀의 방식으로 키웠다. 국제결혼가정으로 살면서 이처럼 사소하게 부딪치는 문화적 다툼들이 있었다. 그리고 자녀의 교육에도 갈등이 있었다. 자녀의 교육도 문정균은 남편에게 자신을 지지해줄 것을 요구했고, 남편은 그에 따라주었다. 그렇게 문정균이 자녀들의 교육에서 물러서지 않았던 이유는 아이들이 거주국에서 더 능력 있는 사람으로 인정받기를 바라는 마음 때문이었다. 문정균은 독일 아이와 외국 아이가 있을 때 실력이 비슷하다면 누가 뽑힐까를 생각했고 독일 아이가 뽑힐 것이라고 여겼다. 그러므로 아이들이 조금 더 좋은 환경에서 살도록 독일 아이들보다 더 많이 배우고 더 많은 준비를 해야 한다는 압박감이 있었다.

> "우리 남편은 애네들은 독일 애들이고 그런데 당신은 왜 그런 소리를 자꾸 하느냐. '그게 아니다. 당신은 몰라. 당신은 외국 사람이 아니기 때문에 이런 거 몰라.' 내가 이제 그런 소리를 했죠. 옷을 입어도 좀 깔끔하게 입어야 된다. 예를 들자면 외국 애들이 허술하게 입어봐요. 그러면 더 무시하고 그럴 수 있겠다 이런 생각에서. 그런데 우리 남편은 그런 것에 대해서 아예 그럴 리가 없다. 이런 식으로 얘기를 해요."

남편은 거주국에서 태어나고 거주국에서 살아왔기에 외국으로 이주하여 외국인으로 살아가는 아내의 마음과 온전히 동일하지는 않을 것이다. 그래서 아내가 자녀들에게 사회에 나가기 전에 더 많은 준비를 해야 한다고 주장할 때 남편과 아이들은 그 말을 이해하지 못했다. 그렇지만 자녀들은 성장하면서 조금씩 각자의 경험을 통해 엄마의 말을 이해하기 시작했다. 문정균의 표현에 의하면 그녀의 딸은 피부가 가무잡잡하다고 했다. 한번은 어느 여행지에서 그곳 사람이 문정균의 딸에게 "당신은 터키 사람이냐? 그런데 왜 터키말을 하지 않느냐?"라고 했다고 한다. 딸의 피부색이 독일인과 달랐고, 터키계 사람들과 더 가깝게 보였던 것 같다. 이는 외모로 사회적 배제를 시도하는 언어 태도다. 인종 차별적인 이 발언에 대해 문정균의 딸은 그 사람에게 즉각적으로 "내가 왜 터키말을 해야 하느냐? 내가 터키말을 알아야 하느냐?"라고 하며 강한 불만을 표출했다. 이런 과정을 겪으면서 이제는 딸도 이주자인 어머니가 했던 말의 의미를 이해한다. 문정균의 딸은 자신이 독일인이라는 것을 추호도 의심하지 않고 살아왔다. 그러나 때로 독일 사회에서 자신이 외모로 인해 이방인이 되는 경험을 하면서 엄마의 삶에 관한 이해를 넓히게 되었다. 이처럼 문정균은 외국인으로서 독일에서 사는 것이 어떤 의미인지 독일인으로 태어나 독일에서 사는 남편이나 자녀들에게 설명하는 데 많은 세월이 필요했다.

> "당신이 독일 사람이니까 그런 걸 못 느껴서 그렇지 나는 가끔가다 그런 거 느낀다. 이래가면서 얘기를 한 거죠. 지금도 나는 외국인이고 어쩌고 그러면 '너는 패스(여권)가 독일 사람인데 왜 한국 사람이냐?' 라고 하면, 제가 하는 소리가 '얼굴 봐. 어디가 이게 독일 사람으로 생겼대?' 나는 종이만 독일 사람이지 나는 전부 다 한국 사람이라고."

이주자가 거주국의 삶에서 거주국 구성원과 다름이 표시될 때 자신에 대한 보호막으로 모국 정체성을 강화한다. 자신이 누구인지에 대한 스스로의 인지와 정립은 정체성으로 정의되고, 그러한 정체성은 개인이 삶을 살아갈 때 흔들리지 않을 지지대가 되어준다. 문정균은 거주국에서 종이(국적)만 독일 사람이라고 말한다. 외모의 확연한 다름은 거주국 사회의 구성원인 독일인이라는 자리에서 그녀를 배제한다. 거주국인 독일에서 그녀가 한국인 정체성을 분명하게 갖는 이유는 무엇인가? 첫째는 거주국 사회의 이주자에 대한 구분에 원인이 있으며, 둘째는 그에 따른 자기 보호를 위한 것이다.

독일 내 외국인은 전체적으로 9%이나 대도시인 베를린, 뮌헨, 프랑크푸르트 등의 외국인은 약 20% 이상의 비율을 차지한다. 이들의 경제 기여도는 독일의 1년 GDP의 약 10%에 달하고 있으며, 이들이 낸 세금도 사회보장제도의 운용에 사용되고 있다. 그럼에도 이들의 사회적 지위는 대체로 독일인보다 낮다. 독일 사회에 외국인 노동력의 유입 역사가 50여년에 달하지만, 이들이 경제적 · 사회적 · 정치적 · 문화적으로 독일 사회에 통합 또는 동화되어 동등한 지위를 향유하고 있다고 할 수 없는 실정이다(장명학, 2006).

문정균은 거주국 남성과 결혼하여 정주한 외국 여성으로서 자신이 외국인이라는 것을 분명하게 인지하고 있다. 이미 국적이 독일인인 자신의 아내를 독일인이라고 여기는 남편의 인식과는 사뭇 차이가 있다. 국적은 독일인으로 되어있으나 정작 그녀는 외모의 차이에 의해 자신이 독일 사회에서 독일인으로 받아들여진다고 느끼지 않는다. 그러나 단지 외모에서의 차이가 그녀를 한국인 정체성으로 강하게 무장하도록 했을지는 생각해볼 일이다.

박경태(2009)는 신인종주의자들이 문화로 사람들을 구분하려는 특성이 있음을 설명했다. 신인종주의자들은 이주자들이 그들의 모국문화를 버리고 이주국 문화를 수용하면 사회의 성원으로 받아들이겠다고 말하지만, 이주자가 그들의 특성을 바꾸지 않는다는 이유로 차별하는 것은 본질적으로 인종주의와 다르지 않다고 했다. 한인 여성들이 간호사로 이주한 후 거주국에서 적응하는 과정에서 독일화를 추구하여 독일 문화를 받아들이고 독일어를 습득하고 독일인처럼 사회의 법규를 준수하며 살아왔으나 그들의 노력에도 불구하고 그들의 사회적 위치는 여전히 내적 구성원이 아닌 외부인 또는 이방인, 그리고 이주자 그룹에 머물러 있다. 독일 사회에서 독일인이 되지 못하므로 이들은 스스로를 한국인 정체성으로 무장하며 편견과 차별에 대항하여 자신을 보호하며 살아가는 것이다.

"그거는 센스가 없는 것 같애. 이 독일 사람은 달라요 그냥. 이거면 이거. 싫다고 그러면 그걸로 끝이에요. 아, 난 이러구저러구 … 하면은 그걸 또 받아줘서… 한국 남자는 그럴 것 같애. 우선 감정이 이렇게 통하잖아요. 어쩌고저쩌고 할 텐데 감정 정서. 이 정서가 이제 안 된다는 거지요. 정서가 안 통한다는 것은 내가 생각나는 거 있잖아요. 그런 거를 잘 이해를 못 해요. 어떻게 얘기를 해야 하나. 그런 거를 모르니까 좀 답답하다. 어떤 때는. 그런 경향이 있다는 거죠."

국제결혼을 하지 않은 부부도 서로 소통하는 데 얼마든지 어려움을 겪을 수 있다. 그러나 여기에서는 문화와 민족의 역사적 시간성이 다름으로 인해 상호소통되지 않은 것에 한정하고자 한다. 문정균은 한국인 남편이었다면 동질적 정서를 가지고 있으므로 자신이 감정을 담아 설명하면 그에 따른 반응이 있을 것이라고 상상한다. 그러나 독일인 남편은 문정균이 전달하는 것에 반응을 보이는 것이 아니라 '예'나 '아니오'로 정리한다. 즉, 감정의 되돌아옴이 없다는 것이다. 문정균이 마음속에 생각나는 무엇을 남편에게 설명하려면 때로 그것이 번거로운 일 또는 답답한 일이 된다. 문정균의 마음에 있는 어떤 문화 코드가 남편에게는 없을 수 있고, 남편에게 있는 어떠한 이미지나 정서가 문정균에게 없을 수 있다. 그것을 설명하자면 서로에게 다소 불편한 일이 되는 것이다. 삶을 살아감에 있어서 큰 문제는 없으나 이러한 크고 작은 소통되지 않는 정서적 간극을 국제결혼 가정의 남편과 아내는 서로 보듬어 안고 살아갈 가능성이 크다.

5) 독일 동료의 신뢰

> "내가 외국인으로 팀장이다 보니 개중에 못된 독일 간호사도 있었다. 내가 하는 말을 안 듣고 자기 편한 대로 하길래 한두 번 정도는 가만히 놔두었다. 또 늘 친절하게 대했다. 하지만 세 번째는 동료들이 있을 때 그 간호사의 무엇이 잘못됨을 이야기하고 생각하는 시간을 주었다. 그런 후에는 이 간호사가 나에 대하는 태도가 180도로 달라지고 모든 일에 적극적으로 함께 도와주려고 애를 쓰는 모습도 보았다. 내가 정확하게 나의 일을 꾸준하게 열심히 하며 본보기를 보일 때에는 독일 동료도 100% 신임과 신뢰를 한다."(자기생애사)

문정균은 40년간 중환자 간호사로 일하고 은퇴했다. 처음에는 말이 통하지 않아 더욱 고단했던 시기도 있었으나 거주국에서의 직업생활이 안정되어가면서 근무 25년이 되는 해에는 오랫동안 성심껏 부지런하게 일한 것에 대해 대학병원 원장으로부터 감사장과 선물을 받았다. 한편 오래 근무하면서 팀장을 할 때는 외국인이라고 무시하던 독일 간호사도 있었다. 그러나 외국인이지만 자기 일을 정확하고 꾸준하게 하며 본보기가 되면 이주자라 하더라도 100% 신뢰하는 독일 동료들을 통해 더욱 용기를 얻었다. 또 문정균이 기억하는 즐거웠던 시간은 밤 당번으로 근무할 때 보통 4명의 간호사와 1명의 의사가 한 팀으로 하는데, 5명이 돌아가면서 음식을 장만해 같이 먹었던 일이다. 문정균은 불고기, 잡채, 만두, 김밥 등 자신이 할 줄 아는 범위 내에서 열심히 한국 음식을 만들어갔다. 동료들은 문정균과 야간근무 당번을 할 때면 잡채나 불고기를 만들어 달라고 요청하기도 했다. 10시간의 근무(저녁 20:00~아침 6:30)에서 생사가 달린 환자들이 있을 경우는 그나마 음식을 먹을 시간조차 없기도 했다.

6) 한글학교 교장이 되어

> "그 당시에는 대부분 자기들의 최선을 다하는 거였어요. 당시에는 한독가정들도 많았고 가난했을 때야. 그리고 한글학교에 나오려는 애들도 많지 않았어요. 그랬기 때문에 한국어 가르치는 사람들도 최선을 다했고. 학생들도 천차만별이었어요. 그래서 이 수준을 맞추기가 힘들어서 개인개인으로 가르치는 경우가 많았어요."

문정균은 8년 동안 마인츠의 한글학교 교장으로 활동했다. 한글학교 교장은 보통 전 교장과 학부모위원회에서 추천한다. 추천 요건은 자녀가 한글학교에 재학하는 사람이어야 한다. 자녀가 한글학교에 재학하지 않으면 교장이 될 수 없다. 또한 한글학교 교사는 교통비 정도라도 받지만, 교장이나 운영진은 무보수 봉사직이다. 교재는 한국에서 보내주는 것 혹은 주독 한국어교육원에서 받는 것으로 가르친다. 그러나 학생들의 한국어 수준이 천차만별이므로 선생님들의 수업 준비는 개별적으로 이루어질 수밖에 없었다. 교재가 있기는 하나 개별 학생의 수준에 맞게 선생님이 따로 준비하고 실물교재도 스스로 만들어서 사용했다. 주독 한국어교육원은 한국어 교육이 어떻게 이루어지는지 실태를 파악하고, 교사와 교장에게 어떻게 하면 더 좋을지에 대해 조언하거나 약간의 후원을 한다. 지금은 체계가 더 갖추어졌지만 20년 전인 그 당시에는 큰 도움이 되지 못했다.

교육원에서 나오는 교재는 초급, 중급, 고급으로 수준별로 준비되어 있기는 했지만, 교사들이 개인적으로 준비해서 가르친 것이 더 많았다. 교재의 내용 등이 현실과 맞지 않는 경우가 많았기 때문이다. 그리하여 현지 교사들이 현지 실정에 맞게 교재를 스스로 만들어 쓰는 경우가 더 많았다. 주독 한국어교육원과 재독 한글학교교장협의회에서 각각 교사들을 위한 세미나를 주최하기에 교사들은 1년에 두 번 정도 세미나에 참석하여 협의하고 피드백을 나눈다. 재독 한글학교교장협의회는 독일에 있는 한글학교 전체의 협의체다. 문정균이 한글학교 교장으로 봉사하던 당시 독일 전역에는 한글학교가 34개 있었다. 그리하여 34개의 한글학교 교장들이 재독 한글학교교장협의회에 모여서 협의도 하고 세미나도 하는 형식이다. 전체가 다 모이기도 했고, 독일 지역을 중부, 남부, 북부로 나누어 모이기도 했는데, 문정균은 남부지역에 속해있었다. 이러한 모임을 1년에 1회 정도 했다. 그리고 재독 한글학교교장협의회 주최로 교사들과 전체적으로 모이는 것은 1년에 1회, 그리고 주독 한국어교육원이 주최하는 전체 모임도 1년에 1회 따로 있다. 그리고 방학 때 2박 3일 학생들과 함께하는 캠프도 있다.

학생들은 유스호스텔 같은 곳에 모여 한국어 캠프에서 집중 교육을 받는다. 캠프에서 학생들은 한국어보다 독일어를 더 많이 사용한다. 그러나 동질적 그룹을 만나 한국어 교육을 함께 받으면서 서로 가까워지고 한국인 정체성을 더 강하게 형성하게 된다. 그렇기 때문에 엄마들은 자녀들을 한글학교에 보내려고 많은 노력을 한다. 그러나 그 당시는 한국이 경제적으로 어려웠던 시기였고, 한국이 잘 알려진 나라가 아니었기에 학생들은 한글학교에 오는 것을 기쁘게 여기지 않았다. '독일에서 한국어로 소통할 수 없는데 왜 굳이 한국어를 배워야 하는가?'에 대해 의문과 반항이 있었다. 자녀들은 부모들에 의해 거의 강제로 한글학교에 참석하는 경우가 많았다. 일단 참석하고 친구들을 만나게 되면 잘 참석하지만, 한글학교에서 2세대들이 자리를 잡기 전까지는 부모와 갈등이 있었다. 문정균은 한글학교 교장으로 봉사하면서 자녀들에게 한글학교에 가는 것은 재고의 여지가 없는 태도로 일관했다. 그러므로 아들은 강제로 한글과 한국 문화를 배웠다. 지금은 한국어를 할 수 있는 것에 자부심이 있고, 당시 강제로라도 한글학교에 다니게 한 엄마에게 감사하고 있다. 한편 한글학교에서는 한글과 함께 한국 문화도 가르쳤다. 새해에는 세배하면 세뱃돈도 주고, 장구나 부채춤도 가르쳤으며, 떡국을 끓여서 같이 먹기도 했다. 그러한 방식으로 독일에서 한국 문화와 의미를 자녀들에게 알려주었다.

> "그런데 문제는 뭐냐 하면 학교가 없어요. 그래도 우리 마인쯔 한글학교는 정말 운 좋게 학교 건물을 빌려서 우리가 돈을 내고 사용하고 있지만, 돈을 많이 내거나 교회를 빌려서 하거나 하는데 우리가 쓰고 싶은 만큼 쓸 수 있는 공간은 없어요. 한국처럼 사용하는 학교는 없어요. 우리도 그날만 빌려서 사용하는 거예요."

지금은 한글학교에 참석하는 학생이 성인반을 포함하여 60~70명 정도 된다. 당시에는 약 40~50명이 한글학교에 참석했다. 그리고 다람쥐반, 꾀꼬리반 이렇게 이름을 붙여서 유치반을 운영하기도 했다. 지금은 한국인 부인을 둔 독일인이 한국어를 배우기 위해 한글학교에 오기도 한다. 한국과 사업할 때 한국어 화용 능력이 필요하기 때문이다. 그리고 한국어를 배우지 않았던 한국인 2세대나 독일에서 태어나고 자라 성인이 된 이들이 한국어를 배우기 위해 한글학교를 찾아와서 수업을 듣기도 한다. 이러한 현상은 한국이 경제적으로 이전에 비해 크게 성장했고, 그것을 세계가 인

[그림 4-4]
마인츠 한글학교
교사와 학생들

정함을 재외동포가 피부로 느끼기 때문이기도 하다.

"학부모들이 모여서 한국 음식을 만들어서 팔아요. 그래서 운영하는 데 사용하고 김밥, 튀김, 불고기 … 수업료가 당시 한 달에 20~30유로 했어요. 그리고 교육원에서 재외동포재단에서 주는 것인지 암튼 한글학교에 얼마 주는 거가 있어요. 이렇게 해서 운영을 한 거죠. 재정이 아주 열악했어요. 그리고 후원 같은 거. 그리고 나 같은 경우에는 독일에서 옷이나 장구 그런 것에 대한 재정적 지원을 몇 번 받은 적이 있죠. 두 번을."

거주국에 한글학교 건물이 따로 있는 경우는 많이 없고, 대부분 교회를 빌려 사용한다. 때로 시에서 한글학교 수업을 하는 동안만 건물을 사용하도록 허가한 경우는 운이 좋은 경우에 속했다. 열악한 환경이었으나 재외한인은 자녀들의 한국어 교육을 위해 십시일반 후원금을 모으거나 한국 음식을 팔아서 학교 운영에 사용했다. 그리고 주독 한국어교육원을 통해 약간의 후원을 받기도 하는데, 그것은 학교 건물 임대를 위한 세를 낼 때 일부 도움이 되었다. 문정균은 교장을 할 때 자신이 사는 지역의 시에 의뢰하여 한글학교를 위한 지원을 받기도 했다.

한편 한국 정부에서는 1년에 1회 각 국가의 한글학교 교사들을 초대하여 교사 연수를 한다. 독일의 경우 주독 한국어교육원을 통해 한국에서 하는 교사 연수에 참석할 사람을 추천해서 보내면 한국에서 초청장이 온다. 그러면 교사의 경우 숙박과 식사를 지원받고, 교장의 경우 비행기(편도) 표가 추가로 지원된다. 세계 여러 나라에서 활동하고 있는 자원봉사 성격의 한글학교 교사와 교장들은 1년에 한 번씩 한국에서 모여 발표와 세미나 시간을 갖는다. 그러나 한국에 초대되는 데는 인원 제한이 있어서 교사들 가운데 일부만 참여한다. 이 시간을 통해 서로의 애로사항도 나누고, 학생들을 가르치기 위한 정보를 공유하고 동기부여도 받는다. 그리하여 분발해야겠다는 투지와 한글학교 선생님으로서의 자부심도 강화되어 돌아온다.

7) 거주국의 이주자 문화지원

"한글학교 교장으로 있을 때 시청에 편지를 썼어요. 그리고 여성합창단 단장으로 있을 때 그때도 시청에다 했어. '이거는 서로 문화교류고 당신네 음악, 우리 음악만 하는 게 아니고 독일 가곡이라든가 독일 음악, 한국음악 하면서 이웃 사람들도 같이 콘서트에 참여하면서 하는데 도와줄 수 없냐?' 사람들이 어떻게 돈을 받았느냐고 그래. 독일 사람들 돈 그렇게 안 줘요. 이번에 내년에 할 것도 몇천 유로야. 그래, 많다고 그러는 거라. 그러면서 자기네도 상의한다고 그러더라고. 그런데 우리하고는 일단 결혼문화, 차문화 좋다고 그러더라고. 그리고 음식도 우리가 만들고. 그거 다 돈 들잖아. '우리도 세금을 내고 이런 거는 좋은 거를 우리가 여기에 펼치는 거니까 도와주세요.' 이렇게 편지를 썼어."

문정균은 한글학교 교장과 한인 여성합창단 단장으로 있을 때 학생들의 한국 문화 발표, 또는 한국 여성합창단의 독일 가곡 발표 등을 준비했다. 이러한 행사에는 재정의 필요가 따르기 때문에 이를 위해 거주하는 지역의 시청에 재정적 지원 요청을 했다. 그 요청이 받아들여진 것은 한국 문화를 공연함으로써 지역사회에 상호문화 이해에 공헌하게 하려는 공연 기획 의도가 긍정적으로 작용했다. 그녀가 어떤 모임을 만들고 행사를 주관하면서 역점을 두는 것은 지역사회와 모임을 준비하는 당사자 모두에게 유익한 모임이 되도록 하는 데 있다. 이주자가 그들의 문화를 소개할 때 이주자에게만 필요한 행사가 아니라 거주국에도 새로운 문화에 관한 이해를 높이고, 이주자도 거주국 사회에서 문화적 자부심을 높이는 목적을 가지고 준비한다. 그러한 의도가 거주국의 재정지원 당사자들의 이해를 도왔다. 그리고 이러한 지원을 받는 데는 한국인이 독일 사회에서 세금도 잘 내고 지역사회에 봉사하는 활동에 적극적으로 참여하기 때문이기도 하다.

"대충 하고 이러면은 그렇게 이루어지지가 않아요. 그리고 그렇게 하면서 배운 거죠. 그리고 내가 말을 꺼냈으면, 뭔가 말을 했으면 거기에 대해 실천을 해야 된다. 난 그거는 항상 갖고 있어요. 내가 말한 것에 대해서는 책임을 져야 한다. 이런 생각을 하니까."

문정균은 한글학교 교장뿐만 아니라 코윈* 독일 지역 담당관, 한인회 활동, 간호협회 임원 등 다양한 활동을 했거나 활동 중이다. 거주국에서 살면서 다양한 활동에 적극적으로 참여함으로써 심신은 고달픈 면이 없지 않으나 그에 대한 반대급부로 자신에게 유익한 것도 많았다. 코윈 독일 지역 담당관 활동은 한국에 보내는 서류가 많아 힘들었다. 그러나 그 활동은 자신에게 자부심이 되기도 했고, 더불어 서류를 통해 보고하고 활동을 정리하는 것을 배우기도 했다. 그렇게 배운 지적 자산들은 다른 활동을 할 때도 활용되었다. 또한 무슨 모임을 준비하든 세심하게 양측 모두에게 유익하도록 배려했고, 자신이 한 말에 대해 책임을 지고자 했다. 그리고 말을 꺼냈으면 그것을 반드시 실천하고자 애쓰며 살아왔다. 그러한 결심과 실천이 그녀가 많은 단체와 모임에서 리더로 활약하는 기초적 자원이 되었다.

8) 세뇨트레너린(자원봉사 지도사) 활동

"그리고 지역사회에서 내가 처음에 그 뭐냐 퇴직하고 찾아간 게 내가 외로울 것 같았어요. 여기 오면 난 집에서 놀고 그러는데 맨날 집안에서 그냥 그렇다고 집안에서 가만히 있기는 뭐해. 내가 외롭지 않고 사람들을 많이 알아야 되겠다 이런 생각에서 내가 봉사를 하기로 한 거예요. 그러니까 내가 정년퇴직하고 뭔가를 해야 될 것 같은 그런

* 코윈(KOWIN)은 세계한민족여성네트워크(Korean Women's International Network)를 말한다. 매년 열리는 대회는 여성가족부에서 주최하며, 국내외 한인 여성들의 정보교류 및 연대강화와 국제협력 활동의 효율성 제고를 통한 국가 경쟁력 확보에 목적이 있다(여성가족부).

생각과 외롭지 않게 살아야 되겠다. 그리고 봉사하는 자체가 우선 나를 즐겁게 하는 거니까."

간호사 은퇴 후 그녀는 지역사회에 봉사하고 싶었다. 그 이유는 자신이 간호사로 독일에 이주했을 때 독일 사회가 여성 이주노동자인 한국 간호사들을 독일 간호사와 차별적으로 대하지 않았기 때문이라고 했다. 임금과 직업의 업무 면에서 차별을 두지 않았으므로 은퇴 후 퇴직금을 받고 나오면서 자신이 사는 지역사회에 봉사해야겠다는 결심을 했다. 그리하여 시에 가서 그러한 의사를 전달했을 때 시에서는 봉사하는 교육을 받으라고 말했다.

"'내가 봉사하고 싶다. 그동안 내가 독일에서 받은 거를 삶을 경험한 거를 전달하고 싶고 이러니까. 나 봉사를 하겠다' 그렇게 얘기를 했더니 나더러 그거를 봉사하는 교육을 받으라고 하더라고. 그래서 '아우 나 그거, 그런 거 싫고 그냥 하고 싶다. … 그리고 나 그거 못해요.' 내가 그랬지. 그랬더니 '잘할 사람이 왜 못하냐'고. '당신 말도 잘하고 이러는데 왜… 충분히 할 수 있는 사람'이라고 이래가면서 교육을 받으라고 그래. 그래서 교육을 받았어요. 그러니까 이만한 수료증 해가지고 거기 시장, 군수 이런 사람들도 이거를 주는 거라."

시에서 추천받은 것이 세뇨트레너린이다. 이것은 일종의 봉사활동 자격증 같은 것으로 독일에서는 시장이나 군수도 이 자격증을 취득하여 활동한다고 한다. 이 자격을 가진 사람은 봉사활동을 조직할 수 있으며, 필요에 따라 시에서 도움을 주거나 아니면 시에서 하는 봉사활동에 참여

[그림 4-5]
함께 활동하는 세뇨트레너린들

할 수 있다. 즉, 어떤 봉사활동에 협력할 수도 있고 세뇨트레너린으로서 자신이 직접 봉사활동을 조직할 수도 있다. 그녀는 처음에 이 자격을 취득하지 않고 그냥 봉사할 일이 있으면 그것만 하려고 했으나 약 1년 동안 교육과 실습 과정을 거쳐 세뇨트레너린이 되었다. 위 사진은 세뇨트레너린 동료들과 함께 찍은 사진이다. 여기에서 동양 여성은 문정균뿐이다.

문정균은 또 시에서 언어와 문화 전달사 자격도 취득했다. 그러나 난민들에게 언어를 가르치는 활동은 하지 않는다. 그것은 언어를 처음 배울 때 정확하게 배워야 할 필요성이 있는데, 이주자인 자신에게 독일어를 배우게 되면 오류를 배울 수 있기에 그 봉사활동은 하지 않는다. 독일에 난민이 많이 들어온 현실에서 그녀는 난민들에게 멘토링하듯이 한 사람씩 시청이 어디이고 무엇을 하는 곳이고 어떻게 이용하는지 등을 가르쳐주었다. 그와 더불어 난민에게 옷을 나눠주거나 은행 등의 위치, 필요한 일들을 어떻게 완수하는지를 알려주는 봉사활동을 했다. 그리고 주로 한국에 관련된 행사를 주관하거나 조직하여 활동했다.

이러한 봉사활동을 시작한 이유는 은퇴 후 거주국에서 외로운 노년이 되고 싶지 않았기 때문이다. 그 목표를 이루어 현재는 다양한 봉사활동에 참여하고 있기에 외로움을 느낄 틈도 없이 바쁘게 활동한다. 봉사활동 가운데 하나가 한국 문화를 독일에 소개하는 것이었다. 다른 사람들과 협업하여 지역사회 사람들에게 새로운 문화를 접할 기회를 주고, 또 한편으로는 자신의 모국문화를 알릴 수 있었다. 은퇴 후 이 자격을 취득하지 않았다면 지금 이런 활동을 조직하고 실행하는 일은 하지 못했을 것이라고 했다. 그녀가 이러한 봉사활동을 하는 이유는 무엇보다 봉사가 자신에게 기쁨과 즐거움을 주기 때문이다. 또한 봉사활동을 함으로써 사람들이 알아보고 인정하는 면모도 따라온다. 사람들에게 인정받으려고 하는 봉사활동은 아니나 사회적 · 문화적으로 자신을 알리고, 거주국 구성원들과 소통하게 되는 것이 좋은 점이라고 한다. 그로 인해 거주국에서 외롭지 않고, 즐겁게 살아가는 요소가 된다는 것이다. 그리고 그러한 활동을 위해 끊임없이 생각하고 움직여야 하기에 늘 활력을 가지는 것도 봉사활동을 하는 좋은 점의 하나다. 이를 위해 사람들과 관계를 돈독히 하는 등 많은 역량이 필요한 일이지만, 그녀는 이를 즐겁게 하고 처음에 계획한 것처럼 노년에 외롭지 않게 살아가는 방편이 되었다. 지역사회에 도움이 되는 사람이 되고자 봉사활동을 하면서 자신의 정체성을 표현할 기회가 더 많아졌다.

문정균은 2019년 마인츠에서 한국 문화의 날을 만들고 싶다는 의견을 시에 제시했다. 시에서는 이를 좋은 아이디어로 여겨 지원을 협의하자는 의견을 보내왔다. 그녀는 이 일을 하기 위해 한국의 전통 결혼, 차 예절 등을 보여줄 한국문예원을 운영하는 사람을 시에 소개했다. 그녀는 아이디어를 내고 문예원은 세뇨트레너린인 문정균을 통해 그들의 자원을 독일 사회에 나타내 보일 수 있게 되는 것이다. 그녀는 누군가는 나서서 이러한 자리를 마련해주는 것이 중요하다고 여긴다. 그리고 이러한 활동을 하게 된 계기는 독일로 이주한 다른 나라 사람들이 그들의 문화를 알리기 위해 여러 가지 활동을 하는 것을 보면서부터였다.

"다른 나라 사람들도 자기 나라 문화를 소개하거든요. 그런 것을 보면서 나도 한국어를 가르치거나 한국 문화를 소개하는 것 등을 통해서 내 나라 문화를 조금 더 내가 사는 곳에 전달하고 싶었어요. 우리 문화는 어떻다는 것을 보여주고 싶었지요."

문정균은 다른 이민자들이 그들의 문화를 독일 사회에 보여주는 것을 보고 자신도 한국 문화를 거주국 사회에 보여줄 수 있겠다고 생각했다. 그리하여 준비한 것이 한국 문화의 날이다. 그녀는 자신이 봉사활동 전문가이며, 또한 언어문화 전달사이기에 지역사회에 새로운 문화를 알리고 소개하는 역할을 할 수 있었다. 그리고 한국문예원 사람들은 한국의 전통차 문화와 결혼문화를 소개할 수 있었다. 그러므로 한국 문화의 날을 기획하여 거주국 구성원들이 한국 문화를 이해할 자리를 마련했다. 이러한 활동이 마인츠 지역 신문에 실렸다. 그녀는 자원봉사 활동을 통해 자신이 누구이며 어디에서 왔고 자신의 모국이 어떠한 문화를 가진 나라인지를 지역에 알렸다. 문정균은 한국인 정체성을 가지고 모국문화를 거주국에 보

[그림 4-6] 한국 혼례문화와 전통 차 예절 문화 행사

여줌으로써 자신이 한국인임을 거주국 사회에 나타내고자 했다. 이러한 정체성의 정립은 외모와 언어, 그리고 문화적 토대가 다른 문정균이 거주국 사회에서 살아가기 위한 방편이 된다.

9) 터키 여학생들

> "그때 그 터키 학생들 5명이 해서 1년 반 가르쳤지. 그래서 얘네들 한국말을 '저는 누구누구입니다. 저는 터키사람입니다. 나는 뭐를 할 수 있고.' 그런 자기소개를 할 수 있는 그 정도까지는 해요. 「아리랑」 그런 것도 중간중간 노래도 불러주면서 그리고 한글학교 학예회 있으면은 흥미 있으면 같이 데리고 가기도 하고 그랬어요."

[그림 4-7]의 왼쪽 사진은 문정균에게 한국어를 배우려고 찾아온 여학생들이다. 이들은 터키계 독일인이며 김나지움에 다니는 학생들이다. 오른쪽 사진은 이 여학생들과 문정균의 한국어반이 지역신문에 소개된

Jung-Kyoon Lenzen (Bildmitte) gibt jungen Türkinnen Koreanisch-Unterricht. Foto: Thomas Schmidt

Koreanisch für Türkinnen

PROJEKT Jung-Kyoon Lenzen unterrichtet junge Migrantinnen in fremder Sprache

[그림 4-7] 한국어를 배우는 터키 여학생들

것이다. 한글학교 교장으로 활동하기도 했고 한독협회에서 활동하기 때문에 연결되었는지 모르지만, 문정균은 이 여학생들이 어떻게 자신을 찾아왔는지 잘 모른다. 여학생들이 문정균에게 한국어를 배우고 싶다며 왔을 때 그녀는 자신이 정식 한국어 교사가 아니라고 말해주었다. 그러므로 한국어의 문법적인 것을 가르칠 수는 없지만, 그래도 웬만한 것을 배우고 싶다면 가르쳐주겠다고 했다. 이 터키계 여학생들이 한국어에 관심을 갖게 된 동기는 한류 때문이었다. 터키 여학생들은 K-pop, 영화 등을 보면서 어른을 대접한다거나 하는 한국의 문화가 자신들의 문화와 조금 비슷하다고 여겼다. 그리고 무엇보다 한국을 좋아했기에 한국어를 배우고 싶어 했다. 그래서 이 학생들에게 한국어를 가르칠 수 있도록 독일 마인츠의 한 구에서는 교실을 빌려주었고, 문정균은 무료로 한국어를 가르쳐주었다. 그리하여 1년 6개월 동안 한국어를 가르쳤다. 그 터키 여학생들은 독일에서 태어나 독일인으로 자랐다. 대학 입학 자격시험인 아비투어 과정을 공부하는 똑똑한 학생들이었는데, 그 학생들이 한국어로 자신에 관한 간단한 소개를 할 수 있을 만큼 한국어 실력이 늘었다. 이러한 한국어 가르치기 봉사활동이 지역 신문에 실리기도 했다.

10) 한인회 활동

"이제 나이들 먹어서 (한인회 회장을) 안 할려고 그래. 나도 귀찮아. 힘들어. 옛날하고 또 달라. 옛날에는 열의가 있었는데 지금은 무슨 회장 한다는 거 자체가 책임감이 있으니까. 그러면은 회장 혼자서 하는 게 아니잖아요. 예를 들어서 마인쯔 한인들과 다른 곳에 사는 한인들이 모이잖아요. 그럼 음식 만들어야지. 프로그램 짜야지. 복권도 만들어야지. 여러 가지가 껴요. 그리고 내 돈 들어가는 일이야. 나는 또 다른 한인회 모임에도 가야 돼. 거기 참석해야 돼. 참석해야 오는 게 있어. (중략) 이게 내가 마지막이 될 수도 있겠다. 그럼 내가 오케이 내가 2년을 봉사하겠습니다. 안 할려고 그래 다들."

문정균은 2018년부터 마인츠 지역의 한인회 회장을 맡아 활동했다. 한인회 회장이 되는 것은 이제 노령이 된 그녀에게 힘에 부치는 일이기도 했다. 신경 쓸 일도 많고 대외 활동도 많아진다. 책임감도 따르고, 자기 재산도 기부하며 일해야 한다. 그리고 함께 일하는 한인회 이사들과도 협력해야 한다. 그렇게 하기 위해서는 사람들의 마음을 얻어야 하고 그러려면 주의를 기울여야 할 것이 많았다. 그리고 다른 지역의 한인회 활동에도 참여해야 한다. 그래야 다음에 자신의 지역에서 하는 활동에 다른 지역 사람들을 불러올 수 있다. 서로 상부상조하는 것이 필요하기 때문이다. 그녀는 지금까지 다른 활동들은 다 해왔고, 남은 것이 한인회 회장이다. 나이가 70이 넘어가면서 자신이 더 늦추게 되면 "다음에 하겠습니다"라고 했던 말을 지킬 수 없을 것 같아 받아들였다고 한다.

"이번에 (한인회 회장) 하면서도 우리 집에 초대했어요. 회의 끝나고 식사를 같이하는 그게 아무것도 아닌 것 같지만, 나는 내가 정성을 들여서 반찬을 만들고 내가 할 수 있는 것을 하고 빈말을 안 하고 지금까지 무슨 말을 하면 실천에 옮기고 거짓말을 아예 하지도 않고 하니까 사람들이 나를 신뢰를 해주는 거죠. 신뢰가 중요한 거더라고. 신뢰를 받을 수 있고 신뢰를 할 수 있다는 거가. 그런 게 없으면 못 하지요."

[그림 4-8] 한글학교 학부모 교육 및 한인회 임원 회의

한인회 회장이 되면서 다른 회장들이 해왔듯이 프로그램을 짜고 복권을 만들고 음식을 준비하는 등 여러 가지 일을 준비했다. 그리고 다른 지역의 한인회에도 참석하여 우정을 다졌다. 그녀는 한인회를 맡으면서 젊은 임원을 찾고자 했다. 기존의 임원들이 나이가 많아졌으므로 이제는 신세대를 발굴하고 육성해야 할 필요가 있기 때문이다.

위의 왼쪽 사진은 마인츠의 한글학교 교장으로 있을 때 학부모들을 초대하여 자녀들에게 엄마의 모국어 습득의 중요성과 이중언어의 장단점을 강연한 사진이다. 오른쪽 사진은 한인회 회장으로 재임하던 당시 임원들과 회의하는 사진이다. 문정균은 다른 사람들과 네트워크를 형성할 때 각각의 사람들을 연계하고 협력하는 데 초점을 둔다. 그리고 이러한 일을 해내기 위해서는 자신이 솔선하여 먼저 움직이고, 허언하지 않으며, 정성을 들여 사람을 대해야 한다고 생각하고 있다. 그러한 요소들을 실천하는 것이 서로가 신뢰하고 신뢰받을 수 있는 근거가 된다는 것이다. 그리고 그렇게 형성된 신뢰는 삶의 중요한 덕목이 되었다. 이러한 덕목들은 그녀의 정체성을 이루는 요소들이다. 이는 이러한 요소들을 문정균이 자기 삶의 일부로 받아들였고, 그러한 덕목에 부합하는 사람이 되기 위해 노력하며 살기 때문이다.

문정균의 이러한 다양한 사회활동은 때로 가족이나 남편에게 외로움을 주기도 했다. 그녀의 남편은 처음에 아내에게 왜 이렇게 일을 만들어서 하는지를 물었다. 그때 자신은 사회활동과 봉사활동 등이 즐거워서 하는 일이라고 말해주었다. 이제는 남편도 아내를 막으려 하지 않는다. 그리고 이에 더 나아가 아내의 다양한 사회활동을 자랑스럽게 여기기도 한다. 문정균은 한인회뿐만 아니라 한독협회에서도 10년 동안 부회장으로 활동했다. 처음에는 이것도 거절했다. 그러나 다른 사람들과의 관계를 잘 연결하는 문정균의 특성을 알기 때문에 사람들은 그녀를 한독협회 부회장이 되도록 적극적으로 추천했다. 그리하여 그녀는 한국 공관과 네트워크를 잘 형성해왔다. 예를 들어 한독협회에서 한국 영화를 보려고 할 때 문정균이 한국 공관에 연락하면 영화 CD를 보내주고 없을 때는 사서라도 보내준다. 또한, 한독협회의 총무로 10년 동안 여러 가지 어려운 일을 해온 독일 사람을 한국 국무총리상에 추천했고, 기쁘게도 그 사람이 수상했다. 한독협회 총무가 힘든 일임에도 묵묵하게 일해왔기에 한국 공관의 총영사에게 근거를 가지고 추천했고, 총영사는 그를 한국 국무총리상 후보에 올렸다. 그리고 그것이 받아들여져 상을 받게 되었다. 이처럼 문정균은 자신이 남에게 필요한 사람이 되기도 하며 다른 사람의 노고를 인정하는 데도 인색하지 않게 살아왔다. 그것이 그녀가 삶에서 신뢰를 쌓아가는 방법이다.

11) 국제라디오 청취자 모임

> "저녁에 독일어로 하는 한국 KBS. 한국에서 독일어로 하는 방송이에요. 그때는 독일 사람들이 거의 다 와. 나는 여기에 총영사를 모시고 싶은 거야. 우리는 프랑크푸르트하고 거리상으로 가깝지만, 행정처리는 본에서 하는 거라. 본하고 마인쯔예요. 그래서 프랑크푸르트를 부를 수가 없어요. 그래서 본에 있는 영사가 안 오려고 그래, 바쁘잖아. 그래도 초대를 했어요. 나는 항상 초청장도 한국어와 독일어로 써서 우선 보내요. 그리고 일주일 후 전화를 해. '총영사님, 우리 한독협회에 KBS 국제라디오 모임이 있어요.' (중략) 그랬더니 오셨더라고. 오시니까 이 독일 사람들이 좋아해요. 그러고 나서부터 계속 오셔. 초청장 보내고 얼마 있다가 전화를 하면은 '네~ 가겠습니다.' 그래요. 그게 된 거잖아요. 첫 시도가 중요해요."

한국 KBS에 독일어로 송출하는 국제라디오 프로그램이 있다. 한국에서 독일어로 방송하는 이 라디오 방송을 듣는 독일 사람들의 모임인 '라디오 코레아 국제 청취자 모임*'을 1년에 한 번 한독협회에서 준비한다. 한독협회는 독일인과 한국인 또는 다른 나라 사람들도 회원이 될 수 있는 단체다. 여기에는 한인 국제결혼가정의 가족들도 참석하여 한 달에 한 번 모임을 하며, 이곳에서 한국 영화를 보여주고 음식을 나누며 회원들 간의

---

* KBS 국제방송은 1953년 시작되었으며, 1973년 'KBS 라디오 국제방송'으로 이름이 바뀌었다. 독일어는 1981년 5월 1일 처음 30분간 소식을 전했으며, 2009년 현재 하루 2회 오전(9~10시, 한국어)과 오후(22~23시, 독일어)에 방송하고 있다(독일 유로저널 2009년 6월 10일자 기사 발췌).

우정을 다지는 모임을 한다. 문정균도 이곳 한독협회에 속해있으며, 다른 회원들과 함께 국제라디오 모임을 준비한다. 그리고 한국 방송사와 연계하고 모임에 참석하는 사람들에게 한국 음식을 만들어 판매하여 협회 운영비에 사용한다. 그녀는 한독협회 회장과 부회장으로 봉사했다. 그리하여 이 모임에 자신이 사는 지역 총영사를 참석하게 하고자 했다. 이 모임에는 한국 사람들은 오지 않고 각지에서 독일 사람들이 온다. 그러므로 독일 지역의 한국 총영사가 참석하면 그만큼 모임의 수준도 높아지고, 그 모임에 참석하는 사람들이 존중받는 마음이 들기 때문에 총영사를 참석하게 하고 싶었다. 문정균이 사는 마인츠는 프랑크푸르트에서 가까운 지역이지만, 행정상 본에 편입되어 있었기 때문에 본에 있는 총영사가 오려면 먼 거리를 와야 했다. 총영사는 바쁜 일정이 있으므로 멀리서 진행되는 국제라디오 모임에 참석하는 것을 꺼렸다. 이에 대해 문정균은 총영사에게 그 모임에 오는 사람들이 한국 방송만 듣는 게 아니라는 것과 그 사람들이 방송을 보고 다른 나라와 비교한다는 점을 들어 설명했다.

"'그런데요. 총영사님, 거기에 오시는 분들이 우리 한국 방송만 듣는 게 아닙니다. 그 사람들이 비교를 하더군요. 진짜예요. 아, 뭐 지난번에 중국 뭐 해서 중국 여행도 가고 그러더라구요. 비교를 해요. 총영사님. 기회는 이럴 땐데 안 오시면 어떻게 합니까 오셔야죠.' 그랬더니 그 얘기를 하니까 생각은 조금 하시더라고. 그게 첫 단계야. 내가 총영사님을 모신 게. '그러니까 총영사님이 생각하셔서 하십시오. 기다리겠습니다.' 그리고 끊었어. 그랬더니 오셨더라고."

예를 들어 라디오 중국 국제 청취자 모임에서는 중국으로 여행도 가고 그랬다는 이야기를 하면서 독일에 한국의 좋은 이미지를 알릴 기회는 이런 모임에 참석하는 것이라는 점을 강조했다. 그러한 초청의 결과로 모임에 총영사가 참석했고, 이후에도 계속 참석한다.

> "그럼 30명 정도 모여. 많지는 않지만 아무렇게나 하면 안 돼. 한 사람 한 사람이 중요한 거예요. 이 사람들이 한국에 대해서 토론도 하고 네트워크도 연결하고 그러면서 KBS에서 꼭 선물이 와. 수저, 부채, 평창 올림픽 할 때도, 하여튼 조그만 선물이 꼭 오더라고. 그럼 그런 거 좋아해요. 독일 사람들도 공짜 좋아해요. 그리고 한국 음식을 좋아하더라고. 만들어서 그걸 돈 받고 팔아요. 그럼 조금 이익이 남는 거지. 그거는 한독협회를 위한 하나의 행사이기도 해요."

문정균은 라디오 국제방송에 총영사를 초청하면서 총영사에게도 좋고, 라디오 국제방송 모임에 참여하는 독일인 참여자들도 좋고, 그 모임에서 음식을 만들어 팔고 교류하는 한독협회도 좋은 상호 윈-윈(win-win)하는 관계와 대화를 만들어갔다. 독일에는 중국인, 일본인을 포함하여 다른 여러 지역의 민족들이 함께 거주한다. 그러한 현실은 서로 협력의 필요성도 나타나지만, 반대로 서로 경쟁도 된다. 그러므로 문정균은 독일인에게 한국의 이미지를 높이고 향후 발생하게 될지도 모르는 독일 사회의 영향력을 한국에 좋게 형성하고자 했다. 그렇게 되면 지역사회에서 한국의 영향력을 높이고자 할 때 이렇게 형성된 거주국 사회와의 네트워크를 활용할 수 있을 것이라고 여긴다.

4.
노년의 삶

1) 삶을 단순화시킴

"이제는 하나씩 내려놓고 싶어요. 그래서 내가 이제는 휴식하고 싶어요. 그리고 젊은 사람들이 와서 했으면. 그런 생각이 있어요. 이제 한국에 많아야 세 번. 한 번, 두 번 정도는 오지만 많아야 세 번 이렇게 될 것이다(울컥함). 이렇게 생각을 하고 그럴 것 같아요. (중략) 하나를 해도 거기 연관되는 전화도 해야지 메일도 왔다 갔다 해야지 뭔가 잘못되면 해야지. 그래서 나는 그때그때 해버려. 놔두면 일이 더 많아지더라고. 그런 게 이제 자꾸 천천히 귀찮아지기 시작하는 거라."

문정균은 새로 맡은 한인회 회장은 2년만 하고 이제 서서히 사회활동을 줄이고자 한다. 어느 단체의 장을 하거나 모임을 만들어서 활동하기 위해서는 연락하고 확인하고 문제가 생기면 해결하는 과정들이 많다. 이러한 활동을 하는 것이 이제 조금씩 버거워짐을 감지한다. 그리하여 젊은 사람들이 한인회와 한독협회 등에 들어와 다양한 활동을 하며 맥을 이어 나가기를 바란다. 아직 젊은 세대가 그리 많은 것은 아니지만, 문정균은 다음을 이끌어갈 젊은 인재가 계속 이어질 것이라고 긍정적으로 생각한다. 그리고 이제 자신은 노년이 되었으므로 한인과의 활동을 줄이고 거주국 노인들의 활동에 더 많이 참여함으로써 거주국 사회 안에서의 소속감을 강화하고자 한다.

"우리 지역사회 가까운 데서 그냥 예를 들자면 '우리 무슨 행사하는데 너 쿠큰(케이크) 좀 할 수 있느냐? 거기 서서 케익 팔면은 뭐 힘든 일이야? 뭐 지금도 여기저기서 뭐가 세미나가 있는데 와라.' 그런 거 많아요. 그런데 거기 가기도 그렇고 보면 나 혼자예요, 외국 사람은. 그러면 이제 세미나가 끝났잖아. 그러면 너는 어떻게 생각하느냐 맨날 물어보는 거야. 외국 사람은 혼자니까. 그럼 어떤 때는 할 말이 없는 거야. 하하하하. 어떤 때는 말이 술술 나오는데 어떤 때는 글쎄 모르겠다. 맨날 모르겠다 그러기는 뭐하잖아. 내 체면도 있고 이제 그런 게 있는 거라. 이제 나이가 더 들면은 한인회 이런 거 필요 없고. 거기 독일 사람들이 하는 거. 내 동네에서 행사 있으면 같이하고 그러면 외롭지는 않잖아. 서로 독일 사람하고 대하면서 그 내에서 왔다 갔다 할 수 있으니까."

문정균은 가끔 거주국의 독일 친구들로부터 어떤 세미나에 초대되거나 마을 행사에 참여하겠느냐는 제의를 받는다. 지금까지는 한인회 등의 활동을 하느라 그런 활동을 조절했으나 이제는 한인회 등의 활동을 줄이고 거주국의 지역 행사와 독일 친구들과의 친분에 더 마음을 기울이겠다는 의지를 갖는다. 그것이 거주국 구성원의 공동체 안으로 들어가는 게 되어 자신의 노년이 외롭지 않을 것으로 여기기 때문이다. 때로 세미나에 참석할 때 그곳에 외국인이 적은 탓에 늘 문정균에게 인터뷰 마이크가 온다. 그럴 때 아무 생각 없이 듣고 있으면 낭패를 보기도 한다. 그런 불편한 점이 있으나 사람들과의 만남을 지속하는 것은 문정균에게 즐거운 일이다. 집에 가만히 있으면 심심하기에 일주일에 한 번씩 한국인 합창단에도 가고, 독일인과 함께하는 컴퓨터교실에도 간다. 그리하여 사람들을 만나면 수다도 떨고 유쾌하게 시간을 보낼 수 있다. 그녀는 혼자만 살아갈 수 없다고 여긴다. 그래서 계속하여 조그만 활동거리를 중단하지 않고 연결한다. 그리고 해마다 한국을 방문하는 것에도 변화가 필요하게 되리라는 생각을 한다.

2) 모국에 대한 그리움

> "내가 건강이 그러면 못 올 것 같아요. 그 생각하면 지금 찡하네. 못 올 것 같다고 그러니까 가슴이 찡하네. 건강 때문이라도 못 올 것 같애. 나이가 있기 때문에. 그리고 부모가 안 계시면은 언니들도 나이 먹어가고 이러니까 자기 생활이 있는 거고, 이래서 그게 옛날같이 그렇게 하모니가 이루어지지 않더라고. 그래서 이제 그런 게 있고, 또 그런 거 생각하면 슬퍼요. 지금 슬픈 마음이 오는 거야(울먹임). 그럼 거기서 있겠네. 이러니까 지금 막 이상한 감정이 솟아오르네."

문정균은 앞으로 늙고 기력이 쇠하게 되면 한국에 나오지 못할 것을 생각했다. 부모님도 모두 돌아가셨고 언니들은 팔순이 되었다. 언니 집에 가면 언니가 맛있는 것을 만들어주려고 하지만, 마음만큼 몸이 움직여지는 것이 아님을 안다. 그런 언니의 집에 방문하는 것도 이제는 어쩐지 조심스럽다. 아버지는 문정균이 어릴 때 돌아가셨고, 어머니는 바로 몇 년 전에 돌아가셨다. 부모님이 세상을 떠난 후 친정에 갔을 때의 허전함을 언니들이 채워주고 있으나 언니들도 노령이고 각각의 가족이 있으니 이전만큼 편한 것만은 아니다. 앞으로 더 늙어 기력이 쇠하면 한국에 오지 못할 수도 있음을 생각하는 것만으로도 마음이 울컥했다. 문정균에게 한국은 어떤 곳이었을까? 어머니와 언니들이 있는 곳, 맛있는 음식이 있는 곳, 어릴 때의 추억이 남아있어 돌아가고 싶은 곳이 한국이다. 닿을 수 없으나 늘 그리웠던 대상들이 한국에 있다. 한편, 문정균은 독일에 있을 때 혼자 산에 오르지 않았다. 어떤 특별한 이유가 있었던 것은 아니지만 그런 생각조차 하지 않고 살았다. 한국에 왔을 때도 물론 특별히 산행을 생각하지는 않으나 한국의 숙소에서 가깝고 낮은 구릉이나 작은 숲길을 산책하는 것은 가능한 일로 여긴다. 한국의 산하는 문정균에게 두려움의 대상이 아니다.

"내가 독일에서는 혼자서는 등산 그렇게는 안 했지. 가면은 누구랑 같이 갔지. 그런데 여기는 편안한 마음이죠. 아, 이 풀 하나하나가 어릴 때 생각이 나더라고. 그래서 이제 어린 맘으로 돌아갔어. 여기 가면서(집 주변의 나지막한 산) 오늘 특이하게 어렸을 때 동심으로 돌아가서 요 풀 하나하나 이렇게 보게 되더라고. 걸으면서. 그리고 밤송이가 막 떨어져 있는데 밤도 주워가면서 자연의 아름다움, 그 옛날의 그 어렸을 때 논밭을 다니고 우리 집안의 감나무 이런 거 있을 때 그 심정으로 내가 간 거 같아요. 오늘 좋았어요. 혼자서 저 위(꼭대기)에까지 갔었어요. 무섭지는 않더라고. 독일에서는 혼자 가면 좀 무서웠을지도 몰라요. 왜냐하면 거긴 난민들이 많고. 그리고 여기는 숲이 정리가 안 된 거예요. 그런데 그런 게 나한테는 마음에 더 들었어요. 정리 정돈이 안 된 그런 자연스러운 거. 이렇게 정리 정돈이 안 된 상태에서 걷는 그게 참 좋더라고."

인터뷰 당시 문정균은 독일에 있는 지인이 한국에 가지고 있는 집에 머물고 있었다. 그리고 그 집 주변에 있는 낮은 산에 혼자 등산하고 온 이야기를 들려주었다. 유럽의 밤나무는 한국처럼 먹을 수 있는 밤나무보다 관상용인 너도밤나무가 더 많다고 했다. 그래서 먹을 수 있는 밤을 만나려면 더 깊숙한 산으로 들어가야 한다는 것이다. 문정균은 그날 산길을 걸을 때 떨어진 밤을 주우며 어릴 때 추억을 떠올렸다. 그리고 산을 걸으며 어릴 때 마포에서 뛰어다니던 비탈길을 떠올렸다. 고즈넉하고 낮은 산길을 혼자 걸으며 추억에 잠길 수 있었던 것이 그녀에게 위로를 주었다. 기분이 한껏 고조된 탓에 산길을 걷다가 만난 한국 아낙과 대화를 시도했다. 그러나 문정균은 자신이 가지고 있는 한국의 정서와 실제 한국의 정서가 달라져 있다고 느꼈다.

"텃밭 가꾸는 사람들. '어우, 뭐 수확이 참 잘됐네요.' 그렇게 얘기를 시작하는데 '네.' 딱 끊고 말아. 그러니까 내가 얘기를 할 수가 없더라고. 그리고 조금 더 가니까 어떤 아낙네가 곤드레를 이렇게 시냇물에 씻더라고. 나는 곤드레가 어떻게 생겼는지도 모르는데 '그거 고구마순이에요?' 비슷하게 생겼더라고. '뭐하세요?' 그랬더니 이거 곤드레인데 이거 해먹으려고 닦고 있다나 그러더라고. 얼굴도 쳐다보지도 않고 그것만 닦으시면서 얘기를 하더라고. 그래서 이분하고도 얘기를 많이 못하겠구나. (중략) 여기는 땅을 잘 이용해서 야채도 심어 먹고(그러는구나.) 아, 나도 그렇게 했으면 좋겠다 이런 생각도 해가면서."

그녀는 산길을 걷다가 만나는 사람들과 이런저런 대화를 나누고 싶었으나 자신의 물음에 짧게 대답하는 사람들을 보며 많은 대화를 하기는 어렵겠다고 생각했다. 그 대신 자연을 벗 삼아 걸었다. 자연은 문정균을 어릴 때의 추억으로 데려다주었다. 삐죽삐죽 질서 없이 자라난 풀들, 아무데나 떨어진 밤톨, 낯선 아낙이 흐르는 냇물에 씻는 이름 모를 나물에서도 정겨움을 느꼈다. 그런 한국에 이제는 또 오지 못할 수 있다는 생각에 문정균은 자신도 모르게 가슴에 묵직한 덩어리가 울컥 올라온다. 문정균은 독일에서는 한국이 그립고, 한국에서는 다시 독일의 가족을 생각한다. 그리고 자신이 돌아가야 할 곳은 독일임을 인지한다. 이주자는 모국에 뿌리를 남기고 거주국으로 옮겨져 그곳에서 새로운 뿌리를 내려도 모국이라는 뿌리가 이주자의 감정 어딘가에 생생하게 살아 숨 쉬는 것 같다.

3) 재외한인 여성의 치매 문제

"한국 사람 치매 걸린 사람이 있는데 독일말이 안 통해요. 그리고 그럴 경우에는 어떻게 해야 하는지. 음식을 김 잘 먹고 김치 잘 먹고. 통영 음식. 김, 미역, 김국이 있어야 되는데 남편이 어디서 사야 되는지 모르니까. 김. 굽지 않은 그런 김만 사 왔더라고. 언어하고 음식. 그거(치매)에 대해서도 생각을 해봐야 돼요. 한국은 아직 그 정도는 아니지만, 독일은 큰 문제예요."

파독 간호 여성들은 대부분 20대 초 · 중반에 독일로 이주했다. 이들 가운데 정주한 한국 여성들은 거주국 언어인 독일어를 익히기 위해 평생 노력하지만, 먼저 잊는 것은 독일어다. 모국어는 잊었다 해도 다시 사용하게 되면 돌아오지만, 독일어는 잊으면 모국어처럼 다시 재생되어 자연스럽게 발화되지 않는다. 이러한 현실에서 치매에 걸리면 독일어를 먼저 잊고, 그다음에는 음식이 문제가 된다. 어렸을 때 먹었던 음식을 기억하지만, 그 음식을 거주국 언어로 설명하지 못한다. 한 예로 치매에 걸린 한국 여성이 남편에게 김을 먹고 싶다고 했을 때 독일 남편은 김이 무엇을 말하는 것인지 알지 못했다. 그래도 어떻게 김을 사 왔지만, 기름과 소금으로 구운 김이 아니라 날것이었다. 그리고 아내는 남편이 힘들게 사 온 김에 대해 인지하지 못했다. 이주자가 젊을 때는 거주국 사회의 적응에 관심이 집중되지만, 노년에 이르면 치매 등 의료에 관련된 문제가 대두된다. 한국에는 외국 여성이 결혼을 통해 대거 이주해 있고 이주 연한이 길지 않아 아직 치매를 신경 쓰지 않고 있으나 향후 이주민의 치매 같은 질병과 그에 따른 의료 분야에서의 인력 또한 한국 사회가 준비해야 할 주제가 될 것이다.

[그림 4-9]
재독한인간호협회
건강관리사업
'치매 예방 건강
세미나'

‘치매 예방 건강 세미나’는 보건복지부의 한국국제보건의료재단에서 지원하고 재독한인간호협회가 실행하는 건강관리사업이다. 한국국제보건의료재단에서는 1960~1970년대 파독 광부와 간호사들을 대상으로 치매, 정신적 외로움, 모국에 대한 향수, 연금이 적은 사람 가운데 병들고 힘든 사람을 지원한다. 지원 내용은 [그림 4-9] 같은 세미나와 200명 정도 되는 한국인에게 개별적으로 쌀과 한국 반찬 등을 약간 보내주는 것, 잘 지내는지를 확인하는 것 등이 있다. 이는 거주국의 한국인 자원봉사자에 의해 이루어진다.

“한국국제보건의료재단에서 재정을 도와주고 우리는 그 재정을 받아서 실행하는 위탁사업을 해요. 여기에 봉사자들이 있어요. 일이 많아요. 한국국제보건의료재단에서 지원이 오면 그거를 여러 가지 생필품 그런 거를 수혜자들이 거의 200명 있어요. 힘든 사람이 많아요. 광부는 한 500명 정도 되고 간호사는 약 3,500명 정도 돼요. 이게 정확

[그림 4-10] 재독한인간호협회 자원봉사 회원들

한 숫자는 아니에요. 여기에 나이 든 사람이 많아요. 그리고 그 사람들이 하나씩 하나씩 없어져요, 지금. 돌아가신 분도 꽤 있고. 그런데 한국에서 요번에 교수 네 분이 오셨어. 이거를 성과 분석을 하기 위해서. 그리고 신규개발을 하기 위해서."

문정균은 2019년 12월 재독한인간호협회 정기총회에서 회장으로 선출되었다. 재독한인간호협회의 업무 가운데 하나는 한국국제보건의료재단의 위탁을 받아 독일 거주 한인의 건강, 정신적 외로움, 치매, 모국에 대한 향수 등을 돌보고 보살피는 것이다. 이를 위해 한국 정부에서는 재정적 지원을 하고 파독 한국인 간호사들이 무보수 봉사에 참여한다. 거리가 먼 경우에는 약간의 기름값(1km에 0.3유로 정도)을 지원받는다.

"우리가 여기서 태어난 사람도 아니고 성인이 되어 이주한 사람들이고. 우리가 외국 독일어를 완전히 하지 못하잖아. 그런 감정적인 거나 정신적인 거를 독일어로 표현하는 것이 힘들잖아요. 그런 경우에는 또 우리 봉사자들이 맡아줘야 해. 그런 거는 우리가 독일 시스템이 아무리 잘 되어있어도 해결해줄 수 없는 거라. 그래서 이제 한국국제보건의료재단에서 우리를 지원해주는 거죠. 그리고 음식 같은 것도 생필품에는 반찬 같은 것도 들었고. 대부분 한국 사람들이 좋아하는 것, 김치 같은 것도 들었고 그거를 일 년에 네 번 정도 보내주면 그거를 굉장히 감사하게 생각하고."

독일로 이주한 파독 근로자(광부, 간호사) 가운데 젊었을 때 중간에 직업을 바꾸거나 결혼 등으로 근로 시간을 줄여서 일하거나 개인 사업을 한 사람들은 연금을 붓지 않았거나 붓지 못하여 노년에 경제적으로 어려움을 겪는 경우가 있다. 이들은 독일 정부에서 지원하는 최저생계비와 주택 보조금 등을 받을 수 있다. 그런데 이에 필요한 서류 준비를 할 때 언어적 어려움과 서식의 까다로움으로 준비하지 못하기도 하고 스스로 그러한 도움을 거절하기도 한다. 이때 한국인 자원봉사자들이 도움을 주고자 하지만, 자원봉사자들도 서류 등의 준비에 대해 잘 아는 것이 아니기에 모든 영역에서 도움을 줄 수 있는 것은 아니다. 또한, 자원봉사자들의 나이도 70대로 연로하고 먼 거리의 경우 수혜자들의 상태를 한 달에 한 번 살피는 것은 힘에 부치는 일이다. 그렇기에 자원봉사자에게 이를 강제할 수도 없다. 그나마 한 달에 한 번이라도 상태를 살펴 보고해주는 것은 감사한 일이다.

한국국제보건의료재단에서는 파독 근로자들이 거주국에서 경제적 · 정신적 · 심리적 어려움과 건강에 이상이 있을 때 이를 지원하기 위해 시스템을 갖추어 가동하고 있다. 그리고 그러한 시스템이 독일같이 복지 시스템이 잘된 나라의 경우와 독일보다 열악한 환경의 나라에 있는 한인과의 형평성을 살핀다. 그리하여 재외동포에게 효과적으로 지원하기 위한 실사를 한다. 한편, 이러한 한국 정부의 지원이 어려운 처지의 한인에게 전달되도록 중간에서 일하는 무보수 한국인 자원봉사자들이 있다. 그리고 이들도 늙어가지만, 이들을 돌보아줄 한국 언어와 문화를 알고 있는 다음 세대가 없는 것이 현실이다. 문정균은 한국으로 이주한 결혼이주 외국 여성들이 자신들처럼 노년이 되고 치매와 모국에 대한 향수, 그리고 정신적인 외로움을 겪을 때를 대비하여 한국 사회에서 준비해야 한다고 말한다. 그것은 첫째, 외국 여성들이 한국 사회에 잘 뿌리내리도록 도와주는 것이다. 둘째, 이들 가운데 일부가 여러 가지 어려움을 겪을 때 이들을 도와줄 중간 역할을 할 그 나라 사람들과 연계해두는 것이 필요하다. 셋째, 한국에 유입한 외국인이 노인이 되어 한국어가 익숙하지 않아 어려움을 당할 때 한국 사람들이 외국인들을 도와주어야 함을 강조한다. 이것은 한국의 다문화 사회가 진심으로 귀를 기울이고 준비해야 할 일이다.

4) 독일 한인의 코로나19 대응

> "독일의 방역지침도 계속 바뀌고 있어요. 100만 명이 사는 곳에 100명 이상이 감염되면 15km 이상은 외출할 수 없어요. 그리고 마스크도 필터 있는 거로 써야 한다 그러고. 남독일 같은 경우는 필터 있는 마스크만 쓰게 되어 있어요. 다른 주는 수술용 마스크를 쓰는 것이 가능해요. 천으로 된 것은 제외하고. 한국 보건복지부에서 이번에 1월이나 2월에 마스크를 보내준다는 연락을 받았어요."

2020년은 코로나19 팬데믹 현상으로 인해 독일에 있는 한인도 독일의 방역지침에 따라 생활하고 있다. 2020년 초 한국 대구에서 코로나바이러스가 확산될 때 재독한인간호협회에서는 대구 지역을 돕기 위해 성금을 모아 대구 적십자사에 전달했다. 그리고 독일의 방역방침에 따라 해마다 개최해오던 전통문화행사와 건강 세미나를 개최하지 못했으므로 해당 예산으로 협회 회원 100명에게 마스크와 생필품을 전달했다. 또한 독일 중부지역과 남부지역에서는 '치매 예방 심신단련 건강 세미나'를, 베를린에서는 오프라인 행사 때 '한방건강 세미나'를 개최하기도 했다(재외동포 신문, 배정숙 재외기자).

2020년 5월에 문정균은 한국 정부에 마스크를 보내주도록 요청했으나 한국에서는 마스크를 보내줄 수 없고 연말에 보내주겠다는 응답을 해왔다. 당시 한국의 마스크 수급 상황도 여의치 않아 마스크 품귀현상이 있었으며 가격이 치솟았다. 한국 정부는 마스크 5부제 실시 등을 하며 마스크 수급 안정을 위해 애쓰던 시기였다. 이때 서구 나라들의 마스크 수급 현실도 원활하지 않았다. 그런 이유로 문정균이 마스크를 보내줄 수 있는지 물었고, 한국 정부는 보내줄 수 없음을 알렸다. 이후 한국 보건복지부에서는 독일의 한독간호협회에 2021년 1월 또는 2월에 도착하도록 한독간호협회에 마스크를 지원하겠다는 의사를 알려왔다. 한독간호협회에서 바로 받게 되면 독일 세관에서 한독간호협회가 혹시 마스크를 팔려는 것은 아닌지 의심을 받을 수 있었다. 그리고 한독간호협회로 마스크가 바로 도착하게 되면 그에 대한 세금을 한독간호협회가 내야 했다. 그래서 한국 보건복지부에서는 독일에 있는 한국 공관으로 마스크 7만 5천 장을 보내주겠다고 했다. 그렇지만 다른 한편으로 한국에서 보내주는 KF94 마스크가 독일 방역방침에 적정한 것으로 받아들여질지에 대해서도 알아봐야 했다. 한국으로부터 마스크를 받는 것에 있어서 이러한 크고 작은 난관들을 헤치고 2021년 5월에 최종적으로 한국 보건복지부로부터 KF94 마스

[그림 4-11] KF94 마스크를 개별포장하는 자원봉사자들

크 2만 장을 받았다. 그리하여 자원봉사자들과 함께 장애인, 한인회, 간호협회 회원 등과 같은 다양한 한인 단체와 개인에게 우편발송하거나 전달하는 작업을 했다.

독일은 처음에 코로나19가 확산되어도 마스크 쓰는 것이 생활화되지 않았으나 이제는 습관이 되었다. 문정균은 독일의 백신 접종은 2021년 1월 현재 대략 12% 정도 이루어지고 있다고 말했다. 독일의 한인도 장기간 격리조치로 인해 정서적 · 심리적 우울감이 문제가 되고 있다. 이에 대처하기 위해 방역이 강화되기 전에는 소규모로 모여 코로나 극복 경험담을 나누고 토론하고 대화하며 우울감을 해소하려는 노력을 기울였다. 그러나 현재 독일에 확진 속도가 다시 거세짐에 따라 방역도 강화되었고, 가급적이면 노부모를 방문하지 않도록 권장되기도 한다. 이러한 방역지침을 위해 독일에 있는 한국 공관은 한국인에게 수시로 모임이나 행사를 하지 말 것과 여행을 자제할 것을 안내하고 있다. 독일에 있는 파독 간호사들이 모두 한독간호협회에서 활동하는 것이 아니라 개별적으로 살아가는 사람도 많기에 실제로 그들이 어떻게 살아가고 있는지는 한독간호협회에서도 다 조사하지 못하고 있다. 다만 그들의 영향력이 미칠 수 있는 곳에 최선을 다해 서로 돕고 있다. 여기에 한국 정부도 재외한인의 필요사항을 충족시키기 위해 재외한인과 함께 협력하고 있다. 한국 정부에서 재독 한인사회를 지원하는 것은 위로부터의 초국적 활동 가운데 하나다. '이주의 시대'라고 불리는 현대사회에서 정부 차원의 초국적 활동도 복지, 의료의 지원 등으로 영역이 확대되고 있으며, 재외거주 자국민에 관한 관심이 높아진 현실을 반영한다고 볼 수 있다.

5) 미디어로 보는 한국 소식

"요즘은 탈북자들. 탈북자가 어떻게 왔는 거. 유튜브를 통해서 봐. 그 외에는 독일 방송 보죠. 남한에 온 경로. 그리고 여기서 어떻게 정착하고 사는 거. 그리고 어떤 때는 다문화 그 사람들의 고부 관계 이런 거 나도 이제 외국 사람이랑 결혼을 했으니까 그런 거를 보게 되죠. 그리고 우리 시어머님들 너무해. 무조건 여기 문화를 따르라고 하면 되나? 그게 시간이 가야지."

문정균이 한국 소식 가운데 관심을 두는 것은 탈북자들과 다문화 여성들에 관한 이야기다. 외부와 차단된 지역으로 알려진 북한에서 탈북자들이 어떻게 한국까지 오게 되었는지에 대한 궁금함이다. 그것은 그녀 역시 이주자로서 고국을 떠나 거주국에 정착한 이주민이기 때문에 북한 이탈 주민을 볼 때 떠도는 사람으로서의 동질감 같은 것일지도 모른다. 그리고 그녀도 독일 사회에서는 이주한 외국 여성이므로 결혼하여 한국으로

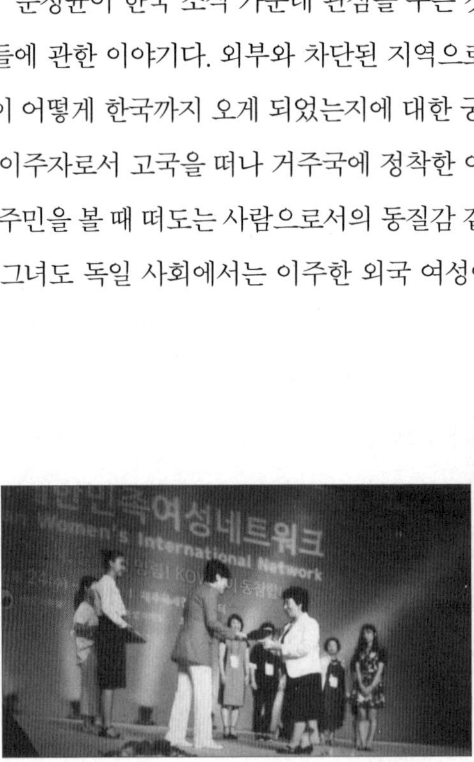

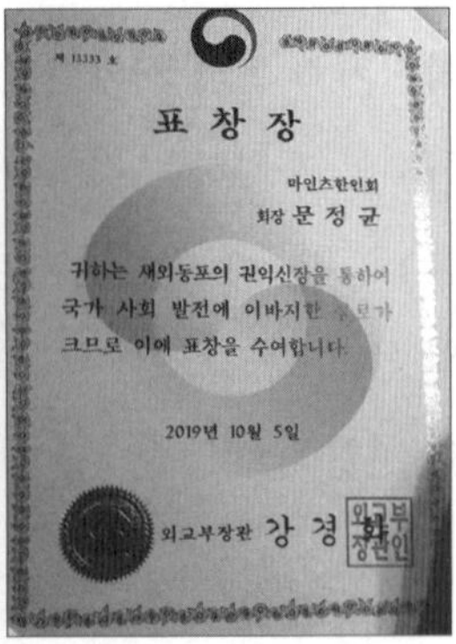

[그림 4-12] 다양한 수상

이주한 외국 여성들에게도 관심이 있다. 문정균은 한국의 시어머니들이 문화적 고정관념에서 벗어나기를 기대한다. 한국으로 이주한 결혼이주 외국 여성들을 보며 자신의 옛 모습을 떠올리기도 하고, 자신이 살아온 독일 사회를 생각한다. 그리고 오랜 세월이 흘러 자신의 모국인 한국이 독일처럼 다문화 사회가 된 것을 보며 한국이 독일처럼 또는 독일보다 더욱 이주자에게 따뜻하게 대하기를 기대한다.

문정균의 다양한 사회활동은 다른 사람들과 협업하고 자신이 맡은 일들을 책임감 있게 해내는 특징을 가진다. 그러한 활동을 할 때 어떤 결과를 기대한 것은 아니었으나 수상으로 이어지기도 했다. 독일에서 코윈 독일 담당관, 한인회 회장, 한글학교 교장, 한독간호협회 부회장 및 회장, 여성합창단 활동, 그 외 다양한 지역사회 봉사활동 등을 하며 부지런히 달려왔다. 자신이 선택하여 파독 간호사로 이주했고, 그 삶이 쉽지만은 않았다고 생각한다. 그래도 이주하여 지금껏 잘 지내왔음에 감사한다. 남은 삶 역시 다양한 활동을 하며 지내겠지만, 그래도 조금씩은 활동을 줄이며 평안한 가운데 소소하게 지내고자 한다.

5.
소결

지금까지 문정균의 이주생애사를 살펴보았다. 그녀의 이주생애에서는 개인적 측면, 모국과 연결되는 초국적 활동, 거주국에서의 문화적응, 이주자의 삶 측면에서 몇 가지 흥미로운 점을 발견할 수 있다. 문정균은 자기 삶에 대한 자율성이 강한 인물로 나타난다. 한 인간으로서 자기 삶에서 자신의 의지대로 선택하고 실천하는 면을 강하게 보여주었다. 또한 부부관계에서는 배우자에게 종속되는 것이 아니라 서로를 인정하고 존중하는 차원에서의 자율성을 나타냈다. 그러한 자율성이 문정균의 삶에서 중요한 요소였기에 한국에 선을 보기 위해 나왔을 때도 그 결혼을 거부하고 국제결혼을 선택했다. 그리고 국제결혼 후 이혼하고 재혼하여 거주국에서 삶의 대부분을 살아온 지금, 당시 한국으로의 귀속보다는 자율성이 있는 이주자의 삶을 선택한 자신에 대해 긍정적으로 인지한다.

문정균의 이주생애에서 초국적 활동은 친정을 방문하는 개인적 형태와 한독간호사협회, 코윈 같은 사회적 활동 영역으로 구분할 수 있다. 개인적으로 연계하는 초국적 활동은 자녀의 한국어 교육, 친정 방문이 있었다. 자녀에게 한국어를 교육한 이유는 다른 여성들과 유사하게 자녀와의 소통과 한국 문화를 알려주고자 한 것이다. 그러나 자녀를 거주국에서 키우면서 한국인의 정서를 전하는 과정은 수월하지 않았기에 이에 대한 기대를 크게 갖지 않았다. 문정균은 특히 사회활동을 활발하게 하여 한국 방문은 주로 사회적 활동의 연장선상에서 이루어졌다. 거주국에서 한글학교 교장으로 봉사하면서 그 일환으로 한국을 방문하거나 코윈 독일 지역 담당관을 하면서 한국을 방문했다. 또한 한국에서 간호대학을 졸업했으므로 모국의 학교에서 간호사 선배로서 강연하는 등의 활동을 하면서 개인적으로 한국의 친지와 친정 가족을 방문하기도 했다. 다양한 사회활동은 문정균이 거주국에서 살아갈 때 자신에 관한 긍정적 자아를 형성하게 했고, 다른 한편으로는 더욱 활발하게 활동하는 동기가 되었다. 한국에서의 활동은 거주국에서의 활동을 배경으로 이루어졌다.

문화적응은 특히 자녀교육 부문에서 많은 고민이 있었다. 한국에서 배우고 자란 문정균의 가치관과 거주국에서 자란 자녀들의 가치관이 부딪쳤고, 이에 대해 문정균은 자녀의 선택을 믿고 존중하는 방향으로 나아갔다. 거주국 사회에서 이주자인 그녀의 자녀들이 독일인 자녀들과 경쟁할 때 불이익에 직면한다면 더 많은 학벌이나 실력으로 대처하도록 교육에 많은 투자를 했다. 그러나 딸이 부모가 가기를 바라는 삶의 방향이 아니라 자신이 가고자 하는 방향으로 나아갔을 때 걱정과 실망감이 컸다. 그러나 부모의 선택이 반드시 옳은 것이 아니며, 자녀의 자율적 삶의 선택에 대한 존중을 배워야 함을 깨달았다. 어릴 때부터 때로는 강압적 교육을 실행하더라도 자녀가 따라와주기를 바랐고 그렇게 키웠으나 결국 자녀는 그들의 길로 갔다. 이런 과정을 통해 문정균은 자신이 가진 가치관을 고수함으로써 갈등을 증폭시키는 방법이 아닌 거주국의 환경에 따라 자신이 가진 기존의 가치관을 수정하고 변형하는 쪽으로 나아가는 내적 문화적응을 했다. 이 외에도 문정균의 문화적응은 물 흐르듯 자연스러운 조화와 협력의 방법을 선택했고 적용했다. 그리하여 자신의 주장을 내세우기보다는 다른 사람의 상황과 처지를 돕고 이해하는 측면으로 사람들과 관계를 이어나갔다. 즉, 국적을 제외한 모든 부분에서 한국인이라는 정체성으로 살아가면서도 거주국의 구성원들과 협력하는 사람이라는 메시지를 삶의 행위로 전달하는 방식을 적용했다.

노년이 된 문정균은 자신의 삶을 돌아봤을 때 거주국 사회에서 이주자라는 사실을 자주 인지하게 된다. 그렇지만 그러한 측면보다 거주국에서 그녀가 누린 많은 기회와 자율성에 더 많은 중요성이 있다고 여긴다. 그리하여 적극적으로 거주국 구성원과 소통하고 협력하는 방향으로 생활한다. 그들을 이해하고 자신을 그들에게 이해시키는 활동, 그리고 거주국 사회에서의 자원봉사 활동, 재외 한인에 대한 봉사 등과 같은 다양한 활동을 하며 지낸다. 노년이 되어 한국이 그리울 때가 많고, 더 늙어 한국에 오지 못할 것을 생각하면 슬프기도 하고 안타까운 마음이 든다. 그러나 거주국에서의 삶도 그녀에게 소중하다. 비록 온전한 한국인도 아니고 온전한 독일인도 아니라고 느낄 때가 있으나 그것이 그녀의 삶에 그리 중요한 것은 아니다. 삶은 그저 삶일 뿐이다. 어느 곳에 있든지 주변 사람들과 좋은 관계를 맺기 위해 노력하고 서로 도우며 즐겁게 살려고 노력하는 것뿐이다.

5장

최춘례의 이야기:
보살피는 이가 되어

1. 유년-청년기
2. 이주와 결혼 시기
3. 거주국의 적응기
4. 노년의 삶
5. 소결

1. 유년-청년기

최춘례는 1952년 7남매의 둘째로 태어났다. 1973년 오스트리아 빈에 간호사로 이주했으며, 2022년 현재 49년째 오스트리아 빈에 거주하고 있다.

1) 해외 선교사의 꿈

"어렸을 적부터 선교 뭐 그런 게 항상 내 꿈이었어요. 그때 한창 간호사, 간호보조원 모집하고 그래서 내가 사정이 어렵고 그러니까 내가 외국에 나가는 게 꿈이니까 빨리 가자 그래서 준비를 해가지고. 그러면 외국에 가서 공부를 할 수 있잖아요. 그래서 외국에 왔어요. 9개월인가? 간호보조원 강습. 그거하고 여기 와서 인제 빈에 온 게 100명이 왔는데 그중에 30명. 우리는 간호사가 아니라 간호보조."

최춘례의 아버지는 경찰로 근무하다가 한국전쟁에 참전하여 부상을 당해 인근 학교 행정실 근무와 농사를 지었다. 어머니는 집에서 자녀들을 돌보았으며, 집안의 경제 사정은 넉넉하지 않았다. 학교에 내는 교육비(육성회비)를 내지 못해 호명될 때는 몹시 부끄러웠다. 그녀는 어릴 때부터 외국에 나가는 것을 꿈꾸었으며, 특히 선교사가 되기를 바랐다. 그러던 중에 파독 간호사 광고를 보았고, 간호학원에 다니면서 파독 간호사가 될 준비를 했다.

> "3년 딱 되면 내가 (독일어) 많이 배워가지고 내가 복학을 하든지 아니면 여기서 (학위를) 따가지고 학교에 가면 내가 교수를 해서 그런 희망으로 온 거죠. 근데 이제 사랑에 묶여서 여기로 오게 된 거지."

최춘례의 이주 동기에는 빈곤 탈출이 포함되어 있지만, 서구 문물에 대한 동경 또한 큰 비중을 차지한다. 그녀는 오스트리아가 독일어권이기 때문에 독일어를 배워서 한국에 돌아오면 경제적인 것도 해결하고, 그곳에서 학위를 취득하게 되면 교수가 될 수 있겠다는 부푼 꿈을 가지고 이주했다. 그러나 빈에 도착하고 난 후 일주일 정도 되었을 때 키가 크고 잘생긴 청년을 만났고 그와 3년 후에 결혼함으로써 처음에 이주하면서 계획했던 것과는 다른 삶을 살게 되었다.

2) 몰래 간호학원에 다니다

> "집에서 모르게 한 거죠. 반대했으니까. 내가 몰래몰래 아르바이트

해서 아침에 신문을 배달했어요. 새벽 5시에 일어나서 어느 때는 시계 못 보고 막 일어나고, 밤에 역전에서 배달하고 신문 다 돌리고 그렇게 해서 벌은 걸로 학원 다닌 거지요."

파독 간호사 모집 광고를 본 후 그녀는 가족들 몰래 간호보조학원에 등록했다. 가족들 몰래 그렇게 한 이유는 자신의 이주가 여행이나 유학, 선교 같은 형태의 이주가 아니라 노동자로서의 이주였기에 창피하게 여겼기 때문이다. 우선은 가족에게 알리지 않은 채로 새벽과 밤에 신문을 돌리면서 학원비를 마련했다. 그렇게 하여 해외개발공사에서 좋은 성적으로 시험에 통과했는데 연락이 오지 않았다. 그 이유는 그녀의 아버지가 이승만 정권 때 자유당에서 활동했기에 박정희 정부로부터 감시를 많이 받는 처지였기 때문이다. 그런 상황이었으므로 그녀는 해외에 나갈 수 없는 대상으로 분류되었다. 결국 아버지께 그러한 상황을 말씀드려야 했다. 그때 아버지의 친구가 해외개발공사에 있었기 때문에 아버지가 그 친구에게 연락했고, 아버지 친구의 도움을 받아 오스트리아 빈에 갈 수 있었다. 오스트리아로 이주한 두 그룹 가운데 나중에 이주한 두 번째 그룹에 포함되어 이주했다.

2.
이주와 결혼 시기

1) 이주노동자의 설움

"우리가 너무너무 못사는 데서 왔기 때문에 이 사람들 한국이 뭔지도 모르고 우리를 미개인 취급을 해요. 자기네가 우리를 고용했기 때문에 무시하고 그것도 뭐 참아야지 어떻게. 유고 애들. 지네들도 이 나라에 취업하러 와서 하는데 걔네들도 무시하는 거죠. 처음에는 반항하면서 했는데 그러다 보니까 나만, 쟤네는 그런 거 아닌데 나만 흥분하고 나만 속이 상하잖아요. 이게 아니구나, 내가 저 사람들을 변화시키는 것보다는 내가 변화를 해서 저 사람을 이해를 해야지. 그러면서 열심히 공부를 하고 열심히 도와주니까 인정을 해요, 그때사."

최춘례가 오스트리아에 도착해서 처음 배정받은 곳은 시립병원이었다. 그 병원은 가난하고 경제적으로 힘든 사람들이 주로 이용했다. 그 병원에는 오스트리아 간호사들과 간호사로 고용된 유고슬라비아 등의 외국 간호사들이 있었다. 그런데 같은 외국인노동자이면서도 그들은 오스트리아 간호사들과 함께 한국에서 온 간호사들을 무시하고 미개인 취급을 했다. 그 이유는 당시 한국이 너무나 가난한 나라로 알려졌기 때문이다. 처음에는 그들의 태도에 분하고 억울한 마음을 가누지 못했다. 그러나 나중에 천천히 그 사람들의 환경을 살펴보니 가정에서 학대를 많이 받았고, 경제적으로 어려웠으며, 아버지가 알코올 중독이거나 여러 가지로 가정환경이 좋지 않았다는 것을 알게 되었다. 그러므로 부자나라에 사는 것만이 그들의 자랑거리라는 것을 알게 되면서 그들을 이해하게 되었다.

> "쟤네가 저럴 수밖에 없구나. 저렇기 때문에 오스트리아에 산다는 그 자랑스런 마음에 우리를 무시하니까 우리는 못사는 나라에서 왔으니까 어쩔 수 없지 뭐."

최춘례는 자신들을 무시했던 빈의 간호사들이 오스트리아 국민이라는 자부심 하나로 가난한 나라 한국과 한국에서 온 자신들을 무시하는 것임을 알게 되면서 그들에 대해 측은한 마음을 갖게 되었다. 그렇게 생각하고 나니까 더 잘 견딜 수 있었다. 또한, 오스트리아 주변국에서 이주한 간호사들은 한국 간호사들이 같은 유럽권에서 온 이주자가 아니었기 때문에 무시했다. 최춘례는 이주하여 이런 과정을 거치면서 중요한 인생의 교훈을 배웠는데, 그 사람들을 변화시키는 것보다 스스로 변화해야 한다는 것이었다. 그러한 환경이었지만 친절하게 열심히 일했으므로 서서히 그들의 마음이 부드러워졌다.

> "친절하고 그리고 웃으면서. 우리는 만약에 예를 들어서 환자가 대

변을 봤다고 해. 그거를 씻어야 하는데 안 가요, 걔네들은. 우리가 가서 이거 그냥 한번 착착 딲아내고(끝이 아니라), 우리는 깨끗이 씻고 물로 닦아주고 얼마나 개운하게. 그러면 이 환자들은 우리만 부를 거 아니에요, 열심히 해주니까. 이제 그때부터 저기 하는 거죠. 열심히 하니까 우리가 인정을 받잖아. 의사들이나 간호사들한테."

오스트리아의 병원 시스템 역시 독일과 마찬가지로 보호자 없는 간호 시스템이었다. 이때 오스트리아의 간호사나 다른 나라 간호사들이 기피하는 일이라도 한국 간호사는 기꺼이 행하고 환자의 편안함을 우선했다. 거주국 간호사들은 용변을 본 환자에게 가기를 꺼렸다. 그러나 한국 간호사는 꺼리지 않고 가서 휴지로 닦고 끝나는 것이 아니라 물로 닦아주어 환자가 개운함을 느끼도록 보살폈다. 그러한 진심은 환자들과 동료 간호사, 의사들에게 전달되었으며, 그로 인해 한국에 대한 인식을 바꾸었을 뿐만 아니라 한국인 간호사들을 무시하는 태도에서 벗어나기 시작했다. 최춘례가 상대방을 변화시키기보다 먼저 자신이 변화해서 상대방을 이해한다는 원리를 깨달은 것은 그만큼 마음공부로 부단하게 단련되었음을 의미한다. 그녀가 이와 같은 마음의 변화를 가져오는 데 도움이 된 사람이 있었다. 기젤이라는 빈의 간호사였는데, 최춘례를 자기 딸처럼 대해주었다. 한국 간호사들이 고향 생각이 나서 기숙사에 앉아 울고 있으면 데려다가 같이 여행도 가고 밥도 같이 먹고 누가 뭐라고 그러면 가서 혼내주던 사람이었다. 최춘례는 기젤을 엄마 같은 사람이라고 했으며, 자신이 결혼하고 아기 낳고 난 후에도 그 집에 가서 함께 한국 음식을 만들어 먹곤 했다.

"가끔 그 집에 가서 한국 음식 좋아하니까 불고기니 잡채니 해다 주면 잘 먹고 그랬어요. 그분이 나를 참 많이 자랑했는데 돌아가셨어요."

우리는 누군가의 선한 영향력이 어디로 어떻게 영향을 미칠지 알지 못한다. 기젤이라는 간호사는 낯선 곳으로 이주하여 일하는 젊은 한국 간호사들을 돌보았다. 그로 인해 오스트리아에서 건강한 사회인으로 성장한 최춘례가 다시 다른 사람들에게 선한 영향력을 미치고 있다. 선한 영향을 베푼 사람에게 감사함을 돌리는 것은 삶에서 중요하며, 사람이 해야 할 당연한 도리로 여겨진다. 그러나 이에 더하여 우리가 받은 친절을 다른 낯선 이에게 베푸는 것은 세상을 아름답게 만드는 중요한 원리다.

2) 병원 계단에서 마주친 말쑥한 청년

"그때 한복을 입었는데 우리 병동에 가서 기젤한테 보여주고 싶더라고. 그래서 막 갔지. 병원문을 막 들어가려고 하는데 누가 내려오면서 층계에서 탁 마주쳤어. 보니까 키도 크고 잘생겼어. 그래서 '어?' 그랬어. 그랬더니 얘도 나를 보면서 '어?' 어떤 애가 한복을 입고. 처음 보는 한복이잖아요. 그래서 둘이 놀라서. (중략) 그게 우리 남편이에요. 그러니까 저는 오자마자 처음에는 뭐 사랑보다도 이 사람이 잘해주고 그러니까 독일어 배우고 좋구나 그랬죠. 그렇게 해서 만나가지고 3년 끝나고 바로 결혼했어요. 결혼하고 간호학교를 간 거죠."

최춘례가 빈에 도착한 후 일주일 정도 되었을 때 시에서 한국인 간호사들을 초청하여 환영회를 열었다. 이 자리에 최춘례는 한복을 입고 참석했다. 그리고 돌아오는 길에 기젤에게 한복을 보여주고 싶었다. 그리하여 병원에 들어서서 계단을 올라가려던 때, 계단을 내려오던 오스트리아 청년과 마주쳤다. 계단에서 마주친 두 사람은 서로를 쳐다보며 놀라 입을 다물지 못했다. 서로의 이국적 모습을 처음으로 마주한 것이기 때문이다. 오스트리아에서 쓰는 언어는 독일어이지만, 정확히 말하면 독일어 사투리다. 최춘례는 표준 독일어를 배웠기 때문에 표준어를 듣는 것이 더 편했다. 그러나 빈에 도착하여 생활할 때 오스트리아 사람들이 사용하는 독일어는 대개 독일어 사투리였기 때문에 소통에 어려움이 많았다. 이럴 때 표준 독일어를 쓰는 청년을 만난 것이었고, 표준 독일어를 쓰니 말이 더 잘 들렸다.

> "여태까지는 작은 사람만 봤는데, 허~ 넥타이까지 탁 매고. 그러고 나서 '할로~ 어디서 왔냐?' '한국에서 왔다.' 사투리를 안 쓰고 독일어를 쓰니까 내가 다 알아듣잖아요. 자기는 자기 병동에 어머니가 누워 계신대. 그래서 독일에서 근무하고 있는데 어머니 방문하고 집에 가는 중이래. 아, 그러냐고. 그리고 다음 주에 내가 또 올 테니까 또 만날 수 있느냐고. 그래서 나 여기서 근무한다고. 계속 일주일마다 오는 거예요. 자기 어머니 방문하러. 그래서 만나서 그게 우리 남편이에요."

병원 계단에서 오스트리아 청년과 마주친 것은 최춘례가 오스트리아에 도착한 후 일주일이 지났을 때였다. 그때까지 그녀가 병원에서 본 사람들은 작은 키가 대부분이었다. 그러므로 키가 크고 말쑥한 차림을 한 이 오스트리아 청년을 보았을 때, 그리고 오스트리아 청년도 생전 처음으로

[그림 5-1] 최춘례 부부의 결혼식 사진과 현재

한복을 입은 여성을 보았을 때, 두 사람은 서로의 이국적 모습에 눈이 휘둥그레졌다. 최춘례는 병원 계단에서 서로에게 눈길이 머물던 그 짧은 순간을 46년의 세월이 흘렀음에도 생생하게 기억하고 있다.

한편, 최춘례의 남편은 시어머니가 사십 가까이 되어 낳은 늦둥이 아들이었다. 시아버지가 제2차 세계대전 때 전쟁 포로로 있다가 생존해서 돌아와 얻은 귀한 아들인지라 금지옥엽 키운 아들이었다. 시어머니는 그런 아들을 '어디 붙어있는지도 모르는 한국이라는 곳에서 온 못생긴 여자애가 와서 내 아들을 뺏어간다'라고 생각했다. 한국이 경제적으로 몹시 가난하다고 여겼기 때문에 특히 경제적인 것으로 무시했고, 그런 시어머니의 무시는 최춘례를 더욱 아프게 하며 상처를 주었다. 시어머니는 아들이 하겠다는 결혼이어서 어쩔 수 없이 허락하기는 했으나 결혼식 하객 가운데 양쪽 가족은 오지 않았다. 남편에게는 형과 누나가 있었으나 형도, 누나도 오지 않았다. 형은 왜 안 왔는지 모르고, 누나는 당시 남편을 따라 아프리카에 파견근무를 나가 있었다. 그리고 한국 친정에는 결혼을 알리지 않아서 아무도 오지 않았기에 신부 혼자 타지에서 남편만 바라보고 결혼하는 모습이었다.

3) 국제결혼: 친정의 반대

> "친정에 (오스트리아 남자친구) 얘기는 했지만 결혼 얘기는 안 했는데, 우리 아버지는 절~대 반대하니까 편지를 안 했지. 우리 아버지가 막 편지할 때면 '너는 절대 그 나라…' 그때 한국 문화가 있죠? 외국 사람과 결혼하면 창녀로 알고 있었어요. 절대 용납 안 한다고 했어요. 그러니 어떻게 해요. 그다음부터 돈도 안 보내고 그런 거죠. 그러니까 내가 돈을 안 보내면 돈이 필요하니까 나한테 허락하겠지. 그런데 그것도 아니더라구요.(웃음)"

최춘례가 가족들에게 오스트리아 청년의 존재에 대해 전했을 때 아버지의 반응은 싸늘했고 결혼은 절대 반대였다. 당시에 국제결혼을 하는 사람은 그 즉시로 주홍글씨를 목에 거는 것과 같은 취급을 받았다. 그러한 형편이었으므로 최춘례의 아버지는 딸의 국제결혼을 절대로 허락하지 않았다. 최춘례는 아버지의 완강한 반대에 대해 자신이 오스트리아에 살고 있고, 성인이니까 자신의 의사대로 할 수 있다고 생각하여 결혼했다. 그리고 국제결혼을 반대하는 아버지에게 송금하지 않으면 결혼을 허락할 것이라고 여겼으나 딸이 송금하지 않아도 아버지의 결혼 반대는 누그러지지 않았다. 친정 가족은 그녀가 송금하지 않았던 그때는 이야기하지 않았지만, 가족들은 경제적으로 어려움에 처해 있었다. 남동생들이 자랄 때였는데, 노년에 최춘례가 친정에 방문했을 때 다 자란 동생들은 해외에서 잘 사는 누나가 당시 용돈조차 상관하지 않았던 것에 대해 불편한 심기를 가지고 있기도 했다.

> "우리 아버지 굉장히 서운하셨죠. 많이 서운하지. 딸이… 다른 애들은 한국에다 돈을 보내가지고 집도 사고 뭐 한다고 그러는데 얘는 소식도 없고 결혼한다고 그러니 얼마나 힘들었겠어요? (중략) 제가 76년도에 결혼을 하고 79년도에 한국에 갔어요. 79년도에 갔을 때 아직도 우리 집은 전주에 살고 있었어요. 우리 아버지가. 가서 내가 결혼하고 돈도 주고 그때는 텔레비전도 없었는데 텔레비전도 사고 전화도 놔주고 그랬죠. 도와주고 잘하고 그러고 나서 80년대 그랬구나. 그리고 82년에 남편하고 같이 갔을 때 어머니는 서울에 계셨어요. 남편하고 갔을 때 굉장히 방 하나짜리. 방 두 개짜리에 여섯 식구가 살고 있었는데, 왜냐하면 우리 언니는 결혼했으니까. 큰애는 군대 갔고 내가 없었고 나머지 네 명하고 엄마 아버지하고 같이 있더라고."

최춘례는 1973년 오스트리아에 간호사로 이주한 후 매달 월급을 친정으로 보냈다. 그리고 3년이 지난 뒤 지금의 남편과 결혼하고자 했다. 그러나 친정에서 국제결혼을 완강히 반대했기에 가족에게 알리지 않고 1976년 결혼했다. 그러다가 3년이 지난 1979년 한국의 친정을 방문했다. 그때는 남편과 같이 방문하고 싶었으나 친정에서 국제결혼에 대한 반대가 심했기에 혼자 친정에 왔다. 그리고 경제적 지원과 아울러 친정에 TV와 전화 등을 설치해주었다. 1980년 형부의 사업 부도로 가족이 모두 서울로 올라왔다. 1982년 남편과 함께 친정 가족을 방문했을 때, 가족들은 서울에서 방 두 칸에 동생들 넷과 부모님이 함께 살고 있었다. 1982년의 방문으로 친정 가족이 경제적으로 매우 어려워졌다는 것을 알게 되었다. 그녀의 송금은 드문드문 이루어졌다. 처음 오스트리아로 이주한 후 가족들에게 매달 송금했고, 결혼 후에는 친정의 결혼 반대에 따른 갈등으로 송금을 중단했다. 그리고 한국을 방문해서 경제적으로 친정에 일부 지원했으나 국제결혼으로 인한 갈등은 잠식되지 않았다. 형부의 사업 부도와 부모님과 동생들의 서울 상경이 있었던 시기에 그녀는 그 사실을 알지 못했고 송금도 이루어지지 않았다. 따라서 이에 대한 가족들의 서운함이 남아 있었다.

이후 1982년 최춘례와 남편이 친정 가족을 방문한 후 친정의 경제적 어려움을 알게 되어 다시 매달 송금하기 시작했다. 그리고 1984년 첫 아이가 태어나고 얼마 후 집을 사면서 최춘례의 가정도 경제적으로 긴축 재정이 필요하게 되었다. 그래서 남편은 이제 친정에 송금하지 말 것을 요구했다. 그래도 가끔 친정에 송금할 수 있었던 것은 그녀가 따로 얼마씩 모아두었던 것이다. 따로 얼마를 모아 보낸 돈은 친정 가족에게 큰 도움이 되지 못했던 것 같다. 이로 인해 친정에서는 최춘례에게 서운한 마음을 가졌다. 표현되지 않은 이러한 감정의 앙금들은 가족들이 모였을 때 갈등의 불씨가 되었다.

당시 한국 사회에서 딸의 위치는 한 사람의 자아로서가 아니라 공동체 안에서 성원으로서의 역할과 책임에 더 많은 기울기가 있었다. 그리하여 딸이 그 자신의 삶을 선택하고 결정하는 것에 동의하기보다는 가족 구성원으로서 책임을 받아들일 것이 암묵적으로 요구되었다. 그러한 책임 가운데 중요한 부분이 송금이었으며, 그것은 가족들에 의해 명백히 표출되고 요구되기보다는 그렇게 해줄 것이 기대되는 형식이었고, 나아가 '착한 딸' 또는 '효녀' 프레임으로 이어진다. 그러나 최춘례는 이러한 가족의 기대에 따르지 않았고, 그것은 그녀와 가족 간 갈등으로 이어졌다. 이주여성이 친정 가족에게 송금하는 데는 전적으로 당사자의 의지만 있는 것은 아니었을 것으로 이해된다. 여성 이주자가 친정 가족에게 송금한 것이 송금한 당사자에게는 유형 · 무형의 아무런 유익이 없음을 깨달으며 허탈감을 느끼고, 송금함으로써 배우자와 갈등을 겪거나 친정 가족과도 갈등을 빚는다.

4) 간호사 자격증 취득

> "3년 끝나고 제가 이 나라 간호학교를 갔어요. 간호사 자격증 따야 되니까. 비엔나에 온 한국인 간호사 30명 중에 제일 처음으로 거기 가서 3년 끝나고 제가 이제 결혼해서 남편 만나서 결혼하고 그다음에 간호학교를 갔어요. 너~무 힘들었어요, 진짜. 어떤 때는 막 울면서 내가 왜 이거를 해야 되나. 스물세 살이니까 스무 살에 와서 스물세 살에. 그런데 거기 있는 그 원장님이 데려가서 제 어깨를 툭툭 치면서 쉬운 거 같으면 누구나 다 하지. 어려우니까 누구나 못하니까. 더구나 외국 사람이. 내가 보기엔 너가 굉장히 영리하니까 너 공부해라. 내가 도와주겠다."

최춘례는 이주노동에 대한 3년의 계약 기간이 끝나고 남편과 결혼한 후 간호사 자격증을 취득하기 위해 간호학교에 입학했다. 간호사 자격을 취득하기 위해서는 다른 학생들이 1시간 공부할 것을 3시간 이상 공부해야 했다. 그나마 3년을 병원에서 근무했기 때문에 학업 내용을 이해하는 데 도움이 되었고, 또한 한국어의 장점은 낯선 독일어를 발음 그대로 쓸 수 있었으므로 한글로 발음을 써서 외웠다. 간호학교에서 너무 힘들 때는 '내가 왜 이 공부를 해야 하나?'라고 생각하며 울기도 했다. 그때 힘들어하는 최춘례에게 간호학교 원장님은 공부하는 것을 도와줄 테니 열심히 해보라며 격려해주었다. 그녀가 왜 이리 힘든 공부를 해야 하나 생각하며 울었던 것은 자신의 의지에 앞서 남편의 권유가 있었기 때문이다. 그러나 차츰 공부하면서 이 공부가 자기 자신을 위한 것임을 깨닫게 되었고, 나아가 알아가는 즐거움과 자기 자신에 대한 자부심을 느끼게 되면서 공부가 즐거워졌다. 학습의 즐거움과 스스로에 대한 자부심이 어려웠던 공부를 포기하지 않고 할 수 있는 촉매가 되었다. 간호사 학교 과정을 마친 후 졸업식에서 간호학교 원장님은 최춘례를 자랑스러운 학생으로 소개했다. 그리고 우수한 성적으로 졸업했으므로 청중의 박수를 받았다. 최춘례는 자신의 직업이 남을 도와주는 일이라는 데서 스스로 기쁨과 자존감을 가질 수 있었다.

> "가서 돈 벌어서 선교할 수 있는 거고. 돈 벌어서 대학 갈 수 있는 거고. 그런데 딱 가니까 일이 너무너무 힘들어요. 오후에 저녁에 어디

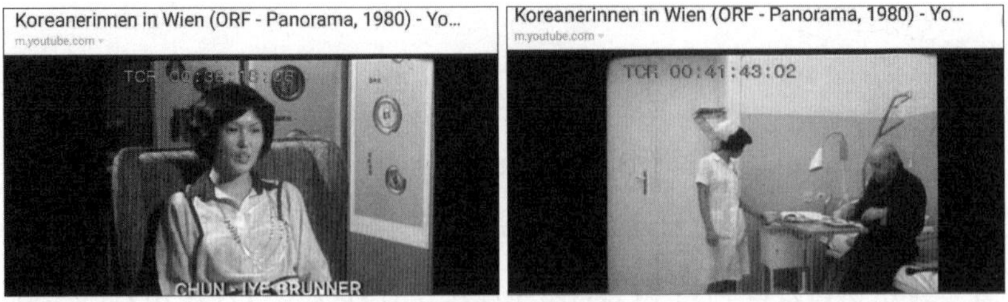

[그림 5-2] 방송국과 인터뷰하는 모습, 간호사 근무 모습

학원 갈 생각도 (못할 만큼) 너무너무 피곤해요. 그때 남편 알았기 때문에 연애하느라고 그럴 시간도 없었고. 너무너무 힘든 게 뭐냐면 우리가 12시간 근무하고 (다시) 12시간 근무하고 그다음에는 밤일인데 7시에 들어가서 밤일하고, 다음 날 아침 7시에 나와요. 7시에 나오면 그때 자고 잠자는 날(하루 쉬는 날)."

최춘례가 처음 오스트리아에 간호사로 갈 때는 돈을 벌면 선교도 할 수 있고 대학에 가게 되면 언어도 배우고 학위도 받을 수 있을 것으로 생각하며 이주했다. 그러나 현실은 생각보다 훨씬 더 힘들었다. 언어를 배우기 위해서는 언어학원에 가야 했으나 너무 피곤한 탓에 학원에 갈 수 없었다. 일주일에 72시간 근무하는 시스템으로 움직일 때는 일주일 중 하루는 쉬는 날(잠자는 날)이고 나머지 날들은 하루 12시간씩 일하는 셈이다. 72시간을 근무하는 데는 12시간 근무와 6시간 휴식 후 다시 야간반 6시간 근무 그리고 휴식, 다시 12시간 근무 같은 방식으로 시간 조정이 매우 복잡하게 이루어진다. 근무시간이 너무 빠듯하게 짜여 있어 피로를 풀기도 전에 다시 일해야 하는 상황이 되었다. 그러므로 최춘례는 간호업무에서 실수가 일어날 수 있었기에 밤일을 피해 간호학교 졸업 후에는 다른 병원으로 옮겨서 근무환경을 변경했다.

"일주일에 72시간을 근무하는 거야. 그러면 쉬는 날도 없어요. 어느 때는 빨래 그거 할 시간도 없어요. 계속 잠만 자. 너무 일을 많이 하니까 실수할 수 있는 거죠. 그래서 나는 밤일을 못 하겠다. (중략) 나중에 내가 오래 근무했을 때 나보고 수간호원 해라. 수간호원도 하고 나중에 잘하면 나중에 간호과장까지 시켜주겠다. 그래서 내가 싫다고 그랬어요. 우리 애들 키워야 되고. 우선 내 목적은 내가 우리 애들 키우는 거. 우리 애들이 정상적으로 자라는 것이 내 목적이기 때문에 뭐 이게 승진하고 그런 거 아니고 수간호원 하면 업무가 얼마나 많은지 몰라요. 일은 일대로 하면서 그 간호사들 다 돌봐야죠. 시간 짜야죠. 가족 저기는 하나도 없어요. 싫다. 나는 그런 거 안 한다."

최춘례는 집에서 잠만 자고 다시 일하러 나가는 시간을 보내고, 간호사 자격증을 취득하고 근무지도 변경하면서 차츰 병원 일에 적응해나갔다. 간호사로서 전문성을 확보해나갈 즈음 병원에서 수간호원을 할지에 대한 제안이 왔다. 그러나 최춘례는 가장 우선으로 한 것이 아이들의 교육이었고, 수간호원을 하게 되면 가족을 돌볼 수 없었기에 그러한 관리 업무를 반려했다. 외국인 간호사이기에 잘못하면 일을 열심히 하고도 구설수에 오를 수 있고, 그렇게 되면 불명예로 퇴직하는 일이 발생할 수도 있었던 것도 제안을 반려한 이유 가운데 하나였다. 그러므로 그녀는 삶에서 일은 할 수 있는 범위 안에서 열심히 하고 가족과 시간을 보내는 것에 더 많은 중점을 두었다.

3.
거주국의 적응기

1) 고통스러운 시집살이

"제 시어머니가 저한테 너무너무 막 그러니까 너무 힘들고 어떤 때는 왜 내가 여기서 살아야 되나. 한국 가자면 한국 가면 뭐해. 여기는 애들이 있지. 아, 스트레스 받지. 그러니까 힘들 때는 내가 왜 여기서 살아야 되나. 죽고 싶은 마음이 들 때도 있었어요. 그런데 우리 시어머니가 나중에는 치매까지 있어서. 시어머니가 주일마~다 저희 집에 오셨어요. 토요일날 주무시고 일요일날 갔어요. 내가 애들 셋이 있는데 애들도 힘든데 시어머니까지 봐야 했어요. 제가 어머니를 7~8년 섬긴 것 같아요. 머리카락도 짤르고 씻겨주고 그렇게 했어요."

최춘례의 시어머니는 가난한 나라에서 온 며느리에게 혹독한 시집살이를 시켰다. 그런 시어머니의 시집살이 때문에 죽고 싶은 마음이 들었다. 그렇다고 한국으로 돌아갈 형편도 아니었다. 부모님의 반대를 무릅쓰고 한 결혼이었고, 한국에 간들 누가 반겨줄 것인가를 생각하지 않을 수 없었다. 그리고 이곳에는 아이들이 있기에 더더욱 떠날 수 없었으므로 고통스러운 나날을 보냈다. 그녀가 가장 힘들었던 것은 가난한 나라에서 왔다고 드러내놓고 자신을 무시하고 미워한 것이었다. 그것이 최춘례의 자존심에 많이도 상처를 냈다.

“하루는 집에 있는데 전화가 왔어. 그때 우리 친정어머니가 오셨어. 우리 시어머니한테 얘기를 안 했거든. 우리 어머니 오신다고. 전화로 막 욕을 하시더라고. 그 욕을 담을 수가 없어. 그래서 전화를 놨어. 나중에 한참 하다가 전화를 끊고 있다가 전화를 놓잖아요? 그럼 나중에 또 전화가 와. 스토킹을 하는 거지. 아고… 얼마나 그때는 진짜 죽고 싶어요, 진짜. 애들이 없으면. 내가 나가서. 어느 때는 남편이 내 맘 다 이해해주면서 그러는 때도 아니잖아. 제가 좀 교육을 어떻게 받았냐 하면 나한테 공격을 막 하잖아요? 그럼 말을 못 해. 참아. 꾹 참아요. 그렇게 잘~ 참다가 나중에 남편이 어쩌고저쩌고 하면, 폭발 막~ 해. 탁 대놓고 우리 남편 형의 부인처럼 대놓고 하면 되잖아. 그런데 내가 그걸 못 해요. 그걸 못 해. 그러니까 그 집에 안 가잖아. 우리 집만… 우리 집은 잘 와.”

시어머니의 시집살이가 극렬할 때 남편이 자신의 마음을 다 알아주는 것도 아니고 그때는 한국에서 받은 교육의 영향으로 말대답도 제대로 하지 못했다. 형의 부인은 시어머니에게 맞서서 대응했으나 최춘례는 그렇게 하지 못했다. 그 때문인지 시어머니는 형의 집에는 안 가도 최춘례의 집에는 일주일에 한 번씩 꼬박꼬박 왔다. 아이들도 어리고 직장에도 다녀야 하는 상황에 시어머니가 꼬박꼬박 방문했고, 방문할 때마다 고운 소리를 내지 않았다. 한번은 친정엄마가 최춘례의 집을 방문했는데, 시어머니께 알리지 않았다. 좋은 소리 듣지 못할 것이 너무나 당연했기 때문이다. 그때 시어머니는 전화로 온갖 불편한 말들을 쏟아냈다. 차마 입에 담을 수 없는 온갖 욕설이 전화기로 전해졌다. 시어머니의 그러한 분풀이를 듣고 있자면 정말로 죽고 싶을 만큼 괴로웠다. 그때 그녀를 지탱해준 것이 아이들이었다. 그녀는 자신의 시어머니가 엄마의 사랑을 모르고 자랐다는 것을 나중에 알게 되었다. 시어머니의 형제가 7~8명 되었는데, 어머니가 일찍(시어머니가 10대 때) 돌아가셨고 홀아버지 밑에서 자랐다는 것을 알게 되었다. 최춘례는 시어머니가 어머니의 사랑을 받지 못하고 자랐기에 자신에게 그렇게 모질게 대하는 것이라고 측은히 여기기 시작했다. 그렇게 해서라도 시어머니를 이해하려고 노력했다. 그리고 시어머니가 너무나 힘들게 할 때는 울면서 기도했다.

2) 신앙으로 참아내다

"아, 예수님이 나를 위해 십자가에 돌아가셨는데 나를 위해 힘들게 돌아가셨는데 나는 이 고난도 못 참는구나. 어떤 때는 막 힘들어서 울고 있을 때는 예수님이 십자가에 돌아가시면서 피를 뚝뚝 흘리는 거 같은 것도 보여주시고 채찍질…도 보여주시고 환상으로 보여주시는 것 같애. 이게 '나는 너를 위해서 이만큼 참았는데 너는 그것도 못 하냐' 그러시는 것 같애. 그러면 더 사랑 많이 주고. 근데 나중에 그래도 속으로는 아셔. 내가 어머니께 잘하는 거를."

아내가 시집살이에 시달릴 때 남편은 어떠한 태도를 취했는지 물었을 때, 최춘례는 자신의 남편은 겉모양은 서양 사람이지만 가부장적인 면에서는 한국 사람과 똑같다고 했다. 남편이 생각할 때 여성은 남편이 집에 오기 전 집안을 깨끗하게 해야 하고, 아이들은 엄마가 집에서 돌봐야 하고, 집안일은 모두 여자가 하는 것이라는 의식을 가졌다. 그리고 최춘례가 앞서가기라도 하면 몇 걸음 뒤에 따라와야 한다고 말하는 사람이라고 했다. 일반적으로 오스트리아의 다른 남성들은 자신의 아내를 외적으로는 칭찬하고 높여주기 바쁜데, 최춘례의 남편은 남 앞에서 절대 아내를 자랑하지 않는다고 했다. 그런 이유로 최춘례는 자신의 남편이 한국 사람보다 더 '한국 사람 같은 사람'이라고 했다. 그렇지만 시어머니가 그렇게 자신을 힘들게 할 때 늘 남편은 최춘례의 편에 서주었다고 한다. 예를 들어 "엄마, 이 사람은 내가 사랑하는 사람이야. 그러니 엄마가 좀 참아줘"라고 했다. 그래서 견딜 수 있었는데, 그녀는 남편에게 엄마 앞에서는 절대 자기편을 들지 말고 어머니의 말을 들어주라고 말했다. 남편은 그 말을 잘 따라주었다. 최춘례가 시어머니의 시집살이로 몹시 괴로울 때면 자주 기도를 했는데, 어느 때는 괴로움을 당하는 예수의 환상을 보기도 했다. 그러면 자신을 위해 그처럼 고통을 당한 예수를 기억하며 자신이 겪는 고난의 크기가 자신을 위해 희생한 예수의 고통보다는 작다는 것을 인정하게 되었다. 그리하여 자신이 겪는 고통을 신앙으로 감당할 힘을 얻는 방법으로 그 시간을 견뎌왔다.

"이가 안 좋으시니까 정성 들여 음식을 연하게 해서 드려도 쓰레기 같은 것, 못 먹을 것 가지고 왔다고 그릇을 던져버리면 참 너무 서운해. 나중에 그냥 어느 때는 한바탕 쥐어주고 싶은데 참아야지 어떡해.

그거를 애들 앞에서 제가 했어요. 애들이 그걸 보잖아. 엄마는 이렇게 하는구나. … 애들한테는 좋은 할머니였는데 좋은 시어머니가 아니었어요. 나중에는 어머니가 병원에 누워계셨거든요. 한 일주일 누워계셨어. 폐렴이었거든요. 가서 날마다 애가 쪼그만했을 때 끌고 가서 닦아주고 밥 먹여주고 돌아가시기 전날 내 손을 꼭 잡고 '야, 고맙다. 미안하다' 그러니까요. 옛날에 여기까지 올라오던 그게 삭~ 사그라들더라구요. 그 한마디에."

최춘례의 시어머니는 며느리가 한 음식을 던져버리기도 했다. TV 드라마에서나 나올법한 이 일은 시어머니가 자신의 둘째 며느리를 마음으로 받아들이지 못했을 뿐만 아니라 무례하게 대했음을 알 수 있는 대목이다. 최춘례는 시어머니의 시집살이가 서운하고 힘들었어도 참아내야 했다. 그때는 아이들이 어려서 엄마와 할머니의 갈등을 잘 알지 못했으나 그들이 어렸을 때 엄마가 할머니께 어떻게 했는지를 보고 배우며 자랐다. 최춘례는 자신이 시어머니께 한 행동이 딸들에게 교육이 되었을 것으로 생각한다.

자신을 무던히도 힘들게 했던 시어머니는 폐렴으로 병원에 입원한 후 일주일 만에 돌아가셨다. 돌아가시기 전날 며느리의 손을 잡고 미안하고 고마운 마음을 전했다. 오랜 세월 동안 온갖 모욕을 주었던 시어머니의 사과 한마디에 불쑥불쑥 올라오던 분한 마음이 그리 쉽게 눈 녹듯 사그라질 수 있었을까? 아마도 진심은 어느 순간이든 통하는 것인가 보다. 해묵은 갈등을 해소하고 며느리의 얼어붙은 마음을 녹인 것은 결국 시어머니의 진심 어린 사과와 사랑을 담은 감사였다.

3) 시누이의 남편을 돌보다

"시누가 돌아가시니까 혼자 있잖아. 80이 다 됐는데 그분이 시골에 살면서 일주일에 꼭 오셨어, 주말에. 토요일날 나는 근무 가는데. 어떻게 해. 개까지 데리고. 개는 나밖에 몰라. 밥을 주니까. 내가 또 개 똥 싸러 가야 되잖아요. 산책시키는 거. 그걸 내가 한 10년을 한 것 같아요. 주말마다. 그래가지고 이제 (저의) 정년 퇴직 전에 그분이 층계에서 떨어지셨어요. 부러지지는 않았지만, 굉장히 아퍼. 걷지를 못해. 시골에다 둘 수는 없잖아. 그러니까 우리 집 남편 사무실을 병실로 만들어 놓고 집에서 모셨어요. 그렇게 3개월을 간호했어요. 나중에는 요양원으로 보내자 그랬더니 남편이 요양원은 절대 안 보내겠대. 그래서 다른 방편을 쓰자. 그래가지고 24시간 하는 간호사를 구했어요. 24시간 근무를 하면서 밥도 주고 청소도 하고 6개월을 했나? 또 저희 남편은 일주일에 두 번씩 가고 나는 한 번 가고. 나중에는 무슨 일 있어서 병원에 치료하러 갔는데 병원에서 돌아가셨어요."

시누이의 남편(아주버님 또는 고부[姑夫: 고모의 남편]. 이하 아주버님)은 상이군인이었다. 아주버님은 자신의 아내가 세상을 떠난 후 일주일마다 처남 집을 방문했다. 그 방문이 10년 동안 이어졌다. 그리고 최춘례가 정년퇴직을 하기 전에 아주버님이 계단에서 떨어지는 사고가 났다. 그 일로 아주버님은 최춘례의 집에서 요양 받게 되었다. 3개월을 간호한 후 나중에는 어쩔 수 없이 24시간 상주 간호사를 고용하여 돌보게 되었다. 아주버님은 전쟁의 기억 때문에 밤에 잠을 이루지 못했고, 그 때문에 지팡이를 짚고 집안을 걸어 다녔다. 가족들은 아주버님이 마루를 걸으며 내는 지팡이와 발걸음 소리를 들으며 잠을 설치기도 했는데, 그것은 어쩔 수 없는 일이었다. 전쟁으로 인해 생긴 아주버님의 정신적 고통을 이해했기 때문이다.

시누이의 남편을 돌보는 일은 시어머니의 시집살이와는 또 다른 성찰의 시간이었다. 최춘례가 직장인 병원에서 돌아와 자신을 돌봐야 하는 힘든 점을 알기 때문에 아주버님도 조심하려고 했다. 예를 들어 소변 주머니를 매일 갈아주지 않도록 물을 잘 마시지 않았고, 그리하여 소변 주머니를 일주일에 두세 번만 갈아주어도 되었다. 어느 날은 소변 주머니 바꾸는 것을 스스로 하려다가 나이가 들어 손이 떨리니까 제대로 바꿀 수 없어서 소변이 온 집안에 뿌려졌고, 그로 인해 냄새가 집안에 가득했다. 한번은 양말을 전자레인지에 넣고 말리다가 집에 불이 날뻔한 사건도 있었다.

"그때 이 집 보험도 안 들었는데, 화재보험도 안 들었는데 그러니까 겁이 그렇게 나더라고. 그렇다고 내가 근무를 하고 있는데 '엄마, 엄마 난리가 났다'고. 우리 수간호원보고 우리 집에 갔다 와야겠다고 그랬더니 안 된다고. 왜 안 되냐고 지금 사람이 죽어가고 있는데 그래도 안 된대. 그래서 그럼 나 이 일 그만둔다고. 집에 오니까 그렇게 됐더라고."

전자레인지에서 말리던 양말에 불이 붙어서 집에 화재가 날 위급한 상황이었지만, 병원에서는 조퇴를 허락하지 않았다. 할 수 없이 직장을 그만둔다고 하고 집에 와보니 화재가 나기 직전이었다. 이 일로 최춘례는 남편에게 자신은 더는 이렇게 할 수 없다고 말했다. 또한, 집에 불이 나면 자신의 가족이 모두 영향을 받는 일이기에 다른 방법을 찾아보자고 했다. 그리하여 아주버니를 요양원에 보내자고 했으나 남편은 요양원에는 절대 보내지 않겠다며 반대했다. 그리하여 결국 아주버니의 시골집에 24시간 상주 간호사를 두어 돌보게 했다. 남편은 일주일에 두 번 아이들의 고모부를 방문했고, 최춘례는 일주일에 한 번 방문했다. 아이들의 고모부는 시골집에 간 후 6개월 뒤에 사망했다.

최춘례는 생애사 구술의 많은 부분을 시집살이와 시집 가족을 간호했던 그 시기에 집중했다. 아마도 그녀의 삶에서 강렬하게 기억하는 일들인 것 같다. 직장에서는 환자를 돌보고 집에서는 아이들을 양육해야 했고, 때에 따라서는 시어머니와 아주버님, 시누이를 돌보았다. 그 시기에 그녀의 짐을 나눌 사람은 남편 외에는 없었다. 남편이 도움을 주기는 했겠으나 가부장적인 면모에서는 '한국인보다 더 한국인 같은', 다시 말해 한국인보다 더 가부장적이었던 남편이 얼마만큼 도움이 되었을지는 알 수 없다. 이 시기를 구술하면서 최춘례는 남편에 대해서는 거의 구술하지 않았던 것으로 보아 큰 도움이 되지 않았을 것으로 예상한다. 직장과 집안일, 자녀 양육, 그리고 시집살이와 시집 가족의 병간호까지 모두 온전히 그녀의 몫이었을 것이다. 그 시간을 그녀는 어떻게 보냈을까?

4) 감정 다스림을 배우다

"남편, 애들, 근무, 집 청소, 내가 다 해야지. 이건 뭐 열이 나는데 어떡해. 그때는 그게 내 일인 줄 알고 한 거지. 그때는 막 따지고 '너는 뭐 집안 청소 하나도 하지도 않고 나한테 명령만 한다'고. 명령은 아니지만 그걸 원하니까. 근무 갔다가 자기도 힘들지. 회사에서 힘들잖아요. 집에 오면 얼마나 피곤하겠어. 집도 어질러지고 청소도 안 되고 그랬어. 그럼 성질나는 거지. 집이 뭐냐 뭐냐 하면 그때 화가 나는 거지. '그럼 니가 청소를 해라.' '왜 내가 다 해야 되냐.' 그때는 싸움도 많이 했어요."

최춘례는 젊었을 때 자신의 성질이 대단했다고 말했다. 한국에서 학교에 다닐 때 교육비를 내지 못해서 학교에서 호명된 적이 있었다. 그때 창피함을 느꼈기에 집에 와서 엄마 아버지에게 화를 내고 화단을 발로 차기도 했다. 나중에 더 혼나기는 했지만, 자신이 양같이 순해서 참기만 한 성격은 아니라는 것이다. 그리고 신혼 초에 아기도 혼자 키워야 했고 직장도 다니고 집도 자신이 다 치워야 했기 때문에 남편과 다툼도 많이 했다. 어릴 때는 심통이 나면 부모에게 응석을 부릴 수 있었지만, 이주한 후 최춘례의 어려움을 이해하고 다독여주는 사람은 없었다. 자신이 왜 이 머나먼 이주국에서 이렇게 살아야 하는지에 대해 울며 고통스러웠던 시간을 지나면서 그녀는 삶의 많은 부분에서 참는 것이 편하다는 것을 알게 되었다.

"젊었을 때는 화가 나서 막 반응했는데 그게 안 좋더라고요. 어떤 때는 누가 막 심한 얘기를 막 하잖아. 그래도 참아요. 다음 날 집에 와서 화가 나죠. 뭘 아무것도 아닌 것 가지고. 생각하다가 어느 때는 너무 심하게 공격하면 답장 안 하고 며칠 있다가 미안해. 그렇게 생각까지 했으니까. 그런 식으로 답장하게 되고. 그렇게 생각하는 뭐가 있어요. 말도 금방 하지 말고 기다렸다가 좀 생각을 해서 이게 참 좋은 방법이더라고. 이 혀가 굉장히 나쁜 일을 많이 하잖아요. 좋은 일도 많이 하지만, 사람의 심장을 찌를 수 있는 굉장히 무서운 거예요. 혀의 중요성을 많이 알게 된 것 같아요. 책을 읽으니까. 그리고 말씀을 읽으니까 그 속에 다 있어요. 혀를 잘 다스려라."

최춘례는 듣기에 불편한 어떤 말을 들었을 때 그 말이 "귀를 통해 머리를 지나고 가슴으로 내려오고 그것이 다시 입으로 나가기까지 시간을 두어 기다린다"라는 말을 했다. 그렇게 참음으로써 혀가 비수가 되어 사람의 심장을 찌르지 않도록 기다리고 생각한 후에 반응하려는 노력을 기울였다고 한다. 그러한 것이 차츰 자신에게도 좋은 반응으로 되돌아옴을 경험하면서 참는 것이 편하다는 것을 인지하게 되었다. 최춘례의 이러한 변화 과정에 책이 많은 역할을 했다. 최춘례는 시집살이를 비롯하여 삶의 고난에 직면할 때 교회에 다니면서 교회 도서관에 비치된 독일어로 된 다른 사람들의 신앙이 담긴 간증집을 읽기 시작했다. 최춘례는 1년에 200~300권의 책을 읽는다고 했다. 일주일에 6권, 하루에 1권 이상을 읽는다. 보통 자정까지 읽고 때로는 새벽을 넘기기도 한다. 눈이 침침해져서 더는 책이 읽히지 않으면 눈이 맑아지는 마사지를 하고 나서 다시 책을 읽었다. 인생에서 짐을 끌며 언덕을 오르는 시기였을 그때, 최춘례를 다독이고 인내하게 하고 지혜로운 사람이 되도록 이끈 것은 책이었다. 그녀가 읽은 책 가운데 하나는 남편과의 갈등을 줄이는 데 도움을 주었다.

"사람에게는 사랑의 언어가 있어요. 사랑의 탱크가 비어 있으면 막 욕구불만이 있고, 그 사랑의 탱크가 채워져 있으면 모든 걸 온순하게 받아들일 수 있어요. 그 저기가 사랑의 언어가 뭐냐면 인정받는 거잖아. 그러니까 나한테 '아, 너는 참 잘한다' 그러면 힘이 나서 일 잘해. 이제 그 책을 읽고 나서 '아, 내가 이거구나. 내가 인정을 받기 위해서 했구나.' 남편은 정돈된 거. 그걸 내가 알고 난 후부터는 남편이 오기 한 시간 전에 막 청소하고 조용해가지고 있으면 기분 좋아해. 그러면 탈이 없어요. 내가 예수님을 영접하고 난 후부터는 바가지를 안 긁어요. 남 앞에서 남편을 막 공격을 안 해. 절대 바가지를 안 긁어. (중략) 제가 우리 친구들 애들이 결혼을 하잖아요. 그 책을 꼭 사가지고 카드하고 종이하고 돈하고 해서 꼭 선물해요. 삶의 많은 피드백을 줘요. 진짜로 추천하고 싶은 책이에요."

최춘례는 책을 읽음으로써 남편과 자신의 성향이 다르다는 것을 인식하게 되었다. 그리고 자신이 무엇에 기쁨을 느끼는지, 그리고 어떤 것에 의해 힘이 나는지를 이해하게 되었다. 또한 남편의 성향도 파악할 수 있었다. 남편이 무엇을 편안하게 여기는지를 이해했고, 그에 따라 남편이 좋아하는 방향으로 자신을 변화시킴으로써 가정에서 갈등을 줄여나갔다. 이와 같은 방법으로 최춘례는 남을 변화시키기보다 자신이 변화하여 상대방을 이해하는 것이 더 낫다는 것을 터득하게 되었다. 그리고 이후에 그 책은 최춘례가 다른 사람들에게 적극적으로 추천하거나 선물로 주는 책이 되었다.

"애네들은 살아온 시기하고 우리하고 다르니까 많이 힘들어해요. 그리고 문화. 남편들하고의 차이 그런 거 같은 거. 남편이 출장을 가잖아요. 그러면 자기 어시스턴트를 항상 옆자리에 태우고 갔대. 그럼 애는 그게 안 된다고 했대. 남편은 왜 안 되냐고. 울며불며 이혼한다고. 그래서 내가 걔 불러다가 그랬지. 이 나라 문화는 그게 아니야. 그럴 수도 있어. 이 사람들은 이렇게 해서 자라왔기 때문에 그거 자연스러운 거야. 그런 거를 가르쳐줬잖아. 니가 이해를 해야 해. 그리고 남편을 믿어야지. 맨날 의심하고 질투하고 니가 뭐 좀 배우러 다니고 뭘 해. 집에만 있지 말고 그런 걸 얘기하는 거죠."

최춘례는 국제부인회에서 회장으로 봉사하고 있다. 이제 갓 결혼한 국제결혼가정의 한국 여성들이 남편과 갈등을 겪을 때 갈등의 요인이 되는 문화와 삶의 방식의 다름에 관해 이야기를 나눈다. 그리하여 갈등이 더 크게 번지지 않도록 국제결혼 부부가 서로를 이해하도록 이야기를 들어주고 긍정적 생각을 하도록 돕는다. 새로운 국제결혼 부부에게 갈등에 집중하지 말고 다른 것에 시간과 마음을 쓰라고 조언하기도 한다. 그때 최춘례는 자신에게 도움이 되었던 책을 선물하며 남편과의 갈등을 지혜롭게 극복하도록 조언한다. 이러한 과정에서 그녀가 깨달은 원리를 실천하게 하는 동력은 신앙이었다. 최춘례는 자기 삶에 신앙의 원리를 적용한 이후부터는 남편에게 바가지를 긁지 않는다고 했다.

5) 신앙: 변화의 동력

"교회 다니면서 착한 일만 하면 천당 가는 줄 알고 그랬는데. (중략) 영생이라는 것을 알게 되면서 제가 생활하는 게 달라진 거죠. 옛날에는 내 중심으로 살았는데, 예를 들면 이웃을, 내가 사람들을 볼 때 내가 저 사람들을 변화시켜야 한다. 항상 그렇게 생각했는데 지금은 그게 아니고 내가 변화를 해서 이 사람을 이해할 수 있는 거. 그 전환으로 바뀌었어요. 그게 편해."

최춘례가 자기 자신을 변화시키고 성찰하는 자세로 나아가게 한 다른 요인은 종교다. 시어머니의 시집살이, 직장 업무, 자녀 양육, 남편과의 갈등, 시집 가족의 병간호 등 삶의 고난을 겪을 때 다른 사람들의 신앙고백이 담긴 책을 읽으면서 신앙도 자랐다. 그러한 과정 중에 최춘례는 기독교의 중심 교리인 '영생'에 대해 깨달음을 얻음으로써 삶의 전환점을 가져왔다. 즉, 영생의 의미를 깨닫기 전의 신앙은 자신이 다른 사람들을 변화시키고자 하는 신앙이었다면 깨달음 이후에는 자신이 변화하는 것으로 전환했다. 이러한 변화가 그녀의 삶의 태도를 완전히 바뀌게 한 지점이다. 그녀가 이렇게 되기까지 여러 가지 시련을 겪었는데, 그 가운데 가장 큰 시련은 남편의 병이었다. 남편은 폐렴에 걸렸고, 병원에서는 얼마 살지 못한다고 했다. 그때 최춘례는 자신의 집 지하실에 내려가 울면서 기도했다.

> "내가 시어머니도 모셨고 우리 시누이도 모셨고 내가 얼마나 주님을 위해서 할 말 많은데, 나를 이런 곳에 두고 우리 남편을 데려가면 우리 애 셋을 데리고 어떻게 사나. 나는 못 살아요. 저를 데려가세요. 우리 애들 책임지고 저를 데려가세요. 그러고 막 기도를 하고 나니까 막 피 그거(예수님이 고통 중에 피 흘리는 모습)를 보여주시면서 '아, 그렇구나. 참아야지.' 그러면서 평안이 찾아오더라고. (마음에 평화가) 오고 나서 '그러면 우리 남편 살게 해주세요'라고 했어요."

최춘례는 남편이 폐렴으로 얼마 살지 못할 거라는 소리를 들었을 때 아무것도 보이지 않았다고 했다. 그때 그녀가 할 수 있는 것은 간절한 기도뿐이었다. 지하실에 내려가 울면서 기도했을 때 그녀가 가진 신앙으로 인해 다시 그 고통을 참아낼 힘을 갖게 되었으며, 그러던 중 평안이 찾아왔다. 그런 후 남편을 살려달라는 기도를 하고 지하실에서 올라왔다. 남편이 입원한 병원은 최춘례가 근무했던 병원이었기에 병원에서는 남편을 특히 더 잘 보살펴주었다. 그리고 남편은 치료되어 퇴원했다. 최춘례는 다른 사람들의 신앙 이야기를 통해 신앙을 키웠고, 간절한 기도를 하면서 특별한 신앙적 경험을 갖게 되었다. 이러한 과정에서 최춘례는 영생을 바라는 신앙인의 궁극적인 소망에 도달하여 남을 변화시키기보다 자신이 먼저 변화하는 태도로 바꾸었다. 이러한 태도는 '개심'이라는 말로 표현된다. 개심을 기독교적 의미로 이해한다면 개심 이전의 인간적이었던 자기 자신을 버리고 변화하여 그리스도인으로 새롭게 태어나는 것을 의미한다. 영생에 대한 소망은 최춘례로 하여금 거주국에서 다른 사람과 다투고 자신을 주장하기보다 다른 사람의 처지를 이해하고 다른 사람의 특성을 존중하는 방향으로 나아가게 했다.

6) 삶의 우선순위: 자녀교육

최춘례는 1979년 이후 약 2년에 한 번씩 한국을 방문했다. 그러면서 한국의 친척들이 자녀들을 키우는 것을 보고 결혼시키는 것도 보았다. 그녀는 한국의 부모들이 자녀가 결혼할 때 심지어 비데까지 사서 보내는 것을 보고 놀라운 마음이 들었다. 그녀는 한국에서 전쟁 때 태어났기에 늘 배가 고팠다. 그리하여 자신이 먹을 것을 스스로 찾지 않으면 굶어야 했다. 조금 더 성장했을 때는 용돈을 스스로 벌어서 사용했다. 그리고 이주한 후에도 월급을 부모님께 송금했고, 결혼할 때는 양쪽 부모님으로부터 받은 것 없이 남편과 반반씩 부담하여 원룸을 얻어 생활하고 공부하며 자

[그림 5-3] 최춘례의 세 딸

립했다. 그런데 한국의 부모들이 자녀들을 너무 자립심 없이 키우는 것 같아 심란하다는 것이다.

> "한국 애들은 독립심이 없어요. 엄마가 대학교 다닐 때까지 옷 입혀주고 그래요. 그런데 우리 애들은 어릴 때부터 지네가 혼자 다 했어요. 엄마가 일을 하니까. 아침에 식사할 때 너는 피아노 몇 시에 있고 바이올린 몇 시에 있고 그러면 애들이 다 알아서 해요. 한국 애들은 엄마가 돈 다 대주고, 한국 애들은 그게 없어요. 한국 애들 그런 애들을 보면 너무너무 심란해. 결혼하는데 냉장고 뭐 다 싸들고 가. 지네들이 다 알아서 해야지. 우리 큰애는 지가 다 돈 벌어서 결혼식도 지가 다 했는데, 우리 동생 딸은 시집가는데 비데도 갖고 가데? 그건 너무하잖아. 한 50년은 뒤떨어진 거 같애. 발달도 많이 했지만 그건 50년 뒤떨어진 거 같애. 너무 독립심이 없어요."

최춘례는 결혼할 때 남편과 반반씩 부담하여 집을 얻고 생활에 필요한 것을 마련하며 살았다. 양가 어느 쪽으로부터도 도움을 받지 않았고 그럴 마음도 없었다. 그런 그녀가 이주한 후 반세기 가까이 지난 시점에 한국에 와서 한국 친척의 아들들과 딸들을 보았을 때 심란했다. 조카들을 비롯하여 한국의 젊은이들이 자신이 성장할 때 가졌던 것 같은 독립심이 없다고 여기기 때문이다. 한국이 경제적으로 눈부신 성장을 한 것은 사실이지만, 다른 한편으로 젊은이들이 그들의 삶을 스스로 만들어가지 않는 것처럼 보인다. 그것은 한국이 발전한 게 아니라 오히려 50년 퇴보한 것으로 보인다. 자신이 어렸을 때는 모두가 어려웠던 시기였기에 스스로 무엇이든 하려는 의지가 있었고 자립이 일반적이었다. 그러나 그때보다 살기가 훨씬 좋은 지금의 한국은 자녀들을 자립적으로 키우지 않음을 심란한 시선으로 보고 있다. 한국의 젊은이들이 그들의 삶을 스스로 만들어가야 한다고 여긴다. 이것이 그녀가 보는 한국의 모습이다.

> "공붓벌레? 만날 공부만 한다고. 그 소리 들으면 너 좋게 생각해. 그거 나쁜 거 아니야. 공부 열심히 해가지고 니가 너를 위해서 공부하는 거지. 남을 위해서 그렇게 하는 거니? 아는 게 힘이야! 한국에 그런 속담도 있어. 그러면서 가르쳐주면 애들이 그걸 이해하더라고요. 우리 애들은 아는 게 힘이다. 인정받기 위해서 공부 열심히 해야 한다. 나를 위해서 공부한다. 남 주는 거 아니다. 막 그런 거 잘 알아요."

최춘례는 결혼 후 남편과 함께 삶에서의 우선순위를 정했다. 그리고 그 우선순위 가운데 첫째가 아이들의 교육에 투자하는 것이었다. 교육과 한국어 교육, 학습에 투자하겠다는 것이 원칙이었고, 대학교까지만 지원하겠다는 계획을 세웠다. 큰딸은 학교 다닐 때 자신보다 어린 학생들을 가르치며 용돈을 벌었고, 동생들도 언니가 하는 것을 보고 따라서 했다. 최춘례 부부는 매일 아침 아이들과 함께 식사하며 그날 학교에서 무슨 일을 하는지, 요즘 학교생활은 어떤지에 대해 대화를 나누었다. 아침 식사 시간은 때로 아이들이 놀림을 받아 학교에 가고 싶지 않다고 할 때 그것에 관한 대화를 나누고 조언해주는 시간이 되기도 했다.

아이들은 학교에서 때로 '중국인'이라고 놀림 받았고, 발음이 이상하다고 '창총챙, 총총총' 한다는 소리를 듣기도 했으며, 책벌레라고 놀림 받기도 했다. 그럴 때 아이들은 울면서 학교에 가기 싫다고 했다. 최춘례의 딸들도 학교생활을 할 때 다른 학생들의 놀림과 배제의 대상이 되었던 것 같다. 그때 최춘례는 '아는 것이 힘'이라고 말해주기도 하고, 공부는 너 자신을 위한 것이라고 말해주었다. 그것은 오스트리아에서 간호사 자격증을 취득하기 위해 공부할 때 얻은 자신의 경험에서 나온 가르침이었다. 그렇게 격려하고 가르침을 준 덕분에 아이들은 하나씩 어려움을 극복해나갔다.

> "처음에는 애들이 좀 만날 '공부하라, 공부하라' 그러니까 스트레스 받지. 저는 별로 애들한테 '공부 열심히 해야 된다' 그런 거 아닌데 저의 남편이 니가 사회에 나가서 … 한국 사람 같아, 우리 남편이. 열심히 해야 되고. 1등 해야 되고. 뭐 그런 거. 애들이 좀 스트레스 많이 받았어요."

최춘례는 딸들에게 공부해야 한다고 다그치는 형식을 취하지 않았으나 남편은 달랐다. 매일 아침 식탁에서 그날 학교에서 배울 내용을 이야기할 만큼 딸들의 학업에 관심이 많았고, 집에 와서는 아이들의 숙제를 도와주었다. 그리고 자주 공부하라는 말을 했고, 1등을 해야 한다는 압박감을 주었다. 딸들도 부모의 기대에 부응하기 위해 노력했으나 한편으로는 너무 많은 것을 해야 한다는 것에 압박감을 느꼈다. 공부도 1등을 해야 하고, 한국어를 비롯하여 다른 나라의 언어와 음악 등도 배우고 잘해야 했다. 그 때문에 딸들이 스트레스를 많이 받았고 힘들어했다.

> "저희 딸이 대학 국제경영학을 공부했거든요. 연세대학교 가서 거기 학교 다니면서 한 달 정도로 있다가 이런 장으로 두 장을 빽빽하게 글 써가지고 감사하다고 눈물 흘리면서 쓴 편지가 있어요. '아버지 어머니 정말 감사합니다. 저를 이렇게 키워주시고 여기 와서 공부할 기회를 주고 한국에 와서 공부할 기회도 주고 너무너무 감사하다'고. 처음에는 '공부해라. 독일어도 배워야 된다. 영어도 배워야 된다. 이게 중요하다.' 그리고 불어도 공부해야 되고. 어학 배우는 거 힘들어서 … 맨날 집에 앉아서 울고 그랬는데 그게 지나고 나서 보니까 다 나를 위해서 한 거라고 고맙다고 편지를 썼더라구요."

최춘례 부부가 딸들을 양육하고 교육하기 위해 힘들게 노력했던 것처럼 아이들도 철이 들어가면서 부모의 마음을 차츰 이해하기 시작했다. 그리하여 딸이 눈물로 쓴 감사 편지를 받았을 때 그동안 부부가 들인 노력이 헛되지 않았음을 느낄 수 있었다. 최춘례는 이 편지를 자주 꺼내 읽으며 잘 자라준 딸들에게 고마운 마음을 갖는다. 큰딸은 독일어, 영어, 이탈리아어, 프랑스어, 스페인어, 일본어, 중국어를 한다. 그리하여 2006년 미국에서 빈으로 돌아와 글로벌 회사인 로레알에서 마케팅 디렉터(Marketing Director)로 일하고 있다. 둘째는 영어, 독일어, 스페인어, 중국어를 할 수 있으며 경영학을 공부하다가 의과대학에 들어가 2019년 4학년이었고,

2021년 피부과 의사가 되었다. 셋째 역시 5개국 언어를 할 수 있으며, 법대를 졸업하여 외무부에서 근무하고 있다. 주위에서는 딸들을 잘 키웠다고 부러워하고, 아이들 교육을 어떻게 했는지 묻곤 한다. 최춘례는 오스트리아 국제부인회에서 엄마들이 모였을 때 거주국 환경에서 국제결혼가정의 자녀들을 어떻게 키우는 것이 좋은지 이야기를 나눌 때 자신이 가진 경험을 나눈다. 그녀는 자녀들이 자립하여 스스로의 삶을 일구어나가는 것에 대견한 마음이 든다.

7) 송금: 서로에게 거는 기대의 어긋남

"제가 보낸 돈을 아버지가 완전히 다 망쳤어요. 우리 형부가 사업하면서 우리 아버지 돈을 빌려 썼어. 그래서 완전히 다 망한 거 있죠. 우리 집하고 논하고 밭 다 가져가고. 그래서 서울로 도망 왔잖아요. 아버지는 돌아가시고 어머니는 끝까지 그 빚 다 갚았어요."

최춘례는 한국전쟁이 한창이던 1952년에 태어났다. 그리고 많은 것이 열악했던 어린 시절을 보냈다. 그녀는 오스트리아에 간호보조원으로 이주한 후 친정에 매달 송금했다. 친정 가족이 가난을 면하도록 송금한 돈은 아버지가 형부의 사업에 투자하면서, 그리고 형부의 사업이 부도가 나면서 허망하게 사라졌다.

"처음에는 보상받으려고 한 거죠. 그때 누구나 다 그랬을 거잖아요. 그런데 그게 잘못이더라고. 그거를 살다 보니까 내가 누구를 도와

줘도 절대 받으려고 하지 않고 그냥 도와줘요. 돈을 꿔줘도 그거를 안 받을 생각으로 꿔주는데, 옛날에는 그렇게 생각했죠. 그거 다 받으려고. 내가 오면은. 다 적으면서 내가 공부 끝나고 여기 오면 내 집도 있고 여기서 결혼생활 하려고 그런 생각을 했는데 그게 아니었잖아요. 지네는 지네끼리 다 받아서 쓰면서 싹 다 망해버리고 말이야. 내가 TV도 전화기도 다 해주고 집도 다 고쳐주고 살만하니까 왕창 망해버리고 또 처음부터 시작해야 되잖아. 그런데 나도 가족이 있으니까 더 이상은 못 도와주잖아. 그치? 그때 굉장히 힘들었을 때 내가 도와주지 못한 거를 좀 얘기하는 거 같애. 애들은 뭐 대학 다니면서 용돈도 없고 막 그럴 때는 누나는 외국에서 잘 산다는데 안 도와주고."

최춘례는 가족에게 송금할 때 자신이 보낸 돈을 나중에 귀국하면 돌려받아 그것으로 집도 마련하고 안정되게 살 것을 꿈꾸었다. 그러한 꿈은 국제결혼을 하면서 흐지부지된 계획이었지만, 송금에 대해서는 가족과 최춘례 사이에 이견이 있었던 것 같다. 그리고 그것은 표면에 드러내어 토의를 거치거나 합의를 본 것이 아니라 각자의 기대감으로만 남았던 것 같다. 그녀의 가족은 아버지의 빚보증 여파로 도망치듯 고향을 떠났고, 서울에 도착해서도 경제적 어려움에 허덕였다. 그리고 최춘례도 결혼으로 인해 친정과 갈등이 있었고, 출산과 주택 구입 등으로 당시에는 친정과 소통하지 못했으며, 송금 또한 비정기적으로 이루어졌다. 이에 대해 현재 장성한 동생들은 자신들이 힘들었을 때 용돈조차 상관하지 않은 누나에 대한 원망이 있다고 최춘례는 생각했다. 그리하여 그녀가 한국에 나와서 가족에게 조언하거나 친정 일에 간섭할 때 이에 대한 갈등이 일어났다. 이는 최춘례에게 상처가 되었다. 형부의 부도로 인해 아버지가 진 빚은 딸의 송금을 모두 삼키고도 남았고, 그것은 어머니가 평생을 걸쳐 갚았다. 빚은 딸의 송금만 삼킨 것이 아니라 친정 가족을 지원한 딸의 노고도 지웠다. 그러므로 딸은 가족을 위해 자신이 행한 일들에 대해 실제적 · 심리적 보상을 받지 못했으며, 가족의 일원으로서 당연한 것으로 치부되었다. 가족은 가족대로 자신들이 고생스러웠을 때 살만한 누나가 도움을 주지 않았다고 여긴다. 이 갈등 역시 최춘례에게 자신을 성찰하는 계기가 되었다. 그녀는 이러한 갈등이 축적되면서 누군가에게 자신의 것을 나눌 때는 돌려받을 것을 기대하지 않고 주어야 함을 체득했다.

"이해해줄 수 있을 거라 생각하면서 말을 하는 거죠. 가족이고 친척이니까 잘하라고 말을 해주는 건데 말을 안 듣는단 말이야. 나만 나쁜 사람이 되더라고. 옛날에는 내가 도착하면 '야, 나 도착했으니까 데리러 와.' 이렇게 명령식으로 했는데 그렇잖아. 나도 그럴 자격이 있잖아. 그런데 지금은 안 그래. 지금은 와도 공항버스 타고 이제 혼자 와. 갈 때는 짐이 많으니까 부탁도 할 수 있는데 싫어요. 이제 나로 인해 사람들에게 피해를 끼치니까. 택시 타고 가면 되잖아요. 피해 안 끼쳐요. 내가 옛날에는 그랬어요. 여기 오면, '아, 누나~~!!'(몹시 환영하는 목소리와 태도) 막 그럴 줄 알고 기대를 했는데 바보더라고. 그거 아니에요. 그거 아니야. 지네들은 지네들의 삶을 살고 있는데 내가 왜. …"

최춘례가 해외에서 47년을 살아오는 동안 친정 가족에게도 변화가 있었다. 아버지는 돌아가셨고 어린 동생들은 장성하여 결혼하면서 각자의 가정을 이루었다. 최춘례는 자신이 친정 동생들에게 누나로서 입바른 소리를 할 위치에 있다고 생각하지만, 그녀의 목소리는 가족에게 닿지 않는다. 그녀는 자신이 송금한 것으로 인해 가족에게 당당히 요구하거나 할 말은 할 자격이 있다고 여겼지만, 동생들은 그녀를 피하려 한다. 삶의 대부분을 해외에서 살다가 한국에 올 때마다 가족의 삶을 보면서 하고 싶은 말이 없지 않았을 것이다. 동생들이 잘하거나 못하거나를 떠나서 누나로서, 또는 인생의 선배로서 삶에 도움이 될 말을 해주고 싶었다. 예를 들어 조카들의 결혼을 위해 부모가 너무 과하게 지원하는 것 등에 대한 것에서부터 그녀가 살아온 사고방식과 동생들의 사고방식이 같지 않았던 것 같다. 그것이 충돌을 일으켰고, 최춘례는 이에 대한 자기 생각을 잠재우지 않았다.

그녀는 가족이기에 자신이 동생들에게 도움이 될 훈계 등을 해도 될 것이라고 여겼으나 그러한 기대를 한 자신이 바보처럼 여겨지는 서운함이 있다. 자신이 가족에게 한 일에 비해 돌아오는 반응이 기대에 미치지 못했다. 그리하여 지금은 그러한 생각에 변화를 가지려 노력한다. 자신이 베푼 것은 잊고 요구하지 않는 태도로 바꾸었다. 그리하여 공항에 도착해도 데리러 오라는 소리를 하지 않는다. 동생에게도 생활이 있음을 이해했기 때문이다. 한편, 해외에서 살다가 친정에 오면 환영받고 싶은 마음이 있지만 그러한 것을 바라는 자신이 바보처럼 여겨진다. 그리하여 그녀는 주고자 하는 마음으로 베풀되 자신을 알아주지 않아도 이해하려는 마음을 가지려 노력한다.

8) 외국에서 떼돈 버는 줄 알다

"내 동생 뭐 했다고 100만 원씩 보내주면 그거 번 돈이기 때문에

100만 원이면 나한테 큰돈이거든요? 그러면 '아, 언니 고마워' 그럴 줄 알았는데 아니야. 언니는 잘사니까 이거 조금 준 건데 뭐. 그런 식으로 생각해. 그리고 지금은 어머니 주잖아요. 그러면 이쪽에서 다 가져가. 나는 어머니 준다고 그러면 싹 가져가더라고. 지금은 잘사니까 괜찮아요. 누나, 이모가 외국에서 잘사는 줄 알아. 돈을 땅에서 파서 쓰는 줄 알아요. 그게 아닌데. 우리는 얼마나 열심히 하고 힘들게 번 돈인데 얘들은 그냥 된 줄 알아요. 그런데 우리 언니가 미국에 가서 생활을 해보니까 그게 아니거든. 자기 딸이 거기서 간호사로 일하면서 돈을 버니까 여기 살면서 돈을 안 보내준다고 그랬거든. 우리 언니가 힘드니까. 그런데 자기가 와서 애기를 봐주면서 보니까 그게 아니거든. 이제 이해해요. 언니가 저를 이해를 많이 해요. 그런데 우리 한국 사람은 외국에서 사는 사람은 떼돈 버는 줄 알아요."

최춘례가 간호사로 이주하여 고향의 가족에게 송금했을 때, 가족들은 그녀가 거주국에서 어떻게 살아가는지, 시집살이는 어떻게 하는지, 직장생활은 얼마나 힘든지 등등 이주자의 삶에 대해 알지 못했다. 또한, 그녀도 가족들의 상황에 대해 알지 못했다. 소통은 대화의 양이 많고 적음이 아니라 상대방에 대한 이해와 공감이 어떠한가에 의해 더 많이 좌우된다. 최춘례와 친정 가족은 서로의 처지를 이해하는 것에서 원활하지 못했다. 거기에는 여러 가지 상황과 이유가 있다. 그 가운데 하나가 딸의 국제결혼과 아버지의 반대였다. 첨예하게 대립하는 아버지와 자녀의 가치관이 날을 세웠고, 거기에 송금을 둘러싼 서로의 기대감이 방향을 잃은 것에 또 하나의 원인이 있다.

최춘례의 언니는 처음에 그녀의 딸이 미국에 간호사로 이주한 후 경제활동을 하면서도 송금하지 않는 것을 서운해했다. 그러나 언니 자신이 실제로 미국에 가서 딸의 생활을 보면서 동생(최춘례)을 이해하게 되었다고 했다. 최춘례가 억울한 것은 자기 나름대로 힘들게 생활해서 친정 가족에게 미약하지만 도움을 준 것인데, 그것을 당연하게 받아들인 데 있다. 한국 사회는 2000년 이전에는 파독 간호사에 관한 연구가 거의 이루어지지 않음으로써 이들의 실생활과 고난에 관해 잘 알지 못했다. 최춘례의 친정 가족도 딸이 외국에서 잘사는 줄로만 생각했고, 실제로 그녀가 삶을 유지하기 위해 어떠한 발버둥이 있었는지 알지 못했으며, 설명해도 이해하는 데는 한계가 있었다. 그러므로 최춘례의 가족 또한 서로 소통되지 않았다. 소통하지 못하기에 서로에 대한 기대가 방향을 잃었고 서운함이 해소되지 않았다.

"어머니가 살아계시니까 어머니가 지금 올해 89세거든요. 살아계시니까 봐줘야죠. 어머니가 여기 오시면 좋은데 비행기 힘드니까 나 보고 오라고. 그래 내가 가요. 제가 성질이 급해가지고 친정에서 할 말을 딱딱 해요. 그래서 애들이 싫어해. 한국 사람들 그런 거 싫어하잖아요. 너는 왜 그러냐. 그렇게 할 말을 하고 살았기 때문에 우리 어머니 항상 그러셔. '오면 조용히 있다가 가라 조용히. 손님이다.' 손님이니까 손님답게. 그런데 할 말은 해야 되잖아. 그런데 못 하게 하셔. 그래서 이제는 안 해. 내가 해봤자 이익되는 것도 없는데. 지네가 내가 하라는 대로 안 하는데."

최춘례가 한국에 오는 이유는 어머니 때문이다. 1년에 한 번씩 친정 어머니를 만나러 온다. 노모가 안 계시면 한국에 정기적으로 방문할 주된

[그림 5-4] 친정엄마와의 여행

이유는 사라진다. 그렇지만 한인 국제결혼 여성들은 정규적으로 모임을 만들어서라도 한국에 나오는 일을 반복한다. 국제결혼 여성들이 한국을 찾아오는 것은 정체성의 정립이고, 심신의 안정과 위안이다. 연어가 회귀하듯 자신과 같은 본질적 동질성을 찾으려는 몸부림 같은 것이다. 한국에 오면 때로 실망하고 가족과 분쟁을 일으키고, 심지어는 모국에서 외국인이 되기도 한다. 그렇지만 다음에 다시 찾아온다. 최춘례는 한국에 가족을 방문했을 때 할 말은 했다. 아버지가 만들어놓고 간 빚을 엄마가 모두 갚았다. 최춘례는 엄마가 살아온 삶의 고단함이 이해됨과 동시에 자신의 마음에서 끓어오르는 한국 가족에 대한 답답한 마음이 있었다. 그리하여 '입바른 소리'를 참지 못했는데, 형제간 갈등이 발생할 때 어머니의 중재는 "손님이니 잔소리하지 말고 손님처럼 조용히 있다가 가라"는 것이었다. 그녀의 친정 내 사회적 위치는 딸에서 손님으로 옮겨졌다. 한국에서 딸들은 결혼하면 출가외인이며 손님이 된다. 최춘례는 어머니의 권고를 받아들여 동생들을 이해하려고 무던히 애썼다. 누나로서 동생들에게 용돈이라도 쥐어주었던 마음이 보상을 받지 못했다. 그리고 엄마에게 용돈을 드리면 그 돈은 고스란히 동생들의 주머니로 흘러갔다. 이제 동생들이 경제적으로 안정을 얻은 후에는 그마저 옛이야기가 되었다. 최춘례는 이제 한국에 오면 현명한 어머니의 말씀에 따라 손님처럼 조용히 지내다가 돌아간다. 위 사진은 2019년 제주도로 친정엄마를 모시고 여행 갔을 때다. 간호사가 되어 이주하고 거주국에서 이주자로 살아온 삶은 죽고 싶을 만큼 괴롭던 시집살이를 포함하여 힘든 삶도 있었으나 돌이켜보면 그리 괴로운 삶만은 아니었다고 여긴다. 그래도 친정어머니께 여행도 시켜드릴 수 있고, 동생과 조카들에게 고모 노릇을 할 수 있는 것은 좋은 일이라고 여긴다.

9) 국제부인회 활동

> "처음에 10명이 모여가지고, 한집에서 모여서 한 달에 한 번씩 같이 한국 음식 해서 먹고. 애들 옷 있잖아요, 서로 바꿔서 입히고 그렇게 해서 넓어진 거죠. 그때는 그런 식으로 한 다음에 2008년도 그러면 우리가 국제부인회를 만들자. 그런 사람이 하나, 둘 모이니까. 그래서 만든 거예요. 지금은 항상 모이는 사람만 모여요. 한 80명쯤 되는데, 여자만. 남편하고 합치면 160명. 애들하고 합치면 한 200명 정도."

파독 간호사로 오스트리아에 온 한국 여성은 1차에 50명이 왔고, 2차에 다시 50명이 와서 총 100명뿐이다. 이 가운데 최춘례와 함께 병원에 온 간호보조 인원은 30명이고, 30명 가운데 절반 정도가 3년 계약이 끝나 한국으로 귀국했으며, 두 명은 사망했다. 그리고 남은 인원 13명 중 절반이 국제결혼을 했다. 남은 70명 가운데에도 이와 유사한 형식으로 귀국을 했거나 정주를 했거나 국제결혼을 했거나 다른 나라로 이주했을 가능성이 있다. 오스트리아로 이주한 소수의 한인 국제결혼 여성 가운데 10명 정도가 자발적으로 한인 국제결혼 여성들만의 모임을 시작했다. 그들은 이 모임을 통해 친목을 다지고 한국 음식을 만들어 먹으며 향수를 달랬다. 그리고 아이들을 키울 때 도움과 위로를 얻고 육아에 필요한 지식을 나누었다. 아이들의 옷을 물려 입히기도 하면서 서로 도왔고, 점점 규모가 커졌다. 그리하여 2008년 모임을 결성하여 오스트리아 정부로부터 정식 인가를 받고 지금까지 모임을 지속하고 있으며, 현재는 모범단체로 인정받았다. 최춘례는 이 모임의 세 번째 회장으로 활동하며 2세들의 모국어 정체성에 힘쓰고 있다.

> "부인회에서는 친목이죠, 친목. 부인회에서 뭐 하냐면 여기서 결혼하는 사람들 문화차이가 있잖아요. 남편들하고의 차이 같은 거. 그래도 여기는 제가 제일 나이 많이 먹었으니까 여기서 젊은 애들하고 같이 모여서 난 이래서 어려웠다. 문화의 다름이 있으니까. 그리고 애들 교육시키는 것 같은 거. 어느 학교를 가면 좋은 건지. 어떻게 가르치면 좋은 건지. 그다음에 결혼해서 살다 보면 다 잘사는 게 아니고 이혼할 수도 있잖아요. 이혼해야 되겠다고 그러면 '그래 이혼해라' 그게 아니잖아요. 부부마다 힘든 게 있죠."

이 모임을 만든 가장 큰 목적은 친목이다. 국제결혼가정에서 가장 자주 직면하게 되는 어려움은 가정 내에서 발생하는 문화의 다름이다. 문화의 다름에서 생기는 부부 사이의 갈등에서부터 한국과 다른 문화권에서 자녀를 양육하고 교육하며 학교생활을 돕는 것은 한인 여성들에게 절실하게 도움이 필요한 일이었다. 이러한 국제부인회 모임을 통해 문화의 다름에서 오는 갖가지 상황들에 관해 이야기를 나누고 다양한 정보를 공유하면서 소통했다. 최춘례는 이 단체에서 이제는 가장 나이가 많은 사람이다. 그리하여 젊은 한인 국제결혼 여성들의 이야기를 들어주고 먼저 국제결혼 한 선배로서 상담하며 도움을 준다. 국가와 민족이 다른 한 쌍의 남녀가 결혼하여 가정을 이루었을 경우 같은 민족 내에서 결혼한 가정의 남녀와는 다른 문제점에 봉착하게 되는데, 그것은 언어와 문화의 다름이다. 타자와의 의사소통은 언어만으로 이루어지지 않는다. 언어 외적으로 갈등을 일으키는 요소로 큰 비중을 차지하는 것이 문화다.

문화는 개인의 가치관과 그에 따르는 행위에 영향을 미친다. 문화가 다르고 그 문화에 의한 가치관과 표현방식, 그리고 행동이 다르게 표현되므로 같은 의도를 가지고 말을 하더라도 소통하는 데 어려움이 내재될 수밖에 없다. 이러한 것은 국제결혼가정 부부가 서로에 대한 애정 여부와는 별개로 갈등 국면으로 나아가게 하는 이유가 된다. 고맥락적 대화 패턴을 가진 한국과 저맥락적 대화 패턴을 가진 독일 사회는 대화 방법에서 차이가 크다. 독일 남성과 결혼한 한인 여성의 문화적 커뮤니케이션에 관한 연구를 살펴보면 고맥락 문화권인 한국 여성은 말하지 않아도 남편이 자신의 심정을 눈치채기를 바라지만, 저맥락 문화권인 독일 남성은 '왜 말로 하지 않는가?'라는 의문을 가진다. 한국 여성은 굳이 말로 표현해야 알아듣는 남편이 답답하고, 남편은 명확하게 말로 표현하지 않는 아내를 이해하지 못한다. 이런 영향으로 한국 여성들은 더 많은 소외감과 외로움을 느낄 수 있다고 했다(남혜경 · 김영순, 2018: 56-57). 현재의 젊은 국제결혼 부부는 이 같은 고 · 저맥락 문화적 요인을 포함하여 대화 패턴의 다름, 그리고 상대방의 국가와 사회를 지배하는 세밀한 문화적 요소들의 다름이라는 문제를 안고 있다. 이로써 실제로는 이혼하지 않아도 되는 문제들이 감정적 갈등으로 이어지는 경우가 발생한다.

10) 문화해석의 오류

"한국은 예스가 노가 될 수 있고 노가 예스가 될 수 있으나 오스트리아 사람은 예스하고 노가 정확해요. 뭐든지. 예스는 예스, 노는 노라서…. 그런데 한국 사람들은, 한국 사람들끼리 결혼한 사람들은 예스와 노가 정확하지 않으니까 가끔 힘들어요. 아니라고 그랬는데 그 사람들은 그게 아니다가 아니라 예스로 얘기한 건데 우리가 잘못 알아들었잖아요. 우리는 노(no)라고 그러면 노(no)인 줄 알았는데 그게 아니었다고 오해도 있었어요. 그런 게 많아."

최춘례는 한국인과 거주국 사람들의 의사 표현방식의 다름에 관한 예를 들었다. 한국 사람이 예라고 대답은 했지만 사실은 '아니오'이거나, 아니라고 대답했지만 사실은 '예'인 경우가 있어 거주국 구성원들이 그 대답의 메시지를 이해하는 데 혼란을 가져온다는 것이다. 예를 들어 "한인회 회장을 맡아서 해주시겠습니까?"라고 했을 때 "아니오"라고 해서 아닌가 보다 했는데, 사실은 "예"였다거나 하는 경우가 그 예다. 이러한 의사소통에서의 불일치로 인한 갈등을 줄이기 위해 이주민과 거주국 구성원은 서로의 문화를 이해하고 그 문화의 해석에 관해 상호 소통하기 위한 노력이 필요하다.

"그리고 한국 사람들하고 같이 사는 사람들은요. 우리가 60년대~70년대에 왔기 때문에 그대로 그 문화가 남아있어요. 다 그런 건 아니고 많은 사람들이 그래요. 우리(국제결혼가정)는 그런데 자꾸만 변화시키면서 새것을 보고, 앞을 보고 가잖아요. 그런데 한국 사람들은 그대로 있는 것 같애. 앞을 안 보고. 그러면 안 된다느니, 그런 소리 하면 안 된다느니."

이주자들은 자신들이 모국을 떠나온 당시의 문화와 가치관을 이주하는 국가에 그대로 가져온다. 이주자는 거주국으로 이주하여 언어 · 문화 환경이 다른 곳에서 분투하며 살아간다. 그때 이주자들은 모국에서 가졌던 사회적 지위와는 다른 처우를 받기도 하는데, 거주국 사회의 차별과 편견 환경에서 이주자 스스로 자신을 보호하는 방패로 사용하는 것이 자문화에 관한 자의식과 자부심, 그리고 모국에 기반한 정체성이다. 따라서 이주자들은 이주 시기에 가져온 자국의 문화와 가치관을 지지대로 삼아 거주국에서 생활하고 활동하게 된다. 그리고 이들은 모국을 떠났기에 변화하는 모국문화와 가치관을 습득하지 못하고 거주하고 있는 거주국 사회의 문화와 가치관을 접하게 된다. 이로 인해 이주자들은 온전히 이주자의 모국문화나 가치관과 닮지 않았고 거주국의 문화와도 일치하지 않는 독특한 문화 방식과 정체성을 형성하게 된다. 이러한 특성이 이주자들을 거주국과 모국에서 구별되게 하는 요인이 된다.

이주자가 거주국 사회에 살면서 어떠한 문화 코드와 가치관을 따를 것인가는 개인의 선택에 달린 일이다. 이주자가 모국문화와 가치관을 고수하는 것은 거주국에서 그들의 자존감을 강화하는 방편이 되기도 하지만, 다른 한편으로는 거주국 사회에서 주변화될 가능성을 가진다. 한국인 부부의 경우 거주국과 언어, 문화, 가치관과 호환이 이루어지지 않음으로써 거주국에서 문화적으로 갈등을 겪으며 자라나는 자녀와 세대 갈등도 피하지 못한다. 이에 비해 국제결혼가정은 배우자가 거주국 구성원이므로 한국인 부부에 비해 거주국의 문화에 더 가깝게 접근하는 삶의 행태를 가질 수 있다고 최춘례는 말한다. 배우자가 거주국 구성원이기에 거주국 사회의 변화에 더 많이 노출될 가능성이 있기 때문이다.

> "한국교회 가서 제일 스트레스 많이 받은 거는 뭐냐 하면 '너는 왜 한국 사람인데 한국말 못 하냐.' 아니면 '너는 왜 옷을 이렇게 입고 다녀?' 이런 거. 제가 다니는 (로컬)교회는 '너는 왜 그러냐?' 그런 얘기 안 해요. 정신적으로 기꺼이 도와주고. 뒷말하는 거 하나도 못 봤는데. 한국교회는 도와주고 뒷말하고. 한국 사람은 '나인(아니오)'이라고 그래놓고 뒤에서는 예라고 그러고. 말이 이렇게 좀 달라요. 제일 힘든 게 그거예요. 제일 재미있는 것은 뭐냐 하면 차린 것도 없는데 드시라고. 그게 뭐예요. 하루 종일 힘들여서 했는데 '차린 것도 없는데…' 말이 안 되잖아요. 그래서 저는 말을 바꿔서 '정성껏 준비했는데 맛있게 드십시오'라고 말해요. 좋잖아요. 자기를 낮추어서 말하는 것도 좋기는 좋은 건데. …"

딸들과 함께 한국 사람이 주로 다니는 한인 교회에 다녔는데, 한인 교회에 가면 "너는 왜 한국말을 못 하느냐?"라고 하거나 옷이나 머리모양 같은 민감한 주제를 스스럼없이 말하며 간섭한다. 그리고 최춘례가 한국 교회에서 가장 적응하지 못하는 것은 표현되는 메시지와 표현되지 않는 메시지가 같지 않다고 느끼는 것에서 오는 신뢰의 깨어짐이다. 한인 교회는 도움을 주고 뒷말을 하지만, 거주국 교회는 도움을 주고 뒷말이 없다고 여긴다.

한인 교회의 간섭은 한국 집단문화권의 특성을 나타내어 다른 사람의 일에 관여하고자 하고, 상대방에게 관심을 표현하는 것을 예의라고 여기는 데 기인한다. 즉, 집단주의 문화는 상대방을 내집단으로 받아들여 자신들과 동질화를 추구하고자 한다. 그럼으로써 자신의 집단과 다른 점을 가진 사람들에 대해 집단의 압력을 가하는 것이다. 최춘례는 바로 이러한 한국 문화가 이제는 낯설고 불편하다. 한국교회에 다니는 사람들이 그들의 가치관에서 한국적인 것을 고수하며 살아가고 있다고 볼 때 최춘례는 국제결혼가정의 한인 여성으로서 보통의 한국인과 문화적으로 다른 모습을 보인다. 사회가 고도로 분화되고 다양한 문화가 혼합하여 존재하는 현대사회에서 상대방과 소통할 때 다양한 문화를 아우르는 대화 기술이 필요하지만, 그 기술의 근원에는 개인의 인성이 크게 작용할 것이다.

> "근데 한국에서 온 사람들. 그것도 처음에 결혼한 애들이 있죠. 한국에서 와가지고 애네들은 예스, 노가 굉장히 불분명해요. '예' 그래놓고도 아닐 수도 있고, 싫은데 '예' 그럴 수도 있고. 이게 미스테익. 오해가 많아요. 우리가 그걸 가르쳐줘야 돼요. 그리고 뒤에서 쑥덕쑥덕. 할 말은 딱 하고 뒤에서 쑥덕쑥덕하는 거(하지 말라고)."

한국과 오스트리아 문화의 다름 가운데 하나는 커뮤니케이션 방식이다. 한국에서 갓 결혼하여 이주한 경우 '예'와 '아니오'가 매우 불분명하다는 것이다. "예" 하고도 "아니오"일 수도 있고, 싫은데 "예"라고 할 수도 있기에 이에 따른 오해로 인해 문제가 발생한다. 예를 들어 모임에 나오라고 하면 "예"라고 하고는 나오지 않거나, 받아들이기 싫은 요청에 "예"라고 했으나 실제로는 그 요청을 실행하지 않는 것이 그 예다.

문화 간 커뮤니케이션을 이해하기 위해서는 양쪽 문화의 특성에 관한 다각적 수용과 이해가 필요하다. 한국과 오스트리아의 커뮤니케이션은 표현방식에서 문화의 차이가 있다. 한국은 집단적이고 관계 중심의 문화이기 때문에 타인과 문제 상황을 접하게 되면 문제의 핵심을 피하여 에둘러서 이야기하고, 주변을 먼저 해결하여 문제의 핵심으로 들어가려는 경향이 있다. 그러므로 어떤 안건이 생성되면 그 안건에 관한 주변 상황을 살피기 위해 의견을 먼저 내놓지 않고 관망하거나 상황에 맞추어 자신의 의견과는 다른 대답을 내놓는 것이다. 그러나 오스트리아나 독일 같은 개별적 문화권의 대화방식은 문제의 핵심을 '예'와 '아니오'처럼 직접 해결하는 방식을 선호한다. 그리고 문제에 따른 감정보다는 문제 자체만 바라보는 관점에 익숙하다. 그러나 한국은 문제에 관련한 사람의 감정을 먼저 보고 이를 해결하려 하기에 에두르는 방식을 사용한다. 표현방식에서 이와 같은 문화적 차이가 있기 때문에 국제결혼 초창기 한국 여성들의 부부간 대화와 한국 여성의 거주국 적응에서 자주 갈등이 발생한다.

국제부인회에서는 이러한 한인 신입 국제결혼 여성에게 거주국의 문화를 교육하고 대처 방법을 조언한다. 거주국에서는 상황을 보고 대답하는 것이 아니라 그들 자신의 의견을 분명하게 제시해야 함을 교육하고 조언한다. 그럼으로써 갈등을 스스로 조정하고 개인의 문화적응력을 높이도록 돕는 역할을 한다. 이러한 공동체 활동을 통해 친목을 다지고 국제결혼 여성으로서 자신의 정체성을 강화한다.

11) 한국 민간대사

"우리는 한 사람 한 사람이 한국 대사예요. 그래서 우리가 어디 갈 때도 한국 사람답게 행동을 하죠. 빈에는 중국 사람들 많이 오잖아요. 한번 지나가면 그렇게 더러워요. 나는 내 앞사람이 지저분하게 해놓고 지나간 것을 깨끗이 하고 나와요. 왜냐하면, 내가 한국 사람이고 한국 사람이 지나갔으니까. 그리고 우리 회원들한테도 그런 얘기를 해요. 우리는 같은 국제결혼가정이기 때문에 우리는 더 해야 한다 그래요."

최춘례는 살아오면서 자신이 어디에 있든 한국 사람답게 행동하려 노력했다. 예를 들어 공공 화장실을 사용할 때 앞 사람이 지저분하게 하고 가면 그것을 다 치우고 나온다고 했다. 왜냐하면 그곳은 자신, 즉 한국 사람이 지나간 자리가 되기 때문이다. 그리고 그녀는 국제부인회 회원들에게 한국인으로서 어디에서든 모범적으로 행동하자고 독려한다. 이러한 행위는 자기 자신이 누구인지를 인지하고 있음을 나타내는 것이며, 또한 어떻게 행동해야 할지를 스스로 결정하는 것을 의미한다. 이는 그 개인이 자신에 대한 정체성을 명백하게 하는 것이다. 아울러 자신이 다른 사람들보다 더 훌륭한 것을 추구하는 사람임을 나타냄으로써 스스로에 대한 자긍심을 갖는 이유가 된다.

"우리가 여기 살면서 제가 45년 됐으니까 사람 자체 하나하나가 우리는 대사였어요. 우리는 어디 가면 나는 한국 사람이니까 본을 보여야 되잖아요. 친구들 만나면 처음부터 이웃부터 시작을 하는 거죠. 초

대해가지고 음식을 한국 음식을 만들어서 같이 먹고 콘체르트가 있으면 초대해서 이게 한국의 문화다. 같이 배우고 그러니까 친구들 저기는 다 알죠. 이 나라 남편 친구들은 한국 음식 더 잘 먹어요, 우리보다. 그리고 한국에 대해서 많이 알아. 잘 초대해서 같이 얘기하고 그러니까. 요즘은 식당이 있잖아. 한국식당이 있어서 뭐 있으면 거기 가서 먹으면서 알고. 그리고 세미나 같은 데 한국 요리 강습 하는 데가 있어요. 요리 세미나 하면은 와서 김치 만드는 것도 배우고."

최춘례는 재외한인이 각자 한국의 대사라고 말한다. 그만큼 떠나온 모국에 대한 그리움과 사랑이 가득했다. 누가 그렇게 하라고 한 것은 아니지만, 한국 사람이기에 더욱 본을 보여야 한다고 생각하며 살았다. 그리하여 한국을 알리고 싶은 마음에 친구와 이웃을 초대하여 한국 음식을 맛보게 하고 한국 문화를 알렸다. 살아오면서 그러한 노력을 계속 한 결과 이제는 남편의 친구들이 한국 음식을 더 잘 먹고, 한국 음식에 대해 더 많이 안다. 요즘은 한국 요리 강습하는 곳이 있어서 외국 친구들이 김치 만드는 것과 불고기 만드는 것을 배우기도 한다. 그녀가 이주하던 시기의 거주국 구성원들은 한국이 어떤 나라인지 몰랐으나 요즘은 달라졌다. 남편의 친구들이 한국식당에 가면 그것이 무슨 음식인지 한국인보다 더 잘 알고 말한다. 그만큼 한국에 대해 많이 알려졌고, 그렇게 되기까지 최춘례 같은 국제결혼 여성들과 한인의 숨은 노력이 있었을 것이다.

4. 노년의 삶

1) 할머니는 한국 사람

"나는 한국 사람이니까. 내가 죽으면 한국이 그치는 게 아니고 이어져야 하잖아요. 그러니까 애들도 한국을 굉장히 자랑스럽게 생각하고 있어요. 이어줘야죠. 얘네들이 커가지고 한국에 가면 엄마랑 할머니가 한국에 관해서 이야기해주면 큰 쇼크는 아니지만, 생일 때마다 한복 입혀서 사진 찍고 그러니까 애들이 알지. (중략) 근데 우리 애들한테 한국어를 모국어 수준은 아니지만 그래도 한국이 뭐 하고 내 피가 어떤 것이 몸속에 흐르고 있다는 것을 가르쳐야 하는 것이 내 책임감 아니겠어요?"

최춘례가 오스트리아에 간호사로 처음 왔을 때 가난한 나라에서 왔다며 무시당했고, 이와 아울러 외국 여성 노동자로 거주국의 인종적 편견에 시달렸다. 그것을 극복하기 위해 외적으로는 직업에서 최선을 다했고,

[그림 5-5] 한복을 입은 손녀들

내적으로는 자기성찰을 추구했다. 그리고 자녀들도 학교에서 외모의 다름으로 놀림을 받을 때, 어머니로서 자녀들의 정체성을 공고히 하고 견뎌낼 힘을 주려고 애썼다. 그리고 지금은 손주들이 자라고 있기에 이 손주들에게 다시 한국어를 가르친다.

최춘례를 포함한 한인 국제결혼 여성들은 거주국에서 수년 동안 자녀들에게 아무런 효과와 필요성이 없어 보이는 한국어 교육을 지속했다. 이러한 교육이 자녀의 한국어 능력에 큰 효과를 가져오지는 않았을지라도 자녀가 한국어를 접하고 한국 문화를 모르지는 않게 했다. 최춘례는 매년 한국에 올 때마다 손녀들을 위한 한복을 구입하여 선물한다. 손녀들은 화려하고 예쁜 한복 입는 것을 무척 좋아한다. 그녀는 손녀들에게 한복을 입히고 한글학교에 데려가는 행위를 통해 할머니가 어디에서 왔고 어떤 문화를 소유한 사람인지 알려주고자 한다. 그리고 딸과 사위, 손녀들에게 한국 음식을 먹이고 때로 할머니 집에서 재울 때 한국 동요를 불러준다.

이러한 모든 행위는 딸들과 손녀들의 근원이 어디인지를 알려주는 행위다. 그것은 최춘례가 한국에서 이주한 첫 번째 조상으로서 자녀들에게 정체성과 문화를 전해주는 행위다. 그리고 언젠가 자녀들이나 손주들이 한국에 가거나 한국 문화를 접할 때 할머니를 기억하며 생소한 문화에 의한 충격을 받지 않기를 바라는 마음으로 한국의 문화를 알려준다.

2) 한글학교: 차세대 정체성 교육의 장

"그때는 따로 우리 혼혈 애들을 위해서, 국제결혼가정을 위해서 반이 따로 없었어요. 그래서 제가 막~ 대사관에 쫓아가고 영사님을 쫓아가고 그래가지고 우리 빈에 국제결혼가정을 위해서 한글학교가 있어야 된다. 얘네들이 한국에 돌아가서 공부를 해야 되는 것이 아니고 대화를 위해서 엄마의 모국어를 알아야 되기 때문에. 어느 정도 독일어를 하는 사람이 가르치면서 독일어로 설명도 하면서 애들을 가르치는 그게 있어야 된다."

최춘례가 결혼해서 자녀를 키울 당시에는 한글학교에 국제결혼가정을 위한 한국어반이 따로 없었고, 오스트리아에 온 주재원 자녀들이나 유학생 자녀들을 위한 한국어반이 있었다. 그래서 한글학교의 수업은 주재원이나 유학생 자녀들을 위한 국어 수업 성격이었다. 주재원과 유학생 자녀들은 한국으로 돌아간 후 한국 학교에 다녀야 하므로 이들을 가르치는 한국어는 한국의 국어 수업과 같은 교재로 이루어진다. 따라서 한국어 수업은 기본적으로 한국어가 가능한 아이들을 위한 수업이었다. 이에 반해 국제결혼가정의 자녀들은 한국어로 소통하는 것이 목적이었고, 한국어로 학업을 하기 위함이 아니었다. 그러므로 거주국에 정주하는 국제결혼 여성들의 자녀들과 오스트리아에 잠시 머무르는 주재원이나 유학생 자녀들의 학습 목표는 다를 수밖에 없었다. 그러나 거기에 관심을 두고 고려한 수업이 이루어지지 않았다. 학생 수가 워낙 적었고 학습 환경도 열악했기에 이런저런 것을 고려하는 것이 여의치 않은 것 또한 어쩔 수 없는 면이 있었다. 그럼에도 학습 목표가 다른 두 그룹을 한 교실에 두고 가르치는 것에서 몇 가지 문제가 나타났다.

국제결혼가정의 자녀들과 주재원 자녀들이 함께 한국어를 공부할 때 국제결혼가정의 자녀들은 학습에 흥미를 갖지 못했다. 이 수업은 기본적으로 한국어와 한국 문화가 숙지된 학생들을 대상으로 했으므로 한국어와 한국 문화에 대한 배경지식이 적은 국제결혼가정의 자녀들이 적응하기에는 너무나 지루한 수업이 될 수밖에 없었다. 더구나 지루한 수업으로 인해 졸거나 딴짓을 하게 되면 선생님에게 혼나거나 꿀밤도 맞았다. 그러면 국제결혼가정 2세대들은 그것에 반발하여 부모에게 한국어 교실에 가지 않겠다고 말했다. 자신들이 왜 여기에서 이렇게 한국어 공부를 해야 하느냐고 물었다. 이러한 현실이었으므로 최춘례는 자신의 아이들에게 성공적으로 한국어를 가르치는 데 어려움을 겪었다. 딸들은 이미 성장하여 한국어 교실이 필요하지 않지만, 다른 국제결혼가정의 2, 3세대들을 위해 영사를 쫓아다니며 한글학교를 따로 마련해야 함을 설명했다.

"우리 국제부인회에서 따로 우리끼리 돈을 내가지고 저는 애들이 다 컸으니까 못하고 초등학교 다니는 애들 모아놓고 다섯 명, 여섯 명 우리끼리 같이 가르쳤어요. 그런데 힘들잖아. 저는 근무해서 힘드니까 물질적으로만 후원하고, 나중에 영사님한테 막 가서 이게 있어야 된다. 우리 국제결혼가정 애들을 한 3~4년 되나? 5년 되나? 지금 국제결혼가정 애들을 위해서 금요일마다 한글학교가 있어요. 거기에는 국제결혼가정 애들만 와요. 그리고 선생님들이 다 독일어를 아는 사람들이에요. 애네들은 한국 교과서를 하는 게 아니고 한국말 익히면서 역사 이야기를 하면서 한국 문화를 익히는 거죠."

한인 국제결혼가정 여성들은 거주국에서 살아가면서 자녀에게 한국어 교육을 하기 위해 여러 가지 노력을 했다. 그 가운데 하나가 아이들을 한글학교에 보내는 것이다. 아이들은 학년이 올라갈수록 학습 분량이 많아지고 친구 관계, 자기 진로에 대한 고민 등을 겪는다. 그러므로 거주국에서 필요성이 높지 않은 한국어 교육을 지속하는 데 어려움을 겪었다. 사정이 이러했으므로 자녀들의 한국어 학습은 지지부진을 면하지 못했다. 그러한 환경에서도 한인 국제결혼 여성들은 자녀에게 한국어와 한국 문화를 접하게 하기 위한 노력을 지속하여 기울였다. 최춘례는 한글학교의 학습 방향이 국제결혼가정의 자녀들과 맞지 않아 자녀들이 한글 학습에 흥미를 잃은 것을 경험한 후 국제결혼가정의 자녀를 위한 반을 개설하고자 노력했다. 국제결혼가정 여성들끼리 모여서 십시일반 기금을 모으고 학생들에게 교육비를 받아 교사를 고용했다. 그렇게 국제결혼가정 아이들에게 한국어를 가르치기 시작한 지 3~5년 정도 되었다. 국제결혼 여성들이 자녀 세대를 위해 한국어반을 개설한 이유는 자녀와의 소통과 한국인으로서 정체성을 정립시켜주기 위해서였다. 한인 국제결혼 여성들의 경우 일반적으로 한국말로는 뭐든지 표현할 수 있지만, 독일어로는 표현되지 않는 이유에서 독일어가 모국어인 자녀들과 소통되지 않는다. 물론 자녀들이 한국어를 배운다고 해도 어머니만큼 자유롭게 할 수 있는 것은 아니지만, 모국어와 거주국 언어를 둘 다 사용함으로써 자녀와 소통의 기회를 넓힐 수 있다. 최춘례는 한국어를 가르치면서 한국이 어떤 나라인지 그리고 자녀들에게 한국인의 정체성이 무엇인지는 가르쳐야 하고, 그것은 자신의 책임이라고 생각하고 있다.

> "작년부터 우리가 2세대들을 많이 후원하고 있으면서 15명 모았어요. 젊은 애들. 대학생들. 애들이 너무너무 재미있어해요. 걔네들이 교육비 내면서 우리가 애들한테 '이거 꼭 해야 되는 거다'라고 해가지고 하는데 많은 성과를 보고 있고, 교육비는 우리 국제부인회에서 반을 지원해주고 있어요. 여기서 장학생 하나 도와가지고 만약에 애들이 공부를 하고 싶은데 한국에 가서 어학당을 가고 싶잖아요. 비행기표 같은 생활비는 집에서 다 대고 어학당은 우리가 대주는 거죠. 올해부터 하기로 했어요. 한국말 못하면 '너 왜 한국말 못하냐?' 그러잖아. '너 왜 한국 사람인데 한국말도 못해?' 그러면 얼마나 자존심 상하는데."

한국인 2세대는 부모가 한국에서 오스트리아로 이주한 한국인 가정의 자녀를 말한다. 이들은 부모가 모두 한국 사람이지만, 부모에게 한국어를 배우는 데는 한계가 있었다. 어렸을 때는 한국어를 하지만, 자라면서 거주국에 적응해야 하므로 스스로 거주국 언어를 선택한다. 그런 2세대 자녀들이 자라나는 현재의 환경은 한류의 영향으로 한국어와 한국에 대한 긍정적 기류가 흐른다. 부모들이 이주할 당시에는 한국이 어디 있는지도 모르고, 한국은 전쟁하는 나라 또는 도움을 줘야 하는 가난한 나라로 인식되었다. 그런 이유로 자녀들은 거주국 사회에서 효용성이 적은 한국어를 배울 필요성을 갖지 못했다. 그러나 지금은 한국의 경제력과 국력이 엄마 아빠 세대가 이주하던 시기와 비교했을 때 월등하게 향상된 것이 사실이다. 이에 더하여 한류의 영향으로 전 세계에서 외국인들이 먼저 한국을 알고 싶어서 한국어를 배우려고 찾아온다. 그리고 한국인 2세대에게 "한국인인데 왜 한국어를 못하느냐?"라고 물어온다. 그럴 때 한국인 2세대는 당혹스러움을 느낀다. 이러한 상황을 개선하기 위해 한국인 2세대에게 한글을 가르치는 반을 아울러 개설한 것이다. 모국의 위상이 재외에 거주하는 한국인과 국제결혼가정 자녀들에게 한국인으로서의 정체성 형성에 큰 영향을 미치고 있다.

> "그리고 2세대들이 자라면서 한글을 못 배운 애들이 있죠. 걔네들 어릴 때는 배우고 싶었는데 너무 힘들고 어렵고. 그래 안 배운 애들이 지금은 한국어가 얼마나 중요한가를 깨닫게 돼요. 우리가 2세 모임을 따로 해주거든요. 2월부터 10명이 한글학교를 시작해요. 2세대들이. 그래서 3세대들은 다니고 있고, 2세대들이 한글 공부를 해요. 우리가 후원하고 있어요. 국제부인회에서."

2022년 현재 최춘례가 간호사로서 빈으로 이주한 지도 49년째가 되었다. 그것은 국제결혼가정 자녀들의 나이가 그 정도가 되었다는 것을 의미한다. 현재 국제결혼가정 2세대반의 나이는 40대다. 이들은 자신들이 어렸을 때는 거주국에서 한국어의 필요성이 없었고, 배우기도 어려웠으며 시간도 없었기 때문에 배우지 않았다. 그러나 자라면서 한국어의 필요성이 대두된 것이다. 당시 부모는 가르치고 싶었지만, 자녀들 스스로 거부했던 2세대를 위한 한국어반이 개설되었다. 그리고 그들의 자녀인 3세대들을 위한 반도 함께 개설되었다. 2세대들은 부모에게 자기 자녀들에게는 꼭 한국어를 가르쳐줄 것을 바라고 있다. 그리하여 3세대인 5, 6세 반도 일주일에 한 번씩 한글학교에 참여하고 있다.

"한국어 학교에 가면 친구들도 한국말 하니까 '안녕하세요?' 웬만한 거 그런 말들은 알아듣죠. 그리고 한마디씩은 배워오니까. 신경을 안 쓰면 애들이 (한국말) 아무것도 못 해요."

최춘례는 자신의 손녀들이 포함된 3세대를 위한 반을 개설하고 이곳에 손녀들을 매주 데려간다. 그럼으로써 손녀들에게 할머니가 어디에서 왔고, 한국이 어떠한 나라인지 알려주고자 한다. 그리고 현지에서 외국인들이 한국어를 배우려고 한글학교를 찾는다.

"이 나라에서 요즘 한국말 배우려는 사람이 많아요. 한국이 너무 좋아서. 요즘 한글학교가 올라갔어요. 외국인 아이들이 배우러 온다니까요? 한국과 아무 저기가 없는데, 한국이 좋아서. 지난번에 친구가 식당을 개업했는데, 그 식당의 매니저가 한글학교를 졸업해서 한국말을 너무너무 잘해. 외국인인데. 걔는 식당에서 근무하면서 사람들한테 한국말로 인사를 하면 다 놀래지. (한국말) 잘해요."

최춘례는 한류의 영향으로 빈에도 한국어를 배우려고 찾아오는 외국인들이 늘고 있다고 했다. 친구가 운영하는 식당의 매니저는 한글학교에 다니면서 한국어를 배웠고 한국어를 잘한다. 그녀는 외국인들에게 한국어를 가르치고, 국제부인회와 함께 한인 국제결혼가정의 자녀들에게 한국어를 가르치는 활동을 하고 있다. 즉, 국제결혼을 한 여성들이 주축이 되어 자녀 세대를 위한 한글학교를 물심양면으로 지원하고 협력한다. 이러한 방법으로 자녀 세대에게 한국인의 정체성을 심어주고 자신의 정체성도 굳게 한다.

3) 한국 정부의 재외 한글학교 지원

지구촌의 세계 각국은 이주가 활발해지면서 해외의 자국민과 유기적인 관계 형성을 위해 해외 자국민을 위한 정부 기관을 두는 경우가 늘어나고 있다. 한국은 1997년 3월 「재외동포재단법(법률 제5313호)」을 공포하고, 동년 10월 30일 재외동포재단을 발족했다. 재외동포재단의 설립목적은 재외동포들이 민족적 유대감을 유지하면서 거주국 안에서 그 사회의 모범적인 구성원으로 성장할 수 있도록 지원하는 데 있다(김봉섭, 2016: 154, 165). 재외동포재단의 역할 가운데 하나는 재외동포의 자녀 세대를 위한 한글학교 지원이 있다. 이화숙 · 김남경(2018: 117)은 한글학교가 이주국에서 재외 국민 단체 등이 자체적으로 설립한 비정규 학교로서 재외동포를 대상으로 한국어와 한국 역사, 문화를 교육하여 한민족으로서의 정체성을 확립하고 이주국에 안정적으로 적응하도록 돕는 역할을 한다고 했다. 이러한 한글학교는 2017년 기준 113개국에 1,788개가 운영되고 있으며 교사는 1만 5,789명, 학생은 10만 63명에 이른다고 했다.

2020년 2월 20일 현재 오스트리아 빈의 한글학교 교장*의 설명에 따

* 최춘례의 소개로 빈의 한글학교 교장선생님과 20분 동안 통화했으며, 이때 빈의 한글학교 현황에 관한 자료를 수집하여 이를 본 연구에 추가했다.

르면, 빈의 한글학교에는 유치원부터 중등 2학년까지의 과정에 14개 반이 있으며 한국 학생을 위한 반과 국제결혼가정의 자녀들을 위한 한글학교 반으로 나뉘어 운영되고 있다. 국제결혼가정 자녀들은 40명 정도 출석하고 있으며, 재외동포재단으로부터 외국인을 위한 한국어 교재를 받아서 사용한다. 그렇지만 현지 사정에 맞추고 학생의 개별 수준에 맞추기 위해 교사들의 재량이 다수 활용되고 있다. 재외동포재단은 한글학교에 재정지원을 하고 있으며, 그것은 한글학교 1년 운영비 가운데 1/3을 차지한다. 재정은 재외한인 2세대의 한글 교육과 한글학교 학생을 위한 문화행사 등에 사용되고 있다. 학생들이 내는 수업료와 엄마들의 바자회를 통한 수입, 운영위원들의 기부, 재외동포재단의 지원금 등은 학교 건물 임대료, 학생들을 위한 활동과 학교 운영 등에 사용된다. 한국 재외동포재단은 해외에 있는 한글학교 교사를 훈련하기 위해 교장은 50명, 교사는 300명의 제한을 두어 1년에 1회 한국에서 세미나를 연다. 이 세미나는 세계 여러 나라에서 봉사하는 한글학교 교사들의 역량을 높이는 데 목적이 있다. 한국 정부가 재외한인을 지원하는 이유 가운데 하나는 거주국과 긴밀한 협력 관계를 형성할 때 재외한인과 협력할 필요가 있기 때문일 것이다. 또한, 재외한인의 자녀 세대를 지원하는 데도 그들을 잠재적 한국의 재원으로 여겨 이들과 관계망을 넓히려는 전략이 포함되어 있을 것이다.

4) 한국에 거는 기대

"우리와 똑같죠, 그 사람들은. 그 사람들을 이해해야죠. 외국인이니까. 좀 열어서 많이 이해하고 그런 사람들을 보호를 많이 해야죠. 한국에서. 이게 지금 글로발 시대인데 우리끼리. 한국이 잘살고 한국이 세계 랭킹이 7, 8위로 있는데 아직도 외국 사람 저기하고 그러면 안 되지. 좀 본을 보여야 하잖아요. 우리도 한국 사람도 어디 가서 일하잖아요. 우리도 그렇게 당하면 좋겠어요? 아니지."

최춘례는 결혼하여 한국으로 이주한 외국 여성들에 대해 동질감을 느낀다. 자신이 오스트리아 빈으로 이주하여 일하며 살아갈 때 동료의 무시와 시어머니의 시집살이 등을 통해 이주여성들의 삶에 어떤 어려움이 있는지를 체험했다. 그러므로 한국이 외국인노동자와 결혼이주 외국 여성에 대해 이해하고 마음을 열어서 보호하며 따뜻하게 대하기를 바란다. 한국 사회는 다문화 사회에 접어들면서 인권에 대한 의식을 중요하게 다루고 있다. 과거에는 일부 사람들이 이주를 실행했으나 현대사회에서 이주는 특별한 사항이 아니라고 할 만큼 다양하고 흔하게 일어나는 일이 되었다. 그러므로 다민족 · 다언어 · 다문화 사회가 지구촌 어느 곳에서나 일어난다. 이러한 현상에 힘입어 한국 사회도 다문화 사회에서의 인권교육에 변화를 가져오고 있다.

한국 사회가 다문화 사회로 진입한 후 다양한 법령과 정책들이 제정되었고, 이는 이주민에 대한 이해와 이주민의 사회적응에 일정한 공헌을 하고 있다. 그렇지만 여기에서 더 나아가 인권보장과 구성원 간의 상호이해 등 인권적 측면의 보완을 위해 다문화 인권교육에 대한 체계적인 논의가 필요하다(정상우, 2017)는 것에 사회적 관심이 점차 확대되어가고 있다. 그리하여 이러한 다문화 인권교육과 아울러 한국인이 해외에서 어떻게 살아왔고, 다른 나라들은 자국의 이주민을 사회적으로 어떻게 인식하고 대우하고 있는지에 관한 우리의 이해를 넓힐 필요가 있다. 이러한 교육과 이해는 한국 사회의 타자에 관한 이해를 높이고 이주자와 원주민의 상생으로 이끌 것이다.

5) 연금 적립

> "중간에 4년간 집에 애들 키울 때는 꼭 옆에 있어야 했어요. 저는 그거 집에 있으면서 보험을 제가 들었어요. 그러니까 저는 연금을 계속 부었기 때문에 40년 동안 일을 한 걸로 돼 있어요. 일을 안 할 때도 연금을 부었기 때문에. 그렇기 때문에 연금이 이 정도 되는 거지. 그렇지 않으면 밤일도 안 했기 때문에 밤일 한 사람은 많이 받아요. 저는 밤일도 하지 않고 그렇기 때문에 딴 사람보다는 많이 안 받아요. 밤일 한 사람보다는. 실제로는 35년밖에 일을 안 했잖아요. 그걸 다 채워줘가지고 40년 근무한 걸로 해가지고 저기 한 달에 70, 80유로를 적게 받아요. 빨리 저기를, 정년퇴직을 했기 때문에."

최춘례는 노동이주를 한 것이었고, 간호사 직업은 오스트리아에서 계속 수요가 있었다. 3년의 이주노동 약정기간이 끝난 후 결혼하여 정주하면서 거주국에서 간호사 자격을 취득하여 직업에서의 안정성을 높였다. 직업을 통해 연금이 적립되었고, 그로 인해 노후에 경제적 안정을 이룰 수 있게 되었다. 최춘례는 63세까지 근무해야 했지만, 60세에 정년퇴임을 했다. 자녀를 낳고 키우는 몇 년 동안 일을 할 수 없었을 때 남편이 대신 연금을 납입했기에 40년을 일찍 채웠고, 여기에 60일을 더 근무하여 조기 은퇴가 가능했다.

그리고 최춘례는 일찍 퇴직한 후 간호인력이 부족한 병원에 재취업하여 연금을 붓지 않아도 되는 상태에서 경제활동을 계속할 수 있었다. 그러나 미국에 사는 딸을 방문하는 등의 일정이 생겨 그 병원에서 일을 꾸준히 하지 못하게 되면서 은퇴 후 더는 일하지 않는다. 오스트리아의 연금수령은 60세였지만 점점 늦춰져 63세였다가 지금은 65세다. 한국도 다문화사회가 되었고 아직은 이주자들이 경제활동을 하는 시기이지만, 향후 몇 년 또는 몇십 년 안에 이들의 노후가 현실로 다가올 때를 대비해야 한다.

6) 대인관계 네트워크

"그분은 나를 아니까 그리고 내가 누군지 알고 그분도 나를 도와주려고 내가 맨날 부탁하니까 그분은 일전에 답장 와요. 그분이 시간이 어디가 있겠어요. 거기 병동 다섯 개가 있는데, 거기도 응급실이 있고 외래도 있고 거기 쉐프인데. 그 시간 없는데도 시간을 쪼개서 어느 때는 하면은 밤에 답장 보내오고 그래요. 진짜 좋으신 분이야."

한번은 최춘례의 친척이 아는 사람의 아버지가 췌장암에 걸렸다고 연락이 왔다. 왜냐하면 최춘례가 일하는 병원의 원장은 독일에서 그 분야의 세 손가락 안에 드는 전문가였기 때문이다. 한국의 그 환자 아들이 최춘례에게 연락하여 자기 아버지의 CT 사진을 보내서 그 의사에게 보여주고 어떤지 알아봐달라고 요청했다. 그런데 CT 사진이 컴퓨터로 열리지 않아 최춘례도 열지 못했고, 원장도 열지 못했다. 원장은 병원 내의 컴퓨터 전문가에게 의뢰하여 사진을 열어보고 이 환자는 너무 늦어서 방사선 치료가 안 되고 항암치료만 가능하다는 말을 해주었다. 그 사람은 아버지를 독일에까지 데려오려 했으나 원장은 독일까지 오가는 것이 환자 상태에 오히려 좋지 않다고 말했다. 그 대신 항암치료에 63% 치료 효과를 가진 약을 소개해주며 그것을 사용해보도록 추천했고, 최춘례는 그 사람에게 약 이름을 알려줬다. 그러자 그 사람은 그걸 사서 보내달라고 요청했다. 의사가 처방전을 써주겠다고 해서 사서 보내주려고 알아보니 항암 약이어서 운반 중에 깨질 위험이 있고, 깨져서 피부에 닿게 되면 피부가 썩을 수도 있어 위험했다. 그리고 물약을 들고 비행기를 탈 수 없었고, 특수 포장을 하게 되면 통관에서 세금을 포함하여 복잡한 문제가 발생할 수 있기에 그 약 이름을 알려주고는 한국에서 사도록 말해주었다. 그런데 그 사람은 한국에서 그 약을 구할 수 없다고 하소연했다. 결국 그 원장이 한국 사이트를 다 찾아서 서울아산병원, 신촌세브란스병원, 서울대학병원에서 구할 수 있음을 알게 되었고, 최춘례에게 병원 이름과 치료약 등을 보내주라고 했다. 그리고 최춘례도 그 사람에게 한국의 병원에 연락해보라는 말을 전함과 동시에 필요하면 자신이 관계부서에 허가 요청을 하고 허가를 받으면 물로 된 약을 들고 비행기를 탈 수 있으니 약을 가져갈 수 있다고 말했다. 그 사람이 한국의 병원들에 연락했을 때 세브란스병원에서 오라는 연락이 왔는데, "왜 이제 왔느냐? 너무 늦게 왔다"라는 소리를 들었다고 한다. 이런 과정을 보면 최춘례가 잘 알지 못하는 사람일지라도 다른 사람을 위해 어떻게 애쓰는지를 알 수 있다. 더불어 그 독일 병원 원장은 이 일들이 이루어지도록 밤이고 새벽이고 짬이 날 때마다 즉시 최춘례에게 답장하며 문제를 해결해나갔다고 한다. 최춘례의 대인관계가 견고하게 연결되어 있음을 알 수 있는 대목이다.

"처음에는 번거롭기도 했는데 이 사람들이 나한테 감사하다고 하니까. 이 사람들 나한테 생명줄 잡고 있는데. 나는 별로 힘들지 않아. 우리 교수님한테 미안하잖아. 찾아가서 보여주면서, 또 찾아가는데 그냥 가요? 한국 사람은 가서 또 선물. 그 교수님이 일을 열심히 해줬기 때문에 나를 참 좋아해요. 그 교수님이 45살인가 50인가 그래. 젊어. 내가 열심히 일을 해줬고 나를 아니까. 나는 항상 전달을 해요. 고맙다고. 우리 딸이 ○○○마케팅 디렉토리로 있거든요. 그럼 가끔 샘플 같은 거 주잖아. 그럼 그 사람 가져다줘요. 나는 한번씩 병동에 무슨 볼일이 있어서 가잖아요? 그럼 나는 빈손으로 안 가요. 항상 꼭 케이크를 만들어 간대든지 아니면 선물… 항상…"

최춘례는 자신의 대인관계 네트워크가 견고하게 연결된 이유를 감사함을 표현하는 데 두고 있다. 고마운 일이 있으면 항상 고마움을 표현하고 감사의 보답을 한다는 것이다. 그러나 그러한 보답과 아울러 다른 측면도 있다. 좋은 것이 있으면 나누고, 그 원장이 너무 바빠서 밥을 못 먹을 것 같으면 지나가다가 초밥이라도 사서 건네주는 것 같은 세심한 배려와 인간적 신뢰가 있었다. 그것이 서로 어려울 때 도울 수 있는 견고한 이웃이 되는 이유에 더 가까울 것이다.

"병원에서 사람이 잘생기고 유명하다 보면 젊은 여자들이 막 따라요. 부인하고 이혼했어. 내가 부인하고도 친해요. 부인이 이혼당했다고 막 힘들어하고 울고 있을 때 전화해서 같이 산보도 하고 어디 이벤트도 하고 밥도 같이 먹고. 어떤 때는 친구가 아프고 그러면 나한테 연락이 와. '야, 애가 배가 아파서 밤새 잠도 못 자고 그랬는데 어디 아는 사람 있냐?' 그러면 어 전화하는 거죠. 그 부인한테. '야, 우리 딸이 배 아파서 그러는데 어떻게 … (병상) 하나 해줄래?' 그러면 '어, 있다. 내일 아침 7시 반에 와.' 원래는 8시에 자기 근무가 시작되는데 '7시 반에 와.' 그러면 보내. 그러면 고맙잖아. 그러면 친구랑 같이 밥 먹고. 받았으니 감사하고. 도왔으니 감사하고. 그렇게 왔다 갔다 하는 거지."

그 병원 원장과 부인은 어떤 이유로 이혼을 했고, 최춘례는 그 원장 부인과도 친구였다. 이혼한 후 힘든 시간을 겪는 동안 그 부인의 친구가 되어 고통을 나누었다. 그리고 도움이 필요하면 서로 도움을 요청하기도 하고 들어주기도 하면서 고마운 마음을 서로 나누었다. 이러한 방법으로 인간관계가 돈독해졌다고 했다.

최춘례는 어떤 일을 처리할 때 의례적 절차에 따르는 것보다 아는 사람을 통해 처리하는 것이 더 잘된다는 것을 배웠다. 살면서 그것이 목적이어서 인간관계를 잘하는 것은 아니지만, 미래를 위해 언젠가 필요하게 될지도 모르는 누군가의 도움이 소중하다는 것을 안다. 그렇기에 현재를 살아갈 때 늘 감사하고 보답하고 무엇을 하든 열심히 하고 다른 사람의 마음을 감싸주고 고통을 함께 나눈다.

"살기 위해서 이주한 거잖아요. (이주가) 내 삶에 또 보람도 주고. (중략) 옛날에는 (한국이) 그리웠죠. 옛날에. 힘들 때. (그렇지만) 내 고향이 여기예요, 한국이 아니라. 내 고향은 여기야. 내가 여기 사니까. (중략) 신뢰. 믿는 거. 약속하고 그러면 책임감 있게 해요. 애들한테 그걸 가르쳐요. 책임감 있게 행동해라. 뭘 약속하면 꼭 지켜라."

최춘례가 이주 초기 한국의 가족과 편지로만 연락이 가능했던 때는 거주국 언어능력도 미약했고, 지금같이 서로 이해하며 도움을 나누는 친구도 거의 없었던 시절이다. 그때는 한국이 그리웠다고 말한다. 그리고 한국은 지금도 여전히 그리운 존재다. 그렇기에 마음의 상처를 받아도 몸과 마음이 다시 한국으로 향한다. 그렇지만 오스트리아에서 오래 지내왔고, 이곳에 그녀의 남편과 가족이 있고 직업이 있었고 친구가 있다. 최춘례는 자신이 무엇을 배운 곳은 한국이지만, 자신을 성장시킨 곳은 오스트리아라고 여긴다. 그러므로 그녀는 자신의 고향은 이곳 오스트리아라고 말한다. 최춘례는 자신이 살아오면서 가장 중요했던 가치관은 '신뢰'라고 했다. 약속하면 책임감 있게 그 약속을 이행하는 것이 그녀가 이주의 삶을 감당한 가치관이었고 자녀들에게 전하는 유산이다.

7) 한국에 거처를 마련하다

"언니가 이 집을 내놓으려고 했거든요. 이 집이 공영주택이니까. 그런데 내가 '언니 그러지 마. 이게 나중에 언니가 살다가 나이 들면 말도 안 통하니까 한국이 더 좋다. (미국이) 아무리 좋아도 애들이 다 크면 외로와. 이 집은 내둬라. 대신 세는 내가 줄 테니까.' 여기 이 집 다 고친 거예요. 샤워장도 만들고. 샤워기도 없었어요. 바닥도 새 걸로 깔고 정리를 해놓으니까 괜찮잖아요. 우리 어머니 돌아가시면 제가 어디로 가겠어요. 우리같이 나이가 많이 든 사람들은 갈 데가 없어요. 60, 70년대 노동자로 이주했던 사람들은 갈 데가 없어요."

최춘례는 언니가 한 명 있고 다섯 명의 동생이 있다. 언니의 남편으로 인해 집안이 가난의 굴레를 더 오래도록 짊어져야 했다. 언니와 형부는 헤어졌지만, 그래도 형부이니 마음이 쓰였다. 아주 오랜만에 만난 형부는 아직도 이전과 달라진 것이 별로 없기에 이제는 형부의 손도 놓으려 한다. 언니는 노후에 공영주택 한 채가 있었는데, 그것을 팔려고 했다. 이에 최춘례는 언니 소유의 아파트를 팔지 말도록 언니를 설득했다. 이유는 '지금보다 언니가 더 나이 들고 해외에서 잘살지라도 한국이 그리워질 때가 있음'을 알기 때문이다. 그리하여 그 집에 대한 세는 자신이 부담할 테니 집을 팔지 말도록 언니를 설득했고, 헌 집을 모두 수리했다. 수리하고 나니 가끔씩 자신이 한국에 나올 때 거처할 자리가 마련되었다. 파독 간호사들은 노령이 되면서 부모와 형제들이 세상을 떠나고 난 후 한국에 나올 때 손님이 되어 친척이나 친구의 집, 아니면 호텔에서 머문다. 한인 국제결혼 여성들과 이들의 자녀 세대는 어떤 형태로든 한국 사회와의 연계를 지속하지 않으면 직계 가족이 모두 세상을 떠난 후에는 한국과의 연결점이 거의 없게 된다. 그러므로 그들은 한국의 일원이 아니라 손님의 위치에 있게 된다.

5.
소결

지금까지 최춘례의 이주생애사를 살펴보았다. 이 가운데 이주의 영향을 개인적 측면과 모국으로의 초국적 활동, 그리고 거주국에서의 문화 적응 및 이주자의 삶 측면에서 요약하고자 한다. 최춘례가 삶에서 이주를 통해 얻은 개인적 영향은 첫째, '나를 찾은 것'이라고 했다. 100%는 아니지만 자기 자신을 찾은 것, 그리고 삶의 목적이 있고 자신이 왜 사는지를 아니까 그것에 감사하며 만족하게 살고 있다고 했다. 이렇게 되기까지 오래 걸렸고, '내가 이렇게 해서 잘살아왔네'라는 생각을 하며 삶을 돌아보고 있다.

둘째, 이주가 최춘례에게 미친 개인적 영향 가운데 다른 하나는 성찰적 삶의 자세를 가진 것이다. 그녀는 삶의 굴곡과 역경을 겪었고, 이를 극복하면서 남을 변화시키기보다 자기 스스로 변화하여 남을 이해하고자 했다. 그리고 자신의 목숨을 가져가라고 신께 탄원할 만큼 힘든 과정에서 신앙의 궁극적 목표를 찾을 수 있었다. 이전에는 교회만 다니면 구원받는 줄 알았고, 또 신앙의 행위로 다른 사람을 변화시키려 했다. 그러나 신앙의 궁극적 의미를 깨닫고 난 후에는 자기 삶에 진정한 변화를 가져왔고, 그로 인해 남을 변화시키려 하기보다는 스스로가 변화하는 방향으로 나아갔다. 이는 자기 자신을 부단하게 성찰하여 깨닫게 된 것이며, 이러한 과정을 통해 자아를 찾는 과정을 계속하고 있다.

이주로 인한 개인적 영향의 세 번째는 문화적응이었다. 문화적응은 공동체 활동을 통해 그녀 자신이 오스트리아에 적응하는 데 도움을 받았고, 한편으로 남을 돕기도 한다. 한국 문화와 오스트리아 문화는 많은 부분에서 다른 인식체계를 가지고 있다. 의사소통도 문화에 기반한다. 그러므로 같은 현상을 두고 이야기하더라도 문화가 다르면 이를 표현하는 방식이 달라진다. 한국인의 예스(yes)가 오스트리아에서의 예스(yes)와 같지 않다는 점을 문화로 이해하지 않으면, 이 두 개의 예스에서 어느 한 그룹은 '다른' 것이 아니라 '잘못된' 것으로 인식될 수 있다. 이에 최춘례는 공동체 활동을 통해 그녀가 깨닫고 배운 문화적응 내용을 새로 이주한 한국 여성들에게 알려주어 거주국의 문화를 이해하도록 도와주고 있다.

이주 후 모국으로의 초국적 활동 중에는 송금이 있었고 그 송금에는 한국 가족과 이주한 딸의 송금에 대한 인식의 다름이 있었다. 딸의 송금은 되돌려주어야 하는 빚의 개념이 아니라 가족의 일원으로서 당연한 연대의 행위, 즉 '고마운 효도의 결과'로 받아들여졌다. 이에 반해 딸은 자신이 보낸 송금은 나중에 돌려받아 자신이 한국에서 살아갈 '안정 기금'으로 여겼다. 이처럼 첨예하게 다른 송금에 관한 이해는 가족 안에서 논의되거나 표현되지 않았기에 후에 가족 간 갈등의 원인이 되기도 했다.

딸의 송금은 아버지가 사위에게 투자했고, 사위의 사업이 망하면서 송금보다 더 많은 아버지의 빚 속에 묻혔다. 친정에서는 해외에서 딸이 부자로 산다고 여겼고, 친정이 어려운데 이에 대응하지 않는 누나라고 여겼다. 이에 비해 딸은 자신의 송금은 친정에는 적을지라도 어렵게 보내는 것인데, 그에 대한 인정을 받지 못하고 당연한 것으로 또는 만족스럽지 못한 것으로 여기는 것이 아쉬웠다. 양측의 서운한 마음은 갈등으로 표출되었다. 그녀는 이러한 갈등의 근원에 가난이 있음을 말한다. 지금은 가족 모두가 경제적으로 안정되었으므로 지난 이야기가 되었다. 그리고 그 과정에서 그녀 역시 누구에게 무엇을 나눌 때는 받을 것을 염두에 두지 않고 주는 것임을 배웠다.

한국과 초국적 연계의 또 다른 하나는 자녀에게 한국인의 정체성을 남겨주려는 노력이다. 노력 가운데 하나로 한국어를 가르치고 한국 문화를 알려주는 일을 실천했다. 최춘례는 자녀들에게 한국어를 가르치려고 남편과 함께 노력했고, 자녀들은 한국대사관에서 인턴을 하거나 한국에 어학연수 등을 하면서 한국어를 습득했다. 언어를 습득하면서 한국 문화도 함께 접했다. 그러면서 한국을 이해하고 엄마를 이해하는 과정이 되었다. 큰딸은 한국에서 어학연수를 하면서 자신을 위해 희생한 부모에게 눈물의 장문 편지를 보내오기도 했다. 한국어를 가르치려고 했으나 할 것과 배울 것이 많았던 딸들에게 한국어만 배우도록 할 수는 없었다. 한편 딸들은 한국어를 더 완벽하게 습득하지 못했으므로 아쉬움이 있었다. 그러므로 딸들은 엄마에게 자신의 아이들에게 한국어를 가르쳐주도록 요청한다. 자신들은 어렸을 때 한국어 배우기를 거부했으나 이제는 한국어가 필요함을 깨달았으므로 자녀들에게는 어릴 때부터 한국어를 배우는 환경을 조성하는 것이다. 최춘례는 한국인의 정체성이 자녀 세대에 이어져야 한다고 말한다. 딸들이 자신들의 몸속에 한국인의 피가 흐르고 있다는 것을 알아야 한다는 것이고, 그것을 가르치는 것이 자신의 책임이라고 생각하고 있다. 자신이 세상을 떠나고 난 후에도 자녀들은 할머니가 어디에서 왔는지를 이해하고, 그들 자신의 뿌리가 어디에 있는지는 알게 해야 한다는 것이다. 최춘례는 그녀의 후손에게 1세대 조상이 된다. 1세대 조상으로서 그녀는 자녀들이 언젠가 한국 문화를 접할 기회가 왔을 때 충격을 받지 않도록 한복을 입힌다. 그리고 한국 음식을 해주고 한국말을 가르친다. 그리하여 그들의 뿌리를 잊지 않도록 노력한다.

거주국에서의 문화적응의 하나는 커뮤니케이션 방식의 조정이 있었다. 한국적 문화 체계에서의 의사소통은 오스트리아에서의 의사소통 방식과 달랐다. 그러므로 최춘례는 자신의 경험에 따라 이주자인 한국 여성들이 거주국에서 살아갈 때 그곳의 방식으로 의사소통을 하도록 거주국 문화를 이해할 필요가 있음을 알려주고 있다. 한편, 인간관계에서 신뢰를 쌓는 방법은 서로를 배려하고 감사를 표하고 친절한 마음을 표현하는 것과 같은 방식이 있었다. 이는 인간관계를 맺고 유지하는 방법이 동서양의 서로 다른 문화와는 관련이 없음을 의미한다. 즉, 동서양 모두에서 통용되는 문화는 인간 존중이며 신뢰와 배려임을 최춘례의 삶을 통해 알 수 있다.

최춘례의 이주생애사에 나타난 이주자의 삶의 특성은 정체성을 분명히 하는 것이었다. 자신이 어디에서 왔는지를 자손들과 거주국 구성원들이 이해하고, 그러한 자신의 특성이 인정되기를 바라는 측면이 있다. 어린 손녀들은 거주국에서 태어나고 자라고 거주국의 정체성으로 살아가겠지만, 그래도 그들의 할머니가 어디에서 왔으며 어떻게 살았는지를 알려주고자 한다. 그래서 자손들에게 한국어를 가르치고 한국 문화를 접하게 하는 데 주의를 기울인다. 또한 거주국의 사람들에게 한국 음식과 문화를 경험하게 하고 알려서 자신이 한국 사람임을 나타낸다. 최춘례는 이주자가 되어 거주국의 구성원과 유사하지 않은 특성으로 살아갈 때, 거주국 성원과 다른 자신의 특성을 드러내어 그들에게 자신을 인지하게 했다.

6장

권숙녀의 이야기: 참나를 찾는 여행

1. 유년-청년기
2. 이주와 결혼 시기
3. 거주국의 적응기
4. 노년의 삶
5. 소결

1.
유년-청년기

1) 아버지, 13세에 일본으로

"우리 아버님은 13세에 밀선을 타고 돈이 없으니까. 밀선을 타고 일본을 들어가셨대요. 그때 아버님의 인척이 일본에 있어서 교토 어디만 가면은 그 삼촌을 만날 수 있다는 거. 그런 연고로 가셨고 어머니는 부모님이 일찍 (일본에) 가셨고 할아버지 할머니 따라 먼저 가셔 가지고."

권숙녀의 아버지는 13세에 일본으로 밀항했다. 일본에 아버지의 인척이 살고 있었지만, 어디에 사는지는 정확하게 알지 못했다. 다만 교토의 어느 곳에 가면 만날 수 있다는 것만으로 일본행을 선택했다. 그리고 어머니는 아버지보다 더 어렸을 때 오빠와 함께 아버지, 어머니를 따라 일본에 가서 정착하여 살고 있었다. 권숙녀의 외할아버지는 일본에서 벨벳공장을 운영하며 독립운동을 했다고 한다.

"벌써 (외)할아버지 (외)할머니가 세상 보는 눈이 아주 오픈돼 있으셨고. 그분들은 농부들이 아니셨고 그래서 먼저 가셔가지고 그 기술을 배우셔가지고 공장을 하시면서 일본에서 그 비로도공장에서 기술을 배우신 거야. 우리 외할아버지는 일종의 정치를 하신 거죠. 거기서 외할아버지가 만주에서 독립투사들하고 같이 전보 그거 하고, 일본에 계실 때도 경찰서장하고 같이 승마하고 친구인 양 생활하시면서 저기 집에서는 그 비로도공장의 지하실에 신문으로 창문을 다 빛이 안 나가게끔 막고 커텐을 치고 한글을 가르쳤대요. 그때 발각됐으면은…"

권숙녀의 외조부모는 일찍이 일본으로 건너가 벨벳을 만드는 기술을 배워 벨벳공장을 운영하고 있었다. 그리고 외적으로는 일본 경찰서장과 친구로 지내면서 다른 한편으로 공장 지하에서는 한글을 가르쳤고, 후에는 만주로 이동하여 독립운동을 계속했다.

2) 부모님의 결혼

"어머니가 딸만 넷인 집안에서 둘째 딸. 그러니까 외할아버지가 너무너무 아들을 원하셨는데 우리 외할머니가 정~말로 아들 낳게 해달라는 기도. 그거를 겨울이고 뭐고 없이 정말 가가지고 찬물에 머리 감고 매일 가서 매일 기도를 하시고 그랬는데 결국 아들은 못 낳고 딸만 넷을 낳았어요. 그래서 외할아버지가 독립운동에 동참하시는 무렵인데 만주로 떠나시면서 외할머니는 모시고 가고 제일 막내딸 데려가고, 그리고 이제 다른 딸 둘째를 가난한 집에 종부로 시집을 보낸다 하니까 할아버지한테는 그것도 맘에 안 들은 거야. 우리 덕이가 제일 남자가 될 놈이 여자가 돼서 나왔는데 할아버지는 그것도 탐탁지 않고."

권숙녀의 어머니는 딸 넷 중에 둘째 딸이었고, 과묵하고 결단력 있으며 똑똑했다. 외할아버지는 둘째 딸을 두고 남자로 태어났다면 좋았을 것이라고 여겼다. 딸이 재능을 많이 가졌으나 여성이기에 그 능력을 다 펼치지 못함을 아쉬워했다. 권숙녀의 외조부는 독립운동에 본격적으로 동참하기 위해 만주로 떠나면서 아내와 어린 막내딸을 데려가고 둘째 딸은 가난한 집의 종손에게 시집보내게 된 것을 마땅치 않게 여겼다. 그때 중신아비는 남편 될 집안이 종가라는 점을 강조하며 중신을 섰다. 그는 "종가는 어차피 차손들이 농사를 지어 1년 양식을 보내니 종가 자체는 부자일 필요가 없고 종가는 그저 가족의 전통을 지키는 것"이라고 하며 두 사람의 결혼 성사를 위해 노력했다.

권숙녀는 어릴 때 기억에 친가의 할아버지가 하얀 두루마기를 입고 까만 갓을 쓰고 어머니, 아버지가 하는 벨벳공장에 왔던 것을 기억한다. 할아버지가 오시면 어머니는 여비를 늘 마련해놓았고 그것으로 할아버지는 안동권씨 일가를 만나러 가셨다. 한편, 만주로 떠나는 외할아버지는 권숙녀의 아버지 집안이 가난했던 것, 그리고 아무것도 가진 것 없는 남자에게 딸을 시집보내고 떠나야 하는 것이 탐탁지 않았다. 그렇지만 곧 만주로 떠나야 하는 상황에서 달리 다른 선 자리가 있었던 것도 아니었으므로 이러지도 저러지도 못하는 상황이었다. 권숙녀 어머니의 선택만이 이 일을 종결할 수 있었다.

"아재요~ 한번 가난한 거는 가난이 뭐 영원히 가난하라는 보장도 없고, 법도 없고 사람 반반하면 된 거 아닙니까. 사람 보고 가지 그럼 제가 돈 보고 시집을 갈까요? 그게 이제 오케이가 된 거야. 어머니는 자꾸 그런 얘기를 들으면서 '아, 그래서? 그기 흠이라면은 그럼 가난한 남자들은 장가 하나도 못 가겠네.' 그게 오케이가 돼가지고 결혼을 해가지고 우리 큰오빠가 1941년도에 태어났어요."

권숙녀의 어머니는 중신아비가 신랑 될 사람이 가난하다는 이야기를 반복해서 할 때 '그것이 무슨 문제가 된다는 것인가?'라는 생각을 했다고 한다. 그러한 어머니의 생각이 전달되었을 때 사람들은 당사자가 수락했으므로 결혼을 진행하는 것으로 결론을 지었다. 그렇게 결혼한 후 두 사람은 외할아버지가 떠난 벨벳공장에서 일했다. 그리고 해방이 다가오면서 외할아버지는 권숙녀의 아버지에게 연락하여 공장과 팔 수 있는 것은 가능하면 빨리 모두 처분하여 한국으로 들어가라고 말했다. 그리하여 권숙녀의 부모님은 일본에서 하던 공장을 모두 처분한 후 해방 즈음에 한국으로 왔다.

"어느 날 우리 어머니가 우리 할아버지보고 '어떻게 우리 숙녀 기집아라도 그래도 호적에라도 얹어놔야지요.' 그러니까 '그래 하지 뭐' 그래가지고 하신기 연도도 틀려 달도 틀려 날짜도 틀려. 뭐 음력도 왔다리 갔다리 그러니까 저는 완전히… 내셔날 메디칼 센타에 간호대학에 신청을 하고 조금 있으면 시험을 봐야 되는데 거부를 당했어요. 나이가 니는 너무 모자라니까 안 된대요. 근데 보니까 51년으로 돼 있었어요. 제가 태어난 거는 50년은 확실한 거죠. 제가 100일 될락 말락 할 때 6.25가 터져서 우리 엄마가 우리 공장 정원에 널어놨던 기저귀만 막 걷어가지고 가슴에 안고 저를 등에다 업고 피난을 가셨어요. 집에 있는 돈이고 뭐고 가지고 갈 물건들 좋은 거 값어치 나는 거 그런 걸 생각한 게 아니고 이거 기저귀 갈아줄 거 그거 생각하느라 그랬으니까 50년이 맞기는 맞는 거 같아요. 그래서 제가 호적을 어떻게 신청하는 자료에 규정된 거를 그냥 50년으로 바꿔서 넣었어."

권숙녀의 조부는 5대를 독자로 이어온 종손이었다. 친척도 없이 독자만으로 아슬아슬하게 종가를 이어오고 있었는데, 그때 권숙녀의 어머니가 아들을 여럿 낳았기에 며느리를 매우 아꼈다. 출생신고가 되어 있지 않은 딸을 위해 권숙녀의 어머니가 시아버지에게 여아라 해도 호적에라도 얹어놔야 하지 않겠느냐고 말함으로써 권숙녀의 호적이 작성되었다.

권숙녀의 조부는 손녀가 태어난 연도와 달, 날짜를 실제 생일과 다르게 작성하여 출생신고를 했으므로 음력 생일도 달라졌다. 당시에는 생일을 음력으로 기억하는 것이 일반이었다. 그런데 권숙녀의 조부가 출생신고를 할 때 손녀의 실제 음력 생일에 기준하여 양력 날짜를 적은 것이 아니고 다른 양력 날짜를 적었기에 그에 따라 음력이 달라졌다. 할아버지가 손녀의 출생일을 다르게 적음으로써 손녀는 실제 자기 생일의 양력과 음력 모두를 잃어버리게 되었다. 권숙녀는 현재 자신의 실제 생일을 알지 못한다. 할아버지는 1951년에 출생한 것으로 신고했으나 그녀의 어머니 기억에 의하면 1950년에 태어난 것으로 생각한다. 왜냐하면 권숙녀가 100일이 될 즈음에 6.25가 터졌고, 이때 권숙녀의 어머니는 아기를 등에 업고 집안의 값나가는 물건은 모두 놔두고 공장 정원에 널어놓은 기저귀만 급하게 걷어 피난길에 올랐다고 했기 때문이다. 권숙녀의 조부는 손녀가 태어난 후 바로 출생신고를 하지 않았고, 나중에 출생신고를 할 때 손녀가 태어난 해와 달, 날짜를 기억하지 못해 틀린 날짜를 적어 신고했다. 이 일은 권숙녀가 고등학교 졸업 후 국립중앙의료원에 지원하여 시험을 치르려고 할 때 연령 제한으로 시험을 치르지 못하는 위기를 겪는 이유가 되었다.

3) 귀한 고명딸

"제가 초등학교 다니고 중학교 다닐 때까지만 해도 아주 호강했다고 봐야죠. 비로도공장을 하니까 그때만 해도 시집갈 때 비로도 치마저고리 한 벌, 그 한 세트를 가지고 가면은 대단한 걸로 했었던 때 우리 집에서는 막 그거를 만들어내는 집이었으니까. 거의 1년 내내 제 생각에는 비로도로 디리디리 감고 학교를 다니고 그랬나 봐요. 그러니까 제가 못나기로 유명했었어요. 그래가지고 저를 낳아놓으니까 사람들이 보러 와가지고는 '허!' 그러고는 말을 못 하고. 그럼 우리 아버지가 아무도 없으면은 '숙녀 그래도 내 보기에는 괜찮한데 왜 사람들은 허! 그러느냐고.' 그래도 초등학교 다닐 때는 학교 선생님들이나 주위에 귀빈들이 결혼하고 뭐하고 행사를 하면은 무조건 꽃다발 증정은 제가 다 했어요. 옷을 하도 잘 입으니까."

권숙녀는 어렸을 때 "너 시집갈 때 코는 내가 해주마'"라는 오빠들의 농담을 듣고 자랐다. 그녀의 외모를 보고 형제들이 이마도 튀어나오고 뒤통수도 튀어나오고 광대도 나오고 코도 이상하게 생겼다고 놀렸으나 가족들은 그녀를 귀하게 여겼다. 그리고 옷을 잘 차려입었기에 학교에서 행사할 때 대표로 꽃다발 증정하는 것은 늘 권숙녀가 담당했다. 그녀의 아버지는 하나 있는 딸을 마음으로는 귀하게 여겼으나 겉으로는 내색하지 않았다. 한편, 부모님의 공장이 잘될 때는 45~46명이 일했고 공장 식구들은 권숙녀의 집에서 함께 식사했다. 또한 당시에도 벨벳을 만드는 기술자들이 더 좋은 조건을 내놓는 다른 공장으로 이직하는 일이 자주 있었으므로 유출되지 않도록 관리도 해야 했다. 이러한 기술자 유출 방지, 직원들 월급관리 그리고 벨벳 판매에 관한 일과 직원들 식사까지 공장 관리의 대부분을 권숙녀의 어머니가 담당했다.

"어머니가 굉장히 좀 리더쉽도 있었고 사업에 대한 그 센스도 있었고. 그리고 이 퍼스널 매니지먼트도 아주 그 대단한 탈렌트 이런 거를 갖고 계시고. 우리 아버지는 그냥 꼿꼿한 분이고 융통성이 별로 없으시고 기계 만지는 거는 잘하셨지만. 그렇지만 기술자는 둬야 되고 이런 사이에서 어머니가 굉장히 내조를 잘하신 거 같아요. 그 많은 기계에서 나온 비로도를 저희 어머니가 경상북도와 강원도 시장에 다 뿌렸어요. 어머니가 오시면은 제 기억에 요만한(장지갑 정도 크기의 파우치) 돈지갑, 물건이 얼마나 몇 덩어리를 갖고 가시던지 간에 돈지갑만 겨드랑이에 끼고, 나는 유모 등에 업혀가지고 엄마를 버스정류장에서 기다리면은 요고(겨드랑이에 지갑을 끼고) 갖고 내려오시는 그 기억이 나요."

권숙녀는 아버지를 선비 같은 모습으로 기억한다. 어머니는 벨벳이 생산되면 그것을 지방 시장에 가지고 가서 다 팔고 왔으나 아버지는 한 필도 제대로 팔지 못했다. 아버지는 기계는 잘 다루었으나 장사에는 영 소질이 없었다. 한 예로 시장에 물건을 가져갔을 때 누군가가 "물건이 이렇네,

저렇네"라며 타박이라도 하면 아버지는 그길로 물건을 거두고 장사를 그만두었다고 한다. 그래서 그녀의 어머니는 남편에게 판매일을 하지 말도록 했고, 남편이 잘하는 일을 하게 했다. 권숙녀는 밤에 간혹 잠에서 깨었을 때 부모님이 공장 운영에 관해 이야기를 나누던 것을 기억한다.

4) 여섯째 형님으로 불리다

"이웃 사내아이와 딱지치기 중 이긴 내 딱지를 빼앗아가는 것을 막느라 내 손으로 딱지를 덮는 순간 그가 내 손을 짓밟아 끝내는 엄지손톱이 빠지고 말았다. 형제들이 나를 소개할 때는 우리 여섯째 형님이라고! 또한, 5살과 9살 위인 오빠들과의 생활은 마냥 천진난만했고 학교 진학 문제도 쉽게 도움받을 수 있었다. 여고 시절에 혼자서 시골 유학할 때 공군 장교이셨던 큰오빠의 시골 여자고등학교 방문은 온 친구들이 부러워했던 순간이다!"(자기생애사)

권숙녀는 남자 형제들 가운데에서 자랐다. 딸이 하나였고 부모님은 바빴기에 권숙녀를 돌볼 여유가 없었다. 오빠들을 따라다니며 놀았기 때문에 어릴 때의 놀이는 남자 형제들이 하던 딱지놀이, 나무타기 같은 것이었다. 어릴 때 딱지를 딴 후 딱지놀이에서 진 아이가 딱지를 빼앗으려 했을 때 그녀는 딱지를 손으로 덮어 뺏기지 않으려 했다. 그때 그 남자아이가 손을 짓밟아서 결국 엄지손톱이 빠졌다. 짓밟히는 손이 아픈 것보다 딱지를 뺏기지 않으려는 의지가 더 강했던, 다시 말해 한번 어떤 것을 해야겠다고 결심하면 해내고 마는 권숙녀의 특성 때문에 두 명의 오빠와 세 명의 남동생은 그녀를 '여섯째 형님'이라고 불렀다. 이 별명에 그녀의 특성이 담겨 있는 것으로 보인다. 별명과 어린 시절 딱지 사건에 나타난 그녀의 뚝심, 배짱, 용감함 등이 그녀의 생애에서 재현된다.

5) 아버지께 인정받기

> "어머니는 '딸 하나는 과분코 반은 별 쓸모가 없다' 하신 절대 보수적 안목을 가지신 아버님 뒤에서 묵묵히 5남 1녀 중 딸의 장래를 지켜보시며 남모르게 은근히 용기를 북돋아주신 분이다! '요즈음 세상은 여자도 배워야 현명한 부인, 어머니 그리고 사회에 필요한 일인이 될 수 있다'라고 귀띔해주셨다. 곧 그 말씀은 그때 나에겐 '열심히 공부하여 네 실력과 능력으로 아버님께 보여 드려라!'로 받아들였다."(자기생애사)

"딸 하나는 과분코 반은 별 쓸모가 없다"라는 말의 의미를 물었을 때 그녀는 이렇게 대답했다. "경상도 사투리인데, 그러니까 이러나저러나 웰컴이 아니야. 별로 희망 사항이 아니고 태어나서 고마운 게 아니라는 그런 의미예요"라고 했다. 권숙녀는 그리 달갑지 않은 '딸'이라는 존재로 태어났으므로 아버지에게 자신을 증명해 보이고 인정받기 위해 부단히도 애쓰는 삶을 살았다. 그녀의 집이 공장을 하다 보니 가족이 모두 기계 돌리는 일에 참여해야 할 때가 자주 있었다. 그때 어린 숙녀도 작은 기계를 돌렸는데, 저녁이 되어 다른 사람들은 모두 불을 끄고 집으로 갔다. 그러나 그녀는 하라고 했으니까 그만하라 할 때까지 계속 기계를 돌리고 있었다.

그날 종일 기계를 돌렸는데, 여기에서 또다시 그녀의 뚝심이 나타난다. 공장 직원과 가족들이 모여 밥을 먹는데, 어린 딸이 보이지 않았기에 아버지가 찾으러 나섰다.

"공장 문을 열다가 어디에서 덜거덕덜거덕 소리가 나니까 아버지가 불을 켜시고 저한테 다가오셨어요. 그러더니 아무 말씀도 안 하시고 '이제 안 돌려도 된다' 그러시고 저를 안고 우시더라고. 딱 한 번 기억이에요. 그래, 우리 아빠가 나를 좋아하는구나. 그리고 다시는 일하라 소리 안 하셨어요."

공장의 직원들과 가족들이 하루 일을 마치고 모여앉아 저녁을 먹을 때 딸이 안 보이는 것을 알아챈 것은 아버지였다. 너무나 귀했기에 차마 당신 입으로 귀한 딸이라고 말하지 않았던 아버지의 눈에 어린 딸이 보이지 않았으므로 직접 찾으러 나섰다. 그리고 컴컴한 공장에서 기계를 돌리는 딸을 발견한 아버지는 처음으로 딸을 안고 울었다. 자신을 안고 우는 아버지를 본 딸도 그때서야 아버지가 자신을 사랑한다는 것을 알았다. 아버지는 딸을 귀하게 여긴 만큼 그녀에 대한 염려가 넘치기도 했고, 다른 한편으로는 엄한 것도 각별했다.

6) 고향에 혼자 남아

"고등학교 수석으로 들어가면 1등 하는 놈은 학비를 낼 필요가 없으니까 니 살아가는 것은 내가 돌봐줄 테니까 (공부)하자. 그랬으니까 우리 아버지가 학교 절대로 못 가게 하시다가 이게 또 덜컥 (1등이) 됐네. 그런데 선생님이 또 뒤에서 막 그러시네. 그러니까 아버지가 이제 포기를 하신 거야. 오케이 그러면은 자만 두고 가자. 그래가지고 그 어른들은 서울로 가신 거예요."

권숙녀가 중학교에 갈 때만 해도 가정경제에 문제가 없었으나 고등학교에 들어갈 즈음 아버지가 하던 벨벳공장이 문을 닫았다. 공장을 닫은 이유는 박정희 정권 때 호주에서 수입되던 원사가 금지되어 물품 생산을 하지 못하게 되었기 때문이다. 그 일로 인해 당시 많은 벨벳공장이 줄도산했다. 젊은 세대들은 방직 기계로 다른 방도를 찾았으나 그녀의 아버지는 그렇게 하지 못했다. 그래서 경제적으로 매우 어려운 형편이 되었다. 형편이 어려웠던 이 시기에 권숙녀는 고등학교에 갈 시기였고, 남동생은 중학교에 합격했다.

권숙녀의 아버지는 딸을 교육할 생각이 전혀 없었고, 남동생을 중학교에 진학시킬 생각이었다. 그러나 고등학교 입학시험에서 1등을 하게 되면 장학금으로 고등학교에 다닐 수 있었으며, 중학교 담임 선생님은 숙녀를 양녀로 삼아 돌보겠다고 나섰다. 그리고 아버지에게 권숙녀를 고등학교에 진학시켜 반드시 공부시켜야 한다고 강력하게 주장했기에 아버지가 양보하여 남동생 대신 고등학교에 진학하게 되었다. 이 일로 권숙녀는 자기로 인해 중학교에 진학하지 못한 동생에게 미안한 마음을 가졌다. 그리고 그 당시 벨벳공장이 문을 닫았기 때문에 가족은 모두 서울로 이사 갔고, 권숙녀만 홀로 고향에 남아서 고등학교에 다녔다. 그녀는 가족이 모두 서울로 떠난 고향에 홀로 남아 고등학교에 다니던 시절을 힘들다거나 외롭다고 여기지 않았다. 친구들도 있었고, 가끔은 공군 장교였던 큰오빠가 그녀를 보러오기도 했기 때문이다.

> "근데 어머니가 헤어지는 순간에 뭐라고 하셨느냐 하면 '숙녀야, 인제 나는 니하고 헤어지면은 엄마는 돌아보지 않는다. 그리고 니를 케어할 사람은 너 스스로밖에 없어. 엄마가 몇백 킬로미터 바깥으로 지금 가고 있는데 니가 도와줘~~ 그래도 내가 아무리 빨리 달려와도 니가 필요할 만큼 그 속도로 내가 올 수 있을지 없을지는 우리가 부처님한테 맡기자. 이제는 니가 니 주인이고 니 인생의 어느 누구도 니를 리드할 사람은 없어. 아부지도 없고 엄마도 없고 니가 니 주인이다.' 그런데 그때만 해도 그게 무슨 말씀인지는 몰랐는데, 니가 니 주인이야. 니한테 좋은 거 하고, 니한테 안 좋은 거 남한테 하지 말고, 누가 도움 필요하면 주고. 너무 좋은 말씀들이에요."

고향에 딸 혼자만 남겨두고 가는 일은 그녀 자신보다 부모님의 고민이 더 많았을 것이다. 딸을 두고 떠나갈 때 아버지는 당시 집안 상황을 설명하고 "그러니 너도 함께 서울로 올라가는 것이 옳다"라고 말했다. 그러나 어머니는 여성도 배우는 것이 좋으니 네 결정에 맡긴다고 했고, 권숙녀가 자기 삶의 주인이 되기를 믿고 기다려주는 쪽을 선택했다. 그때 어머니가 들려준 권고는 지금도 권숙녀의 마음과 가치관에 살아서 움직이고 있다고 했다. 아버지와 어머니의 상반된 권고에 권숙녀 역시 결단을 내려야 했다. 그 옛날 그녀의 어머니가 아버지와 결혼할 것인지에 관해 결정할 때 그녀의 결정이 자신의 삶에서 새로운 시작점이 되었던 것처럼 이때의 권숙녀도 그 자신의 삶을 스스로 결정해야 했다. 그리고 그녀는 시골에 혼자 남아 고등학교에 진학하기로 마음을 굳혔다. 이 결정은 그녀 자신에게는 고교 진학이지만, 바로 밑 남동생에게는 중학교에 진학하는 것이 좌절되었음을 의미했다. 그리고 이때의 결정은 후에 이주로 연결되는 근거가 되었다. 고등학교를 졸업했기에 국립의료원에 지원할 자격이 되었기 때문이다. 만약에 고교 진학을 하지 않고 가족과 함께 서울로 이사 갔다면, 그리고 그녀 대신 남동생이 중학교에 갔다면 권숙녀는 서울에서 경제 여건이 좋아지기 전에는 고등학교에 진학할 기회를 갖지 못했을 것이다. 서울에 간 이후에도 가족의 경제 여건은 좋아지지 않았다.

한편 시골에서의 학교생활에서 그녀는 평생지기 삼총사 친구들을 만났다. 그 가운데 한 명은 혼자 외롭게 살다가 먼저 하늘로 갔다. 하지만 이 친구로 인해 후에 권숙녀가 특별한 스님을 만나게 된다. 다른 한 명은 현재 미국에 살고 있지만, 서로 연락하지 않고 오랜 시간이 지난 후에 만나도 아무 허물이 없는 친구다. 이 친구는 특히 글을 잘 써서 학교에서 국어시간에 작문 숙제가 있을 때는 시를 두 편 써서 한 편은 권숙녀에게 주었다. 권숙녀는 또 수학을 잘했기에 수학 푼 것을 친구에게 보여주곤 했다. 권숙녀가 빈에서 자녀 셋을 키울 때 아이들이 한국어를 배우도록 이 친구에게 보냈고, 아이들은 그 집에서 여름 한 달을 지내고 돌아오기도 하는 그런 허물없는 친구다. 이러한 친구들을 만난 것이 고향에 홀로 남아 고등학교에 다니던 때다.

권숙녀의 가족이 딸을 홀로 남겨두고 서울로 이사하기 전에 살던 집은 당시 주변에 몇 채 없던 기와집이었다. 이 집을 매매하면서 다짐받은 것은 딸이 사용하던 방은 고등학교 졸업할 때까지 사용하게 해달라는 조건이었다. 그 집은 권숙녀가 태어나고 자란 집이었다. 집을 사려는 마음에 바빴던 그 사람들은 조건을 수락했지만, 가족이 모두 서울로 간 후에는 권숙녀를 집 뒤의 골방에서 살게 했다. 고등학교를 졸업한 권숙녀는 돈 안

들이고 배울 수 있는 곳이 어디인가를 궁리했다. 그녀의 큰오빠처럼 서울대학교에 가고 싶었으나 자신이 가진 환경을 살폈을 때 서울대학교에 가는 것이 가능하지 않다는 것을 인지했다. 꿈은 컸지만, 그것을 이루기에 가진 제약이 많았다. 그래서 선택한 것이 국립의료원이었다.

7) 내 삶의 진로 찾기

> "어디를 가야 돈 안 들이고 학교에 갈 수 있을 것인가? 그때만 해도 꿈은 컸고 근데 마지막 단계에서는 어디 가서든 톱을 하든지 그러지 않으면 서울대 같은 데는 어차피 못 가고 그래서 연구를 한 게 돈 안 드는 학교. 그리고 거기는 외국으로 다 간다. 100%. 그래서 보니까 국립의료원 간호학교. 완전 스폰서식. 먹고 자고 입히고 다 해주고. 그리고 졸업하면 의무 근무하고 나서 거의 100%가 미국으로. 특차고. 거의 한두 달 시험을 봐서. 이거 뭐 떨어지든 말든 해야 되겠다. 그런데 나이가 적어서 안 된다 그래서 막 해가지고 어쨌든 시험을 봤죠. 300명 와서 30명 뽑았어요."

권숙녀가 고등학교를 졸업할 시기에도 경제적 어려움이 지속되었으므로 그녀는 자신의 진로를 다각적으로 고민했다. 실제적인 꿈은 서울대학교에 진학하는 것이었다. 서울대학교에 가고자 한다면 시골 학교에 다닌 자신의 실력으로는 가능하지 않을 것이므로 도심에 있는 다른 학교로 전학한 후 그 학교에서 1등을 해야겠다고 생각했다. 그러나 그렇게 하기에는 현실적으로 어려움이 있었다. 현재 다니는 고등학교는 장학금으로 다니기 때문에 학비를 낼 필요가 없지만, 다른 학교로 전학한다면 교육비와 자취생활비 등 경제적으로 제약이 따를 것이다. 그러므로 현실적으로 서울대학교는 가지 못할 것임을 받아들이기로 했다. 그리하여 다음으로 생각한 것이 돈이 들지 않는 학교가 있는지를 살폈다. 그렇게 찾은 곳이 국립의료원*이었다. 그곳에 가면 장학금으로 교육과 숙식이 해결될 뿐만 아니라 졸업 후 일정 기간 근무하고 난 후 외국으로 갈 기회도 있었다. 거의 100%가 미국으로 간다는 것이다. 이러한 것을 알게 된 후 권숙녀는 무조건 국립의료원 시험에 응시할 결심을 했다.

권숙녀는 1950년에 태어났으나 할아버지가 신고한 호적에는 1951년으로 기록되었다. 그 결과 국립의료원 간호학교에서는 나이가 적다고 원서를 받지 않으려 했다. 그러나 어떻게든 시험을 봐야 했으므로 출생을 1950년으로 수정하여 지원했다. 그리하여 시험을 볼 수 있었고 합격했다. 10:1의 경쟁을 뚫고 들어간 국립의료원은 그녀에게 마치 궁전처럼 느껴졌다. 자신의 집이었으나 결국 남의 집이 된 곳에서 더부살이하다가 유럽식 기숙사에 들어갔으므로 학교 시설은 만족스러웠다. 당시 국립의료원은 스칸디나비아 간호사들이 가르쳤고 굉장히 엄격했다. 음식은 빵, 햄, 튀김, 고기류, 달걀 등이 나왔다. 그런 외적 환경은 좋았으나 그녀는 공부에 전혀 흥미가 없었다. 그래서 국립의료원에서 생활하면서 고생도 많았고, 세 번쯤 쫓겨날 위기에 처하기도 했다. 그때 국립의료원에 합격한 친구들은 대부분 도청 소재지에서 1~2등을 하던 학생들이었다. 권숙녀는 시골 학교에서 공부를 잘했지만, 도심에서 전교 수석을 하던 친구들의 뛰어난 실력을 보았을 때는 그들이 달리 보이기도 했다. 그래도 국립의료원

---

* 지금은 국립의료원 간호학교가 성신여대 간호대학으로 바뀌었다.

← 친구와 함께. 왼쪽이 주인공

국립의료원 간호학교 간호 캡 쓰기 기념식 ↓

[그림 6-1] 국립의료원 간호학교 재학 시절

간호학교에서 새로운 친구들도 사귀었고, 관심이 없던 공부를 제외하고는 즐겁게 학교생활을 했다. 그때 함께했던 친구 가운데 지금도 가깝게 지내는 친구들이 있다.

> "병원에서 졸업을 하고 일을 의무로 한 3년을 해야 돼요. 그런데 3년을 하기 싫더라고. 그래서 1년쯤 이렇게 이렇게 하던 중에 어느 날 우연히 신문을 보고 알게 됐어요. 비엔나에도 한국 간호원들을 찾는다. 이거는 뭐. 비엔나 딱 들으니까 당장 신청을 해가지고 당장 오케이를 받았어요. 그러니까 아직 사표도 안 냈고 저는 공무원이었잖아요. 그래 큰났다 싶어가지고 저는 부산으로 가야 되고 부산에서 결혼을 해야 될 것 같고. 여자는 결혼하면 따라 가야 되니까. 그기 도립병원에서 가서 나머지를 하라고. 저는 하는 것보다 어쨌든 그냥 깨끗하게 저는 지불해야 될 것을 지불하겠습니다. 그래가지고 그때 돈으로 삼십 몇만 원을 되돌려주고."

국립의료원이 학생들에게 장학금을 주며 공부하도록 했기에 학생들은 졸업하면 3년 동안 의무로 병원에서 일해야 했다. 그리하여 1년쯤 근무하던 어느 날 우연히 신문을 보았고, 파독 간호사 모집이 있음을 알게 되었다. 그리고 파독 간호사 모집에 신청하여 교육을 받던 중 오스트리아 빈에 갈 사람을 모집했고, 거기에 신청하여 오스트리아로 이주하게 되었다. 그러나 3년을 근무하지 않았기 때문에 부산으로 시집간다고 둘러대고 위약금 30만 원이 넘는 금액을 되돌려주고 퇴사 처리를 한 후 이주했다. 위약금은 엄마가 빌려주었다. 1970년대에 쌀 한 가마(80kg) 값을 검색해 본 결과 1946년에는 3.86원, 1963년에는 3천 원, 1972년 1만 원, 2008년 20만 원이 넘었다(네이버 지식 검색). 1972년 당시 쌀 한 가마 가격이 1만 원이므로 이를 기준으로 했을 때 30만 원은 쌀 30가마로 환산할 수 있다. 그리고 그것을 2008년 쌀값으로 환산하면 30가마×200,000원=600만 원이 되는 셈이다. 당시의 30만 원이 현재 600만 원의 가치인지는 정확하지 않지만, 적지 않은 금액이었음을 짐작할 수 있다. 권숙녀는 간호사로서 국내에 안정된 직업이 있었고 상당한 금액의 위약금을 치러야 했음에도 파독 간호사에 지원한 이유를 다음과 같이 말했다. 간호사 일은 하기 싫었고 빈에 가고 싶었던 이유(한국을 떠나고 싶었던 이유 포함)와 동생을 지원하기 위한 이유가 있었다고 했다. 실제로 권숙녀는 빈에 가서 48년 살아오는 동안 간호사 일은 2년이 채 되지 않는 동안만 했고 남은 시간 동안은 다른 일을 했다. 그녀의 이주에는 '어망 속에서 헤어나고 싶었던' 이유가 있었다.

8) 어망을 떠나 삶의 격전지로 향하다

"(빈에 간호사로) 오게 된 진짜 동기 중 하나도 제 바로 밑에 동생이 저 때문에 중학교 재수를 했고 그 동생이 이제 한양공대를 들어갔어요. 문제는 돈이 없으니까 상의를 하러 왔어. 그래가지고는 니 입학금은 내가 도와줄게. 그래서 둘이 손을 잡고 우리 공장 할 때 우리 어머니가 항상 급하면 돈을 빌려온 태서방 아지매가 있었어요. 그 아지매를 찾아, 찾아, 찾아갔어. 태서방 아지매, 나는 외국 가고 외국 가면 내가 돈을 더 많이 번다. 내가 어떤 한이 있어도 얘 입학금 빌려주시면 갚아드릴 테니까 지금 시급하니까 빨리 내야 되는데…. 아무 말도 안 하고 그 아지매가 장문을 열더니 입학금을 주시더라고. 그래가지고 입학금을 내고 다 해결을 했어요. 그것도 (이주) 이유였고 또 첫째는 제가 그 한국에 얽히고 설키고 그 어망 속에서 헤어나고 싶은 … 탈출하고 싶은 거. 그 자체는 어릴 때부터 항상 있었으니까."

권숙녀는 자신이 고등학교에 진학하기로 함으로써 당시 중학교에 합격한 남동생이 진학하지 못하게 된 것에 대한 미안함을 항상 마음에 담고 있었다. 그녀가 국립의료원을 졸업하고 1년이 지난 후 빈에 간호사로 이주할 즈음 그 남동생이 한양공과대학에 합격했으나 대학 입학금이 없어서 상의하러 누나를 찾아왔다. 그때 권숙녀는 엄마에게 돈을 빌려주던 대부업자를 찾아가 파독을 담보하여 동생의 입학금을 해결해주었다.

이처럼 권숙녀의 가족에게 한번 찾아든 경제적 빈곤은 그들이 성장한 후에도 쉽게 나아지지 않았다. 여전히 학비가 없어 전전긍긍해야 했고, 남에게 빚을 얻어야 했다. 더 높이 날고 싶은 꿈이 있어도 날개를 펴지 못하고 새장 속에 갇힌 듯한 답답함을 벗어나지 못했다. 그녀의 이주 선택에는 이러한 답답함을 벗어나기 위한 이유가 있었다. 이와 더불어 다른 이유로는 어망에서 헤어나고 싶었다. 권숙녀가 '어망'이라고 표현한 것에는 경제적 빈곤, 더 높은 꿈을 꾸었지만 이를 수 없는 현실과 아울러 여성에게 지워지는 사회적 압력 또는 규제 등과 같은 것이다. 권숙녀의 집은 종가였기에 특히 여성에게 기대하는 젠더 차별이 있었을 것이며, 이에 더하여 부모님의 엄격한 교육, 여성에 관한 사회적 기대감과 압력 등도 권숙녀가 어망으로 인지하는 요소들이었을 것이다. 한편, 권숙녀는 1972년 한국 간호사 50명이 이주한 첫 번째 그룹과 함께 빈에 도착했다.

> "저희가 처음으로 왔지만 준비 상태가 없었어요. 독일은 지난 10년 동안 하고 있었기 때문에 오면은 6개월 동안 일을 안 하고 독일어만 가르쳐주고 오리엔테이션 시켜주고 뭐하고 뭐하고 교육을 시켜주고 천천히 적응하게끔. 여기는 저희가 밤중에 도착을 했는데 이 기숙사에 도착을 해서 각자 방 하나에 다 돌리고는 내일 아침에 7시에 내려오라고. 그 첫날 벌써 몇 명은 눈물로 세월을 보내기 시작했어요. 아침이라고 주는데 보니까 큰 상에 시커먼, 우리가 이름하기를 '돼지빵'이라고 했어요. 두꺼운 거를 썰어놓은 것을 빠다 있고 잼 있고 커피 있고 끝."

권숙녀가 다른 간호사들과 함께 빈에 처음 도착했을 때는 밤이었다. 다른 간호사 중에는 낯선 환경에 도착한 첫날부터 눈물로 세월을 보내는 사람도 있었다. 빈에 도착한 다음 날 테이블에는 한국 간호사들이 후에 '돼지빵'이라고 부르게 된 시커먼 빵과 커피, 잼이 놓여있었다. 눈에 익지 않은 환경에 적응도 되기 전에 사람 없는 휑한 식당에 차려진 검은 빵과 커피, 그리고 잼이 주는 온기 없는 음식이 이들에게 자신들이 현재 어디에 왜 있는지에 대한 현실을 더욱 인지하게 했을 것이다. 그러나 권숙녀는 그런 것에 개의치 않았다. 그녀는 자신이 처한 현실을 다른 사람들과는 조금 다르게 받아들였다. 그녀는 떠나고 싶었던 모든 것에서 떠나온 사람이 느낄 수 있는 자유로움 가운데에 있었다. 그러므로 그녀에게는 낯선 환경과 정서가 그다지 문제가 되지 않았다. 물론 그녀에게도 모든 것이 낯설었다. 특히 언어는 적응할 시간적 여유가 없었다. 빈에 도착한 다음 날 바로 병원 업무 현장에 투입되어야 했다. 그런 환경이었으나 권숙녀는 슬퍼하기보다는 새로운 곳에서 자신이 할 수 있는 것을 찾고 적응하는 데 집중했다.

"독일어도 못하고 영어도 짧고 그런 상태에서 약간 내 약점을 생각하니까 사람들하고 커뮤니케이션을 하는 거보다는 인텐시브는 전부 의식 없는 환자들이 더 많으니까 신청을 했더니 딱 거기 떨어졌어요. 그런데 딱 떨어져서 가보니까. 그러니까 스칸디나비아 사람들이 지은 병원이니까 유럽에서 사용하던 이런 거를 다 사용했으니까 한국에서. 여기 오니까 똑같은 것들이에요. 그러니까 자신감 다 있고."

권숙녀는 아주 초기에 독일어나 영어로 소통되지 않았으므로 자신이 어디에서 일하는 것이 좋을지를 생각했다. 그리하여 의식이 없는 환자들이 있는 곳에서 일하는 것이 낫겠다고 생각했기에 그곳에서 일할 수 있도록 신청했다. 다행히 신청한 곳으로 배정받아 그곳으로 갔을 때 그곳 병원 시스템이 한국 국립의료원에서 배웠던 스칸디나비아 병원 시스템과 같았다. 한국에서 배우고 익혔던 것들을 사용하게 되었으므로 언어가 되지 않아도 자신감이 생겼다. 함께 도착한 간호사 가운데에는 향수를 이기지 못해 한국으로 다시 돌아가고자 한 사람이 있었다. 이에 권숙녀는 그 사람에게 비행기표를 마련해주어 한국으로 돌아가게 해주었다. 그러한 사람들이 있었던 것에 반해 권숙녀는 스스로도 특이하다고 느낄 만큼 그러한 것에 개의치 않았다. 그녀는 빈 공항에 도착했을 때 자신이 집에 왔다고 느꼈다.

> "빈 공항 딱 도착하는데 저는 제가 집에 왔다고 생각했어요. 나는 이제 천국에 도착했다. 근데 사실 그때 그 마음 자세. 제가 어떤 무슨 굴곡을 겪어도 전체적으로는 나는 천국에 살고 있어. 거기에 그렇게 변함은 없어요."

권숙녀는 어망 속을 빠져나와 새로운 삶의 격전지로 들어섰다. 그녀는 2022년 현재 오스트리아 빈에서 50년째 살아오고 있다. 그리고 자신이 이주하여 삶의 굴곡을 겪었다 할지라도 이주지를 천국으로 받아들였던 그 마음에는 지금도 변함이 없다고 했다. 권숙녀가 느꼈던 어망의 일면은 그녀의 국제결혼 과정을 살펴보면 조금 더 이해할 수 있다.

2.
이주와 결혼 시기

1) 야간근무 도우미: 의과대학 청년들

"어느 날 그때가 한 3, 4개월 됐을 때인데 '당신은 혼자서 밤 근무를 하세요' 그러기에 나는 전화 오면 기숙사로 도망가기 때문에 절대로 못 하니까 나는 안 한다고 그랬더니 학생들을 붙여준대. 의과대학생들. 그래서 세 명이 붙었어요. 그래서 제가 밤 근무를 할 때는 세 명이 번갈아 가면서 와서 같이 밤 근무를 한 거죠. 그중의 한 명이에요. 한 세월이 지난 다음에 제 퇴근길에 기숙사 건물의 층계 밑에서 항상 나를 기다렸어요. 그래서 '여기 무슨 일이냐?' 그랬더니 할로(가벼운 인사) 하러 왔다고."

권숙녀가 병원에서 일하던 이주 초기에 거주국 언어가 능숙하지는 않았어도 병원의 시스템이나 간호사 일이 한국 국립의료원에서 배우고 사용하던 것과 똑같았기에 일하는 것에서 두려움을 갖지 않았다. 약 3,

4개월 일한 후 병원에서는 권숙녀가 간호사였기에 혼자 야간근무를 하도록 임무를 주었다. 한국 간호사들이 일할 때 가장 기피한 것이 전화 받는 일이었다. 언어가 안 되기 때문이었다. 권숙녀에게 밤 근무 임무가 주어졌을 때 못하겠다고 한 것 역시 전화 받는 것이 두려워서였다. 그리하여 병원에서는 권숙녀를 위해 전화 받는 업무를 도와줄 세 명의 의과대학생을 함께 뽑았다. 그 가운데 권숙녀의 남편이 될 청년이 있었다.

권숙녀는 이 의과대학생들이 성실하게 일하는 것을 보았고, 힘들어도 밤 근무를 하러 오는 대학생들에게 전화가 올 때만 깨우고 남은 시간은 잠을 잘 수 있게 배려해주었다. 시간이 지나면서 권숙녀에게 관심이 있었던 한 청년은 항상 기숙사 건물 앞에서 기다렸다. 이야기도 나누고 커피도 마시면서 조금씩 친해졌다. 그러던 어느 날 권숙녀는 한 신문 기사를 보고 큰 충격을 받았다. 그것은 동양 아이가 철창에 갇혀서 눈물을 흘리는 사진이었는데, 타이틀이 "한국은 이런 아기들을 팔고 있다"라는 것이었다.

> "그걸 보니 자존심이 깎이고 너무너무 상처를 받았어요. 그래서 그 친구를 불렀죠. '너희들은 얼마나 기사가 없으면 이런 기사를 써서… 이거는 좋은 일은 아니다. 지금 대한민국이 얼마나 일을 해가지고 잘 살려고, 우리는 먹을 것도 없고 입을 것도 없는 나라인데 그걸 이렇게 더 아프게 하느냐. 이런 기사를 쓴 사람한테 내가 화가 난다.' 그랬더니 종이하고 연필을 꺼내더니 하고 싶은 말 다 하래요. 그리고 적더니 그걸 신문사에 보내겠대."

권숙녀에게 관심이 있었던 그 의과대학생은 그녀가 하는 말을 다 들어주었으며, 그녀의 분노하고 창피한 마음을 분출할 수 있도록 도왔다. 그

중의 하나가 신문사에 항의 의견을 보내는 것이었다. 권숙녀가 생각하기에 신문사에 보내는 항의 기사를 자신의 이름으로 해봐야 영향력이 없을 것이므로 그 청년의 이름으로 보내고자 했다. 그리하여 그 청년의 오스트리아 이름을 한국 이름으로 바꾸었고, 그 한국 이름으로 신문사에 항의 편지를 써서 보냈다. 그리고 다음 날 신문에 그들이 보낸 기사가 나왔다. 당시 환자들 가운데는 한국 간호사를 보면서 눈물을 흘리기도 했는데, 그 이유는 가난한 나라에서 와서 고생한다고 생각했기 때문이다. 한국인 간호사들을 불쌍하게 바라보는 그들의 마음이 비록 선한 것에 기반하고 있다 하더라도 그러한 눈빛과 태도는 한국인 간호사의 마음을 다치게 하는 일이었다. 현재 한국 사회에서도 이와 유사한 일들이 벌어진다. 외국에서 한국으로 결혼하여 이주한 결혼이주 외국 여성들을 바라보는 한국 사회의 시선이 그 옛날 한국인 간호사들을 바라볼 때 눈물을 흘리던 오스트리아 환자들과 닮아있다. 그러므로 현대사회에서는 이주자들을 바라볼 때 거주국 사회의 판단이 들어간 시선이 아니라 그들 자체로 보려는 노력이 절실하다.

2) 가난한 나라에서 이주한 설움

"그때는 왜냐하면 가톨릭 성당에서 미사를 하고 헌금을 거둘 때 오늘은 코리아의 가난한 사람들을 위해서 우리가 도와주기 위해서 헌금을 모읍시다. 이러는 거에요. 그래서 이 사람들이 한국을 모르는 사람들도 한국이 불쌍한 것으로 몇째 안에 들어서. 그러니까 한국에서 왔다고 하면 어른들은 벌써 이렇게 쓰다듬으면서 불쌍하게 보는 그거에 막 자존심 상하고 신경질 나고 화나고. 우리는 그래도 당당히 일할 수 있는 어떤 자신감 이런 것으로 나왔는데 그래서 상처를 많이 받았죠. 속으로는."

권숙녀는 가난한 나라 한국에서 왔지만, 스스로 생각하기에 불쌍하게 살지 않았다고 여겼다. 그러나 오스트리아의 구성원은 한국 간호사들을 볼 때 측은하고 불쌍한 사람, 그리고 동정의 대상으로 보았다. 그러한 시선은 그녀의 자존심을 상하게 했고, 심정적으로 불편감을 느끼게 했다. 권숙녀의 이 경험은 누군가를 불쌍하게 보기보다는 한 인간으로 대우하는 것이 훨씬 더 필요한 일이라는 것을 다시 깨닫게 하는 내용이다. 한편, 권숙녀는 그 오스트리아 의과대학생과 가까워지고 있었고 한국의 가족에게서는 결혼 얘기가 나오고 있었다. 이때 그녀는 '나는 국제결혼 하면 맞아 죽는다'라고 생각했고 남자친구에게도 그렇게 말했으나 다른 한편으로는 그러할지라도 이 결혼을 해야겠다는 결심이 섰고 당당한 결혼이므로 아버지 앞에서 해야겠다고 생각했다.

"내가 언제 어디서 무엇을 하던지 간에 내가 나에게 당당할 수 있는 결정을 한다는 거. 내 양심이 허용하지 않는 일은 안 하면 돼. 해서도 안 돼. 그런 인생관이 굉장히 강해요. 결혼도 내가 숨어서 하고 아버지한테 안 알리고 살면 되죠. 그런데 이거는 너무나 당당해야 될 일이야. 나는 성인으로서 아버지가 그렇게 엄하게 키웠어도 내가 내 인생을 살아갈 파트너를 선택해서 당당하게 하겠다는데 그럼 아버지 생각에서 이거는 용서할 수 없다. 그러면 죽여주세요. 죽겠습니다. 저는 그 각오를 하고 한국을 들어갔어요."

권숙녀의 아버지는 종손이었고, 할아버지는 5대째 외아들로 이어오면서 종가를 지켜왔다. 그녀의 아버지는 일본으로 건너가 고생하며 벨벳 만드는 기술을 배우기는 했으나 융통성이 없었으므로 시대에 맞추어 변화하지 못했다. 그리고 아들들을 훈육할 때도 술을 마시고 아이들을 혼낼 만큼 마음이 여리고 모질지 못했다. 권숙녀의 아버지는 꼿꼿하고 융통성이 없었으며, 그러한 아버지의 모습은 돌아가실 때까지 변화가 없었다고 했다. 국제결혼에 대한 이미지가 매우 부정적이었던 당시에 고지식한 아버지가 고명딸의 국제결혼을 반갑게 환영할 리 없었다. 오히려 권숙녀는 아버지의 성향으로 봐서는 한국이 가지고 있던 여성에 관한 가치관에 의해 맞아 죽을 수도 있겠다고 생각했다. 그럼에도 아버지 앞에서 자신의 선택에 대해 양심에 거리낌이 없음을 보여주고 싶었다. 아버지의 강력한 반대를 핑계 삼아 아버지 모르게 결혼하는 경우도 없지 않았다. 그러나 권숙녀 역시 아버지의 딸이었기에 숨어서 결혼하는 것은 생각할 수도 없는 일이었다. 그녀는 아버지 앞에 자신의 선택이 당당한 것임을 보여주고자 했다. 아버지와 첨예하게 대립했던 딸의 모습이 여기에 있다.

3) 맞아 죽을 각오로 선택한 국제결혼

"결혼 얘기 나오면서 이 사람에게 얘기한 것은 국제결혼 하면 나는 맞아 죽는다. 그래서 당신은 한 달 후에 (한국에) 와야 한다고 그랬어요. 한 달 동안 무슨 수를 쓰든지 결판을 내서 내가 오라 그러면 오고, 한 달 뒤에도 소식이 없으면 내가 맞아 죽은 걸로 생각하면 된다. 그 교육을 시켰어요. 나는 이런 아버지 밑에서 자랐기 때문에 각오를 하고 내가 들어간다고. 그러니까 이 사람들은 상상을 초월하죠. 그런데 제가 한국에 도착할 즈음 매일 편지가 이런(규격 편지봉투) 봉투로 한 통씩 빈에서 왔어요. 매일. 그러니까 거기에 사진이 한 장 있었나 봐요. 저는 그 편지를 읽어보지도(못했어요)."

권숙녀는 남편과의 국제결혼을 결심하고 난 후 죽기를 각오하고 한국으로 결혼 허락을 받으러 갔다. 가면서 남편 될 사람에게 한 달 안에 연락이 없으면 자신이 맞아 죽은 것으로 알라고 하는데 놀라지 않을 사람이 어디 있을까 싶지만, 그만큼 권숙녀가 생각하기에 친정의 가치관에서 국제결혼은 용납할 수 없는 일이었다. 그녀는 맞아 죽더라도 자신이 선택한 국제결혼을 아버지 앞에서 당당하게 허락받고자 했다. 자신의 선택과 결정에 관해 아버지와 한국 사회의 인정을 요구하는 것이다. 한편, 권숙녀가 한국으로 들어간 사이 남편 될 청년은 아내 될 여자 친구의 부모님에게 매일 편지를 보냈고, 그 편지 가운데 자신의 사진을 동봉했다. 그 사진을 보며 권숙녀의 아버지는 다음과 같이 말했다고 한다.

"'미국놈들은 머리도 노랗고 눈은 파랗다고 그러는데, 이놈은 눈도 파랗지도 않고 머리도 안 노랗네?'라고 했다. 그리고 '일본까지라도 가면 내가 가서 보기라도 할 텐데 못 가보게 하필 왜 미국으로 가냐?' 그때 어른들한테는 미국밖에 없어. 미군이야. 그러니까 거기서 허락하신 거야. 우리 어머니도 자주 하신 얘기가 이 세상에서 자식 이기는 부모는 한 명도 없답니다."

당시 한국 사회에서 국제결혼을 하는 한국 여성들에게 가해지는 불편한 시선은 여성에게 수치심을 주기에 가장 날이 섰으며 개인의 상황을 가리지 않았다. 그러한 시대적 환경에서 굳이 국제결혼의 길로 가겠다는 딸의 결심을 막을 수도, 꺾을 수도 없었던 권숙녀의 아버지는 한 가닥 희망처럼 미국인과 닮지 않은 예비사위의 모습에 조금은 안도했을까?

그렇게 자식 이기는 부모 없는 것처럼 권숙녀의 아버지도 결국 딸의 국제결혼을 허락했다. 권숙녀는 아버지가 독일 남성인 자신의 남편 될 사람을 보고 "미국놈들은…"이라고 말한 것은 당시 한국 어른들이 인식하는 외국인은 모두 미국인이었다고 했다. 그 말은 판단의 기준점이 '미군'이라는 것을 의미한다. 즉, 외국인을 개별적으로 이해한 것이 아니며 국제결혼 역시 미군과 결혼하는 한국 여성에게 가해지는 폭력적 프레임을 그대로 인식하고 있음을 의미한다. 권숙녀의 아버지는 사회적 낙인이 따랐던 국제결혼을 반대했으나 자신의 길을 가겠다는 딸의 결심을 막지 못했다. 옆에서 이를 지켜보던 어머니는 "자식 이기는 부모 없다"라는 말로 아버지가 딸의 손을 들어줬음을 상기시켰다.

"1972년 빈에 도착하여 2년 만인 1974년 8월 19일 서울 종로예식장에서의 국제결혼식은 나 자신도, 어느 누구도 감히 상상할 수 없는 그 시절의 결정이었다. 아버님께선 '남 부끄럽다!' 고개도 못 드시고, 친척 오빠들은 '우리 대한민국에 얼마나 똑똑한 남성들이 많은데 왜!!! 하필이면 코쟁이한테?' 야단치시고. 사랑이 무엇인지도 모르고 '백번 찍혀 넘어가지 않는 나무 없다'는 옛말처럼 인연이 그런 것인가?"(자기생애사)

권숙녀의 아버지는 결혼식이 있기 전에 개인적으로 딸의 손을 잡고 넌지시 결혼을 허락하는 메시지를 주었지만, 결혼식장에서는 다시 강경 자세를 취하고 있다. 이것은 한국 체면 문화의 영향으로 볼 수 있다. 한국은 집단문화권의 나라로 분류된다. 집단문화에서 체면의 손상은 곧 그 사람의 사회적 기반이 무너지는 것을 의미한다. 권숙녀의 아버지는 개인적으로는 딸의 선택을 받아들일 수 있었다. 하지만 서울의 중심가에서 치러진 고명딸의 국제결혼은 문중과 친지들 앞에서 사회적 체면 손상이었다. 그리고 그것은 37대 종손으로서 넘어서기 힘든 일이었을 것이다. 더구나 권숙녀의 친척 오빠가 나서서 "왜 하필 코쟁이냐!"라고 야단친 것 또한 집단문화의 양상으로 집안의 일원으로서 자신도 동시에 체면을 상했다고 판단한 것이다. 그녀가 아버지 앞에서 당당하게 국제결혼을 하고자 했던 것은 자신의 선택에 대한 인정을 바란 것이다. 어망이라고 느꼈던 가난과 비상할 수 없었던 환경 그리고 여성에 대한 사회적 압력과 책무, 규범 등에 관한 도전이고 저항이라고 할 수 있을 것이다. 그만큼 권숙녀에게도, 부모와 친척들에게도 그녀의 국제결혼은 힘든 결정이었다. 당시 부정적 인식이 팽배하던 국제결혼을 굳이 일가친척 다 불러 모아 서울의 중심가에서 강행한 이유가 무엇일까? 이는 권숙녀의 정체성 표출로 이해할 수 있다. 자기 자신의 선택이 잘못된 선택이 아니며 당당한 것임을 먼저는 자기 자신에게, 그리고 다음으로는 아버지와 친척과 한국 사회에 알리는 것이었다.

4) 빈의 종교적 결혼 서약식

"노! 이런 약속은 나는 못 한다. 그 신부님이 그때 84세. 그래가지고 신부님이 거기서 내려오셔가지고 내 손을 잡고 비테 비테 비테(부디, 제발). 근데 저는 정말 진심이었어요. 나는 하나님이 나한테 그런 약속. 미래에 될지 안 될지 모르는 약속을 요구한다는 그 자체에 저는 어그리(agree)할 수가 없었어요. 어디든지 신부님 만날 때마다 그거는 아니었다. 내가 죽도록 노력은 하겠다. (중략) 그건 가식으로 하는 것보다는 안 하는 게 낫죠. 그래 정작 나를 크리스천으로 만들어놓고 자기도 약속했단 말야. 그런 약속을 왜 해요? 신부님이 정말 간절하게 그러는데 제가 굽어들었죠. 굽어들고 나서 영세 받게 하고 하여튼 거기서 제가 그거를 언약하는 그 순간부터 제가 본정신이 아니었어요. 나중에 결혼사진을 보면 초상난 거 같은. 신부가 우니까 사람들 다 우는."

권숙녀는 한국에서 결혼하고 오스트리아 빈에 온 지 1년 뒤에 빈의 가톨릭 성당에서 종교적으로 결혼 서약식을 했다. 그것은 자녀의 영세의식을 위해 엄마가 반드시 치러야 하는 의식이었다. 이전에 한국에서 가족과 친척들이 결혼 선물을 주려 했을 때 남편은 다른 것은 다 필요 없고 권숙녀가 크리스천이 되면 그것이 선물이라고 했다. 빈으로 돌아오고 나서 1년 뒤에 그녀는 아들의 영세의식을 위해, 그리고 남편이 그렇게 바라마지 않는 크리스천이 되어주기 위해 성당에 가서 결혼 서약을 했다. 종교적 결혼 서약의 주 내용은 하나님 앞에서 하는 약속으로, 앞으로 영원히 상대방을 사랑하겠다는 내용으로 추측된다. 그러나 바로 이 서약을 하는 단계에서 권숙녀는 싫다(no)고 대답한 것이다. 왜냐하면, 앞으로 될지 안 될지 모르는 약속을 요구하는 데 동의할 수 없었기 때문이다.

모든 하객이 경건하게 결혼 서약의 완료를 기다리는 그 순간에 신부가 "노(no), 이런 약속은 난 못 한다"라고 한 것이다. 이런 난감한 상황에 노령의 신부가 연단에서 내려와 신부의 손을 잡고 간절하게 간청했고, 권숙녀도 자녀의 영세를 위해 한발 물러섰다. 그리고 결혼 서약식을 완료했다. 그러나 마음으로 받아들일 수 없는 서약이었으므로 눈물의 결혼식이 되었고, 권숙녀는 자신이 이해할 수 없고 받아들일 수도 없는 약속을 한 순간부터 제대로 정신을 차릴 수 없었다. 왜냐하면 미래에 어떻게 될지 모르는 일을 약속한다는 것, 그리고 그것을 하나님 앞에서 약속한다는 것이 그녀를 혼란스럽게 했다. 여러 가지로 이 종교적 서약은 그녀를 그녀가 아니도록 하는 서약이었다. 그리고 그 일은 거주국 사람들 사이에 뜨거운 감자였다고 한다.

권숙녀의 결혼식은 아무도 부르지 않았음에도 결혼식장에 기자들이 왔고, 다음 날 지역 신문에 이들의 결혼이 큼지막한 사진과 함께 실렸다. 권숙녀의 시집은 빈에서 가장 부유한 지역에 오래도록 터전을 잡고 살아온 가문이며, 부의 규모도 상당했다. 그들이 보기에 그야말로 왕자와 신데렐라가 따로 없었다. 그런데 그 신데렐라가 왕자와의 영원한 사랑의 맹세를 거부한 것이다. 권숙녀는 그날 자신이 동양 원숭이가 된 것 같았다고 했다. 동양 원숭이라는 말 속에서 그녀가 느꼈을 상처와 불쾌함을 인지할 수 있다. 한편, 권숙녀가 빈에서 그처럼 첨예하게 결혼 서약을 반대한 이유는 무엇이었을까? 권숙녀의 대답은 이러했다.

> "알 수 없는 미래의 일을 현재 약속을 하는 것 자체를 받아들일 수 없고, 그런 약속을 하도록 하는 하나님의 명을 받아들일 수도 그런 하나님을 이해할 수도 없다. 자유를 박탈하는 하나님을 받아들일 수 없다. 왜 이런 절대적인 요구를 하는가? 사랑은 약속이라는 것으로 묶을 수 있는 것이 아니다. 종이에 사인한다고 해서 사랑이 지속되는 것이

아니다. 사인 없이도 사랑은 지속될 수 있다."

권숙녀가 결혼 서약을 한 이유에 자기 자신의 의지는 없었다. 자신의 아내가 그리스도인이 되기를 바라는 남편의 소망을 들어주기 위해 시작된 행위였고, 결혼 서약을 한 것 또한 자녀의 영세를 위한 것이었으므로 권숙녀의 신앙으로 시작된 것은 아니었다. 마음으로 받아들이지 않는 것을 행위로 하는 것은 종교상으로도 그 개인에게도 아무런 의미가 없는 것이다. 권숙녀는 이것을 이해했던 것 같다. 그래서 그녀는 자신의 마음에서 울리는 그대로 동의할 수 없는 그 서약에 대해 노(no)라고 대답한 것이다. 이 상황에 노(no)라고 대답할 수 있는 권숙녀의 의지는 자신의 딱지를 지켜낸 어린 여자아이, 그리고 어망을 뚫고 이주를 실행한 젊은 여성과도 연결되고 있다.

두 번째 생각할 것은 신앙에 관한 종교적 태도다. 신앙은 개인의 선택이므로 억지로 무엇을 하도록 강요할 수 없다. 어머니가 종교적 결혼 서약을 하지 않아 자녀가 영세를 받을 수 없다면 자녀는 그 자신의 신앙으로 스스로 영세를 받을 수 있는 나이까지 기다려야 할 것이다. 그리고 그 어머니인 권숙녀의 선택의지는 지켜졌어야 했다. 권숙녀가 결혼 서약을 진행한 것은 비단 노신부의 부탁만으로 이루어진 것은 아니었을 것이다. 남편이 바라던 바였고 함께한 하객의 기대, 그리고 자녀의 영세라는 총체적 압력의 결과였을 것이다. 개인의 신앙이 주위의 압력에 의해 좌우되는 것은 더더욱 안 될 일이다. 다문화 사회가 의미하는 것 안에는 다양한 종교를 포함한다. 그러므로 다문화 사회에서 화합과 존중을 추구할 때 타자의 종교에 관한 이해와 존중도 만들어가야 할 것이다. 종교적 자유가 타인 또는 타자의 자유를 침해해서는 안 될 일이며, 이와 더불어 개인과 사회, 집단 등의 압력이 종교를 포함하여 개인의 선택에 대한 자율성을 침해해서도 안 될 일이다. 이 두 가지 개념이 사회 안에서 때로 상충할 수 있기에 사회적 합의가 필요하다. 이는 때로 첨예하게 대립할 수도 있고, 오래 걸릴 수도 있다. 그래도 계속하여 합의점을 찾고 양보하며 상생해야 한다.

3.
거주국의 적응기

1) 남편과의 갈등: 고통과 성장

"티격태격할 때 아주 쉽게 그러니까 비스트 두 데빠트. 데빠트 그러면은 약간 바보냐 뭐 그런 걸로 이해를 해요. 저는 생각에 내가 평생에 데리고 살 내 와이프. 내가 선택했고 내가 결정을 내렸고 적어도 평생 존경을 해도 부족할 텐데 그 단어를 사용한다는 거. 우리가 싸우면은 항상 얘기가 뭐였냐면은 어… 나보고 큰 말을 타고 있는데 그 말 위에서 내려와서 얘기하자는 것이었어요. 유럽 사람들이 뭐든지 남녀관계도 같은 눈높이에서 하고, 대통령이라도 평등하게 하고. 그런데 거기에서 내려오라 이거예요. 지금 이래 생각해보면은 뭔가 우리가 자격지심. 못사는 나라에서 여러 면에서 결핍되는 게 많아. 그때는 뭐라고 대답을 했느냐 하면 내가 당신으로부터 이렇게 상처를 받았다. … '내가 말 위에 올라앉은 게 아니라 저 지하실에서도 한참 저 밑에 몇 층 지하실로 떨어졌는데 어디서 뭘 날보고 내려오라고?' 이렇게 말한 적도 있어요."

결혼을 통해 새로운 가정을 이룬 남편과 아내는 실제적 결혼생활에서 서로를 어떻게 대할지에 더욱 성숙한 태도가 요구될 것이다. 더욱이 국제결혼의 경우 서로 다른 문화권에서 온 남녀가 만났기에 문화 간 조율과 상호이해의 필요성은 동질적 민족 안에서의 결혼보다 더 많이 요구된다. 권숙녀와 그녀의 남편도 티격태격하던 시기가 있었고, 상충하는 두 사람의 요구가 삶에 나타났다. 작은 말다툼에서 시작된 사소한 오해가 쌓이면서 갈등은 깊어졌다. 갈등의 현장에서 남편은 아내에게 말에서 내려와서 이야기하자고 했지만, 아내는 말 위에서 내려가는 방법도 몰랐고 더 나아가 자신이 말 위에 있는지조차 인지할 수 없었다. 오랜 시간이 지나고 나서야 그녀는 '자신에게 자격지심이 있었던 것은 아니었을까?'라고 생각했다. 그녀가 자신에게 가난한 나라에서 온 자격지심이 있었음을 인정한 것은 오랜 세월이 흐른 뒤였다. 그리고 남편과 갈등의 정점에 있을 당시에는 "내가 더 큰 피해자인데, 어째서 내게 말에서 내려오라 하는가?"라는 패러다임에서 벗어나지 못했다. 남편은 결혼생활의 가장 중요한 기반이 되는 신뢰를 깼고, 이로 인해 그녀는 마음에 깊은 상처를 입었다. 남편의 외도는 권숙녀에게 넘치는 고통이었다. 그리고 대화에서 자신이 피해자라는, 다시 말해 상대방의 유책을 계속해서 상기시키는 유형의 대화로는 해결점을 찾기 어려웠다. 그리고 그녀가 한국에서 받은 교육은 미안한 행동을 하지 않는 것이었다.

"우선 저희는 그 '용서해주십시오' 하는 그런 것을 많이 배우지는 않은 것 같아요. 그리고 제가 어머니를 생각할 때가 많은데, 어머니께

서는 항상 당당하게 하면서 살아오신 거. 당당할 수 없는 거는 아예 행동으로 옮기지 않으신 거. (중략) 해서는 안 되는 행동을 했을 때 미안하다고 하는 거. 그러니깐은 어쩌면은 (제가) 그 말을 안 했을 때도 미안하기 때문에 말을 안 했을 수가 있겠죠. 이런 문화적인 것을 서양에서는 절대로 이해 못 합니다. 절대로. 그거는 참 배워야 되는."

권숙녀가 남편과의 갈등 후 많은 세월이 지나고 나서 생각하는 것은 '용서해주십시오'를 하지 못한 것에 관한 회한이다. 그녀는 미안해할 행동을 하지 않는 것에 초점을 두어 배우고 자라왔다. 이에 반해 남편은 그녀가 생각하기에 너무나 쉽게 '미안하다'를 연발했다. 당시에는 왜 미안한 행동을 하고 미안하다고 하는지 이해하지 못했다. 부부 사이에 팽팽하게 당겨진 자존심의 대립과 문화적 기호의 엇나감이 빚어낸 첨예한 문화갈등은 당시에는 마치 건널 수 없는 강과 같았다. 그녀가 이러한 여러 가지 면에서 자신의 자존심을 내려놓는 데는 아주 많은 세월이 걸렸다. 그 세월 동안 그녀가 자신을 내려놓을 수밖에 없었던 요소들이 존재한다. 이 부부 사이에는 갈등이 계속되었고 해결점을 찾기 어려웠다. 그리하여 결혼생활 24년 되던 해에 남편에게 "내 일생의 단 한 번의 비테, 좀 나가주시오" 라고 진심으로 이야기했고, 그 요청에 따라 남편이 집을 나갔으므로 두 사람은 별거에 들어갔다.

"우리 헤어집시다. 우리 둘의 약속은 당신이 깼어요. 맞지요? 어디 가서 무슨 짓을 하든지 당신 스스로 책임을 져야 되고 단지 우리는 시골에서 살고 있어요. 그리고 우리는 우리 자식을 여기에서 키우고 있어요. 애네들이 다 공부를 해야 되고 당신 자존심을 상할 정도로 우리

근처에서는 제발. 만약에 그런 해프닝이 있다면은 나는 그다음 날로 저기 파크호텔, 시골 호텔이지만 당신 가장 친한 친구하고 브렉퍼스트를 할 거예요! (중략) 지금까지도 저희는 이혼은 안 했어요."

남편과의 갈등이 깊어지면서 서로 궁극적인 대화를 하는 것이 힘들어졌고, 부부 사이는 원만하지 않은 상태로 나아갔다. 그녀는 남편과 대화가 되지 않는 것이 가장 괴로웠다. 또한, 남편의 외도에 대해 마지막 경고를 했으나 경고의 효과는 무색했다. 결혼 후 그녀가 사는 마을은 조용하고 고풍스러운 빈의 전통적 거주지다. 그리고 그 지역에서 그녀만이 동양 여성이었다. 조그만 일이 있어도 주목을 받았다. 그리하여 남편 자신과 자녀들을 위해 동네에는 남편의 외도에 관한 소문이 나지 않기를 바랐고, 이를 남편에게 요구했으나 받아들여지지 않았던 것 같다. 경고 또는 간절한 마음을 남편에게 전달한 후 10년(막내아들이 성인이 되기까지의 기간)을 지나오면서 그녀는 자신이 굉장히 불행하다고 느꼈다. 길어야 80년을 살다 가는 인생을 불행하게 살고 싶지 않았기에 남편에게 우선 서로에게 거리를 두자고 했으며, 이를 위해 남편에게 집에서 나가 달라고 부탁했다. 남편은 집을 나가는 데는 동의했으나 이혼은 반대했기에 이혼은 하지 않았다.

"우리가 서로 이혼을 안 하게 된 이유는 저는 첫째, 결혼을 한 번 더 하고 난리법석 줘이는 거. 결혼이 사랑의 상징이 아니라는 거. 그거를 저는 터득을 했어요. 그거를 터득하고 나서 왜 철창을 쳐서 당신하고 나하고 서로 프리하면서 그 프리한 그 범주 내에서 의무적으로 할 게 하나도 없어요."

그녀가 이혼하지 않은 이유는 첫째, 한국에서의 결혼 그리고 빈에서의 종교적 결혼 서약 같은 '난리법석 쥑이는 거'를 다시 하고 싶지 않았기 때문이다. 둘째, 이에 더하여 더욱 궁극적인 이유는 '결혼이 사랑의 상징이 아니라는 것'을 터득했기 때문이다. 처음에는 결혼이 사랑의 상징이라 생각했지만, 후에는 결혼이 철창이라고 달리 말하고 있다. 결혼이 실제로 사랑인지 철창인지보다 당사자들은 결혼을 사랑으로도 철창으로도 만들 수 있음이 중요하다. 세 번째 이유는 한국 문화와 관련이 있다. 그녀의 남편과 자녀들은 친정 오빠에 의해 족보에 기록되었다. 그것은 그녀에게 의미 있는 일이었다. 그런데 거기에 기록된 남편의 이름을 지우고 다시 다른 이름을 새겨넣는 것이 불필요한 일이라고 여겼기 때문이다.

2) 패치워크 패밀리

"약간 패치 패밀리가 됐어요. 헤어지고 만나고 헤어지고 만나고 조각조각 나 있는… 그러니까 토탈 애가 일곱. 파트너까지 하면 14명, 또 손자 손녀까지 하면 … 우리는 항상 다 같이 만나요. 패치 패밀리가 많죠. 재미있는 거는 어떤 사람들은 이 관용. 관용의 규모가 이루 상상할 수가 없어요. 예를 들어서 헤어진 여자가 전남편이 새로 만난 여자하고의 사이에 애를 낳으면 거기에 대모가 돼준다. 이 둘이 휴가를 가면 애를 봐준다. 우리는 헤어지면 뭐 죽일 놈 살릴 놈 이 감정이 상처받은 이런 것들이 힐링이 안 되잖아요. 그런데 여기 사람들은 깨끗하게 용서해줄 것은 용서해주고."

권숙녀는 자신의 가족 상태를 '패치 패밀리'라고 표현했다. 패치 패밀리는 '패치워크 패밀리(patchwork family)'의 준말로, 주로 독일권에서 사용하는 용어다. 그라시와 비벳(Grassi & Vivet, 2014: 5)은 '패치워크'라는 단어는 직물 조각으로 이루어진 카펫을 의미하지만, 이 용어는 분리된 후 재구성된 가족을 설명하기 위해 사용되었다고 했다. 이러한 가족 형태는 서구 사회에서 점점 확산되는 현상이지만 새로운 현상은 아니며, 패치워크 가족은 전통적 가족 형태가 아닌 방식으로 가족이 되는 것을 나타낸다고 했다. 즉, 남성과 여성이 결혼하여 부부가 된 가족은 전통적 의미에서의 가족이다. 그리고 그 결혼 당사자의 파트너와의 사이에 자녀가 있어 가족으로 연결된 형태를 '패치워크 패밀리'라고 한다. 패치워크 패밀리는 생물학적 · 법적 · 사회적으로 어느 한 부분씩 연결되는 가족을 말하는 것으로 이해된다.

그라시와 비벳(Grassi & Vivet, 2014)은 포르투갈로 이주한 아버지들이 그곳에서 새로운 가족을 이루었을 경우, 앙골라에 있는 자녀를 돌보고 그들의 가장 역할을 하는 사람은 앙골라에 남아 있는 여성이라고 했다. 그러나 패치워크 패밀리에서 여성이 이주한 경우는 남성이 이주한 경우보다 모국의 가족에게 연결하는 빈도가 더 높았다. 결국, 패치워크 패밀리는 전통적 가족 개념의 붕괴를 의미하며, 자녀들을 돌보는 책임은 여성에게 지워진다는 점이 특징이라 할 수 있다. 전통적 가족 개념이 해체되고 생계의 책임을 여성, 즉 부부 가운데 한 명 또는 부부 중 아무도 돌보지 않아 자녀가 돌봄의 사각지대에 놓이게 되면 이는 사회문제로 연결된다. 이러한 패치워크 패밀리의 확산은 개인의 문제가 아니라 사회문제다.

배우자의 외도 등으로 상처받고 깨어져 파편이 된 마음들이 다시 새로운 사랑으로 봉합하여 패치워크 패밀리를 이루었을 때 진정한 가족애로 하나가 되며 승화될 수 있는가? 이는 낙타가 바늘귀를 통과하는 것보다 힘든 일이며 실제로 가능한 일도 아니다. 또한, 이것은 문화의 문제가 아니라 윤리의 문제다. 그러므로 진정한 가족애로 나아가기 전에 먼저 윤리적인 차원에서 질서를 바로 세워야 할 것이다. 이와 더불어 생물학적 부모와 자녀가 아닌 사람들이 가족 시스템 안에 묶이는 과정에서 여성과 이주여성이 어떻게 불평등에 놓일 수 있는지 등은 앞으로 더 많은 연구가 필요하다. 한편, 패치워크 패밀리에서 전남편 또는 전처의 새로운 남편이나 아내와 다 같이 '가족 시스템'으로 나아가는 것이 가능한지에 대해 그녀는 다음과 같이 대답했다.

> "됩디다. 물론 다 되지는 않는데, 그게 우리 한국적인 감정 세계하고 이 사람들하고 역시 다르긴 달라요. 우리는 헤어지면 원수가 되지만 이 사람들은 그걸 컨트롤하는 힘이 강한지… 저도 그게 이제 전혀 남이 아니라는 것을 실감해요. 우선 마음속에서 용서해줄 것은 하면서 내가 살아가기 위해서 얻은 모든 것들에 대해서 감사하는 마음의 경험이 없었으면. (중략) 여기 나와서 사는 한국 여자들. 바뀌지 않았으면 여기서 잘 살아남을 수가 없죠. 살아남겠지만 잘 살아남기 위해서는 뭔가 억셉트하고 뭔가 습관에 받아들일 것은 받아들이고(살아야 해요)."

권숙녀는 한국에서 보았던 처첩 관계의 현실을 알고 있었다. 그것은 그녀로부터 그리 멀지 않은 인척이나 세간에 떠도는 이야기로도 들을 수 있었다. 권숙녀는 한국 사회에서 처첩의 문제가 있을 때 아내는 참고 살면서 자녀들을 키웠고, 남성들은 그들의 태도를 변화시키지 않았으며, 사회적으로도 지탄받지 않았음을 보며 자랐다. 그러므로 권숙녀는 자신도 거주국에서 한국의 어머니들이 그러했듯이 남편의 외도를 무시하고 넘어가면 될 것이라고 여겼다. 그러나 거주국의 현실은 그렇지 않았다. 한국에서는 그나마 처와 첩의 신분과 사회적 인식에서의 차이가 확실하다. 다시 말해 외도한 남편의 정실부인은 법적 · 사회적 · 도덕적으로 아내로서 사회적 위치가 인정되었고, 또한 피해자라는 정당화를 얻는다. 첩의 경우 어느 정도 사회적 비난을 감수하며 살아갔다. 적어도 한국 사회에서는 외도한 남편의 아내가 겪는 심리적 고통에 대해 집단적 공감대가 형성되었다. 그러나 그녀가 이주한 사회에서는 그렇지 않았다. 그녀는 거주국에서 한국 어머니들이 했던 대로 해서는 살아갈 수 없었다. 그녀가 배우고 자란 가치관을 송두리째 바꾸지 않으면 이주한 사회에서 잘 살아남을 수 없다는 것을 알게 되었고, 싫어도 그것을 받아들여야 했다. 거주국 사회에서 단지 숨만 쉬며 살아갈 생각이 아니라면 그녀는 치열하게 자신의 가치관과 감정도 바꿔야 했다.

이주자로서 권숙녀는 한국의 가족문화와 성격이 다른 서구의 가족문화 그리고 역시 한국과는 다른 서구의 사회환경에 적응해야 했다. 그녀는 바뀌어야 살아남을 수 있었기에, 그리고 잘 살아남기 위해 받아들일 것은 받아들였다고 말했다. 모든 것에 감사하는 마음의 경험이 없었다면 이러한 변화가 가능하지 않았을 것이라고 했다. 모든 것에 감사하는 마음의 변화는 어떤 때 오는가? 한 예를 들고자 한다. 필자의 지인이 암에 걸려 의사로부터 죽음을 예고 받았다. 그때 그녀에게는 갓난아기가 있었기에 의사의 진단에 더욱 절망했다. 그러나 얼마간의 치료를 거쳐 극적으로 암을 극복했다. 암을 극복한 후 그녀가 바라본 가로수와 하늘은 이전과는 완전히 다른 새 하늘과 새 세상이었다고 했다. 필자의 지인에게 아무것도 손에 쥘 수 없었던 절망 후에 찾아온 새 삶이 더없이 귀하게 느껴졌듯이 권숙녀도 그런 것이 아니었을까? 자신을 모두 내려놓을 수밖에 없을 때 사람은 오히려 감사할 수 있을 것이다. 자신의 본질부터 변하지 않으면 그 사회에서 '잘' 살아남지 못하는 치열한 분투가 이주여성의 삶에 있다. 한편 엄마 아빠의 삶을 곁에서 지켜보았을 그녀의 아이들 가운데 큰아들은 남편과 헤어지는 엄마에게 아빠대학 박사학위증을 주었다.

3) 아들이 준 남편대학 박사학위

"'마마, 나는 스타인드(아버지 성씨) 유니버시티(university)를 3년 만에 학위를 받았는데, 엄마는 25년 동안이나 어떻게 그렇게 했느냐고…' 하하하하하 그렇게 농담을 하면서 박사학위를 하나 해줬어요. 제목이 뭔가 하면 스타인드 유니버시티의 닥터인데, 어떤 위험한 위치에서도 살아날 수 있는 그 스타디를 (결혼을 통해) 한 거예요."

그녀는 자신을 가장 성장시킨 사람이 남편이라고 했다. 그녀는 아들

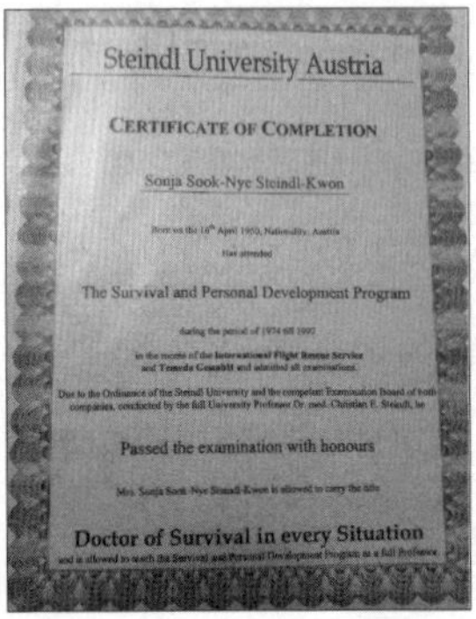

[그림 6-2]
아들이 준 남편대학 박사학위증

로부터 남편대학 박사학위를 받았다. 어머니의 성찰로 가득한 결혼생활을 아들이 다 알 수는 없을지라도 어머니의 마음을 위로하고픈 아들의 이벤트인 것 같다. 남편과의 결혼생활이 그녀에게 가르쳐준 것은 어떠한 위험한 환경에서도 살아남을 수 있는 공부였다고 했다. 결혼은 그녀에게 큰 배움의 기회를 주었다. 우리는 모두 상대되는 것을 통해 배우고 익힌다. 우리의 삶에서 고통은 때로 그것이 아니고는 배울 수 없는 것을 배우게 한다고 했다. 결혼이 한편으로는 고통이었을지라도 다른 한편으로는 그녀를 성장하게 하는 요인이었다.

> "이제 요즘 와서는 자꾸 돌아오라. 돌아오라. 우리 패밀리 다시 뭐 어쩌구저쩌구. 그는 그냥 안 될 일이다. 제가 그러니까 이미 감정이 벌써 접은 지가 오래됐기 때문에. 저는… 우리 그냥 좋은 친구로. 나는 당신으로 인해서 우리 예쁜 자식도 낳았고 정말 고맙다. 그리고 내가 지금 활발하게 사는 것도 다 당신대학을 나왔기 때문이야. 그럼 본인도 웃어요. 웃어."

권숙녀는 이주, 사랑, 한국 종로에서의 결혼식, 빈에서의 종교적 결혼서약식, 부부 갈등, 자녀 양육, 사회활동, 자아의 성장통 등을 경험했다. 그 경험의 중심에 남편이 있다. 두 사람은 문화가 달랐고, 서로를 이해하는 방법에서 미숙했다. 두 사람의 대화는 서로에게 닿지 못했고, 언어와 문화의 다름은 두 사람의 의도와 마음을 서로 다른 종착역에 내려놓았다. 권숙녀는 남편과 대화가 되지 않고 사이가 점점 멀어지는 것을 느꼈으며 그것이 더욱 슬펐다. 그리고 자신을 힘들게 한 사람들을 용서하는 것이 고통스러웠다. 이제는 세월이 많이 흘러 남편과 웃으며 농담하는 친구가 되었고 서로 편안해졌으나 이제 더는 남편에게 향하는 감정이 없다. 그렇기에 남편에게 다시 돌아가는 일은 안 될 일이라고 했다.

4) 적자 잡지사를 흑자로 전환

> "제가 남편하고 국제항공 환자수송 잡지책을 3년을 했어요. 그 일이 굉장히 진이 빠지는 일이에요. 밤 새는 것은 기본이고, 3년 동안 잡지를 만들어내면서 돈을 벌어들이지도 못하고 해도 안 되고 계속 마이너스만 되고 그러니까 주위의 직원들만 들들 볶는 거예요. 그런데 오기가 생기는 거예요. 의사만 해도 그때 20명, 간호원이 30명 우리 직원들하고 전부 현지인들이 저렇게 멍청할 수가 있나? 한 7년 잡지 샘플을 다 가지고 집으로 퇴근을 했어요. 밤을 새고 1권부터 1년에 4권씩 나오는데 첫 장부터 마지막 장까지 다 스터디를 하면서 첫 장에는 어떤 광고가 나오고 어떤 텍스트가 나오는지 다 보니까 아이디어가 막 솟아나는 거예요. (중략) 그래서 내가 한 게 1밀리언 실링이었으니까. 그게 큰돈이에요. 8만 유로. 빚 다 갚고 플라스를 그만큼 해주고 3년 만에. 그리고 넘겨줬죠."

권숙녀 남편의 주요 직업은 의사였으며, 또 다른 직업 여러 개를 함께 가지고 있었다. 국제 환자 이송이나 보험사, 무역업까지 남편이 벌인 사업들의 관리에 그녀가 관여하지 않은 일이 없었다. 그 가운데 하나가 국제항공 환자수송을 다루던 잡지가 있었다. 이 잡지는 오래도록 적자를 면치 못했고, 모두에게 골치였다. 이 문제를 해결하기 위해 그녀는 기존의 잡지들을 처음부터 끝까지 점검하면서 문제점과 해결책을 찾았다. 이주 여성이 거주국 언어로 된 잡지책을 첫권의 처음부터 끝까지 살펴보고 해결책을 찾는다는 게 쉬웠을까? 얼마나 독기(?)를 가지고 그 일에 전념했을지를 짐작하게 하는 내용이다. 해결점을 찾은 후 먼저 출판사를 찾아가 출판에 관한 프린트 비용을 줄이는 목표를 세우고 실행했다. 그리고 항공사들을 찾아가 광고 수주를 위한 협상을 했다. 처음 해보는 일이었고, 한편으로는 이와 같은 세일즈가 부끄럽게 느껴졌다. 그러나 결핍이 필요를 부르듯 오기로 하다 보니 결과가 나타나기 시작했다. 나중에는 잡지에 다 실을 수 없을 만큼 광고 수주가 많아졌다. 그러면서 경영에서 적자의 폭을 줄여나가게 되었고, 3년 후에는 흑자로 돌아설 수 있었다. 적자 잡지사를 흑자로 돌려놓았지만, 권숙녀는 그것을 넘겨주고 나왔다. 이유를 물었을 때 그녀는 "그냥 나는 돈을 버는 일과는 맞지 않는다"라고 했다. 수년 동안 적자였던 잡지사를 흑자 회사로 만든 이 경험은 재정에 관해 자신에 대한 자존감을 어느 정도 회복할 수 있었던 경험이기도 하다. 권숙녀가 남편과 갈등을 겪은 내용 가운데 재정적인 면도 있었다. 사업적 감각이 뛰어났던 남편과 달리 돈을 버는 것에 관심이 없었던 권숙녀의 경제개념이 맞지 않았기 때문이다. 그녀가 돈을 너무 모른다는 것. 그래서 돈을 규모 없이 큼직큼직하게 사용한다고 생각했으므로 부부 간 갈등으로 작용했다. 그러므로 이 경험은 남편과 빚은 재정적 갈등에 대해 어느 정도 자존감을 회복할 수 있었던 경험이기도 하다. 권숙녀는 24년 동안 무보수로 일했던 남편의 회사를 나오고 난 후(권숙녀는 자신이 일한 것에 대한 월급을 받지 않는 것을 살면서 문제 삼지 않았다) 남편은 생활비를 하나도 주지 않았으며, 그녀도 남편에게 돈을 달라고 하지 않았다. 그녀는 돈이 없어도 살게 되더라고 했다. 한편, 남편은 아내가 자신의 회사를 떠난 후 연금을 해지하지 않았기에 그녀는 그것을 기반으로 현재 연금을 받고 있다.

5) 엄마, 내 얘기를 들려줄게요

> "단둘이 엄마, 내 얘기 들려줄게. 내 스토리. 이거는 누구의 잘못도 아니고 누구 혼자의 책임도 아니고 단지 엄마의 딸이 이제는 자식을 낳고 엄마로서 남편으로서 이렇게 이렇게 변해왔다는 그 변화의 모습을 어머니한테 설명을 다 해드렸어요. 우리는 이만저만 하고 이래서 따로 산다고."

권숙녀는 별거를 시작하고 난 후 3년 동안 진짜 가족처럼 살아봤다고 했다. 아이들은 공부하기 위해 집을 떠나 있거나 집에 있는 아이도 있었다. 남편과 따로 살던 그때 아이들의 생일 파티도 하고, 시부모님도 특별한 날 초대해서 함께했으며, 친정어머니도 자주 한국에서 왔다. 당시에는 별거하고 있었다는 사실을 누구에게도 알리지 않았다. 알릴 필요가 없었기 때문이다. 3년이 지난 어느 날, 밤늦게 퇴근한 그녀는 자신의 집에 와있는 친정엄마에게 별거 소식을 털어놨다. 그러면서 자신이 살아온 삶의 이야기를 6시간 동안 쉬지 않고 엄마에게 들려주었다. 세상을 보는 자신의 관점, 그리고 한국에서 가르침 받은 것과 이주한 곳에서 살아오며 변화한 생각들을 이야기할 때 어머니는 한마디 물음도 없이 듣고만 있었다. 그런 자기 삶의 이야기를 들려줄 때 권숙녀는 남편이나 시집 사람들의 이름을 입에 올리지 않았다. 모든 것이 자신의 변화이고, 자신이 맞이한 현실이기에 남 탓을 하지 않았다. 밤 12시에 시작한 이야기는 새벽 동이 터올 즈음에 끝을 맺었다. 창문으로 아침 해가 들기 시작할 때 어머니는 이야기를 다 듣고 일어났다.

"어머니가 당신 무릎을 탁 치시더니 '그래, 이제 니 멋대로 살아라. 니 하고 싶은 거 다 하고 살아라. 구태나흐트.' 일어나가지고 방으로(가셨어요). 그리고 눈물 한 방울 안 흘려요. 무서운 분이에요. 그런데 우리 엄마가 그 이후로 체중이 아마 38키로까지 내려가셨어요. 우리 어머니가 얼굴이 저처럼 이래가지고 살이 이래. 전체 몸무게가 38키로."

종손이었던 권숙녀의 아버지는 세상을 떠날 때 아내에게 상복도 입지 말고 자신을 땅에 묻은 후 신위는 절에 두고 딸에게 가서 살라고 말했다. 큰아들은 서울대학교를 나와서 생애 대부분을 해외에서 교수로 활동하고 있기에 종손의 의무를 다할 수 없었다. 그리하여 자신이 세상을 떠나면 그동안 고생한 아내가 종부의 책임에서 벗어나기를 바랐다. 그러려면 멀리 바다 건너에서 사는 딸의 집에 가는 것이 낫겠다는 것이 아버지의 판단이었다. 그래도 종가이기에 남의 눈이 있으니 일 년에 한 번만 한꺼번에 제사를 지내고 남은 생은 딸과 함께 보내라고 했다. 그리고 엄마는 이모와 함께 자주 딸을 방문했다. 그런데 밤새 그 딸의 삶에 관한 실체 이야기를 마주한 이후 엄마의 몸은 시들시들 말라갔다. 그녀의 어머니는 품이 넉넉한 중년 여성의 모습이었다. 품이 넉넉했던 엄마가 외관으로 보아도 확연히 말라갔기에 병원에 갔을 때 "당신이 딸 맞느냐?"고 질책할 만큼 엄마의 몸은 바짝 말라 38kg으로 줄어 있었다. 오래전 한국에 그녀의 가족이 갔을 때 다른 남성들은 잘 들지도 못하는 고추 자루를 번쩍번쩍 들며 장모님 고생한다고 팔 걷고 맨발로 농사일을 돕던 사위였다. 권숙녀의 어머니도 특히 사위를 귀하게 여겼고 사랑을 주었다. 그런 사위의 배신(?)과 딸의 삶을 생각했던 어머니의 고민이 몸에 나타났던 것 같다.

"한번은 우리 어머니가 사위가 미워지게 된 거. 그게 제가 가슴이 아파요. 한번은 우리 어머니가 건강이 안 좋으셨어요. 제 생각에 할머니가 이제 엄마가 한국 들어가시면 이제 한 번은 나오시겠나 이러면서 제가 석서방(남편)한테 전화를 했어요. 병원 시간에 내가 엄마 모시고 컨디션 안 좋으시고 겸사겸사해서 내가 당신한테 잠시 들르려 한다. 당신이 한 번만 봐줘라. 그러고 갔는데 문을 안 열어줘. 문을 잠가버렸어. 그런데 간호원도 있고 다 했는데 근데 그걸 우리 엄마가 느꼈어요. 굉장히 실망하시고. 우리 올케언니가 그러시는데 돌아가시다가 어머니가 혼자 '에이~ 나쁜 놈!!' 그런데 우리 집에 그렇게 나쁜 놈이라 할 사람이 없거든. 내 생각에는 아마 석서방. 그때 우리 엄마가 정말 실망하셨겠다. 제가 그 얘기도 석서방한테 했어요. '당신도 알지? 이 세상에서 당신이 누구한테 가장 많은 순수하고 진실된 사랑을 받았는 거.' 자신도 안대. 할머니(장모님)."

그녀의 남편은 의사로서도 실력이 있었다. 병원문을 걸어들어오는 환자를 보고 그가 어디 아픈지를 예상할 수 있었고, 그가 내린 진단이 다른 병원에 가도 같은 판정이 내려질 만큼 감각이 있었다고 한다. 다른 면에서는 몰라도 의사로서의 실력을 인정했기에 그녀는 엄마의 건강이 안 좋을 때 남편에게 진료를 받게 하려고 했다. 그래서 부탁했는데 남편은 웬일인지 진료를 거절했다. 그것으로 인해 엄마가 받았을 상처를 생각할 때 그녀는 지금도 마음이 아프다. 한편, 권숙녀는 그녀의 어머니가 생명을 놓는 마지막 순간에도 이주한 딸을 생각했던 것 같고, 딸을 아프게 했던 사위에 대한 노여움을 안고 떠났다고 여긴다. 한편, 그 일이 있고 난 후 남편에게 엄마가 가장 사랑한 사람은 남편이었음을 말했을 때 남편도 그것을 알고 있다고 말했다. 그녀는 남편과 자기 엄마와의 인연이 거기까지였던 거라고 생각한다. 남편이 노인인 자신의 엄마를 그렇게 대하지 않았더라면 남편 자신도 남은 생애를 행복하게 지냈을 것인데, 그렇게 하지 못한 것이기에 그것도 안타깝게 생각한다. 권숙녀는 이제 남편이 자신의 친정 엄마를 편안히 대하지 않았던 것에 대해 인연이 거기까지라고 생각하며 상대방을 원망하지 않으려는 태도를 취한다. 그리고 그 일로 인해 마음의 고통을 가진 남편을 안쓰럽게 생각하며, 남편이 겪는 갈등의 본질에 그녀 자신은 없다. 갈등의 본질에서 한걸음 물러나 문제의 밖에서 안을 바라보는 관조의 행태를 취하고 있다. 이는 그녀가 많은 세월 동안 불교의 가르침을 자신에게 적용하며 성찰한 결과일 것이다.

6) 불교와의 만남

“이게 이제 제가 처음 불교를 만나게 된 엑스포에서 제가 2년 동안 막 명예 홍보위원으로 하고. 우리 관, 제가 여기서 좋은 경험 많이 하고 우리 멤버들. 이 멤버들을 지금도 다 만나고 며칠 전에도 만났어요. 불교 전시관에 들어갔더니 이런 전시를 하고 있었어요. 너무 감동적이었어요. 모르는 사람들인데도 다 스몰톡 하고 저 역시도 그때 굉장히 감동 받았고요. 이때는 저 혼자 일을 며칠을 열심히 하고 쉬는 날을 모아가지고 여기가 부석사? 등산을 하는데 너무 감동적이었어

[그림 6-3]
대전 엑스포에 함께했던 멤버들

요. 사람들이 막 오이도 주고 그랬어요. 아무것도 안 가져갔으니까. 모르는 사람인데도 너무너무 친절하고."

권숙녀가 불교를 처음 접하게 된 것은 1993년 8월부터 11월까지 열린 대전 세계엑스포에 참여하면서부터였다. 불교관에 발을 들여놓았을 때 그곳에서 받은 인상이 마음에 깊이 새겨졌다. 불교를 접하고 난 후 불교의 가르침은 권숙녀의 삶에 깊이 자리 잡았다. 불교는 그녀에게 무엇을 요구하지 않는 종교로 여긴다. 기독교를 싫어하는 것은 아니지만, 그 종교는 그녀가 가장 이해하지 못하고 받아들일 수 없는 서약을 요구했다. 그러나 불교는 그러한 것을 요구하지 않는다고 여긴다.

"93년도에 어떤 연고로 달라이 라마 스님을 뵙게 되면서 그리고 우리 엄마 모시고 헝가리 스툽바(stupa: 사리탑)에 가서 세레모니에 가서 달라이 라마와 같은 호텔에서 묵으면서 특별한 거 느끼기도 했어요. 한국에 대전 엑스포에 와서 우연히 불교관에 갈 수 있었고, 그러면서 그즈음에 한국 불교계에 유명하신 분들을 큰스님들을 뵙게 되었어요.

그러면서 성철 스님이 돌아가시고 거기 장례식에 다른 스님들과 같이 방문하게 되고, 그러면서 불교에 대한 관심이 싹이 트기 시작한 거죠. (중략) 여기 지하실에 있는 불상은 홍콩에 갔다가 우연히 앤틱 파는 곳에서 본 것인데 200~250년 된 동불이에요. (중략) 그때 불교가 저한테 아주 매시브(massive)하게 다가온 것 같아요."

1993년에 달라이 라마 스님을 만나게 된 것은 먼저 세상을 떠난 친구를 통해서였다. 달라이 라마 스님을 통해 특별한 느낌을 받은 후 한국 엑스포 불교관을 보았을 때 더 관심이 생겨 그곳에 들어갈 수 있었다. 이후 한국에 왔을 때 이름 모를 사찰들에 가보기도 하고, 그곳에서 만난 스님들과 담소를 나누기도 했다. 그러면서 불교와 연관된 크고 작은 연결점들이 생겨 불교에 관심을 두게 되었다. 그러는 와중에 홍콩으로 여행을 갔을 때 발견한 불상을 빈의 집으로 옮겨놓으면서 그녀의 마음에도 불심이 자라기 시작한 것 같다.

인터뷰 당시 권숙녀는 자신의 집 지하실에 있는 불상을 보여주었다. 그 불상은 홍콩에 있는 골동품 상점에서 우연히 본 동으로 된 불상이다. 골동품 상점의 다양한 물품 가운데 불상이 그녀의 마음에 남은 이유는 무엇이었을까? 결혼생활에서 마음이 한창 갈등하던 40대에 한국의 산을 헤매다니다가 사찰에 이르렀을 때 그녀의 번뇌 가득한 삶을 한 차원 다른 시각으로 바라보게 한 스님들을 기억했기 때문이 아니었을까? 그녀의 집 지하실의 한쪽에는 신발을 벗고 들어갈 수 있도록 낮은 단의 원목마루가 깔려 있었다. 그 모습이 마치 법당을 연상하게 했으며, 중앙에 홍콩에서 가져온 동 불상이 놓여있었다. 그녀는 한국 대전 엑스포에서 불교관을 만난 후 기회 있을 때마다 한국 산중에 있는 사찰들을 찾아갔다. 그러면서 의도치 않게 큰스님들을 만나게 되었고, 그 스님들을 통해 마음에 위로와 함께 인생을 바라보는 새로운 관점을 갖는 영향을 받았다. 그렇게 쌓인 불교에 관한 관심이 지하실에 동 불상을 가져다놓는 것으로 귀결된 것 같다. 권숙녀는 자녀들을 키우며 거주국의 종교인 기독교 공동체와도 좋은 관계를 맺고 봉사활동에도 적극적으로 참여했다. 그런데 어째서 거주국의 종교는 그녀의 마음을 사로잡지 못했을까?

종교 역시 그 지역의 언어와 문화를 기반으로 한다. 그러므로 언어와 문화가 다른 이주자가 거주국의 종교를 통해 심리적 평안을 갖는 경우는 흔하지 않다. 만약 어떤 개인이 적극적으로 언어와 문화를 넘어서서 종교의 본질에 다가간다면 그 종교를 통해 피안을 찾는 것이 가능할 것이다. 그러나 그렇지 않다면 거주국의 종교는 이주자에게 문턱이 높을 수밖에 없다.

권숙녀는 결혼 초기나 자녀를 낳고 기르던 결혼 중반기 등의 시기에 종교와 종교 공동체를 (문화)적응 측면에서 활용했던 성격이 더 강하다. 그녀는 기독교를 종교로 수용하지 않았고, 기독교뿐만 아니라 불교를 포함하여 어떤 종교든 그녀에게 종교로서 기능하지 않았다. 불교도 그녀에게 종교적 믿음이 주요 요소가 아니라 불교의 가르침을 자신에게 적용하여 스스로 단련하는 차원으로 활용하는 것 같다. 그녀는 현재 오스트리아에 불교 사리탑*을 건립하는 일에 적극적으로 자원봉사를 하고 기부하며 참여한다. 이런 활동도 하지만, 그녀는 여전히 불교가 자신의 종교라고 말하

* 이 불교 사리탑은 빈에 있는 평화사 주지 법전 스님이 빈에서 서쪽으로 약 170km 떨어진 트라운시 지역에 높이 36m, 직경 25m 크기의 '세계평화 불사리탑' 건립을 추진하고 있다. 약 1만 6,529㎡(5천여 평)의 부지에 세워질 탑에는 달라이 라마로부터 전수 받은 진신사리 다섯 과를 봉안할 예정이다. 기사 출처: 법보신문(http://www.beopbo.com)

[그림 6-4]
오스트리아 빈에 세워질
사리탑

지는 않는다.

"그 탑. 그 탑을 지으면서 그게 돈이 많이 필요한 거거든요. 어느 날 친구 하나가 '숙녀야 있잖아. 내 사는 집 내가 니 줄게.' 그래서 내가 그 친구보고 '나는 필요 없어. 나는 잘 데 많아. 그런데 스툽바 그게 필요해.' (중략) 적어도 값어치로 보면 하우스 밀리언에서 70만 유로가 될까? 그러니까 5~7억 정도 되는 집이에요. 그냥 자기는 필요 없고 자기 집도 필요 없고 누군가에게, 그러니까 이 친구가 저한테 지하실을 수리해주면서 왔다 갔다 하면서 그 불교에 대한 얘기도 (자주 나누고) 아주 아주 가톨릭 신자예요. 근데 점점 관심을 갖고. 정말 제가 이 해피니스나 만족감 이런 즐거움 이런 거가 누군가가 우리에게 주는 것이 아니라 이거는 정말 내 마음, 이 마음공부 하는 거는 인생의 할만한 거다. 오로지 할만한 거다. 이것을 함으로써 나한테 좋고 만인한테 좋고."

그녀는 사리탑을 짓는 스님을 돕고 싶었으나 물질적으로 도울 수 없었으므로 심부름을 하거나 궂은일을 도와주기도 했다. 그때 그녀의 친구가 자신의 집을 선뜻 그녀에게 주겠다고 했고, 이에 그녀는 사리탑 건립에 기부할 수 있는지를 물었다. 그 친구는 기꺼이 자신에게는 필요 없는 그 집을 사리탑 건립을 위해 찾아오는 사람들이 머물 공간으로 기부했다. 그리하여 현재 그 친구와 사리탑 건립 책임자인 스님이 그 집을 수리하고 있다. 그녀는 그런 일이 이루어지기 전에 사리탑이 건립되는 마을 근처에 손님들이 머물 공간을 마련하기 위해 허름한 농가를 찾고 있었다. 그러기 위해 신문에서도 찾고 부동산을 하는 친구들한테 소개도 부탁했다. 허름한 주택을 마련하게 되면 수리해서 사리탑 건립을 위해 찾아오는 손님들이 머물 공간으로 사용할 계획이었다. 그런데 마침 그 일이 해결되어 다행이라고 여긴다. 그리고 그녀 자신도 이러한 일들이 쉽게 이루어지는 일이 아니기에 의아하고 신기하게 여긴다. 그녀가 이처럼 불교에 마음을 기울이는 것은 마음공부의 즐거움 때문이다. 그 마음공부는 지독하게 힘들었던 순간에 자신에게 위로가 되었고, 더 나아가 자기 자신만을 위한 공부일 뿐만 아니라 만인을 이롭게 한다고 여긴다. 그렇기 때문에 친구에게도 불교의 자기수련 측면을 말해주고 토론하며 생각을 나누었던 시간이 있었다. 그녀는 친구에게 "마음공부 하는 것은 인생에서 할만한 것"이라고 말했다. 권숙녀는 불교를 통해 자기 자신을 정제하며 찾은 위안과 위로가 자신뿐 아니라 타자 또한 이롭게 함을 깨달았다. 그리고 그것이 권숙녀가 불교를 믿지 않음에도 불교의 가르침을 적용하게 하는 이유가 되는 것 같다.

"종교에 매달린 적도 없고 그때는 저 자신의 에고와 파이팅했고 그거를 어떻게 내가 내 삶을 아주 그나마도 큰 미스테익을 저지르지 않고 잘 개척해갈 것인가? 아이들 앞에, 이 모든 만인 앞에, 내 주위에 모든 이런 사람들 앞에 내가 부끄럽지 않을 수 있을 것인가? 또 궁극적으로는 내가 나 스스로한테 부끄럽지 않게 설 수 있는, 나 그런 판단을 그런 삶을 살 수 있을 것인가? 그게 항상 삶에 기둥 역할을 했어요. 제가 부처님 말씀. 그리고 모든 종교의 아주 깊은 뿌리. 그거를 보면은 사실은 다 하나로 모인다는 거. 그리고 가장 무서운 심판관은 바로 내 안에 있다는 거. 이거 좋은 건가? 잘하는 건가? 이게 내 에고이스트적인 근거에서 하는 건가? 그런 생각을 자꾸 하게 되고."

권숙녀는 살아오면서 종교에 매달린 적이 없고, 다만 자신의 삶이 부끄럽지 않을 길이 어떤 것인지 고민하며 살아왔다고 말한다. 자신의 자아와 치열하게 갈등하던 과정은 참나를 찾는 과정이었고, 자신과 대립하며 끊임없이 행복한 자아를 찾고자 했다. 이러한 과정에서 불교는 그녀에게 종교는 아니었으나 위안을 주었고, 평안하게 하는 역할을 했다. 불교를 도구로 사용하면서도 그녀는 자신의 자아와 끊임없이 '파이팅(투쟁, 고뇌 등)'을 한다. 그녀는 가장 무서운 심판관은 자신 안에 있다고 했다. 그러므로 그녀는 늘 자신을 채근하고 부끄럽지 않은 삶을 살고자 항상 치열하게 분투한다.

7) 행복하기 위해 필요한 것들

"마지막 나와의 전쟁을 하면서 질문과 답을 만들었어요. 살기 위해서 존재하기 위해서 꼭 필요한 것들. 만족하기 위해서 꼭 필요한 것들. 행복하기 위해서 꼭 필요한 것들. 자동차가 있어야 되나? 아파트, 좋은 옷, 휴가? 물어보니까 다 없어도 돼요. 행복하기 위해서 남편이 필요한가? 남자가 필요한가? 그거는 생각할 필요 없이 '나인(Nein)'.

아니야. 그전에 그전에가 사실은 행복하기 위해서 자식이 꼭 필요한가? 그게 저한테는 제일 마지막이었고 제일 힘든. 감히 내가 엄마로서 이런 질문을 던질 수 있을까? 과감하게 물었고 나인. 그게 바로 고 대답이 저한테는 '오케이! 예스. 고' 대답을 제가 스스로에게 얻고 나니까 남편은 질문의 대상이 안 돼."

위의 구술 내용을 보면 권숙녀가 자신과의 '파이팅'을 얼마나 치열하게 했을지 짐작되기도 한다. 남편과 헤어지고 난 후 권숙녀는 스스로와의 내적 전쟁을 치렀다. 이것은 살아남기 위한 전쟁, 그러나 단지 생명을 연명하는 의미가 아니라 자기 자신으로서 존재하기 위한 전쟁이었다. 또한, 한 사람의 인간으로서 그리고 사회적 존재로서 잘 살아남기 위한 내적 갈등이었다. 이 전쟁을 치르면서 그녀는 스스로와 질문과 답을 주고받았다. 그리고 수많은 '아니오'라는 답 가운데 '자신의 행복을 위해 자식이 꼭 필요한가?'라는 질문에 마지막으로 '아니오'라고 대답했다. 그 '아니오'라는 대답은 자녀뿐만 아니라 자신을 둘러싼 모든 집착과 소유, 그리고 심리적 · 정신적 억압 등으로부터 자신을 자유롭게 했다. 자기 자신과의 전쟁을 통해 얻은 내적 자유는 오히려 자녀들이 보물이라는 사실을 더 강하게 마음에 새기는 결과를 가져왔다. 그녀는 그 이후에 자녀와의 유대를 더욱 강화했다. 최현식(2003)은 백무산의 시 「머리 없는 돌부처」에 대한 분석에서 모든 것을 연민하는 주체는 "나를 내려놓으니 나 아닌 것이 없노라"라는 명제 아래 존재할 수밖에 없다고 했다. 크게는 자아를 비움으로써, 작게는 자기 세계에 대한 집착을 벗어던짐으로써 그리움의 세계로 열리고 접속하게 된다고 했다.

권숙녀가 살아남기 위해, 그리고 그녀 자신이 이 생애에 존재하기 위해 치른 내적 갈등은 자아를 비우는 과정이었고, 자기 세계에 대한 집착을 버리는 것이었을 것이다. 그녀는 이러한 마음공부를 불교의 도 닦는 과정에 비유했다.

"이제 헤어지고 제가 마음공부를 하면서 뭐 불교에서는 도를 닦는다 하나요? 그거를 하면서 아, 이제는 내 행복이 사실은 먼 데서 오는 것이 아니라 내 스스로한테서 행복을 느낄 수 있는 것이 아니냐. 그럼 그 행복을 어떻게 느낄 수 있느냐. 이런저런 물음을 달면서 공부를 하면서(침묵) 나를 아프게 한 사람, 나를 괴롭게 한 사람, 이 사람들을 용서하는 거. 그 공부가 굉장히 소중한 공부였어요."

남편과 헤어지고 난 후 그녀의 마음속에 불어닥친 갈등의 폭풍을 잠재우는 일은 그것 자체가 삶의 성찰이 될 만큼 힘든 일이었다. 그 과정에 혼자서 한국의 산속을 헤매며 절을 찾아다니던 시기도 있었고, 진정한 행복이 무엇인가를 부단하게 찾은 일도 있었다. 그녀는 자기를 찾는 과정에서 행복은 외부에서 오는 것이 아니라 자기 안에서 스스로 느낄 수 있는

[그림 6-5] 마음공부

것이라는 깨달음을 얻었다. 그리고 '그렇게 하려면 어떻게 해야 할까?'라는 물음을 스스로에게 했고, 그것은 미운 사람을 용서해야 한다는 결론으로 이끌렸다. 지극히 사랑했던 사람을 더없이 미워하게 된 것도 힘든 일이었을 것이며, 그런 원인이 되었던 사람들을 용서해야 한다는 것을 자신에게 적용하는 것은 더욱 그녀를 생의 막다른 지점으로 몰고 가기도 했다. 그리고 이제는 많은 부분에서 편안해졌다. 그러한 모든 과정이 '참나'를 찾는 여정이었다.

8) 빈에서 종가 만들기

> "대가족에 태어나서 자란 나에겐 유럽의 소가족 중심의 삶은 너무나 단순하고 외롭다 생각되어 친척들 모으기 운동을 펼쳤다. 시부모님, 시백부님, 시누이 가족, 시외가집 친척들, 사촌들, 외사촌들, 나아가선 그들의 절친한 친구들까지 초청했다. 친정 가족을 포함하여 오늘날은 대가족이 형성되어 유럽의 종가 흉내를 내기도 했다!"(자기생애사)

한편, 권숙녀는 결혼생활에서 한국의 종가처럼 친척을 불러 모았다. 한국에서 결혼식을 하고 돌아오는 비행기 안에서 남편은 결혼 선물로 아파트 열쇠를 주었다. 그녀는 그 아파트 열쇠 가운데 하나를 공항에서 시어머니께 드리면서 "어머니께서 항상 오고 싶을 때 오고 떠나고 싶을 때 떠날 수 있는 집"이라고 말했다. 이에 시어머니는 무척 좋아했다. 딸의 집은 평생 열쇠를 가져본 적 없었는데, 동양에서 온 며느리가 자신을 믿고 집 열쇠를 준 것이었기에 이를 매우 자랑스러워했다고 한다. 권숙녀는 대가족에서 태어나고 자랐으므로 소가족 중심인 오스트리아에서 외로움을 느꼈다. 그리하여 거주국에서 대가족을 만들었다. 시집에는 삼촌, 사촌, 외가 친척들이 다 있었지만 서로 만남이 없었다. 그래서 이들을 집으로 초대하여 명절에 같이 모여 가족 간의 유대를 강화하고자 했다. 오스트리아의 특별한 날인 어머니날, 생일, 명명일, 크리스마스, 부활절 등에 친지들을 초대하여 함께했다. 이러한 활동을 시작할 때 남편은 권숙녀에게 굳이 그렇게 하지 않아도 된다고 말했다. 이 말에는 남편과 아내의 성향과 문화의 다름이 들어있다. 자신의 가족끼리만 지내는 것이 익숙한 남편과 그들만의 가족 안에서만 지내는 것에 외로움을 느끼는 권숙녀의 다른 성향 또는 문화적 기반의 다름을 엿볼 수 있다. 그러나 결과적으로 친지들이 함께 모여 친목을 다지고 즐거움을 나누는 것에는 남편과 아이들 모두 좋아하여 가족 전통이 되었다. 아이들은 자신들의 생일에 더 많은 선물을 받을 수 있어 좋아했고, 어른들은 집안에 새 며느리가 와서 독특한 문화를 창출하는 것을 새롭게 지켜보았으므로 좋아했다. 아래 사진의 가운데 어린아이를 안고 있는 여성이 주인공이며, 주인공의 왼쪽에 자주색 스웨터를 입은 남성이 남편이다. 그리고 주위의 모든 사람은 이 부부의 친지들이다. 그녀

[그림 6-6]
빈의 종가

에 의하면 거주국에서 이렇게 친척들이 한군데에 모이는 일은 흔한 일이 아니라고 했다. 그녀는 결혼하여 소가족 중심의 거주국 문화에서 그녀의 남편과 자녀들, 나아가 친지들에게까지 '대가족'이 어떠한지를 느끼게 하고 좋아하게 한 대가족 전통과 문화를 만들었다.

9) 친정 방문

"처음 오게 된 동기가, 우리 아버님이 시골 동네에 양놈 데리고 오면 남사스럽다고 꼭 서울로 오셨어요. 한번은 접는 편지지에 글을 써서 보내셨더라고. 우리 애들을 안아보고 싶다고. 그거를 보고 시골에 갔죠. 저희가 6주를 그 시골에서 있는데 우리가 떠나기 2주 전에 남편도 와서 같이 지냈어요. 남편이 오니까 친척들이 남편 데려가서 술도 사먹이고. (중략) 애들이 크면서 한국에 대한 미련, 애착 이런 것이 싹 트고 있더라구요. 우리 시어머니는 제일 고급 동네에 좋은 집에 사셨는데, 우리 애들이 한국 갔다 와서는 한국 할머니 집은 파라다이스고 빈 할머니 집은 좋은 집이고. 그래서 뭐가 그렇게 파라다이스냐 그랬더니. 그 동네는 어느 한 집도 대문도 없고 다 오픈 하우스라고."

권숙녀의 아버지는 국제결혼 한 딸의 가족이 고향으로 오면 남사스럽다고 외국인 사위를 시골 마을에 데려오지 못하게 했다. 그러다가 권숙녀의 막내가 3세 전후쯤 되었고 큰아이가 7세 정도 되었을 때(둘째는 세상을 떠난 상태였다), 친정아버지가 아이들을 보고 싶다고 해서 아버지가 계시는 시골로 내려갔다. 시골에서 친척들은 그녀의 남편을 데려다가 술을 먹였다. 친척들의 이러한 행위는 친족의 내적 구성원으로 받아들일만 한지 아닌지 테스트의 의미와 아울러 가족으로 받아들이려는 시도로 이해할 수 있다. 그리고 권숙녀의 남편은 팔 걷고 맨발로 고추 농사를 짓는 장모를 도와 열심히 일했기에 시골 친척들의 마음을 얻었다. 친척 어른들은 그녀의 가족이 오스트리아로 돌아가고 난 후 아버지께 "자네가 사위는 제일 착하고 좋은 사위 얻었으니 더는 군소리하지 말라"는 권고를 주었다고 한다. 한편 권숙녀의 자녀는 한국 방문을 통해 한국 할머니로부터 한국의 정서인 '정'을 느꼈다. 권숙녀의 가족은 한국을 방문함으로써 한국의 문화와 정서를 체감했다.

10) 거주국에서 엄마 되기

> "내 애가 더 잘났고 내 애가 더 뭐하고 그러면은 그 두 부모 그리고 애들 둘도 평화를 찾기는 힘들어요. 처음에 벌써 숙이고 들면은. 근데 사실일 경우에는 내가 당당하게 용서를 빌었고 그게 사실이 아닌데 빌었으면 그 사람 분명히 돌아서서 아, 좀 미안하다(생각할 것임). 그것도 좋은 일이야. 아, 미안하다 그거를 느끼는 순간 그것도 도를 닦는 순간이라 이거죠."

아이들이 학교에 다닐 때 친구들과 갈등이 생길 때가 있었다. 그렇게 되면 다른 학생의 부모들과 학교 관계자를 만나 문제를 해결해야 했다. 권숙녀는 그때 부모가 자기 아이의 변론으로 가면 해결국면으로 나아가기 힘들다고 했다. 그래서 그녀가 사용하는 방법은 먼저 미안하다고 말하는 것이었다. 자신의 아이가 잘못한 것이면 당연히 미안하다 해야 할 일이라는 것이고, 자신의 아이가 미안할 상황이 아닌데도 미안하다 하면 상대방이 돌아서서 깨달을 것이라는 논리다. 권숙녀의 어머니는 자녀들 문제가 불거지면 어디서나 '잘못했습니다. 죄송합니다. 그건 제 잘못입니다'라는 자세를 취했다고 한다. 그리고 자녀들에게는 "잘못했다고 하면 혓바닥에 탈이 나느냐?"라고 가르쳤다는 것이다.

권숙녀는 그런 어머니의 방식이 화가 나기도 했으나 후에 자신이 자녀를 키우면서 어머니의 방식을 생각했을 때 아무리 생각해도 그것이 옳은 방법이라고 생각되었다. 만약에 부모들이 내 아이가 더 잘했다고 하면 전쟁이 된다는 것이다. 그리하여 그녀는 10년 동안 아이들을 키우면서 성당에서 누가 도와달라고 하면 무조건 가서 일했다. 성당이라는 커다란 네트워크에 연결되어 여름방학에 그 커뮤니티에서 축구 하러 일주일 동안 캠핑 가면 잼을 만들어 한 상자씩 싸주고, 때에 따라서는 설거지도 해주었다. 다른 것은 해줄 것이 없었으므로 몸을 써서 일하는 것은 아끼지 않고 도왔다. 그리고 아이들이 학교에 가면 학교 선생님과 미팅할 때 기꺼이 마음을 열고 도움을 요청했다.

> "나는 내가 독일어 가르칠 수가 없다. 우리 집에는 가정교사도 없고 그건 당신의 책임이다. 특별한 어텐션을 주든지 아니면 어드바이스를 줘서 우리 애가 독일어에 문제가 없게끔, 뭐 이런 걸 노골적으로 부탁을 하고."

권숙녀가 자녀를 키울 때 남편의 도움을 받을 수 없었고, 그 자신이 자녀들의 독일어나 학교 공부를 도와줄 수 없었다. 그리하여 선생님께 가감 없이 도움을 청했다. 그렇게 함으로써 선생님들도 그녀가 처한 상황을 이해했고, 또한 아이들의 상태와 상황에 대해서도 이해할 수 있었기에 그녀의 아이들에게 도움을 주었다. 그리고 아이들이 성장하여 청소년기를 지날 때 아이들이 읽는 책을 선생님에게 알려서 선생님과 대화하며 아이들을 도울 방편으로 삼았다. 그만큼 아이들의 선생님과 긴밀하게 소통했다. 선생님은 독일 사회에서 이주자인 그녀가 남편의 도움 없이 자녀를 키울 때 도움을 줄 수 있는 유일한 사람이었다. 그리고 그 선생님은 아이의 담임 선생님으로 8년을 함께했고, 권숙녀가 자녀를 키울 때 많은 도움을 주었다. 선생님은 권숙녀의 아들이 독일어가 미진했던 부분이 있었으므로 졸업할 수 있도록 졸업시험을 미리 준비하게 해주었다. 베토벤에 관해 준비해보라고 말했고, 그리하여 졸업생들 앞에서 연주도 하고 베토벤에 관해 오래도록 공부하여 자기만의 글을 작성할 수 있었다. 이러한 것은 권숙녀가 자녀를 위해 거주국 구성원과 적극적으로 소통한 결과다.

11) 또 다른 출구: 암(癌) 선고

“어느 날 의사한테 가서 진단을 받았는데 유방암이라고 진단이 나와서. 한 몇 초 동안은 ‘그런 거? 그런 거는 저기 길가는 사람이나 갖고 있는 건데?’ 그러면서 우선 빨리 생각했던 게 ‘와우 그래, 이제 내가 이유가 하나 생겼네?! 안 하고 못 한다는 이유가 하나 생겼네.’ 드디어 내가 해방될 수 있는 모토가 됐어요. 그러면서 정말 자유인. 자유가 뭔지도 모르고 사실은 살았는 거 같은데 그 단어만 알았지. 그 맛이 어떤지도 몰랐는데 그 바로 그 순간이 이제 시작이 된 거예요.

모든 책임으로부터의 자유. 내 능력 이상의 모든 책임을 제가 맡았었다는 거. 그리고 탈출구가 거의 없었던 그런 마지막 종착역."

의사에게서 암 선고를 받았던 그때, 권숙녀는 여러 가지 감당할 수 없는 막다른 골목에 와 있었다. 삶에서 그녀가 감당해야 했던 것들은 권숙녀가 혼자 헤쳐나올 수 있는 규모가 아니었고, 모든 서명이 권숙녀의 이름으로 되어 있었기에 법적으로도 문제가 될 지경이었다. 그러한 모든 상황을 되돌릴 수도 없는 상황에서 암 선고를 받았다. 처음에는 믿어지지 않았으나 다음 순간에 든 생각은 이 모든 상황으로부터 자신이 자유로울 수 있는 출구가 생겼다는 것이다. 권숙녀는 그동안 일하는 방식이 남들에게 불편감을 주기보다는 자신이 혼자 감당하는 방법으로 임했다. 그리하여 아이들에게도 누구에게도 자신의 힘든 점을 털어놓거나 하소연하며 핑계를 대지 않았다. 그 대신 자신이 힘들어도 자기 선에서 해결하려는 방식을 취했다. 그러나 암에 걸리고 난 후부터는 암이라는 것도 아이들에게 알리고, 다른 사람들에게도 다 말하는 방식으로 바꿨다.

"내 병에 대한 이야기를 절대로 안 하는 성격인데 이제는 완전히 애들한테도 다 하고 '어, 나 오늘 심리요법 배우러 가야 돼.' 그러면서 모든 거를 정리를 하면서 그 분위기가 주위의 모든 인볼브 됐던 작자들이니 모든 사람들이 마음 각오하면서. (그때) 오도 가도 못하는 심각한 골목. 마지막. 여러 가지 복합, 거기 가정적인 것도 있었고, 거기 얽히고 설키고 막 내 스스로의 어떤 그런 자존심. 그리고 내가 미스유징(misusing: 오용, 남용) 당한 거에 대한 것에 대한 실망감."

권숙녀는 인터뷰에서 자신 또는 자신의 삶이 오용되었다는 표현을 했다. 그에 대한 이야기는 너무 복잡하기에 자세히 설명하기 어렵다고 했다. 그러나 자신과 자신의 삶이 누구랄 것도 없이 얽히고설킨 상태에서 오용되고 남용되었다고 여기는 것이 그녀의 마음공부에서 상당 부분을 차지했으리라 짐작한다. 자신의 삶이 이용되었다고 느꼈을 때의 실망감에서 오는 마음공부는 그녀를 깊이를 알 수 없는 구덩이 속에도 넣었다가 다시 구덩이 밖으로 내몰기를 반복했다. 암 진단은 그런 상태에서의 출구가 되었던 것 같다. 암 진단을 받은 후 의사와 대화하는 중에 그녀는 이런 저런 치료를 받고 싶다고 말했다. 그때 의사는 다른 것은 다 필요 없고 심리상담사에게 가서 상담을 받으라고 하며 전화번호를 주었다. 그때 그녀는 '의사 선생님, 내가 해결하지 그 사람이 뭘 한다고' 그렇게 비웃으며 나왔다. 그리고 주위 사람들에게는 "나 암환자야" 하며 우울하고 괴로운 모습이 아니라 마음이 날아갈 듯 즐겁게 다녔다. 이 시기에 권숙녀는 자신이 평소 행해오던 삶의 방식이 아니라 삶에서 그녀가 취해오지 않았던 조금 낯선 행동 방식을 취했던 것 같다. 그리고 그 시기에 수술 후 오랜 세월 치료를 받았고, 5년 동안 호르몬 테라피를 받으러 다니면서 처음으로 '삶에서 자유라는 게 이런 것이구나'를 느끼며 행복했다고 한다. 별거 후 10년이 지난 때였고, 결혼 후 34년 되었을 때다.

"그 의사는 나를 잘못 봤네. 심리요법사들이 공부했으면 얼마나 했을까? 내 일은 내가 처리해. 이러면서 집에를 딱 왔는데, 그 의사 선생님은 왜 쓸데없이 이 전화번호를 나한테 줬을까? 오케이, 그럼 한번 해보자. 그래서 약속이 돼서 가보자 했어요. 그래서 첫 시간에 갔는데 제가 완전히 너무 놀랬어요. 스스로한테 평생에 이렇게 별로 남한테 하지 않는 이야기들. 그리고 꾹꾹 숨겨놓고 치사스럽고 챙피하고 이런 거 가족적인 얘기 이런 거. 그런데 분위기가 너무나 자연스럽고 내 마음을 열더라구요. 내 이 철통같은 입을 떼게 할 수 있는 그 능력은…. 그러면서 또 한 번 가고 한 번 가고 가면서 나중에 중독이 됐어요. 그래서 주위에 그런 누군가가 있으면 제가 보내요. 야, 이건 내가 체험한 거지만 손해 보는 것보다는 덕 볼 확률이 더 크다."

암을 치료하기 위한 다른 치료 방법 다 접어두고 먼저 심리상담사를 찾아가 보라는 의사의 말을 들었을 때, 권숙녀는 그 의사가 잘못 판단했다고 여겼다. 그래서 그 전화번호를 쓰레기통에 버리려 했다. 그러다가 마음을 바꿔서 연락을 했고, 심리 상담을 받은 후에는 그동안 아무에게도 말하지 않았던 자신의 봉인된 입을 열게 만든 사람에 대해 깊은 신뢰를 하게 되었다. 그리고 그 심리치료를 통해 권숙녀의 마음도 치유를 얻게 되었다. 그리하여 그 이후에는 주변 사람에게 적극 심리치료를 권유한다.

12) 슈빙웅엔 효(孝) 연주회

"제가 우리 나름대로의 연주 시리즈를 개발하면서 한국의 철학을 유교적 사상, 어른을 섬기는 거, 어른에게 효도하는 거. 그런 아이디어가 중심이 되어 연주 시리즈가 되어가지고 전 오스트리아에 살고 계시는 골든 제너레이션, 지금 현재 골든 제너레이션은 세계 제1, 2차 대전을 거치면서 살아온 그 세대예요. 효도를 어느 분한테 하든지 간에 하는 것에 의미를 두자. 그래가지고 효도 연주회를 저희가 시작을 한 거예요. 여기에서 리타이어를 한 사람들에게."

권숙녀는 남편과 헤어지고 남편이 벌여놓은 모든 사업과도 결별한 후 남동생과 뮤직 매니지먼트 회사를 만들었다. 이 사업체의 실제 운영자는 그녀의 말째 동생이며, 그녀와는 15년 정도 차이가 난다. 그녀는 이 동생을 '맏아들'이라고 불렀다. 권숙녀가 빈으로 데려와 호텔관광학을 전공케 하며 키우다시피 한 동생이다. 동생은 음악 매니지먼트사를 운영하고, 그녀는 음악가와 연주자들을 돌보는 일을 했다. 이 회사를 운영하면서 권숙녀와 동생은 10년 동안 '슈빙웅엔 효(孝) 연주회'를 구상하고 준비했다. 슈빙웅엔(Schwingungen)은 '진동'이라는 의미를 가진 독일어다. 이 연주회의 이름을 만들기 위해 오랜 시간 동안 많은 이들이 모여 고민한 끝에 '슈빙웅엔'으로 지었다. 그녀는 "진동이 있기에 우리의 귀에 음악이 들리고, 진동이 있기에 인간관계도 이루어지는 것이다"라고 연주회의 이름을 설명했다. 이러한 의미를 지닌 슈빙웅엔 연주회의 취지는 효(孝)다. 오스트리아에 거주하고, 제1, 2차 세계대전 시기를 살아온 은퇴자들을 위한 무료 효 연주회다. 한국 전통 가치관의 근간이 되는 효 문화를 오스트리아의 전통문화라고 볼 수 있는 음악에 접목하여 은퇴자들에게 효도의 한 방법으로 무료 연주회를 제공하는 것이다. 이 연주회는 크게 성공했고, 지금도 계속해서 무료 공연이 이어지고 있다. 그리고 세월이 흐를수록 사람들이 슈빙웅엔 연주회를 더욱 좋아한다고 했다. 권숙녀는 이 공연을 준비할 때 관객을 모으기 위해 오스트리아의 메인 정당인 보수당과 사회당의 총수를 만나 효 연주회의 취지를 설명했다. 그리하여 이 정당들의 협조로 노인들이 슈빙웅엔 효 공연에 참석하고 있다. 이 공연들이 무료로 이루어지는 데는 권숙녀 남매가 운영하는 음악 매니지먼트사의 노력과 두 거대 정당의 지원, 그리고 연주자들의 기부가 맞물려서 작동하고 있다. 연주자들은 자신들의 재능을 기부하는 데 자발적으로 참여하거나 거부할 수 있다. 현재 재능기부에는 유명 지휘자와 연주자들, 오페라 극장들이 기꺼이 참여하고 있다.

> "오스트리아에 여러 정당이 있어요. 특히 메인 정당은 보수당과 사회당이에요. 이 사람들의 멤버쉽이 한 당은 40만 명, 다른 하나는 한 50만 명. 굉장히 큰 단체예요. 이 사람들이 보수당의 아이디어를 추종하는 노인들이잖아요. 그러니까 (그 당에서) 케어를 해줘요. 이 당의 제일 헤드를 만나서 이런이런 취지로, 젊은 사람들이 부모, 조부모, 나아가서는 조상을 모시고, 돌아가신 분들을 모신다는 이런 효성을 모트비로 하니까 이 사람들이 우와~~ 너무 좋대요. 제가 10년 하면서 항상 인사말 할 때 그 말[효]을 언급했어요. 제가 노인들을 끌어모을 수는 없잖아요. 그래서 이 두 단체를 모은 거죠."

슈빙웅엔 효 연주회는 한국의 효 문화를 바탕으로 기획되었다. 효는 젊은 세대가 부모와 조부모를 공경하고 돌아가신 조상을 기억하는 행위이며, 이를 통해 세대와 세대가 연결되는 것을 중심에 둔 가치관이다. 오스트리아에는 이러한 문화가 없기에 효 문화를 설명했을 때 거주국 정당의 총수들은 그러한 가치관을 환영했을 뿐 아니라 처음 한 번의 미팅으로 연주회에 대한 전폭적 지지를 끌어냈다. 권숙녀는 연주회를 시작하기 전에 항상 효의 의미를 언급하고 설명한다. 그러면 연주회에 참석한 노인들은 눈물을 흘리면서 감사해한다. 효 연주회가 지속할 수 있었던 이유에는 두 거대 정당의 참여가 있었기 때문이다. 연주자들이 기부하더라도 관객이 있어야 했다. 이렇게 시작된 '슈빙웅엔 효 연주회'는 은퇴자들을 감동케 했다. 이에 정당에서도 이런 아이디어로 자신의 지지자들에게 긍정적인 영향을 미치는 주최 측에 경제적 지원을 하면서 연주를 더 많이 할 수 있는 여건이 마련되었다. 또한, 이 정당들이 감사의 표창장을 주며 파티를 열었고, 파티가 열리면 기자들이 왔다. 그러면서 신문과 잡지에 슈빙웅엔 효 연주회에 관한 기사가 나가 광고 효과가 생기고, 참여 의사를 가진 연주자들이 이어지는 것이다. 또한, 정치인들과 친구가 되면서 사회적 관계가 확장되어 다시 효 연주회에 긍정적 영향을 미치게 되었다. 연주회의 기획에 한국의 효 문화를 포함한 것은 효의 개념이 기획 의도와 잘 맞은 측면도 있지만, 한국의 근간이 되는 문화를 오스트리아의 근간이라 할 수 있는 음악 문화에 접목함으로써 문화적 교량 역할을 하게 되었다.

13) 음악 콩쿠르 심사위원 활동

"제가 한 10년 동안 콩쿨 대회의 심사위원으로 초청받았어요. 아무것도 모르고 가기는 갔는데 잠도 잘 안 오고 조금 있으면 나가야 될 판인데 막 기분이 이상하더라고. 그래서 큰아들한테 전화를 했죠. '야야, 내가 셔리(콩쿨)에 거 됐는데 피아노 치는데 내가 뭘 봐야 되니? 네가 알다시피 엄마는 피아노에 대한 지식이 한 개도 없잖아. 뭔 점수를 어떻게 줘야 되냐?' 했더만 다 듣고 있다가 마마, 다른 사람한테는 없는 뭔가가 엄마한테는 있대. 엄마 자신만 믿고 하래. 만약에 아들이 '마마, 거기 가지 마~' 이랬으면 보따리 싸가지고 집에 왔을 수도 있어요. 그래서 제가 제일 크리티컬한 심판관이 되었어요. 귀만 늘었는지 실수한 거는 금방 들어와요. 첫 번째 라운드에서 반이 짤라져나가고 반이 남아서 두 번째 라운드로 가고."

권숙녀는 음악 전공자가 아니지만, 10년 동안 세계 여러 나라에서 온 음악 콩쿠르 지원자들을 심사하는 심사위원으로 활동했다. 처음 심사위원으로 발탁되어 심사하러 가기 전에 권숙녀는 큰아들과 통화했다. 이때 아들은 "엄마는 특별한 무엇이 있는 사람이니 스스로 믿고 하세요"라는 메시지를 주었다. 아들의 말에 용기를 얻어 그때부터 10년 동안 심사위원 활동을 수행해왔다. 음악 심사를 할 때 두 번째 라운드에서 떨어져 마지막 파이널 라운드에 가지 못하는 사람들을 위해 음악인들이나 교수들의 조언을 듣는 시간이 있다. 그런데 그 지원자들 가운데 많은 이들이 권숙녀의 조언을 듣기 위해 줄을 서서 기다렸다. 그녀는 다른 음악인이나 교수들이 해주지 않는 이야기를 해주었기 때문이다.

"당신들의 연주를 들으러 오는 청중들. 그 사람이 누구인지를 생각해보세요. 그 사람들에 대한 생각이 무엇입니까? 당신이 혼신을 다해서 선사했습니까? 대충 하는 음악인들의 자세는 정말 금방 느껴요. 그런 애들은 가차 없이. 음악이 어떻든지 간에. 그리고 연주할 때 정말로 즐기면서 했나요? 당신이 100% 즐기지 않았다면 그건 좋은 연주가 아니었어요. 그리고 연주를 하는 이유는 무엇입니까? 음악인이 되려고 하는 이유는 무엇인가요? 당신이 즐겁고 궁극적으로는 당신이 주인이 돼서 하고 싶은 거 최선을 다해서 당신이 최대한도로 만족한다면 온 청중이 다 즐기게 됩니다. 그러면서 보람도 느꼈고."

권숙녀는 무엇을 할 때 대충대충 하는 것이 없다. 약속 시간보다 항상 15분 일찍 나가는 권숙녀의 습관을 알고 있는 딸은 엄마를 만나기 위해 엄마처럼 15분 일찍 나갔지만 엄마는 그보다 15분 더 일찍, 즉 딸을 만나기 위해 30분 먼저 나가서 기다렸다. 그만큼 딸을 만나는 것을 기대했기 때문이다. 이것은 권숙녀의 철저한 자기관리를 말해주는 하나의 예다. 10년 동안의 심사위원 활동은 그녀의 삶 이야기가 반영된 심사였고, 그것이 연주자들의 마음을 끌었다. 한편, 한국의 음악 영재들이 있을 때 권숙녀와 잘 아는 작곡가 헤르베르트 빌리에게 의뢰가 오기도 했다.

"빌리 샘하고도 그런 영재들을 소개를 받기도 하는데 한국 사람들은 참는 성질이 없어요. 그런 케이스는 가장 중요한 포인트가 인내심이에요. 빨리빨리는 노우예요. 정말로 슬로우템포. 그런데 한국 사람들은 우선 급해서 안 돼요. 키우면 클 수 있는 재능은 있는데 다 시급해. 스폰서 해주는 사람도 하루라도 빨리 유명해져서 피드백이 있어야 한다는 거. 엄마는 엄마대로 빨리빨리빨리. 정말 애가 음악인이 되려면 음악이라고 생긴 것은 다 소화를 해야 된다는 거예요. 그리고 바깥의 이런 거 그게 완전히 차단돼야 돼요. 완전 내한테 내 것이 됐을 때 그때는 언제 어느 때 어떤 뭐를 꺼내도 다 완벽한 이기 튀어나와야 된다 그거죠. 근데 그건 절대로 한국 사람에게 안 통하는 거. (한국의 음악 영재가) 한 번도 성공한 케이스가 없어요."

권숙녀는 한국의 음악 영재들이 충분한 자질이 있음에도 세계적인 음악가로 자라나지 못하는 데는 한국적인 '빨리빨리 문화' 또는 아직 익지 않은 과일을 따려는 식의 교육에 원인이 있다고 여긴다. 한 사람이 음악가로서 키워지는 그 시간 동안 인내하고 침잠하고 실력을 쌓는 것이 필요하다는 것이다. 이를 위한 훌륭한 선생님들도 전 세계에 많이 있고 한국에는 재능이 있는 영재들이 있지만, 이를 참아내지 못하는 한국 문화가 걸림돌이 된다는 것이다. 한국이 역사적으로 봤을 때 '빨리빨리' 문화의 형식으로 많은 성공을 거두었지만, 이제는 그러한 급하고 보여주기식 같은 오래된 습성을 뛰어넘어서 더욱 큰 행보로 나아가야 한다고 말한다. 즉 넉넉하게 기다려주고, 값진 것을 값지게 대하고 참아내어 좋은 결과를 만들어낼 수 있는 역량을 키워야 한다는 것이다.

14) 평화통일 음악회 제안

"헤르베르트 빌리 선생님이 작곡한 「정」이라는 이 곡은 한국을 위해서 작곡이 됐고, 한국인의 정서를 표현한 것이에요. 그러니까 한국의 평화통일 심포니라는 것이죠. 남북 사람이 모여서 평화의 노래가 울려 퍼지게 하는 거. 남북의 젊은 뮤지션들을 모아서 판문점에서 연주를 하자. 그런 아이디어를 (편지에) 적었죠. 헤르베르트 빌리는 모차르트의 환생이라고 불리는 사람이에요. 맨 처음 목적은 오스트리아의 빈 필이 판문점에서 「정」을 초연하는 것이 목적이었어요. 그런 행사야말로 국제 매스콤과 국제 귀빈들의 참석하에 인류 평화를 위한 최상의 역사적 순간이리라 생각했죠."

권숙녀는 빈에서 연구자와 인터뷰하는 중에 어떤 편지를 보여줬는데, 그것은 한국의 문재인 대통령에게 보낼 편지였다. 자세히는 못 봤지만, 편지 내용은 통일 음악회 제안에 관한 내용이었다. 그녀는 헤르베르트 빌리라는 작곡가의 서포터즈 회원이며, 개인적으로도 매우 가깝다. 헤르베르트 빌리가 한국의 정서인 '정(情)'을 주제로 작곡한 곡을 한국에서 통일을 염원하는 음악회로 연주할 것을 개인적으로 요청하는 내용이었다. 「정」이라는 곡은 작곡가 헤르베르트 빌리가 공항으로 이동하는 40여 분 동안 머릿속으로 완성한 10악장으로 된 곡이라고 한다. 음악 내용은 불교의 십우도*(참나를 찾아가는 과정)에 해당한다는 정찬주 작가의 설명이 있었다. 이 곡은 일반 대중에게 아직 알려지지 않았으며, 일부 악장이 오스트리아 빈 필과 독일 베를린 필 등에 의해 초연되었고 큰 호응을 얻었는데, 10악장 전체가 초연되지는 않았다.

그러므로 권숙녀는 이 곡이 빈 필 또는 한국과 북한의 음악인들에 의해 판문점에서 10악장 전체가 초연되어 세계에 울려 퍼지면 좋겠다는 개인적 희망을 대통령께 편지를 보내어 제안한 것이다. 이에 대해 권숙녀가 2019년 8월 한국에 왔을 때 통일부 관계자와 미팅 일정이 만들어졌고, 미팅 일정에 참여하기 위해 그녀는 빈으로의 귀국 일정을 열흘 늦추었다. 통일부의 입장은 그녀가 대통령께 편지를 보내 문의가 들어왔으므로 답변을 하는 것이었다. 내용은 "유럽에서 이 음악이 관심거리가 되어 우리 정부로 정식 요청이 들어오면 좋겠다"라는 메시지였다. 비록 권숙녀가 바라던 대로 연주 일정이 만들어지지는 않았지만, 그녀는 앞으로도 기회를 만들어갈 계획이다. 그리하여 그것이 어떠한 것이든 한국이 세계에 드높여지도록 음악 분야에서 자신이 할 수 있는 일을 하겠다는 것이다. 그녀는

* 십우도(十牛圖)가 한국에 언제 유입되었는지는 정확하지 않다. 불교에서 깨달음의 과정을 소나 다른 가축에 비교하여 설하는 것은 부처의 설법 중 하나다. 그러한 설법이 여러 어록, 경전에 산재되어 있는 것이 보명, 확암 등에 의해 정리되었고, 그것이 십우도 문화를 대표하게 된 것이다. 한국 역시 고려 시기에 이러한 문화가 부분적으로 나타나고 있다(최형우, 2017: 223).

지금도 오스트리아 현 대통령 및 다양한 분야의 영향력 있는 인물들과 만나 대화하며 음악 연주회 성사를 위해 노력하는 중이다.

권숙녀는 「나비부인」이나 「투란도트」는 각각 일본과 중국을 배경으로 한 음악들이며, 세계인의 사랑을 받고 있음을 이야기했다. 그러면서 지금까지는 서양이 거부감 없이 한국을 떠올릴 음악이 없었지만, 이제 그런 음악이 생겼다고 여긴다. 그녀는 한국을 대표하는 정서를 모티프로 한 「정」이 세계적인 천재 음악가에 의해 작곡되었으므로 그 음악이 한국에 의해 전 악장이 공표되고, 이어서 전 세계인의 사랑을 받는 음악이 되기를 기대한다. 그리하여 음악으로 소통하는 서양의 문화 속에 한국이 심어지기를 바라는 것이다. 권숙녀는 연주곡의 경우 3악장 또는 4악장으로 완성되는 것이 보통인데, 「정」은 10악장으로 작곡했다는 것이 놀라웠다고 했다. 헤르베르트 빌리의 「정」이 만들어지기까지의 과정을 조금 더 설명하자면 다음과 같다. 권숙녀는 음악 매니지먼트를 하면서 헤르베르트 빌리를 알게 되었다. 음악연주를 하는 장소에서 처음 알게 되었으며, 그때 불상이 있는 지금의 집 지하실에서 차를 마시며 6시간을 꼬박 대화를 나누었다. 그리고 그 이후에도 많은 대화를 나누면서 권숙녀는 헤르베르트 빌리를 삶의 큰스님으로 여기게 되었다. 헤르베르트 빌리는 기독교인이다. 그러나 그와 대화하면서 소통이 될 때 권숙녀가 느끼는 바는 개인적 종교 성향을 떠나 마치 큰스님처럼 여겨진다는 것이다. 헤르베르트 빌리가 「정」을 작곡하기 전 그는 일본에 초청받아서 갔다가 한국을 방문했는데, 그때 한국의 사찰을 방문하면서 깊은 인상과 영감을 받았다고 한다.

15) 연주곡 「정」이 만들어지기까지

> "그 정이라는 것 때문에 우리 한민족은 울고 웃고, 죽고 사는 풍부한 감성을 가졌다. 한국 사람들은 직설적이고 정열적인 면을 가지고 있다. … 그러면서 제가 설명하느라고. 그리고 설명하는 과정에 빌리 선생님은 눈을 지그시 감고 무엇인가에 깊이 심취하셨어요. (중략) 차가 멈추는 순간 빌리 선생님이 눈을 딱 뜨시더니, '소냐, music is finish!' 그러니까 공항으로 가는 도중에 선생님은 이미 「정」에 관한 영감을 완벽하게 받으신 거죠."

권숙녀는 헤르베르트 빌리와 함께 공항으로 이동하는 중에 대화하면서 한국의 정서인 '정'에 대해 설명했다. 이때 헤르베르트 빌리는 조용히 무엇인가에 심취했고, 차가 공항에 도착했을 때 머릿속에서는 이미 작곡이 끝난 상태였다. 헤르베르트 빌리는 21세기에 환생한 모차르트로 추앙받는 작곡가다. 그는 오스트리아 알프스의 몬타폰에서 태어났고, 25세에 작곡을 시작했다. 그의 작품은 세계 유명 홀에서 유명 오케스트라와 세계적 명성을 가진 지휘자들에 의해 연주되었다. 헤르베르트 빌리는 어렸을 때 병을 심하게 앓았으며, 병원에서는 포기했지만 어린 빌리에게 신(神)이 병이 나아 회복될 것임을 알려주었다. 그리고 정말 병이 나았고, 그 후 어린 빌리는 모든 소리가 음악으로 들렸다고 한다. 헤르베르트 빌리는 어느 지역이든지 가면 그 지역에서 나는 음역을 들을 수 있다고 한다. 한편, 헤르베르트 빌리는 한 인터뷰에서 다음과 같이 동양에 대한 느낌과 음악에 대한 자신의 소임을 이야기했다.

"동경과 서울을 방문하는 10일이라는 짧은 시간 동안 저는 여태까지 저를 알던 것보다 더 많은 저를 발견할 수 있었습니다. 동양은 서양과는 달리 더욱 많은 것을 예민한 감각으로 바라볼 수 있게 해주었지요. (중략) 음악은 이미 세상에 존재합니다. 단지 그것을 깨닫지 못하는 사람들에게 그것을 즐길 수 있는 매개체의 역할을 하는 것이 나의 임무입니다."(권숙녀의 스크랩 자료집)

권숙녀의 설명에 의하면 헤르베르트 빌리는 한국에서 세계 어디에서도 듣지 못한 음역을 들었는데, 가장 높은 음 그리고 어떤 악기로도 낼 수 없는 가장 낮은 음을 들었다고 한다. 그가 한국의 정서인 '정'을 모티프로 한국에서 출국하던 날 공항으로 이동하는 가운데 완성한 10악장의 곡인 「정」은 빈 필에 의해 2018년 5월 초연되기로 결정되었지만 연기되었다. 이에 대해 권숙녀는 '빈 필의 초연이 연기된 것이 오히려 한국에서 연주되기에 더 좋지 않겠는가?'라며 긍정적으로 생각한다.

"모짜르트나 베토벤이 작곡한 곡들이 수백 년 후인 오늘날까지 온 세계에 울려 퍼지고 있듯이 헤르베르트 빌리에 의해 작곡되고, 한국인의 깊은 얼과 혼과 한이 뭉뚱그려진 「정」이 세계 방방곡곡에서 세계인 모두의 소망인 평화의 노래가 되어 끊이지 않고 울려 퍼진다면, 이 음악의 위력, 먼 훗날 우리 한민족 역사에 얼마나 경탄할 사실입니까!"

권숙녀는 오스트리아 빈으로 이주하여 50년 가까이 살아오면서 유럽 사회가 음악으로 소통한다는 것을 체득했다. 그들은 삶이 음악이고, 음악을 통해 소통하고 정치를 한다. 현대사회는 이주의 다양성과 함께 문화적 다양성이 넓게 펼쳐진 시대다. 최승은 · 박봉수(2013)는 다문화 시대에 문화의 다양성은 인류의 존재 가치를 결정하며, 다양한 언어, 사상, 전통, 종교, 관습 등을 포용함으로써 사회는 함께 공존할 수 있게 된다고 했다. 음악인류학자인 미리엄(Merriam, 1964)은 음악에 대한 개념과 의미들은 시대와 사회마다 다르므로 음악을 통해 자신뿐 아니라 다른 사람, 다른 민족에 대한 정체성도 이해하게 된다고 했다. 같은 맥락으로 권숙녀도 음악으로 세계인이 평화를 추구할 수 있다고 믿는다. 그리하여 한국의 정서를 표현한 곡을 세계에 알려서 그 곡이 세계에서 재생되면서 사람들의 사랑을 얻고 반복하여 연주되면서 평화를 조성할 수 있다고 믿는다. 그러한 음악의 영향들이 베를린 장벽을 무너뜨렸듯이 분단국인 한국에 긍정적 영향을 미쳐 통일이 이루어지고 평화의 메시지로서 「정」이라는 음악이 세계에 영향을 미치기를 기대하는 것이다.

한편, 작곡가 헤르베르트 빌리는 「정」의 10악장 하나하나에 부제목을 달기 원했고 그 일을 권숙녀에게 일임했다. 권숙녀는 「정」의 내용이 십우도와 완전히 일치한다는 정찬주 작가의 설명이 있었으므로 십우도를 공부하게 되었다. 제목은 헤르베르트 빌리와 협의하며 정했다. 제목을 정할 때 불법(佛法)과 동양철학의 표현을 대체할 서양의 단어를 찾는 것이 쉽지 않거나 불가능한 경우가 많았다. 그리하여 부제목에는 불교 용어, 독일어, 한국어가 사용되었고 헤르베르트 빌리가 만들어낸 언어도 제목으로 포함되어 있다.

16) 「정」의 부제목을 정하다

> "마지막 단계에 빌리 선생님은 굳이 각 악장에 부제목을 원하셨어요. 우연인지 행운인지 빌리 선생님은 한글 발음을 들으시고 '와~ 아주 좋다! 아, 사운드가 좋고 아름답다'라고 하셨죠. 그런 연고로 10악장의 부제목은 몇 개국의 언어로 표현하게 되었습니다. 한글, 독일어, 중국어 그리고 빌리 선생님께서 개발한 유빌로(Jubilo) 단어 등등."

'유빌로(Jubilo)'라는 단어는 오스트리아어가 아니며 헤르베르트 빌리가 만든 제목이라고 했다. 권숙녀가 제목을 붙였을 때 작곡가는 거기에 동의했고, 이를 통해 10악장의 제목이 완성되었다. 각 악장의 제목은 〈표 6-1〉과 같다.

권숙녀가 헤르베르트 빌리의 곡을 세계의 이목이 집중하는 판문점이나 서울 또는 평양에서 초연하려는 이유는 한국을 세계에 알리고 싶기 때문이다. 그리하여 세계 여러 나라에 한국 분단의 특수성을 알리는 기회로 만들어 휴전이 아니라 종전 또는 통일로 나아가도록 돕는 일에 참여하고자 한다. 그녀는 음악이 그러한 역할을 하는 데 충분한 능력이 있다고 믿고 있으며, 특히 헤르베르트 빌리라는 천재 음악가의 음악이 빈 필과 함께 그 역할을 한국에서 한다면 그 효과가 더 클 것으로 여기고 있다. 그리하여 「정」의 10악장 전곡 초연을 위한 준비로 연주 장소는 DMZ 또는 다른 곳, 오케스트라는 빈 필 또는 남북의 젊은 음악인, 그리고 더 나아가서는 세계 각국의 대표 음악인들을 합류시켜 공연하는 방안을 제시하고 있다. 통일 음악회의 지휘자는 구스타보 두다멜(Gustavo Dudamel: 1981~)이 유력하게 고려되고 있다. '21세기의 모차르트'라고 지칭되는 헤르베르트 빌리가 한국인의 정서인 '정'을 주제로 작곡한 것은 더없이 좋은 일이다. 그리고 평화의 메시지를 담은 이 음악이 세계인에게 사랑받고 한국인에게도 사랑받아서 권숙녀의 소망처럼 한국인과 세계인이 하나가 되어 평화통일을 이루는 데 공헌하기를 바란다.

〈표 6-1〉「정(情)」의 악장별 제목

악장	제목	의미
1악장	유빌로 (Jubilo)	축제, 환호, 하나의 시작
2악장	내 안의 신성 (Ne An E Sinsoeng)	누구에게나 있는 마음속의 신성함
3악장	견적 (Gjon Dsock)	발자국을 발견하다(12세기경 중국 곽암 선사의 진정한 진리의 탐구 비유). 신성한 것이 보이는 것
4악장	비 아인 발저 (wie ein Walzer)	발저(왈츠)처럼 아름다운 흐름, 물소리, 폭포, 물과 관계가 있기도 한 음악
5악장	깨어나라 (Ggäonara!)	눈을 뜨고 있는 것이 깨어 있는 것이 아닌 깨어남. '앎'은 쉬워도 그렇게 '됨'은 지극히 어렵구나!
6악장	내 안의 신성 (Ne An E Sinsoeng)	2악장과 연관이 있음. 자유롭고, 더할 나위 없는 무아의 단계. 즐겁기만 하다.
7악장	자비심 (Dscha Bi Schim)	베푸는 마음, 나누는 마음, 무소유. 모든 것은 둘이 아니라 하나다.
8악장	깨어나라 (Ggäonara!)	5악장과 연관성이 큼. 무(텅 빈 상태)에 이르다. 아름다운 신성을 만인에게도 나누어주자. 깨우치게 하자.
9악장	참나 (Tscham Na)	절대적인 평화. 절대적인 조화. 영원한. 참된 지혜, 근원으로 되돌아가다.
10악장	유빌로 (Jubilo)	처음에는 시작을 의미하는 축제라면, 여기에서는 참나를 찾아서. 자기의 평화만이 아니라 중생을 위해 구조하는 데 나머지를 바치겠다는 환호. 내가 나를 넘어서고 초월해서 하는 환호

자료 출처: 각 장의 제목은 작곡자 헤르베르트 빌리와 권숙녀가 협의를 통해 정한 것이며, 의미는 권숙녀의 설명을 연구자가 요약한 것임(2020. 1. 27)

4.
노년의 삶

1) 하지(夏至)와 동지(冬至) 캠프파이어

"하지(夏至) 캠프파이어라고 매해 6월 21일(양력)이 낮이 제일 긴 날이에요. 그날 오스트리아에서는 전통적으로 캠프파이어를 해요. 그거는 동네마다 하나의 큰 행사이고 지금도 해요. 사람들은 그거를 위해서 1년 내내 준비를 해요. 그리고 행사를 위한 장소가 동네마다 있어요. 또 그때 태울 나무 같은 재료들을 모으는 장소가 따로 마련되어 있어요. 6월 21일에는 관광객들이 엄청 많이 와요. 차를 몰고 들어가지 못할 정도로 관광객이 많이 오고, 저는 도나우 강변에 사니까 거기 강변이 30, 40키로 되지 싶어요. 도나우 강변 동네들이 메인 트레지션을 가진 행사를 해요. 그러면 정치인들, 유명인들 다 오고 악기 하는 사람들 다 오고, 배도 꽃장식 다 하고. 하나님께 일종의 감사와 부탁의 제사를 지내는 거예요."

오스트리아는 해마다 6월 21일, 1년 중 낮이 가장 긴 날에 장작을 모아 불을 피우는 행사를 한다. 이 행사를 위해 사람들은 1년 동안 하지 캠프파이어에서 태울 재료들을 모으는데, 그것을 모으는 장소가 동네마다 따로 마련되어 있다. 권숙녀는 이것이 한국 문화 가운데 하늘에 제를 지내면서 복을 비는 것과 유사하다고 했다. 그녀는 오스트리아는 하지 축제를 통해 하나님께 감사를 표현하는 것이고, 한국에서는 기원의 대상이 하늘이지만 절대적 존재에 기원하는 것에서는 맥락이 같다고 본다. 이러한 하지 캠프를 모티프로 하여 권숙녀는 동지 캠프를 한다.

> "그게(하지 캠프파이어) 동네마다 똑같은 행사가 이루어지니까 우리는 겨울에 하자. 그래서 어느 날 겨울에 하기 시작하면서 가족끼리 하다가 동네 친구를 부르고 먼데 친구를 부르고. 그 행사를 저는 집에서. 겨울에 하는 사람들은 없어요. 동짓날. 밤이 가장 긴 날. 12월 21일 한 30년째 가든에서 큰 파이어를 해요. 겨울에 그거를 못 하게 돼 있어요. 어느 규모를 넘는 불을 피울 때는 법적으로 굉장히 엄격하게 제한되어 있어요. 공식적으로 큰 도시에다 다 보고를 하고 그러니까 소방대원까지 다 오고. 동네에서 전통이 돼가지고 우리 정원에서 불러서 여름 동안 모은 장작 나무가 많으니까. 벽난로에 못 넣는 찌꺼지 나무들 다 모아서 태워가지고 그러면서 밤을 새워서 캠프파이어를 하면 두 명, 세 명, 네 명, 불 가장자리에 서서 주거니 받거니 대화가 통하는 사람끼리 모여서. 시장도 오고, 법관도 오고, 나이 많은 사람도 오고, 젊은 사람도 오고. 수십 년간 하다 보니까 모르던 사람도 친구가 되고, 서로 오려고 그러고, 올 때 누가 새 사람 데려오고."

동지 캠프파이어는 12월 21일 밤이 가장 긴 날, 권숙녀의 집 마당에서 30년째 행사를 진행하고 있다. 이 행사를 위해서는 시(市)에 보고해야 하고, 소방대원과 경찰서장이 반드시 참석해야 한다. 그렇게 점점 규모가 커져서 이제는 사람들이 오고 싶어 하는 모임이 되었다. 이 모임을 위해 동네에서 와이너리(와인 양조장)에 음식과 와인을 부탁했고, 밤에 불가에서 이야기를 나눌 때 춥지 않도록 와인과 각종 한약재 같은 것을 넣어 제조한 특별 음료를 준비한다. 그것을 한잔 마시면 몸속이 뜨끈해진다고 했다. 어느 해에는 이 모임을 하지 않고 가족이 모두 여행을 갔다가 돌아와 보니 문 앞에 각종 와인과 선물들이 놓여있었다. 그런 일이 있고 난 후 이 모임을 빠지지 않고 지속해왔다. 그런 가운데 모르던 사람들도 만나 친구가 되기도 한다. 한번은 친구가 시리아 청년 3명을 데려왔는데, 권숙녀는 그 청년들과 이야기를 나누면서 낯선 문화에 관한 부정적인 인식을 줄이는 경험을 했다. 동지는 1년 중 밤의 길이가 가장 긴 날이며, 동지를 지나면 다시 낮의 길이가 길어진다. 김정민(2015)은 동지는 설날처럼 새해의 시작을 알리고 해맞이의 의미를 지니며, 동지가 지나야 비로소 나이를 한 살 더 먹는 의미를 가진다고 했다. 권숙녀가 오스트리아에서 하는 하지 축제를 본인의 집에서 동지 축제로 변형한 것은 이러한 의미를 모두 담으려는 것은 아니었다. 단순히 날짜와 의미를 변형한 것이기는 하지만, 이 행위로 인해 한국 문화와 거주국의 문화를 서로 접목하는 역할을 했다. 권숙녀는 이주 한인 여성으로서 한국 문화와 거주국의 문화를 접목하는 활동을 활발하게 했다. 대가족 만들기가 그러했고, 슈빙웅엔 효 연주회, 그리고 동지 캠프파이어 역시 두 나라의 문화를 접목하거나 잘 어우러지게 한 형태다. 이러한 문화접목은 이주자가 거주국에서 발휘하는 역동성의 한 예가 될 것이다.

2) 마을 주민과 친목을 다지다

"친목 도모가 너무 좋죠. 동네 사람들 다 알고 있고, 오스트리아에서 시골 동네에 서로 잘 친목할 수 있는 거. 저부터가 처음부터 거기에서 살지 않았으니까. 어느 날, 같이 가서 살게 되면서. 시골 사람들이 굉장히 보수적이고, 오스트리아 사람들이 굉장히 개방된 것 같아도 외국인에 대한 어떤 그런 거리감을 갖는, 친해지기 힘든. 사실은 귀족과 뭐 그런 것도 강하고, 그런 거를 저는 이제 아예 각오를 하고 갔으니까. 그것도 제가 무난하게 오늘까지 살아오면서 지금도 그 릴레이션쉽이 무난하게 이루어지도록 알게 모르게 최선을 다해서 성의를 다해요. 그 사람들이 전기를 써야 하면 우리 집에 와서 쓰고. 그런 주거니 받거니. 그 농부들하고도 '야, 너희 살구 맛있고' 뭐 그러면 내가 또 살구잼 만들어주고 … 그래도 뭔가 임프레션을. 그런 데에 제가 신경을 많이 써요. 그러니까 긍정적으로 써프라이징하는 거."

권숙녀가 보수적이고 귀족 의식이 강한 빈의 시골 동네에서 사람들의 마음을 열고 그들 가운데 한 사람이 되는 것이 쉬운 과정은 아니었다. 그러나 그렇게 할 수 있었던 이유는 거주국 구성원과의 관계에서 알게 모르게 최선을 다하는 데 있었다. 그녀는 거주국에서 사람들을 대할 때 먼저 마음의 문을 열어놓고 그 사람들을 인정해주고 감동을 주고, 마음으로 다가가고 세심하게 배려하며 긍정적으로 기쁨을 주려고 노력했다고 했다. 권숙녀가 이웃과 친구가 되기 위해 노력한 방법은 그들에게 '감동'을 주는 것이었다. 이주자가 아니어도 이웃과 진정한 친구가 되려면 진정한 마음이 담긴 노력이 필요할 것이다. 그러나 이주자가 거주국에서 이웃과 친구가 되려면 이주자인 자신들이 두 배 세 배 더 진정성을 보여주어 거주국 구성원에게 확인받아야 하는 것 같다.

3) 할머니의 내리사랑

"애들이 크면서 한국에 대한 미련, 애착 이런 것이 싹트고 있더라구요. 할머니와 이모할머니가 1년 반 있으면서 한국 할머니의 그 맹종적인 사랑을 느끼면서 많이 배웠죠. 그리고 비엔나의 할머니와 한국 할머니는 완전 질적으로 다른 거. 이게 애들이 보면 피부로 느끼고 애들이 보는 눈치는 완전히 달라요. 우리 시어머니는 제일 고급 동네에 좋은 집에 사셨는데 우리 애들이 한국 갔다 와서는 한국 할머니집은 파라다이스고 비엔나 할머니 집은 좋은 집이고. 그러니까 애네들한테는 그게 완전히 천국이었어. 그래서 뭐가 그렇게 파라다이스냐 그랬더니. 그 동네는 어느 한 집도 대문도 없고 다 오픈 하우스라고. 한국 할머니 집은 그 동네는 대문도 없고 우리가 지나가면 할머니 할아버지들이 막 불러서 삶은 감자도 주고 옥수수도 주고, 돈 달라 소리도 안 하고, 배고프다고 하지 않았는데 막 주고 그런다 이거지."

권숙녀는 한국에 공적 · 사적으로 올 때가 있었다. 그리고 아이들을 할머니 할아버지의 집에도 가게 했고, 권숙녀 친구의 집에도 머물게 했다. 그녀는 다양한 방법으로 아이들이 한국 문화를 접할 수 있도록 애썼다. 그리고 아이들은 그런 과정을 통해 한국 문화와 한국의 정서를 익혔다. 그리고 어릴 때 할머니 집에 갔을 때 동네 노인들의 사랑을 받았던 것을 기억하고 있다. 그 사랑으로 인해 아이들은 성장한 후에도 한국에 대한 애착을 느낀다. 아이는 집집마다 대문을 걸어 잠그지 않는 곳, 그리고 대가를 바라지 않는 사랑을 표현하는 외할머니 외할아버지가 사는 곳이 좋다는 것을 아이들의 표현법으로 '천국'이라 말했다.

"어느 날은 할머니가 오셨는데, 빨리빨리 해 먹여가지고 침대에도 보내고 그러려는데. 얼른 준비해서 어머니부터 드리고 애들 먹이려고 그랬는데, 할머니가 '나는 배 안 고프다. 애들부터 먹여라.' 그래서 애들부터 주려 하는데 애들이 '엄마 나도 배 안 고파.' '나도 안 고파.' '나도.' 애들이 터득을 한 거야. 제가 없고 할머니랑 있을 때, 할머니는 그저 가져다 먹이고 또 가져다 먹이고, '아, 나는 금방 뭐를 먹었다'고. 얘네들이 알았던 거야. 당신도 배고픈데 우리한테 하나라도 더 먹이려고. 그다음부터는 할머니가 안 드시려고 하면 '할머니 우리도 안 고파.' 그래서 할머니가 놀래신 거야. 그건 이쁜 정서잖아요. 할머니가 당신 입에 넣고 싶어도 새끼들 입에 넣어주려고 그냥 배 안 고프고 입맛도 없고 그걸 터득한 거야. 그걸 완전히 터득을 했어. 할머니를 통해서."

외할머니가 빈에 왔을 때 아이들과 말은 통하지 않았으나 할머니가 전하는 메시지가 무엇인지를 인지했다. 그것은 할머니가 손주인 자신들을 할머니 자신보다 더 위하는 마음, 즉 사랑을 느낀 것이다. 아이들은 할머니가 자신들을 아끼고 사랑했듯이 할머니를 아끼고 사랑했다. 그러면서 할머니로부터 한국식 사랑의 언어를 배웠다. 큰아들은 일곱 살 때 한국에 와서 시골의 할머니 할아버지 사랑을 받으며 생활했다. 그때 느꼈던 한국의 정을 그들을 방문한 외할머니에게서 다시 느낀 것이다.

5.
소결

권숙녀에게 이주의 영향은 거주국에서의 문화적응과 더불어 삶에서 '나'를 찾는 과정이었다. 어망이라고 느꼈던 가난과 여성 억압을 떠나 빈에 도착했을 때, 집 또는 천국에 온 듯 느꼈다. 그리고 거주국에서 살아오면서 많은 역경이 있었음에도 그 생각에는 변함이 없다. 그러나 거주국에서의 적응은 자기 자신을 극복해야 하는 강력한 수련을 요구했다. 권숙녀가 어릴 때부터 배워온 가치관은 유교적 가르침에 의해 형성된 것이었다. 종가의 엄격한 규율 안에서 고명딸로 자란 권숙녀는 여성에 관한 한국의 전통적 가치관에 저항하는 마음이 있었다. 그럼에도 그녀는 자기 자신이기도 한 한국의 전통과 문화를 모두 바꾸거나 버릴 수 없었다. 그리고 그러한 한국적 전통과 문화에 기반한 가치관으로는 거주국에서 잘 살아남을 수 없다는 것을 인지하게 되었다. 이주하고 난 후에는 한국과 완전히 다른 사상과 가치관을 가진 거주국의 문화에서 살아남기 위해 또다시 자신의 내부에서 혼란과 갈등을 겪으며 치열하게 마음의 전쟁을 했다. 어릴 때 형성된 정체성과 가치관에 의해 살아갈 수 없었던 거주국의 새로운 문화와 가치관을 받아들이거나 최소한 이해할 필요가 있었다. 거주국의 문화를 수용하거나 이해하지 못하면 그 사회에서 건강하고 역동적으로 살아갈 수 없음을 인정해야 했다. 그녀는 삶의 여정 대부분을 거주국의 문화에 적응해나감과 동시에 내적으로는 진정한 자아를 찾는 과정을 지속했다. 권숙녀가 생애 동안 실행한 참나를 찾는 과정의 중심에는 남편이 자리하고 있다. 남편은 권숙녀를 가장 크게 성장하게 한 이유다. 그리고 참나를 찾는 과정 안에 거주국의 문화와 권숙녀가 어릴 때부터 가져왔고 어머니로부터 영향을 받은 종교가 있다. 그 종교를 종교적 차원에서 받아들이지는 않았으나 불교의 종교적 가르침을 삶에 받아들임으로써 심신의 위로를 추구했다. 거주국의 종교 또한 권숙녀가 치열하게 고뇌했으나 자신이 이해할 수 없는 약속을 요구하는 종교적 가치관을 따를 수는 없었다. 그리하여 아무런 요구를 하지 않는다고 여기는 불교에 더 편안함을 느끼며, 불교가 가르치는 삶의 가치관을 받아들이고 있다.

초국적 이주자의 행태로 자녀 세대가 한국 정서를 습득하도록 돕는 것이 있었다. 자녀에게 한국어를 가르치고 한국 문화를 접하게 하고 싶었던 것은 권숙녀도 다른 한인 국제결혼 여성들과 크게 다르지 않았다. 그러나 권숙녀의 삶에서 나타나는 특징은 친정과 잦은 연결을 하는 것이었다. 그것은 친정어머니와 이모 그리고 동생이 빈에 자주 방문하여 생활하고 아이들도 한국을 방문하면서 한국을 접할 기회가 많았다는 점이다. 무엇보다 할머니가 아이들과 장기적으로 함께하며 아이들을 돌보는 과정에서 할머니를 통해 한국의 정서인 '정'을 느낀 것에 있다. 이는 아이들이 장성하고 난 후에 한국으로 연결하는 중요한 열쇠가 되었다. 할머니가 자기 자신보다 아이들을 더 아끼고 사랑한 것을 느꼈고, 그러한 할머니의 사랑은 아이들이 한국을 '정과 사랑'으로 기억하는 것으로 이끌었다. 현대사회의 초국적 이주자들의 행태 가운데 하나가 거주국을 기반으로 하여 모국으로 연계하는 것에 있다. 권숙녀가 의도한 것은 아니었으나 그녀의 친정어머니가 그녀의 집에 자주 방문했고 그 방문을 통해 아이들에게 맹목적인 할머니의 사랑인 '정'을 표현함으로써 아이들은 한국을 '정'으로 기억하고 애착을 가진다.

권숙녀가 이주자로서의 삶에 대해 느끼는 감회는 이주자가 타인과의 관계에서 '나'라는 자기중심적 세계관을 버리는 것이 있었다. 삶을 살아갈 때 거주국 구성원을 이해하고 용서하고 타자에게 감동을 주며 살아가려는 노력이 병행되었다. 때로 그러한 것은 자신을 이겨내야 하는 극한의 고통을 수반하기도 하지만, 그러한 삶을 선택한 자신이 맞다는 자부심으로 어려움을 이겨내려 한다. 본 연구에 참여한 한인 국제결혼 여성들의 삶은 결코 부드럽고 편안하지 않았다. 오히려 거칠고, 누구보다 분투해야 하는 환경에 더 가까웠다. 그럼에도 그들은 자신들에게 주어진 새로운 환경에서 자녀를 키워내고, 자기 자신이 누구인지 끊임없이 찾아가고 있었다. 그들의 녹록하지 않은 삶의 환경은 한편으로 그들을 변화 · 발전하게 하는 동력으로 작동했다. 그들은 지금도 이주자라는 척박한 삶의 환경에서 이웃과 협력하고 타자를 돕고 인내하며 살아가고 있다.

7장

초국적 정체성과 상호문화소통

1. 이주생애 요약
2. 초국적 정체성의 양상
3. 상호문화소통
4. 마무리

1.
이주생애 요약

이 책은 독일과 오스트리아에 간호사로 이주하여 정주하고 결혼하여 가정을 이루어 거주국에 정착한 파독 간호사 출신 한인 여성의 이주생애사를 살펴본 것이다. 참여자들의 성장과 이주, 그리고 그에 따른 삶의 변화와 이주자의 노후, 그리고 자녀 세대와의 연결 등을 살펴보았다. 연구참여자들의 개인적 측면과 아울러 이주자의 모국과 거주국의 환경을 함께 살펴보았으며, 이를 통해 개인의 삶을 총체적으로 이해하고, 나아가 이주시대를 살아가는 우리의 삶을 성찰하고자 했다.

본 연구의 연구참여자들이 한국을 떠날 때 한국의 경제 사정은 매우 열악했다. 1965년 통계에 의하면 한국의 1인당 국민소득은 107달러로 대만(200달러)과 필리핀(237달러)에 비해 절반 이하의 수준이었다. 그 당시의 한국은 국가적으로도 가난한 나라라는 꼬리표를 떨쳐낼 수 없었으며, 개개인의 살림은 고달픈 현실 그 자체였다. 이러한 상황에서 시행된 파독 인력 송출사업은 국가적으로는 산업화에 필요한 외화획득과 한국 내 실업 해소라는 이익이 있었으며, 개인에게는 가난을 극복할 기회가 되었다. 이들이 이주하던 1970년대 모국과의 연결은 원격 통신이 원활하지 않은 정서적 '고도(孤島)'였지만, 교통과 통신 등 과학기술의 발달은 거주국과 모국의 지리적 · 심리적 거리를 좁히는 결과를 가져왔다.

선행연구들에서 이주자들은 교통과 과학기술의 발달 이전에는 거주국에서 소수이며 타자인 외부자의 삶을 살았다. 그렇지만 과학기술이 발달한 이후에는 외부자임과 동시에 거주국과 모국을 빈번하게 연결하는 이주의 주체자로 변모했다. 파독 간호사들은 한국에서 태어나고 자라면서 한국인으로서의 정체성을 형성했고, 거주국으로 이주하여 직업을 갖고 결혼을 통해 정주의 삶을 살았다. 그럼으로써 그들의 가치관과 한국인의 정체성을 조정하고 협상할 필요를 갖게 되었다. 그 과정에서 그들 스스로, 그리고 모국의 가족과 친족, 거주국의 구성원들로 대표되는 타자와의 소통과 협력은 필수요소가 되었다. 이주 후 거주국에 거점을 마련한 파독 간호사들은 모국으로의 다양한 연결과 아울러 모국에 대한 간섭을 시도했으며, 그 형태는 개인적인 것과 집단으로도 실행되었다. 이러한 현상을 이해하기 위해 본 연구에서는 파독 간호사들의 이주생애사에서 특히 초국가주의 관점과 정체성에 더욱 집중하여 살펴보고자 했다. 이를 위해 인터뷰 자료와 자기생애사, 신문자료 등을 분석했다. 연구참여자는 독일 베를린과 오스트리아 빈을 거주지로 둔 파독 간호사 출신 이주여성들이다.

파독 간호사가 되어 독일과 오스트리아로 이주하여 정주하고 가정을 이룬 여성 가운데 본 생애사 연구에 참여한 여성은 4명이다. 이 여성들의 이주 시기는 1972년과 1973년이었다. 이들이 이주한 나이는 20대 초 · 중반이었으며, 이주 전 학력은 각각 고졸과 대졸이다. 이들의 이주 이유에는 가난을 벗어나고 싶었던 마음, 가족을 돕는 것, 외국에 대한 동경 등이 주를 이루었다. 독일 베를린과 오스트리아 빈에 거주하는 참여자들의 이주 생애를 요약하면 다음과 같다.

1) 김혜정의 이야기

김혜정은 한국전쟁이 끝나기 전인 1952년에 태어났다. 그녀가 초등학교 3~4학년 즈음에 트럭 2대로 운수업을 하던 아버지가 급성 백혈병으로 돌아가신 후 넉넉했던 가정의 경제 사정은 급속도로 나빠졌다. 김혜정의 어머니가 바느질 솜씨가 좋았으므로 그것으로 생계를 이어갔으나 그녀가 고등학교에 다닐 때까지도 교과서를 살 여력이 되지 않았을 정도로 사정은 열악했다. 고등학교를 졸업한 후 자신의 진로를 찾던 김혜정은 파독 간호사 광고를 보았다. 그리고 이에 지원하기 위해 입주 가정교사를 1년 가까이 하면서 서울에 있는 간호학원에 다녔고, 그 후 간호보조원으로 독일에 가게 되었다.

독일에 도착한 후 약정한 기간인 3년을 일하면서 가족들에게 월급의 절반을 꼬박 송금했다. 3년이 지난 후 독일 체류를 연장하고자 했으나 독일 정부에서 체류 허가를 내주지 않았으므로 한국으로 돌아왔다. 독일에서 돌아오기 전 한 독일 청년이 김혜정에게 결혼 신청을 했으나 체류를 위한 결혼은 하고 싶지 않았다. 김혜정이 귀국한 후에도 그 독일 청년은 계속해서 김혜정에게 구애를 계속했기에 그의 진심을 받아들여 그 청년이 한국에 왔을 때 한국에서 결혼한 후 남편을 따라 독일에 다시 이주했다.

독일에 재이주한 후 김혜정은 임상병리학교에 등록하여 2년 후 자격증을 취득했다. 그리고 기능공으로 일하던 남편을 설득하여 대학에 입학하도록 권유했고, 그에 따라 남편도 고등학교 과정을 이수하고 대학에 입학했다. 대학에 입학한 후 얼마 되지 않아 남편이 시아버지와 같은 암에 걸렸는데, 그녀는 남편의 암 치료에 모든 노력을 기울였다. 그때는 채 돌이 되지 않았던 아들을 돌보고 직장 생활도 해야 하는 힘든 시절이었다. 그녀는 남편이 아들의 첫돌을 맞이하지 못할 것이라고 예상했을 만큼 남편의 상태는 심각했다. 그러나 남편은 치료되었으며, 암 투병 후 대학에서 상위권의 성적을 받았다. 그녀의 남편은 졸업 후 이전보다 좋은 여건에서 직장 생활을 하게 되었다. 그렇게 단란한 가족생활을 이어가던 김혜정의 남편은 59세에 췌장암이 발견되어 먼저 세상을 떠났다. 김혜정은 인터뷰에서 남편에 대한 추억을 많이 구술했으며, 누군가가 자신에게 지금까지 살아왔던 것처럼 남편과 함께 똑같은 삶을 살라고 한다면 그렇게 하겠다는 말로 남편에 대한 사랑을 표현했다.

김혜정은 독일에 살면서 그녀의 직장 동료들이나 직업 현장에서 외국인이기에 차별대우를 받는다고 여겨지지 않았기에 그것에 고마움을 느낀다. 그렇지만 독일 사회에서 살면서 자신을 독일인이라고 생각하지는 않는다. 그녀는 지금도 매일 독일어 방송을 보고 독일어를 공부한다. 그렇지만 독일 사회에서 그녀는 여전히 이방인이라는 것을 인지하고 있다. 그녀가 독일어를 잘하면 "외국인이 표준 독일어를 참 잘한다"라고 말하고, 독일어를 못하면 외국인이라서 원래 독일인처럼 말하지 못한다고 여긴다. 김혜정은 이주 초기에 자신이 독일인이라고 생각하기도 했다. 그러나 독일 사회에서 자신을 외국인으로 바라보는 시선이 늘 존재함을 인식하면서 지금은 자신을 독일인이라고 생각하지 않는다. 또한 독일에서 독일어를 익히고 독일 문화를 체화하면서 살아온 세월이 길어질수록 한국에 왔을 때 한국에서도 이방인이 됨을 인식한다. 그녀의 사고방식과 문화가 한국에서 살아온 어릴 때 친구들과 다른 문화체계를 나타내기 때문이다. 그러므로 그녀는 독일에서나 한국 모두에서 이방인이며, 한국에서 떠났으나 독일에는 아직 도착하지 않은, 그리하여 '공중에 뜬 사람'으로 여긴다. 그렇지만 그녀의 노년은 한국과 독일을 오가며 양쪽 국가 모두에 친구가 있고, 거주할 곳이 있으며, 같은 취미 생활을 하며 지내는 삶을 살고 있다. 한편으로는 외롭지만, 다른 한편으로는 자유롭다. 또한 양쪽 국가와 사회의 장점을 누리기도 하지만, 양쪽 국가 사회에 온전히 편입되지는 않은 고독한 삶을 영위한다.

2) 문정균의 이야기

문정균은 1947년 서울에서 위로 네 명의 언니와 아래로 남동생 한 명이 있는 가족의 다섯째로 태어났다. 아버지는 한국전쟁에 참전하여 1952년 전사했기에 아버지에 대한 기억은 거의 없다. 어릴 때 고향인 서울 마포에 많은 논밭이 있었던 것으로 기억한다. 그러나 문정균의 아버지가 돌아가시고 난 후 어머니 혼자서 그 많은 논밭을 관리할 수 없었다. 왜냐하면 젊은 과수댁이 일꾼을 들이면 3일에 할 일을 일주일에 걸려 했으므로 그 비용을 감당할 수 없었다. 그리하여 문정균의 어머니는 양자를 들였는데, 그 양자가 가산을 모두 빼돌려서 집과 논밭을 모두 잃게 되었다. 그녀의 어머니는 양자가 집안일을 무리 없이 잘 처리해줄 것으로 믿었고, 자신의 자녀들에게는 밀가루 음식을 먹여도 양자에게는 꼭 밥을 해서 줄 만큼 신뢰했으며 인의를 가지고 대했다. 그러했음에도 양자에 의해 신뢰가 깨졌고 가산을 모두 잃자 문정균의 어머니는 평생 그 일에 대해 자책했다. 문정균은 어머니가 평생 되풀이한 "자식들을 고생시킨 못난 어미"라는 자책을 듣고 살았다. 그것이 문정균에게 자신의 삶을 어떻게 살아야 할지에 대한 가르침이 되었다.

가정 형편이 어려웠기에 중학교와 고등학교는 각각 1년씩 늦게 들어갔으며, 약학대학에 지원했으나 떨어졌고 다시 간호대학에 지원하여 합격했다. 간호대학에 다닐 때는 전화국에서 밤에 전화교환원으로 일하면서 직업과 학업을 병행했다. 직업과 학업을 병행하면서 유급의 위기에 처한 적도 있었다. 그러나 재시험 등으로 위기를 넘겼고, 간호사 자격증을 취득할 시기에는 직장을 그만두고 학업에만 전념하여 자격증을 취득할 수 있었다. 학업에만 집중하려 한 선택은 그녀 스스로 결정한 것이었다. 왜냐하면 만약 한번 자격시험에 탈락하게 되면 다음에는 더욱 의기소침해질 것을 고려하여 자신의 삶에서 더욱 중요한 진로에 집중한 것이다. 그렇게 간호사 자격증을 취득하여 대학병원에서 근무하면서 당시 다른 간호사들과 마찬가지로 미국으로 가고자 했다. 미국으로 가려면 2년의 임상경력이 필요했으나 독일은 경력이 필요하지 않았고 간호사로 일하며 월급도 받을 수 있었기에 파독 간호사에 지원했다. 그리고 스위스로 배정받아 그곳으로 이주하게 되었다.

스위스에서 5년 근무한 후 독일로 옮기게 되었고, 독일에서 35년 동안 중환자실에서 근무한 후 은퇴했다. 독일에서 첫 번째 남편과 결혼하여 아들 하나를 두었고, 아들이 돌이 되기 전 이혼을 청구하여 32세에 이혼했다. 그 후 38세에 현재의 남편과 재혼하여 딸 1명을 낳아 1남 1녀의 자녀를 두었다. 은퇴 후 목표는 독일 사회 내에서 봉사하며 그동안 받은 친절에 보답하고 싶은 마음이 있다. 그리하여 독일에서 자원봉사활동을 조직할 수 있는 자격을 취득하여 지역사회에서 다른 독일인 봉사자들과 함께 활동하고 있다. 또한 재독한인간호협회와 한인회에서 회장으로 활동하고 있거나 활동했으며, 한글학교 교장을 지냈고, 종이접기 강사, 한국어 가르치기, 한국 문화를 지역사회에 소개하는 등의 활동을 활발히 하고 있다. 아울러 한국 사회와도 계속 연계하여 자신의 모교에서 간호학과 후배들에게 강연하면서 간호사로서의 경험과 삶의 지혜를 나누고 있다. 코로나 상황으로 한국 교민들이 자주 모이지 못하고 그녀와 함께 이주한 한인들이 노년이 된 현실에서 지금도 그들을 돌보는 봉사활동을 활발히 펼치고 있다.

3) 최춘례의 이야기

최춘례는 1952년 7남매의 둘째로 태어났다. 그녀의 아버지는 경찰로 근무하다가 한국전쟁에 참전하여 부상을 입었다. 이후 집에서 농사를 짓고 인근 학교의 행정업무를 담당했으며, 어머니는 집에서 자녀들을 돌보았다. 가정 형편이 넉넉하지 않았으므로 최춘례가 학교에 다닐 때는 교육비를 제대로 내지 못할 때도 있었다. 고등학교를 졸업한 뒤 당시 많은 광고가 있었던 파독 간호사에 지원하기 위해 가족들 몰래 신문을 돌리면서 학원비를 마련했다. 9개월 동안 간호학원에 다닌 후 간호보조로 오스트리아에 가게 되었다. 파독 간호사 지원에 합격했음에도 연락이 오지 않았기에 처음에는 가족들에게 비밀로 했으나 할 수 없이 아버지께 의논하지 않을 수 없었다. 그리고 연락이 오지 않는 이유를 아버지의 친구를 통해 알게 되었는데, 그것은 그녀의 아버지가 자유당에서 활동했기 때문이다. 당시 파독 인력 송출에는 정치적 출신성분(?)도 고려했으나 인맥을 통해 그러한 것이 해결되기도 했다. 최춘례의 경우도 아버지 친구의 도움을 받아 파독 대열에 합류했다.

오스트리아 병원에 도착한 후 일주일 정도 지났을 때 병원 계단에서 어머니 문병을 마치고 돌아가던 키 큰 오스트리아 청년과 마주치게 되었다. 그것이 계기가 되어 친정에는 알리지 않은 채 오스트리아 빈에 도착한 지 3년 후인 1976년 결혼했다. 그녀는 오스트리아로 이주한 두 번째 그룹의 간호보조원 30명 가운데 한 명이었다. 결혼 후 그 30명 가운데 처음으로 오스트리아 간호학교에 입학했다. 3년 동안 다른 나라 언어로 공부하는 것은 어려움의 연속이었다. 그러나 졸업할 때는 참석자 및 축하객 500명 앞에서 외국인으로서 우수한 성적을 받아 졸업하는 자랑스러운 학생으로 박수를 받았다. 남편은 한국 남성 이상으로 가부장적 태도였지만, 한편으로 오스트리아 시어머니의 지독한 아들 편애를 겪을 때 늘 아내를 지지했다. 평생 며느리를 인정하지 않고 온갖 독설과 분노를 쏟아낸 시어머니였지만, 그 시어머니가 치매에 걸려 돌아가실 때까지 돌보았다. 시어머니가 임종하기 직전 며느리의 손을 잡고 "고맙다", "미안하다"라는 말을 했을 때, 그동안 쌓여온 감정이 사그라지는 경험을 했다. 그 후 시누이와 시누이의 남편을 각각 돌보아 임종을 지켰다. 그러한 최춘례의 삶을 지켜본 딸 셋은 글로벌 인재로 성장하여 부모의 기쁨이 되었다.

자녀들의 교육과 한국어 교육에는 남편의 교육열이 크게 작용했으며, 부부는 교육에는 늘 우선 투자한다는 원칙으로 자녀들의 교육을 위해 협력했다. 현재는 오스트리아 내 한인 2세대와 3세대의 한국어 교육이 이루어지도록 다른 사람들과 함께 일한다. 직장에서는 은퇴하여 손자 손녀를 돌보며 미국에 있는 딸의 집을 방문하기도 하고 취미활동을 하며 지내고 있다.

최춘례는 이주 후 거주국의 문화와 한국의 문화가 다르기에 사람들이 그들의 삶에서 갈등 속에 머물게 된다는 것을 인지했다. 자신도 이주자로 살아왔고 사람들과의 갈등을 해결하는 과정에서 신앙의 도움을 받기도 했지만, 그녀 스스로 자신을 성찰해야 했던 시간들이 있었다. 인종, 언어, 피부색 그리고 문화가 다른 오스트리아 사회에서 동양 여성으로서 살아갈 때 자신을 지탱한 원리는 내가 누구인가에 대한 정체성이며 스스로에 대해 신앙인, 아내, 아이들의 어머니, 한국인으로 생각하며 이러한 다양한 역할에 충실하게 사는 것이었다. 그녀는 현재 이주 1세대로서 다음 세대를 위해 한국어 교육에 열정을 가지고 참여한다.

4) 권숙녀의 이야기

권숙녀는 1951년 5남 1녀 중 셋째로 태어났다. 그녀의 어머니는 엄하고 말수가 적었다. 그리고 여자도 배워야 현명한 아내와 어머니가 되고 사회의 필요한 일원이 될 수 있다는 생각을 가진 분이었다고 기억한다. 또한 아버지는 "딸 하나는 과분코 반은 별 쓸모가 없다"라고 말할 만큼 딸을 달갑게 여기지 않았다. 그렇지만 한편으로는 하나 있는 딸을 뒤에서 묵묵히 지켜보며 남모르게 용기를 북돋아주었다.

권숙녀는 두 명의 오빠, 그리고 세 명의 남동생과 함께 자랐다. 어릴 때 형제들은 권숙녀를 '여섯째 형님'이라고 불렀다. 제각기 개성과 성격이 다른 다섯 남자 형제 사이에서 듣고 익힌 모든 경험은 그녀가 이주하여 낯선 문화와 이질적 정서로 둘러싸인 환경에서 살아갈 때 도움이 되었다.

권숙녀가 고등학교에 진학할 무렵 부모님이 운영하던 공장이 문을 닫으면서 가세가 급격하게 기울었고, 바로 아래 동생이 중학교에 합격했기에 그녀의 부모님은 딸을 고등학교에 진학시키려는 의지를 갖지 않았다. 이때 "여자라도 공부해야 한다"라고 아버지를 설득한 중학교 담임 선생님 덕분에 고등학교에 진학할 수 있었다. 그 대신 동생의 중학교 입학이 미루어졌다. 고향에 혼자 남아 고등학교에 진학하기로 결정된 후 가족은 모두 서울로 이사했다. 권숙녀는 시골에 혼자 남아 고등학교를 졸업했다. 그 후 10 : 1의 경쟁을 뚫고 국립의료원에 입학하여 졸업하고 간호사로 재직하던 중 오스트리아로 가는 간호사 모집 광고를 보고 지원했다. 그리고 자신으로 인해 중학교 진학을 미루어야 했던 동생의 대학 입학금을 해결해주고 주저 없이 간호사가 되어 오스트리아로 떠났다.

오스트리아에 도착한 후 빈 국립의료원에서 1년 반 동안 간호사로 근무할 당시 의과대학생이던 청년을 만났다. 그의 적극적인 구애를 받아들여 서울 종로에서 결혼했으나 결혼 24년 만에 별거했다. 남편의 반대로 이혼은 하지 않았지만, 부부관계를 다시 회복하지는 못했다. 그러한 갈등의 영향으로 오랜 세월 동안 마음 수련이 깊어졌다. 그렇지만 다른 한편으로 이주를 통해 삶의 경험을 다양하게 쌓았고, 좋은 친구들을 사귀고 스스로 발전하는 계기를 가졌음에 감사하며 지낸다고 말한다. 그녀는 현재 오스트리아에 '효(孝)'라는 개념을 소개하고 클래식 자선 공연이자 효를 주제로 한 '슈빙웅엔 콘서트'를 진행하고 있다. 처음 기획했을 때는 아무도 성공적으로 실행될 것이라고 믿지 않았지만, 그러한 활동을 10년 넘게 이어오고 있다. 효 콘서트는 권숙녀가 아이디어를 내고 남동생이 기획했다. 그리고 이를 오스트리아 주류 정당들과 협력하여 실행하고 있다. 이러한 활동은 오스트리아에서 한국에 대한 긍정적 이미지를 높이는 역할을 했다.

권숙녀는 이주 후 가난한 나라 한국에서 왔기 때문에 빈에서 살면서 자존심이 상한 적도 있었고, 자신이 마치 동양 원숭이가 된 듯 느끼기도 했다. 거주국의 종교는 기독교이고 그들의 문화는 기독교에 근거했으나 그녀의 마음 깊이 자리한 종교는 어머니가 평생 지키며 살아온 불교다. 불교를 종교로 받아들이지는 않았으나 그녀의 행동과 가치관에 크게 영향을 미치는 것은 거주국의 종교가 아니라 불교의 가르침과 가치관이다. 이주함으로써 남성 중심 사회가 여성에게 기대하는 억압으로부터 자유로움을 얻었으나 그녀의 마음 깊은 고독을 들어주는 것은 흘러가는 도나우강뿐이었다. 권숙녀는 이주해야 했던 상황이나 환경을 원망하지 않고 이주할 수 있었던 기회에 오히려 감사하고 있다. 그러나 이주는 그녀에게 자신을 지탱했던 모든 것(문화, 가치관, 또는 지금까지 살아온 자기 자신)으로부터 완전히 탈피하고 새로운 세계관으로 깨어나야 하는 극한의 성찰을 요구했다. 그리고 지난날의 요동치던 삶을 지나온 후 지금은 많은 면에서 안정감을 느끼며 살아간다.

권숙녀를 비롯해 본 연구에 참여한 연구참여자들은 삶에서 여러 가지 역경을 경험했고, 그것을 극복하거나 때로는 고난을 친구처럼 여기며 견뎌왔다. 그것은 이주로 인한 것은 아니었으나 이주를 하지 않았다면 겪지 않았을지도 모를 삶의 굴곡을 겪을 수밖에 없었다. 연구참여자들은 삶의 고난 속에서도 자신들을 성장시킨 고난에 굴복하지 않았기에 스스로의 삶을 돌아보며 감사한다. 우리는 그들의 삶에 새겨진 행적을 통해 그들의 노력과 눈물 젖은 시간들, 그리고 억척스럽게 이겨낸 초인적인 성찰들을 보게 된다. 그것이 그들이 우리에게 전하는 삶의 메시지라고 생각한다.

2.
초국적 정체성의 양상

본 연구에 참여한 파독 간호사이자 한인 국제결혼 여성들의 이주생애사를 통해 그녀들이 이주하고 정주하여 가정을 이루고 살아온 과정에서 나타난 정체성과 정체성 협상은 어떠한지를 살펴보고자 한다. 그리하여 이를 초국적 이주자의 행위를 분류하는 범주인 정치 · 경제 · 사회문화 측면, 그리고 이주생애사 분류 범주인 이주 전후의 삶을 포함하여 살펴보고자 한다. 그리하여 한국 정부의 지원, 노년의 측면, 그리고 종교적 측면을 추가하여 정체성 협상을 여섯 가지로 분류하여 살펴보았다.

1) 경제적 측면

연구참여자들의 공통적인 이주 전 환경은 정도의 차이가 있으나 경제적으로 빈곤한 가정환경이었다. 가난은 여성들의 교육에 제한을 가져왔고, 또 어떤 경우에는 경제적 빈곤으로 인해 심리적 상처를 입기도 했다. 특히 이들은 자신들이 처한 경제적 · 사회문화적 환경을 억압으로 여겼으며, 그들 자신의 목표뿐만 아니라 동생들의 교육이나 가족을 지원하려는 등의 이주 이유를 갖고 있었다. 연구참여자들이 가난하고 도약의 기회가 없었던 환경에서 실행한 삶의 방법은 자립을 추구하는 것, 그리고 자기 삶의 주체가 되는 주도성이었다.

자립적 측면에서 보자면 이주여성들은 학비가 없어 교육을 받기 어려운 경우에는 학교를 늦추어 들어가고, 학교에 다닐 때는 직업과 학업을 병행하기도 했다. 또한 간호보조사가 되는 학원에 다니기 위해 스스로 일하여 학원비를 마련했다. 또 다른 경우는 장학금을 받고 다닐 수 있는 대학을 찾았고, 그 결과 시험을 보아 높은 경쟁을 뚫고 간호대학에 입학했다. 이처럼 이주여성들은 그들의 환경에서 경제적 빈곤이 앞길을 막았을 때 이를 타개하기 위한 시도를 적극적으로 했고, 진로를 이루어나가고자 할 때 장벽 앞에서 멈추거나 절망하지 않은 특성이 있다. 정체성 협상은 특정한 정체성들이 서로 경쟁할 때 발생한다(Pavlenko & Blackledge, 2004; 황은하, 2019: 42)고 했다. 즉, 개인이 처한 현실과 개인이 나아가고자 하는 이상이 서로 경쟁할 때 여기에서 협상함으로써 개인의 정체성이 새롭게 형성된다. 경제적 빈곤의 현실에서 빈곤을 타개하려는 자아와 타개하는 삶의 험난함에 포기하려는 자아가 경쟁했다고 했을 때 참여자들은 어려움을 극복해내는 것에 더 많이 집중하고 노력한 특징이 있다. 그럼으로써 자신에 대해 긍정의 자아를 형성했다. 그러므로 가난하고 억압적 환경에서의 정체성 협상에서는 긍정을 향해 어려움을 극복해가기 위해 노력하고 분투하는 정체성의 특성이 있었다.

이주여성들의 정체성 협상의 또 다른 하나는 주도성이다. 즉, 자기 삶의 방향을 자신의 의지대로 조정해나간 특성이 있다. 이들은 삶에서 어떠한 선택을 해야 할 때 자신의 의지대로 나아가는 행태를 보여주었다. 고교 진학, 간호학원 등록, 이주 결심 등과 같은 인생의 여러 중요한 선택에 직면했을 때 자신의 의지로 선택하고 선택한 길로 나아갔다. 이러한 행위 안에 자신의 의지를 조정하고 실행하는 주도성이 있다. 자립과 주도성을 통한 여성들의 정체성 협상의 메시지는 현실을 변화시키겠다는 의지이며, 자신은 그 일을 할 수 있는 사람이라는 것을 증명해가는 과정이다. 즉, 그들은 현실에 만족하지 않았으며 그 현실을 벗어나거나 극복하기 위한 행위가 있었다. 그것은 어려운 현실에서도 교육을 지속하는 것, 현실을 극복하는 돌파구가 되는 행위를 할 때 포기하지 않는 행위 등이다. 이주는 여성들에게 삶의 기회로 인식되었다. 이들의 행위는 자신을 만들어가는 것뿐 아니라 자신이 어떠한 사람인지를 자기 자신과 다른 사람들에게 나타내는 것이다.

초국적 이주자의 행태인 모국으로의 연결에서 여성들은 송금과 친정 방문, 그리고 친정 가족과 갈등이 있었다. 친정으로의 송금은 정규적 또는 비정규적으로 이루어졌고, 일정 기간이 지난 후에는 경조사에 참여하는 형태로 이어졌다. 이들은 친족에 관한 그리움을 해소하고 자녀의 한국어 교육과 한국 문화 익히기, 친척과 네트워크 강화 등의 목적을 가지고 한국을 방문했다. 친정 방문을 통해 참여자들은 친정의 일, 특히 동생들의 일에 간섭이 있었고 한국의 가족이 이를 수용하지 않아 갈등이 발생했다. 개인마다 편차가 있기는 해도 재외한인 국제결혼 여성들은 한국의 친정에서 가족 구성원으로 받아들여지기를 바라고 있지만, 실제로는 손님의 위치에 있다. 가족에게 손님으로 인식되기 때문에 그들의 권고는 가족 안에서 큰 영향력을 발휘하지 못한다. 동생들도 나이가 들었기에 이들의 권고는 필요하지 않은 군소리로 치부되며, 이에 대해 이주한 한인 여성들은 서운함을 느낀다. 해외에서 살아오며 적지만 가족에게 보탬이 되고자 했던 그들의 노고가 가족 안에서 인정받지 못한다고 여긴다. 그리하여 가족 구성원으로서 가족 안에서 갈등을 일으키기보다 이제는 손님의 위치를 수용한다.

한편, 송금은 해외로 이주한 딸들이 여전히 한국 친정에 영향을 미치는 존재가 되도록 했다. 송금을 통해 확보된 가족 내에서의 위치로 딸들은 친정에 간섭을 시도하지만, 친정 가족이 누나나 언니의 간섭을 거부하거나 순응하지 않음으로써 딸들과 친정의 갈등이 발생한다. 미드(Mead)는 어떤 주어진 사회적 행위 안에서 한 유기체의 제스처에 다른 유기체가 반응하는 것이 그 제스처의 의미라고 했다(나은영 역, 2010). 이주여성들이 친정 가족에게 간섭하는 것이 친정 가족 내에서 자신의 위치를 주장하는 제스처라면, 이를 거부하는 친정 가족의 행위는 이에 대한 반응으로 (간섭 등에 대해) '거절'의 의미가 있다. 그러므로 한인 국제결혼 여성들의 친정 가족과의 소통은 원활하지 않음을 알 수 있다. 다양하게 시도되고 실행된 경제적 측면에서의 정체성 협상은 자립과 주도성, 그리고 가족 내 사회적 위치 주장으로 요약할 수 있다.

2) 사회문화적 측면

이주생애사의 주체인 여성들이 한국에서 독일과 오스트리아로 이주하고 적응하여 살아가는 과정, 즉 사회문화적 측면에서의 정체성 협상은 어떠할까? 이 질문에 대해 연구참여자들이 사회문화적으로 어떠한 경험을 했는지 먼저 살펴보았다. 첫째, 거주국 사회에서 살아오면서 심리적 갈등이 있었다. 이것은 한국인 간호사, 동료 외국인 간호사, 남편, 시집 가족, 거주국 국가, 거주국 사회구성원 등과 같은 타자로부터 받은 다양한 상황에서의 차별과 배제의 상황으로 인한 것이다. 이에 대해 한인 여성들은 거주국 언어를 습득하고 필요한 자격증을 취득하여 개인의 능력을 높이는 방어기제를 만들었다. 또한, 배우자와의 갈등에서는 자신의 의견 표출, 인내, 갈등 조정을 위한 노력, 이혼 등의 방법이 활용되었다. 이러한 대처는 여성들이 자신의 정체성을 새롭게 형성하는 또 다른 요인이 되었다. 즉, 자신은 무시될 사람이 아니라는 주장과 자신은 어떤 일이라도 해낼 수 있는 능력이 있음을 나타내려 했다. 이것은 외부의 공격에 대한 자기방어적 현상으로, 한 개인이 사회에서 정상적으로 살아가기 위한 노력이다. 독일과 오스트리아에서는 이주노동자인 한인 국제결혼 여성들을 거주국 구성원과 직업의 업무 차원에서 동등하게 기회를 주는 측면이 있었으나, 다른 한편으로는 외국인이기에 무시하고 근무를 오래 해도 진급되지 않는 행태가 있었다. 또한 거주국 사회구성원의 내부자로 받아들이지 않고 배제하는 형태도 존재했다. 그러나 업무에서 자기 역할을 해냄으로써 거주국에서 점차 사회적 위치를 점유하게 되었다.

둘째, 한인 국제결혼 여성들의 거주국 삶에서 보이는 정체성 협상은 문화적응 및 문화변용의 형태로 나타났다. 문화적응 측면에서는 한국 사회의 소통 방식과 거주국 사회의 소통 방식이 달라 이에 적응해야 했다. 그것은 여성들이 한국에서부터 배우고 실행하던 가치관을 흔들어 뿌리째 성향을 달리해야 하는 경우에서부터 소소하게 조정할 수 있는 것까지 한 개인의 전체적인 면에 영향을 미쳤다. 거주국에서의 문화적응에는 거주국 언어의 지속적 습득과 높은 수준의 언어능력을 갖고 원주민을 포용하기 위한 노력이 있었다. 그리하여 거주국 원주민이 그들에 관한 긍정적

놀람 또는 감동을 느끼게 하고자 한다. 또한, 국제결혼여성 공동체 활동을 통해 거주국 문화에 적응하는 데 어려움을 겪는 새내기 한인 국제결혼여성들의 문화적응과 국제결혼가정의 삶에 도움을 주고 있다. 연구참여자들은 거주국에서 살아온 기간이 길어지면서 한국 음식과 문화를 거주국 구성원에게 알리는 일에 적극적으로 참여하고 있다. 그리고 거주국에서 봉사활동에 참여하면서 개인적 성찰 기회를 늘린다. 이와 더불어 한국 문화와 거주국 문화를 아우르는 문화변용을 실행하기도 한다. 이 과정들이 정체성 협상의 과정이며, 이주자로서 거주국에 새로운 활력을 주는 역동성의 발현이다.

3) 정치적 측면

초국가주의에 근거하여 한인 여성들의 행위 가운데 정치적 성격을 나타내는 경험에서의 정체성 협상은 어떠한지를 살펴보았다. 여기에는 첫째, 국제결혼을 통한 목소리의 드러냄이 있다. 여성들은 자신들의 목소리를 표출함으로써 정체성을 나타내고 협상한다. 국제결혼 하는 딸을 부끄럽게 여기거나 딸의 국제결혼을 비난하는 것은 한인 국제결혼 여성들을 가정에서나 사회적으로 갈등의 국면에 서게 했다. 이에 대해 이 책에 참여한 여성들은 자신들의 국제결혼이 사회적으로 비난받을 만한 행위가 아니며 정당한 것이라는 인정을 받기 위한 행위를 했다. 그것은 이웃과 친지를 불러 결혼식을 함으로써 공개적이고 대대적으로 자신의 국제결혼을 알리는 행위로 나타냈다. 또한 결혼 후 친정을 방문하고 친정을 돕는 행위를 통해 그들의 결혼이 여타 같은 민족 내에서의 결혼과 다르지 않거나,

또는 더 나은 결혼이라는 것을 가족과 이웃에 보여주고자 했다. 이러한 행위는 여성들이 한국의 가족과 사회에 대한 인정 요구의 목소리를 내는 것이다.

또한 개인이 아닌 단체나 사회적 경로를 통해 그들의 주장을 펼치는 형태로도 정치적 정체성 협상을 나타냈다. 그리하여 한국 사회의 잘못된 부분에 대해 날카롭게 비판하는 태도를 보인다. 예를 들면 한국 사회의 외국인 차별이나 보여주기식 문화 등에 대해 강하게 비판하고 개선할 것을 요구한다. 이들은 민족적으로는 한국인이지만 국적은 거주국으로 되어 있어서 한국 사회를 바라볼 때 타자의 관점을 유지한다. 그리하여 한국 사회의 내적 형편에 관한 이해보다는 외부 입장에서 윤리적 당위성에 기반하여 한국 사회가 외국인노동자나 여성을 차별하지 말 것을 주장한다. 이는 거주국에서 편견과 차별의 대상이 되었던 경험이 있으므로 한국 사회가 그러한 행태의 무의미함을 인지하기를 바라는 면이 있다. 또한 어른들은 행하지 않으면서 아이들에게만 올바른 원리를 가르치는 효과 없는 죽은 가르침을 개선해야 함을 이야기한다. 이에 더 나아가 글로벌 상황에서 타인에 대한 세밀한 배려의 필요를 강조하기도 한다.

다른 한편으로 재외거주 한인 여성들은 각종 사회단체나 정부 산하기관, 지자체 등과 연계하여 한국 사회에서 봉사활동을 하거나 강연을 하기도 한다. 그리하여 재외에서 습득한 지적 · 물질적 자원을 한국 사회에 펼치고, 한국에 도움이 될 행위를 하고자 한다. 이처럼 때로는 한국 사회를 향한 비판적 관점의 태도로, 때로는 봉사활동 같은 행위로 그들의 목소리를 내고 간섭하고자 하는 이유는 그들 자신에 관해 한국 사회에 알리려는 목적을 가진다. 그들은 한국 사회가 이전에 자신들에게 했던 편견과 차별의 시선을 받을만한 존재가 아니며, 한국 사회에 도움을 주고자 하는 의도를 가진 사람들임을 나타낸다. 또한 그들은 자신들이 재외에서 열심히 살아온 세계시민의 역량과 의식을 가진 존재로 한국 사회에 알려지기를 의도한다. 그리하여 한인 국제결혼 여성들에 관한 한국 사회의 의식 개선을 바라는 사회적 인정 요구가 있다.

셋째, 그들의 자녀 세대인 차세대의 한국 연결을 위한 행위가 있다. 한인 국제결혼 여성의 자녀들은 거주국에서 거주국 구성원의 하나로 자라나지만, 정체성의 혼란이나 갈등을 겪기도 한다. 자녀들에게 어머니의 모국에 관한 정체성을 전하는 것은 자녀들이 거주국에서 차별을 겪을 때 이에 대한 방어기제가 되기를 바라기 때문이다. 이를 위해 한인 국제결혼 여성들은 자녀들에게 한국어 교육과 한국문화교육을 하고 있다. 그리하여 자녀들이 거주국에서 편견과 차별 등으로 어려움을 겪을 때 두 개의 정체성, 즉 거주국 구성원으로서의 정체성과 엄마 나라의 정체성으로 대응할 수 있는 여건을 조성하려 한다. 또한, 모국의 친지와 자녀가 연결되어 자신이 세상을 떠났을 때도 자녀들은 모국인 한국과 계속하여 연결되기를 기대한다. 자녀 세대도 거주국에서 스스로의 정체성에 관해 고민하고 그들끼리 토론하며 생각을 나눔으로써 정체성을 정립해나간다. 자녀들은 거주국의 문화에 익숙하고 독일인이나 오스트리아인으로서의 정체성을 가지지만, 한편으로는 어머니 나라인 한국에 관심을 가진다. 2세대가 한국 문화를 배우고 한국어를 하는 것 등은 정체성 협상이 되며, 여성들이 자녀들과 한국인 2, 3세대에게 한국어 교육을 하는 것도 한인 국제결혼 여성들의 정체성 협상이다. 자녀에게 한국 문화와 한국어 교육을 하는 것에 관한 메시지는 그들의 자녀들이 한국인이기도 하다는 메시지다. 자녀들의 한국인 정체성 형성에는 한국의 국제적 위상도 큰 역할을 하고 있다. 지난날 한국이 빈국 상태의 형편이었을 때는 자녀 세대에게 한국어 교육이 중요하게 여겨지지 않았다. 그때는 자녀들이 한국어 공부를 거부했으나 현재 국제적으로 한국의 위상이 높아졌고 한류의 영향이 있으므로 2세대의 한국 접근 기회와 관심이 상승하고 있다. 그리하여 그들이 먼저 한글학교에 찾아오고 있으며, 나아가 자신의 자녀들에게도 한국어를 가르친다. 그러므로 어머니들이 자녀에게 한국어를 가르치는 것은 자녀 세대의 정체성을 강화하려는 목적이 포함되며, 자녀 세대는 한국인으로서 일부 동질감과 어머니의 모국에 대한 이해를 의도한다고 볼 수 있다.

4) 종교적 측면

이 책에 참여한 연구참여자 4명 가운데 2명은 종교를 삶의 특별한 위치에 두지 않았다. 그러나 2명은 종교를 적극적 삶의 지지대로 삼고 있다. 이들의 종교적 정체성 협상은 첫째, 종교로 인해 외적으로 민족 정체성을 멀리하게 되는 경우가 있었다. 거주국에 있는 동질적 민족 집단의 종교 공동체는 이주자에게 소통의 공간을 마련해주고, 소속감을 형성하고, 거주국 사회에서의 적응을 쉽게 하는 장점이 있다(신광철, 2010; 유기쁨, 2011; 최영균, 2012). 그러나 거주국의 한인 교회는 한편으로 한국 문화의 특성을 가지므로 거주국에서 태어나고 자란 2세에게 한국 문화 성격의 간섭과 압력을 가한다. 예를 들면 옷차림이나 머리모양에 관해 간섭하거나 한국어를 못하는 것을 지적하는 행위를 한다. 그러므로 한인 교회에 대해 2세대의 거부감을 불러일으킨다. 한국은 집단문화의 성격을 가지므로 종교 공동체 내에서도 동질성을 요구한다. 그리하여 동질성이 충족되지 않는 개인에 대해 뒷말을 하며 편견을 갖거나, 정도의 차이는 있지만 같은 민족이고 같은 종교 공동체 안에서 배제가 일어난다. 이러한 한인 교회 내에서 일어나는 구성원 상호 간의 불협화음은 동족의 동질성을 멀리하여 거주국 교회 집회소로 떠나게 하는 이유가 되었다. 또한 이 책에 실린 한인 여성들 가운데는 집회소나 종교 공동체가 목적이 아니라 종교적 가르침 자체를 삶에 적용함으로써 민족적 정체성의 개념을 초월하기도 했다. 그러므로 종교적 정체성은 민족적 정체성을 극복하게 하는 이유가 될 수 있음을 보여주었다.

둘째, 종교 정체성은 그 종교 교리의 핵심으로 나아가며 실행되고 있었다. 남을 변화시키기보다 스스로 변하는 것, 그리고 참나를 찾는 것과 같은 자기성찰 행위를 추구하는 것이었다. 삶에서 종교가 추구하는 절대적 선을 실천함으로써 자신의 외부에서 벌어지는 다양한 어려움을 극복하려는 의지를 보여준다. 한인 여성들이 그들의 삶을 살아갈 때 죽고 싶을 만큼 자존심을 다치게 하는 시어머니의 시집살이와 남편이 병으로 죽을지도 모른다는 두려움이 있었다. 또한 그들의 삶은 거주국에서 동양 원숭이가 된 듯한 차별적 시선을 받거나 어떻게도 할 수 없는 삶의 환경을 살아내야 하는 현실이기도 했다. 이러한 극적인 환경에서 이 여성들이 추구하고 위안을 받았던 것은 종교적 신념과 실천이었다. 절대성을 가진 종교적 신념과 최상위의 선을 추구하면서 인간이 아닌 하늘로 대상화된 존재로부터 오는 지지를 이끌어내고자 했다. 그리하여 세상을 살아가면서 받은 다양한 상처를 스스로 치유하는 길로 나아가면서 자신에 관한 정체성을 새롭게 했다.

이러한 연구참여자들의 이주생애사에 나타난 정체성 협상은 다음의 세 가지로 요약할 수 있다. 첫째, 자기 스스로와의 정체성 협상이 있었다. 연구참여자들은 이주를 통해 새로운 삶의 방식으로 나아가야 했고, 낯선 언어와 문화에 적응하면서 진정한 자기 자신에 대해 되돌아보는 환경에 직면했다. 이 책에 소개한 한인 여성들의 정체성 협상은 남편과의 갈등으로 인해 촉발되기도 했고, 자신을 무시한다고 생각하는 타인과 사회에 대항하여 자신의 능력을 배양하는 행위로 나아가기도 했다. 자기 자신과의 정체성 협상은 한국에서 부모와 함께 살아갈 때도 행해지고 있었으나 이주 후 더욱 치열하게 전개되었다. 여성들은 자신이 힘들 때 지지해줄 가족이나 친구들 같은 사회적 집단이 극히 협소해진 거주국 환경에서 살아남기 위해 정신적으로 매우 강해야 했다. 더 나아가, 살아가면서 자신이 어떠한 사람이 되어야 하는지에 대한 성찰이 더해지면서 자기 자신과의 정체성 협상은 극한의 고통을 수반했다. 이때 여성들에게 도움을 준 기제 가운데 하나가 종교였다. 종교의 본질을 이해하여 스스로와의 정체성 협상을 하기도 했고, 종교적 가르침을 연구하고 그것을 자신의 삶에 적용함으로써 위로를 받기도 했다. 종교와 무관한 삶을 살 경우에는 자신의 신념, 즉 자신이 어떠한 사람인지에 관한 강한 신뢰를 바탕으로 자신과 정체성 협상을 한다. 즉, 정직하고 성실하여 신뢰할 수 있는 사람, 스스로에 대해 예측 가능하게 살아가며 자기신뢰와 신념을 강하게 하는 것이 스스로와의 정체성 협상이었다.

이주를 통해 한인 여성들은 한국인이라는 정체성을 강화하게 되었으며, 삶에서는 자신을 버리고 새로운 자신을 깨우는 변화의 과정을 겪어야 했다. 그것은 신앙인으로 거듭나거나 이혼 등으로 '나는 나'라는 것을 깨달음으로써 본연의 자기 정체성을 인지하게 되었다. 이들은 이주를 통해 의도하지 않았지만 자신의 정체성 협상을 새롭게 하는 계기를 만났으며, 가장 치열하게 협상의 대상이 되었던 것은 바로 자기 자신이었다. 그리고 협상하는 방법은 자신의 능력을 향상하는 방법과 자기 자신을 이겨내고 새로운 가치관과 삶의 태도를 지닌 사람으로 변화하는 방법, 그리고 다른 사람들을 도우며 자신을 성찰하거나 자신의 내면을 들여다보면서 자신을 찾는 방법이 있었다. 이러한 방법들은 여성들의 생애에서 지속하여 행해진 정체성 협상이며 이는 때로 고통스럽고 좌절하는 이유가 되기도 했지만, 이들은 정체성 협상을 통해 진정한 자기 자신을 찾고 강화했다. 이들은 삶의 역경을 만났을 때 역경을 기반으로 자신을 변화시키고 발전하는 방법으로 대응했다. 즉, 이들은 고난을 통해 성장했다.

둘째, 이 책에 소개한 한인 국제결혼 여성들의 정체성 협상에는 타자와의 정체성 협상이 있었다. 이들은 타인에게 자신이 어떠한 사람인지를 나타내는 방법으로 정체성 협상을 했다. 예를 들면, 자신이 능력 있는 사람이라는 것, 또는 자신이 인정받을 만한 사람이라는 것을 증명해 보이는 방법으로 정체성을 협상했다. 또 다른 방법으로 자신은 다른 사람에게 도움을 줄 수 있는 사람이고, 자신이 한 말은 꼭 실행하며, 그것이 성취되도록 최선을 다해 노력하는 사람이라는 것을 대외에 천명했다. 그뿐 아니라 다음 세대에게 한글을 가르치고 한국인 정체성을 전하면서 자신의 정체성을 나타냈고, 그러한 방법으로 자신과 자녀의 정체성을 강화했다. 즉, 자녀들이 그들 자신의 일부는 한국인이라는 정체성을 확고하게 가짐으로써 자녀들과 후세대들이 스스로 강화하기를 바라는 의도를 가진다.

셋째, 문화변용에 따른 정체성 협상이 있었다. 그것은 한국 문화와 거주국의 문화를 융합하거나 거주국의 문화에 한국 문화를 적용하여 변용하는 방식으로 이루어졌다. 한인 여성들은 삶의 현장에서 크고 작은 문화 행위들과 마주쳤다. 이때 거주국의 문화와 자신이 가진 한국 문화가 그들의 내부에서 교집합과 합집합을 생성해냈다. 그리고 그것은 거주국 구성원들과의 관계들을 통해 다양한 방법으로 표현되고 실현되며 새로운 문화로 만들어지기도 했다. 이처럼 문화변용을 통해 한국인 정체성뿐 아니라 거주국 구성원의 정체성을 협상하고 표현해나간다. 이처럼 거주국에서 다양하게 형성되고 협상된 한인 여성들의 정체성은 다시 모국의 가족과 모국 사회로 그들의 정체성을 연결하려 한다.

5) 노년의 정체성 협상

이 책에 참여한 한인 여성들은 현재 거주국에서 40년 이상을 살아왔으며 연령은 70대를 넘어서고 있다. 이들의 삶은 개인의 편차가 있으나 일반적으로 어느 정도 거주국에 안정적으로 연결되어 있으며, 자녀들은 글로벌 세대로서 거주국과 유럽 여러 나라에서 자리를 잡아 살아가고 있다. 이들은 자녀들이 어릴 때부터 지금까지 모국과 연결하고 있으며, 비교적 자주 한국을 방문했다. 또한 그들은 개인적으로 한국의 다양한 단체들과 연계되어 있다. 그러나 한편으로는 이제 노년이 되었으므로 꼭 필요한 일이 아니면 한국 방문은 줄여나가는 형편이 되었다. 장시간 비행기를 타고 오가는 것의 부담과 아울러 거처할 곳 또한 여의치 않은 점이 있기 때문이다. 그러나 신체의 고단함과 아울러 몇 가지 불편함이 있어도 한국에 오는 것은 고향에 오는 것처럼 푸근하고 편안함이 있는 것은 어쩔 수 없다.

노년의 정체성 협상은 네 가지로 요약할 수 있다. 첫째, 성찰적 삶으로 나아가는 것 둘째, 거주국 구성원과 친밀도를 높이는 것 셋째, 이주 1세대로서의 삶 넷째, 부유하는 정체성이 있다. 네 가지 정체성 협상 행위를 순차적으로 살펴보고자 한다.

첫째, 성찰적 삶으로 나아가는 것이다. 연구참여자들이 이주자로서 거주국에서 살아오면서 많은 경험을 한 후 이들이 추구하는 것은 인간에 대한 인간 본연의 성찰적 자세였다. 사회와 동료에게 자신의 역할과 책임을 다하며 사는 것, 다른 사람을 돕고 서로가 동반 성장하는 것을 추구한다. 또한 남을 변화시키기보다는 스스로 변화하는 길로 나아가고 참자아를 찾기 위해 여전히 노력하고 있다. 한인 여성들이 이주자로서 거주국에서 적응하며 정착하는 과정은 쉽지 않았다. 그러나 삶의 높은 파고를 지나서 이제 그들이 추구하고 그들을 편안하게 하는 것은 인간에 대한 배려와 존중이었다. 그러므로 노년의 정체성 협상의 첫 번째 요소는 성찰적 자세로 삶을 대하는 것이며, 이러한 방법을 통해 자기 스스로를 완성해간다.

둘째, 거주국 구성원과 친밀도를 높이는 활동을 지속하며 자신의 정체성을 형성하고 협상한다. 이웃과 친밀도를 높이는 행위는 어느 날 갑자기 실행하는 것이 아니라 지금까지 해온 행위를 지속한다는 의미다. 이러한 행위는 마음을 열어놓아 불편한 둔덕이 없는 상태에서의 친밀도를 실천하는 것이다. 또한 이웃의 삶을 이해하고 자신과는 다른 가치관을 가진 이웃의 삶을 인정하며 친구가 되는 것을 추구한다. 이것은 거주국 시민이 되는 정체성이다. 이러한 삶을 살기 위해 여성들은 이웃을 위해 봉사하고, 거주국 구성원과 친구가 되며, 그들에게 진정한 감동을 주며, 거짓 없이 다가간다. 이주자가 거주국에서 그 사회의 구성원과 친밀도를 높이는 삶은 스트레스 없는 편안한 삶이 아니다. 그 대신 어떤 면에서는 늘 긴장해 있는, 다시 말해 스트레스를 안고 있으나 그것을 통제하며 살아가는 삶이라고 볼 수 있다. 이 책에 참여한 한인 여성들은 이주자의 삶의 특성을 있는 그대로 받아들였으며, 자신의 위치에서 그 사회의 구성원과 조화를 이루기 위해 최선을 다하여 살아가고 있다. 거주국 사회에서 조화롭게 삶을 영위하는 것이 그들이 선택한 자신들의 정체성이자 타자와 정체성을 협상하는 방법이다.

셋째, 이주 1세대로서의 정체성 협상이 있다. 한인 국제결혼 여성들은 거주국으로 이주하여 가정을 이루었으므로 그 가정에서는 이주 첫 세대가 된다. 그리하여 한국 여성들은 자녀가 어렸을 때부터 한국 음식을 먹이고 한국어를 가르치며 한국을 방문하여 한국 문화가 어떠한지를 알게 했다. 그리고 자녀들이 장성한 후 손자녀가 태어났을 때 할머니가 되어 3세대인 자손들에게 한국을 알리는 행위를 계속한다. 한국 문화를 경험하게 하고, 한국의 가치관과 한국의 정서 등을 경험하게 하며, 한국적인 것을 전해주고자 한다. 그리하여 자손들이 세대를 지나서도 그들의 할머니가 한국에서 왔음을 후손들이 기억해줄 것을 바란다. 한인 여성들은 한국인 정체성을 자손에게 전해주는 것이 자신들의 의무라고도 생각한다. 이러한 행위로 그들을 나타내며 그들의 정체성을 강화한다.

넷째, 부유하는 정체성이 있다. 여기에서 '부유하다'라는 것은 참여자들의 정체성이 떠도는 것을 의미하는 게 아니라 이주자의 현실이 부유하는 정체성을 만듦을 말한다. 여성들은 그들 자신을 한국인, 독일과 오스트리아의 시민, 그리고 다른 한편으로는 어느 한 곳에 속하는 것이 중요하지 않다는 의식을 가지고 있다. 그래서 다중 정체성을 가지지만 이에 대한 한국 사회와 거주국 사회의 태도 가운데에는 이들을 이주자로 구분하고 타자로 규정하는 것이 존재한다. 거주국에서 거주국 언어를 잘해도 신기해하고, 못해도 이주자의 신분으로 남게 된다. 이처럼 거주국의 구성원이고 거주국 시민성을 가지고 있다고 해도 그 사회 내에서 타자, 즉 이주민으로 구분된다. 또한, 이들이 한국에 왔을 때 거주국에 오래 거주하고 동화하여 살아왔기에 한국 사회에서도 타자로 인식된다. 그러므로 이들은 스스로를 한국인으로 규정하고 거주국에서는 건강한 시민으로 인식하지만, 모국인 한국 사회와 거주국 사회 내에서 타자의 위치에 있게 된다. 그러므로 이들의 정체성은 다른 사람들에 의해 부유하는 정체성으로 규정된다.

6) 한국 정부의 지원

이주자들이 모국 사회의 구성원들과 편리하게 연계하도록 이주자 모국의 정부 역할 또한 현대 이주 사회에서 강조되는 부분이다. 한국 정부는 1997년 외교부 산하에 재외동포재단을 설립하여 재외동포들을 지원하고 있다. 즉 재외동포가 한국 방문, 장 · 단기간 거주, 은행거래, 경제적 활동 등을 쉽게 하도록 이에 관련한 「재외동포법」을 제정하여 시행하고 있다. 이와 아울러 재외동포재단을 통해 재외에 거주하는 한인의 자녀 세대를 위한 한글학교와 한국 문화교육 등을 지원하고 노령에 이른 재외동포 돌봄 시스템을 가동하고 있다. 그리하여 재외에 거주하는 한인들이 그들이 사는 지역에 홀로 지내는 노령의 한인들을 방문하거나 한국 음식을 전달해주는 일을 한국 정부 기관과 협력하여 실행하고 있다. 그 외에 해외에서 활동하는 기업가들의 모임을 활성화하여 자국민끼리의 네트워크를 연결하게 하고 강화하는 활동을 한다. 이러한 노력의 목적은 한국 정부와 재외동포의 연계를 통해 한국의 국가 경쟁력을 높이는 데 기여한다. 이러한 현상은 한국만이 아니라 세계 여러 나라에서 나타나는 현상이다. 이는 빈번한 이주로 인해 지구촌이 좁아지는 환경에 각국이 적극적이고 효율적으로 대처하기 위한 노력의 하나다.

3.
상호문화소통

상호문화소통에 대한 사전적 의미를 살펴보면 “서로 상대가 되는 이쪽 문화와 저쪽 문화가 함께 막힘없이 잘 통함 또는 뜻이 서로 통해 오해가 없음”이다. 이를 행위자 측면에서 보면, 상호문화소통은 상대방의 문화에 대해 막힘없이 잘 통하거나 오해가 없는 상태를 의미한다고 할 수 있다. 홀(Hall)은 상호문화소통을 문화적 특성 및 소통 방식의 차이를 이해하는 것이라고 정의했다. 이에 러스팅과 쾨스티어(Lusting & Koester, 2006; 갈라노바 딜노자, 2019 재인용)는 상호문화소통이 집단과 집단 사이의 문화적 패턴이나 언어 및 비언어적 코드, 인간관계의 규칙 및 역할, 그리고 사회적 인식 등에서 잘 드러난다고 했다.

두 개 이상의 문화가 만났을 때 각각의 문화에 속한 행위자들 사이에 상호문화소통의 필요성이 대두된다. 한인 여성들이 한국을 떠나 독일과 오스트리아 및 스위스로 이주하여 살아갈 때 이들은 필연적으로 상호문화소통의 현장에 직면하게 되었을 것이다. 소통의 사전적 의미는 막힘없이 서로 잘 통함을 말하지만 인간관계에서, 그것도 서로의 문화와 언어,

가치관이 다른 사람들 사이의 관계에서 막힘없이 서로 잘 통하는 관계가 된다는 것은 누가 보아도 어려운 일일 것이다. 이러한 현실에서 한인 여성들이 그들의 생애 동안 상호문화소통을 어떻게 실행했는지를 살펴보고자 한다. 러스팅과 쾨스티어(2006)에 의하면 문화가 서로 다른 사람들의 소통은 언어 및 비언어, 인간관계의 규칙 및 역할 등에서 잘 드러난다고 했으므로 이를 중심으로 살펴보고자 한다. 즉, 한인 여성들이 언어와 문화 등 여러 방면에서 한국과 다른 이주국의 문화와 어떻게 소통했는지를 그들의 생애사에서 나타난 행위를 통해 살펴보고자 한다. 이를 위한 분석 범주는 앞서 제시한 상호문화 역량의 다섯 가지 요인(하종천, 2021)인 이해, 공감, 소통, 협력, 연대 영역에서 연구참여자들의 소통을 위한 행위를 살펴보고자 한다.

1) 이해 영역

첫 번째 영역으로 '이해'를 살펴보았다. 상호문화소통에서 이해는 타자의 삶의 방식을 인식하고 인정하는 정신적 · 정서적 태도를 말한다(김완균, 2005). 그러므로 연구참여자들의 삶에 타자의 삶의 방식을 인식하거나 인정했던 경험은 어떠한지를 살펴보았다.

김혜정은 독일에서 아주 가깝게 지내던 독일인 지인에게 주말에 갑자기 돈을 빌려야 할 일이 생겼다. 그 지인은 김혜정이 이주한 후 독일에서 사귄 어머니 같은 여성이며, 가족끼리도 자주 오가며 친분을 쌓아왔다. 돈을 빌려주면서 그 독일인 지인은 그녀에게 차용증을 쓰자고 했기에 김혜정은 처음에 그 독일 여성이 자신을 믿지 못하는가 하여 당황했다. 그러나 그것이 독일의 문화임을 이해하여 받아들였고, 주말이 지나 은행이 업무를 시작했을 때 바로 빌린 돈을 돌려주었다. 그러한 독일 문화를 그녀 자신이 다른 사람에게 돈을 빌려줄 때는 활용하지 않았으나 누군가와 어떤 일을 할 때 분명하게 하려는 독일의 문화는 그녀의 삶에 스며들었다. 그러한 독일식 문화 태도는 그녀가 한국에 왔을 때 한국 사람들의 문화 태도와 달랐으므로 한국에서도 그녀는 자신이 한국인 친구들과 다름을 인지했다. 가끔 한국에 와서 만나는 한국인 친구들은 그녀에게 "독일 사람 같다"라고 말한다. 김혜정은 한국에서 자신을 낯설게 여기는 한국인 친구들의 문화 태도를 이해하려고 한다. 더불어 그녀 자신도 자신이 가진 문화 태도가 독일에 더 가까움을 인지하기에 자신이 어렸을 때 접한 한국 문화와 다른 현재의 한국 문화를 이해하고 적응하기 위해 노력한다. 그러한 노력은 비단 한국에서만 하는 것은 아니다. 김혜정의 경우 독일 문화를 이해하기 위해 독일의 역사를 공부했으며 자신이 한국을 떠나온 이후 변화된 한국을 이해하지 못함을 인지했기에 한국에 관한 미디어를 검색하고 시청했다. 예를 들어 한국의 인사문화가 자신이 떠나올 때와는 다르기에 한국의 가족생활, 직장 생활 등에 관해 마치 외국인이 한국을 배우듯이 한국의 드라마를 보며 한국 문화를 배웠다.

연구참여자들은 한편으로는 한국과 거주국 사회를 모두 이해하는 당사자가 되기도 하고, 다른 한편으로는 양쪽 사회 모두에서 낯선 문화를 소유한 이방인이 되기도 한다. 상호문화소통을 위해 이들은 양쪽 사회 모두에서 계속하여 변화하는 언어와 문화를 공부하며 적응하고자 노력한다. 최춘례는 거주국에서 한국식 문화간섭이 일어나는 한국인 교회와의 갈등을 구술했다. 이를테면 로컬(거주국) 교회에 가면 개인의 신상에 관한 이야기를 듣지 않아도 되지만, 한국인이 다니는 교회에 가면 머리모양, 옷차림 또는 한국어 능력 등에 관한 '간섭'이 일어난다. 거주국의 경우 개인주의 성향이 강하므로 나와 다른 이에 관한 간섭이 적게 일어날 수 있으나 거주국의 한국인 교회의 경우 거주국 사회에서 종교문화의 '섬' 같은 특성을 나타낸다. 그러므로 이에 대해 같은 한국인 이주자 사이에서도 거주국 사회 안에서 한국 문화 특성을 가진 그룹과 문화소통의 부재 또는 이해의 불통이 있음을 나타냈다. 이에 대해 최춘례는 간섭받지 않는 로컬(지역)교회로 옮겨갔다. 서로의 문화가 주장되어 갈등이 발생했을 때 이주자는 갈등의 현장을 떠나 자신이 적응할 수 있는 다른 곳으로 이동했다.

2) 공감 영역

후설(Hussel)은 상호문화소통을 위한 '공감'을 '감정이입'으로 설명했다. 감정이입은 타자의 감정적 상태에 대한 공감이며, 공감으로서의 감정이입을 통해 타자와 합일하고자 하는 것은 일종의 정서적 노력이며 실천적 의지의 표현이다(박인철, 2010). 연구참여자들이 거주국에서 살아갈 때 거주국의 문화나 거주국 사회의 정주민에게 감정이입을 한 활동은 수없이 많았다. 연구참여자들은 그 사회에 이주했으므로 그 사회에 적응하고 타자를 이해하기 위해 감정이입, 역지사지 또는 공감으로 나아가야 했기 때문이다. 권숙녀는 그녀가 거주하던 마을의 구성원과 소통하고 친구가 되기 위해 친근하게 다가갔다고 했다. 자신의 마음을 열고 이웃을 대했고, 가진 것을 이웃과 기꺼이 나누었으며, 다른 문화와 가치관을 가진 이웃을 이해하려는 노력을 기울였다. 예를 들어 그녀의 집 가까이에 이웃의 밭이 있는데 그 과수원이나 밭에서 일하는 이웃이 전기나 물이 필요할 때 기꺼이 사용하게 했다. 또한 그녀의 집에서 1년에 한 번씩 동지 캠프파이어가 열릴 때 오고자 하는 사람은 누구라도 올 수 있도록 문을 개방했다. 이웃과 다른 사람들을 대하는 태도가 오랜 시간을 두고 같은 패턴으로 반복되었을 때 이웃 또한 그녀를 받아들여 함께 공감할 수 있는 관계로 성장했다. 또한 문정균은 야간근무(당직)를 할 때 밤번을 서는 동료들과 번갈아서 음식을 가져와 함께 먹으며 서로에 대한 이해와 공감을 공유했다. 또한 은퇴 후에는 독일에서 자원봉사활동을 하면서 독일 사회에 유익함을 주는 존재로 스스로를 구성했다. 그리하여 이주자로서 살아온 삶의 이력들을 다문화 사회인 독일 사회에서 활용하며 상생하고자 노력하고 있다. 이러한 봉사활동은 그녀와 독일인 정주민 사이에 공감의 영역을 확대했다.

한편으로는 상호문화소통에서 어려운 점도 있었다. 문정균은 성인이 된 후 이주했으므로 한국에서 먹었던 음식을 그녀의 미각이 기억하고 있다. 그러나 김치나 된장과 같이 양념이 다양하게 들어가거나 음식 향이 독일인에게 익숙하지 않은 한국 음식을 마음껏 먹을 수는 없었다. 이러한 한국 음식을 먹을 때는 독일인 남편이 싫어하지 않도록 남편이 출근한 후에 먹거나 식사한 후 환기를 시켰다. 그녀가 그렇게 한 이유는 한국 음식 가운데 맛과 향이 익숙하지 않은 독일인 남편과 아이들을 배려하고 싶었던 것과 남편이 말하기를 한국 음식을 먹어도 좋으나 자신이 없을 때 그랬으면 좋겠다는 의견을 존중하려 했기 때문이다. 냄새와 맛이 강하지 않은 한국 음식은 가족, 그리고 이웃과 나누지만, 한국의 특성을 강하게 함축한 어떤 음식들은 나눌 수 없었다. 이러한 한국적 특성이 강한 음식 먹는 것을 포기하는 것은 이주자가 거주국의 삶에서 한국적인 어떤 것을 포기하고 살아가야 하는 단면을 나타내기도 한다.

최춘례는 한국을 가난한 나라로만 알고 있는 거주국에서 살아가면서 거주국 구성원들에게 한국의 다른 면을 알리기 위해 애썼다. 친구들을 초대하여 한국 음식을 만들어 함께 먹으며 한국을 알렸다. 그리하여 지금은 그 친구들이 한국 음식을 한국인보다 더 잘 알고 그 맛을 설명할 수 있을 만큼 최춘례와 그녀의 거주국 친구들은 한국에 대한 공감 영역이 확대되었다. 또한 최춘례는 공공 화장실을 사용하게 될 때면 앞 사람이 지저분하게 해놓고 나간 화장실을 깨끗이 치우고 나왔다. 왜냐하면 비록 앞 사람이 더럽게 사용했더라도 나중에 사용한 사람은 한국인이므로 그곳에는 한국인의 이미지가 남게 된다. 그녀는 한국인이 지나간 자리는 깨끗하다는 이미지를 남김으로써 공공시설의 깨끗함을 유지하고자 하는데, 한국인과 거주국 구성원은 공감할 수 있다는 메시지를 남긴 것이다.

이처럼 이주여성인 연구참여자들은 그들의 삶에서 이웃과 소통할 때 나를 우선으로 하지 않고 나를 대하는 이웃을 우선으로 배려하며 행동했다. 그러한 방법으로 공감에 대한 노력을 기울여왔다. 그들 자신이 이주민이기에 거주국의 주민에게 먼저 손을 내밀어 친근감을 표시하는 방식을 사용했을 뿐 아니라 이주자인 그들을 대하는 상대방의 입장을 먼저 생각하는 행동 패턴을 보여주었다. 그렇게 함으로써 상호문화소통을 위한 노력을 계속하고 있다.

3) 소통 영역

다음은 세 번째 영역으로 소통을 위한 활동을 살펴보았다. 이상적인 소통은 소통을 위한 행위에 참여하는 행위자의 진정한 의도가 행위의 결과로 관철되는 것을 의미한다(김영필, 2013). 설동훈(2003)은 외국인노동자가 겪는 어려움 가운데 가장 큰 것이 언어소통이라고 했다. 연구참여자들은 거주국 언어를 원활하게 하기 위해 많은 세월 동안 노력했으며, 노년이 된 지금도 거주국 언어를 계속하여 연습한다. 그 이유는 거주국 언어는 모국어와 달리 쉽게 잊기에 잊지 않고 기억하기 위함이다. 또한 거주국 언어를 계속 학습하는 것은 자연스럽고 수준 높은 단어와 문장을 사용하기 위한 노력이며, 발음을 정확하게 하려는 목적도 있다. 이러한 것은 그들 자신에 대한 자부심에서 발현되는 행동이다. 즉 자신은 능력 있는 사람이라는 것을 거주국의 언어능력을 높이면서 보여주는 것이며, 이 외에도 직업에 필요한 자격증을 취득하여 직업에서도 자신의 전문성을 높였다. 이러한 것은 자신의 능력을 보여주는 것 외에도 자신이 할 수 있는 범위 내에서 거주국 사회의 구성원과 소통하기 위한 행위를 실천하는 것을 나타낸다.

최춘례는 한인 여성 국제결혼가정의 자녀들이 한국어를 하지 못할 때 주변에서 "왜 한국말을 하지 못하느냐?"라는 질문을 받으며 마음에 상처를 받는 현실을 보았다. 그리하여 국제결혼가정 2세대를 위한 한글학교를 만들어 한국어를 배우지 못한 자녀 세대와 후손에게 한국어를 가르치고 있다. 2세대는 그들이 자라날 때 한국어를 배우는 것을 거부했다. 한국어를 배울 이유가 없었고, 그로 인해 부모의 언어와 문화를 이해하지 못했으므로 부모 세대와의 소통이 원활하지 않았다. 시간이 흘러서 2세대는 어른이 되었고, 그들의 자녀를 낳아 키우고 있다. 이제는 그들 스스로 자녀들이 한국어를 배우기를 바라기 때문에 자신의 자녀들을 한글학교에 보낸다. 그리고 그들도 한국어를 배우기 위해 한글학교에 나온다. 그렇게 함으로써 2세대는 자신들의 정체성을 새롭게 형성한다. 2세대는 한국어를 배움으로써 그들의 한국인 부모를 이해하고, 거주국 사회에서 한국어를 하지 못한다는 말을 듣는 것에 대해 스스로를 방어할 수 있으며, 자신이 누구인지를 새롭게 찾아간다. 최춘례는 재외한인의 자녀들에게 한국어를 가르쳐야 함을 굳게 믿고 있으며, 이를 위해 다른 국제결혼 여성들과 뜻을 모으고 한국 영사를 찾아가 국제결혼가정 자녀들을 위한 한국어반의 필요성을 설득했다. 이러한 일은 한 번의 시도로 이루어진 것은 아니었으며, 지속하여 사람들을 만나 설득하고 필요성을 강조하고 학생들을 모으고 장학금을 모아 학생들을 지원하는 다양한 활동을 하면서 자리를 잡아나갔다. 이러한 과정은 모두 최춘례와 국제결혼가정의 한인 여성들이 재외한인가정과 그들의 자녀들, 그리고 거주국 사회와 함께 소통한 행위다.

김혜정은 서베를린에 살았는데, 서독에 사는 홀로 되신 시어머니를 매달 정기적으로 방문했다. 한 달 동안 쌓인 설거지와 청소, 그리고 개를 목욕시키는 것 등을 남편과 함께 가서 하고 돌아왔다. 김혜정의 시어머니는 사회복지사가 방문해도 믿지 못하여 문을 열어주지 않았는데, 오직 아들이 왔을 때만 문을 열었다. 그리하여 김혜정과 그녀의 남편은 한 달에 한 번 꼭 방문하여 시어머니의 집안을 청소했다. 그녀는 개를 싫어했기에 개 목욕시키는 것이 힘들었고, 그보다 더한 고역은 먹던 음식이 그릇에 한 달 동안 남아 있던 것을 씻는 일이었다. 김혜정은 상태가 너무 심해서 할 수 없는 일은 남편에게 하도록 요청했으며, 그러면 남편이 그 일을 했다. 그 일을 열심히 한 것은 첫째, 그렇게 하고자 하는 남편의 의지가 있었고 둘째, 종일 아무것도 하지 않고 창가에 앉아 사람들이 지나가는 것만 지켜보는 외로운 시어머니의 삶을 안쓰럽게 여겼기 때문이다. 김혜정의 남편과 그녀가 시어머니를 정기적으로 방문한 이 일을 김혜정과 그녀의 남편 사이의 소통 측면에서 살펴보고자 한다. 이는 부부가 서로 소통할 때 언어에 의한 의사소통 외에 다른 측면의 의사소통, 즉 서로에 대한 존중과 배려, 인내, 이해, 공감 등과 같은 요소가 있어야 함을 볼 수 있다. 김혜정은 늙고 외로운 어머니를 돌보고 싶어 하는 남편을 이해했고, 또한 그녀 스스로 홀로 된 시어머니의 상황을 이해했다. 그렇기 때문에 한 달에 한 번 청소하기 위해 시어머니를 방문하는 일이 즐겁지는 않았지만, 기꺼이 남편과 함께했다. 이에 대해 남편은 사회복지사도 요청해보고 다른 방법들도 시도해봤으나 이를 모두 거절한 어머니를 돌보는 일에 함께한 아내를 위해 더 힘든 일은 그 자신이 하는 것 등으로 아내를 배려했다.

서로 문화가 다른 국제결혼가정의 부부뿐만 아니라 지구촌 어느 곳에 사는 부부라 하더라도 소통을 위해서는 언어보다 상위에 있는 요소, 즉 서로에 대한 존중과 배려, 이해 등을 위한 노력이 필요함을 김혜정 부부의 경험을 통해 생각해볼 수 있다. 그리고 개인과 개인이 서로 소통할 때 존중과 배려 같은 요소가 필요하듯 사회에서 서로 다른 타인들이 소통할 때 언어와 문화보다 상위의 요소인 인간 존중과 배려, 서로에 대한 이해 등이 필요한 것은 너무나 당연하다. 그러나 그것이 잘되지 않고 사회적으로 갈등이 발생하는 것은 언어와 문화가 다르기 때문이 아니라 타자와 소통할 때 타자에 대한 존중과 배려 등에서 우리 자신의 성찰이 부족한 것에 더 큰 이유가 있다.

4) 협력 영역

다음으로는 네 번째인 협력의 영역을 살펴보고자 한다. 서로 다른 문화를 가진 사람들이 협력적 대화에 참여할 때 각각의 두 모국어 화자는 서로의 언어와 문화를 익히고 이해하면서 상호문화 의사소통 능력을 발달시킬 수 있다(이인혜, 2019). 이대응(2006)은 조직 내의 구성원들이 상호존중하고 협력할 때 갈등을 민주적으로 해결하며 구성원 관계에서 안정감이 증대된다고 했다. 그러므로 연구참여자들이 이주국에서 살아갈 때 상호문화소통을 위해 어떤 협력의 노력을 했는지와 이에 대한 거주국 사회의 반응을 살펴보고자 한다. 연구참여자들의 소통을 위한 협력행위는 개인적 측면과 대인관계 측면에서 살펴볼 수 있다. 개인적 측면의 협력은 이주한 사회의 문화에 적극적으로 동화하려는 노력에서 찾을 수 있다. 예를 들어 거주국 언어를 습득하고, 거주국 사회의 문화를 수용하며, 직업에서 요구하는 자격을 취득하는 등의 행위는 이주자들이 거주국 사회에 협력하는 개인적 행위에 해당한다. 대인관계 측면에서의 행위는 동료나 이웃과 한국 및 거주국의 음식을 나누고, 우정을 증진하며, 그들에게 한국의 문화를 소개하는 것이 있었다. 연구참여자들은 이러한 과정에서 거주국의 문화와 가치관을 배우고 익히며, 때로는 수용하고 때로는 변형을 시도하면서 상호문화소통을 위해 협력했다. 개인적 예를 살펴보면 다음과 같다.

문정균은 재독한인간호협회 회장으로서 해마다 한국 정부의 지원을 받아 독일에 거주하는 파독 한인 간호사들의 건강 세미나를 주최하고 있다. 파독 간호사의 이주 기간이 50~60년을 넘어가면서 20대 청춘이던 여성들은 이제 70~80대 이상의 노년이 되었다. 문정균은 다른 파독 간호사들과 함께 노년의 파독 한인 간호사들의 외로움과 건강을 살피는 일을 실행하고 있다. 예전의 그들처럼 젊은 세대의 한인 간호사들이 독일로 이주하지 않기 때문에 정작 노년이 된 그들을 돌보고 재외의 삶을 이어갈 다음 세대는 극히 적다. 그래도 몸을 움직일 수 있을 때까지 도움이 필요한 다른 파독 간호사들을 도우며 살아가고자 한다. 또한 문정균은 자신이 사는 지역에 한국의 전통 혼례와 차 문화 등을 소개하여 한국 문화를 거주국에서 살아가는 독일인과 다른 여러 나라에서 이주한 이주민들에게 알렸다. 이 일을 할 때 거주국의 시청 공무원들과 협의하여 기획했고, 다문화 시대에 독일의 사회구성원이 그들 사회 내의 다양한 문화에 대해 확장된 관점을 갖도록 돕고자 했다. 그리하여 독일 사회 내에 함께 거주하는 다양한 구성원들이 타 문화를 이해하고 사회적으로 상호 협력하게 하는 데 도움을 주고자 한다. 이 외에도 문정균은 한국 KBS방송국에서 독일어로 송출하는 국제라디오를 청취하는 독일 사람들이 한국에 대해 더 나은 이미지를 갖도록 독일 주재 영사를 국제라디오 모임에 초대했다. 문정균은 국제라디오 모임이 단지 몇십 명 모이는 모임이라고 생각하지 않고 이들이 독일 내에서 한국에 관한 좋은 이미지를 전파할 수 있는 그룹이라고 여겼다. 그리하여 이들에게 한국의 긍정적인 모습을 더 많이 보여주고자 했고, 그로 인해 장차 한국과 독일이 서로에게 긍정적 영향을 미칠 수 있는 협력의 기반을 다지고자 했다.

오스트리아에 거주하는 권숙녀 또한 거주국의 구성원과 협력적 대화와 행동에 참여하며 살아왔다. 그녀는 오스트리아에서 일반적으로 하지 캠프를 하는 것에 착안하여 동지 캠프를 했다. 그녀의 집 마당에 장작더미를 쌓아 불을 피우고 사람들과 담소를 나누는 모임이기에 이 모임을 하기 위해서는 시의 허가를 받아야 했고 소방대원과 경찰서장이 반드시 참석해야 하는 등 까다로운 절차를 거쳐야 했다. 처음부터 장기간 할 목적으로 것은 아니나 해마다 모임을 거듭하면서 30년째 해오고 있으며, 해를 거듭할수록 사람들이 그 모임을 먼저 기다렸다. 이 모임을 하기 위해 마을의 와이너리에서 와인과 간단한 음식을 샀고, 그녀 역시 추운 밤 몸을 따뜻하게 해줄 특별한 음료를 준비했다. 어떤 때는 의도하지 않은 낯선 손님을 맞이해야 하는 경우도 있었다. 그럴 때 그녀도 낯선 손님에 대해 어떻게 해야 할지 잠시 고민하기도 했으나 그녀 자신도 이주민이므로 마음을 열고 환영하기로 결심했다. 그녀는 이 경험을 통해 관념적으로만 타자를 환영하는 것이 아니라 실제 행동으로 가감 없이 사람을 환영한다는 것이 무엇인지를 깨달았다. 그러면서 그녀는 서로 다른 타자가 어떻게 서로에 대한 거부감을 없애고 인간 자체로 대화하고 가까워질 수 있는지를 배웠다. 또한 권숙녀와 그녀의 가족이 그 지역 주민들과 협력하지 못했다면 이 모임을 30년 동안 지속할 수 없었을 것이다. 이처럼 연구참여자들은 그들의 삶에서 이웃 또는 그들 주변의 다른 타자들과 협력하며 살아왔고, 그러한 협력이 없었다면 그들은 거주국 사회에서 건강하게 살아가기 힘들 것이다. 이를 위해서는 '협력'이라는 어휘가 가진 의미처럼 양측 모두의 노력이 기울여졌음을 유추할 수 있다.

5) 연대 영역

다섯째, '연대'의 영역이다. 인간은 '사랑'과 우정이라는 정서를 타인과 나눔으로써 '자기 믿음'이라는 정체성을 형성한다. 이와 더불어 '권리 부여'는 평등한 관계에 있는 사회구성원으로부터 인정받고자 하는 사회적 행위다(박문범 · 김희용, 2020). 즉 '사랑'이 스스로에 대한 믿음을 기반으로 하는 개인적 정체성 형성이라면, '권리 부여'는 평등한 관계에 있는 타자(사회)가 이주자가 제시한 정체성에 대해 인정하는 사회적 정체성을 의미한다고 볼 수 있다. 그러므로 연대는 이주자인 연구참여자들의 정체성 발현과 그에 대한 사회(타자)의 인정이며, 이러한 정체성을 드러내는 행위에 대해 사회적으로 상호 인정하는 환경을 말한다. 이처럼 상호 '인정'하는 사회는 억압적이지 않으며, 연대의 주체는 독립적이며 자율성을 가진다. 이러한 의미에서 상호문화소통에 임한 연구참여자들의 '연대'는 어떠한지를 살펴보았다.

연구참여자들은 이주한 후 거주국의 언어를 습득하고 자격증을 취득하는 등의 행위를 통해 스스로에 대한 믿음을 키웠다. 그리고 거주국 사회에서 도태되지 않고 '잘' 살아남기 위해 그들의 가치관을 조정하고 이주국의 새로운 문화를 수용하며 이주의 삶에 적응했다. 그렇게 함으로써 그들 주변의 동료, 이웃, 이주국 사회의 구성원과 유기적인 관계를 형성해나갔다. 이는 이주자가 '사랑'과 '우정' 등과 같은 정서를 이웃과 나누며 스스로에 대한 믿음을 형성했음을 나타낸다. 즉, 스스로에 대한 정체성을 형성해갔다. 그리고 여기에서 더 나아가 이주국 사회구성원과 평등한 관계에서 인정받고자 한 것은 일부는 가능했지만 다른 한편에서는 어쩔 수 없이 이방인이 되는 측면도 있었다. 예를 들면 함께 일하는 동료나 이웃의 경우 연구참여자들을 이방인이 아닌 동료나 이웃으로 받아들이고 서로의 정서를 함께 나누기도 했다. 그러나 모두 그런 것은 아니어서 어떤 사람들은 이들의 외모나 언어와 문화가 다르므로 늘 자신들과 '다른' 사람들 군에 두는 것이 상시 존재했다. 그러므로 이주자들이 거주국 사회에 그들의 정체성을 제시했을 때 사회가 그것을 인정하는 것은 아직 완성되지 않았다. 독일과 오스트리아 사회가 이주자와 정주자가 제시하는 정체성을 상호 인정하는 사회가 되는 것을 추구하나 이러한 것이 그 사회에 뿌리를 내린 것은 아니다. 이주자 개인은 '자기 믿음'을 기반으로 한 정체성을 가지고 이주국 사회에 그들이 어떠한 사람인지를 제시하지만, 이주국 사회는 그에 대한 '인정'이 충분하지 않다. 이주자들의 연대는 이주국 사회에서 일부 실행되며 상호 인정으로 나아가려 하지만, 분명한 상호 인정이 이루어지지 않으므로 이들의 연대는 느슨하거나 기반이 튼튼하지 않다. 즉, 이주자가 이주국에서 살아가는 데 여전히 더 많은 고군분투를 필요로 한다.

연구참여자들은 그들의 삶을 다양하게 정의했는데, 김혜정은 그녀 자신의 이주를 한국에서는 출발했으나 아직 독일에는 도착하지 않은 '공중에 뜬' 상태로 표현했다. 문정균은 자녀가 거주국 구성원과 경쟁할 때 자신의 자녀가 이주자의 자녀로서 불이익의 대상이 될 가능성을 염려한다. 최춘례는 이주민의 후세대들이 정체성 혼란과 갈등을 겪는 것을 이겨낼 수 있도록 한국어 교육을 통해 2세대의 정체성을 강화하고자 한다. 권숙녀는 이주자로서 살아오면서 그녀 자신이 배우고 살아온 가치관을 송두리째 바꾸거나 조정하는 삶을 살았다. 그리하여 참자아를 찾아가는 끊임없는 자기성찰의 길을 간다. 이는 연구참여자들인 이주자들이 거주국 사회에서 그들의 정체성을 제시할 때, 거주국 사회가 이들 자체로 '인정'하는 것이 아니라 구분하고 타자의 위치에 둔다는 것을 알 수 있다. 그러므로 거주국 사회에서 한인 여성들의 연대, 즉 상호존중과 상호인정 분위기는 이루어지지 않았으며 과정 중에 있다고 볼 수 있다.

지금까지 본 연구에 참여한 연구참여자들의 상호문화소통을 다섯 가지 영역, 즉 이해, 공감, 소통, 협력, 연대에 따른 연구참여자들의 경험을 살펴보았다. 연구참여자들은 이주한 후 거주국의 새로운 문화를 이해하고, 타자와의 공감과 협력을 추구하며, 자기 자신에 관한 정체성을 드러내고 타자에게 그 자신을 제시하면서 연대를 향해 나아갔다. 개인적으로는 이주국에서 친구 그리고 이웃과 공감하고 협력을 추구하지만, 사회적으로 이들은 여전히 이방인이며 거주국 구성원과 '다른' 사람들이 된다. 이에 대해 연구참여자들은 그들의 생애에서 계속하여 자신들의 삶을 타자와 조화를 이루는 삶을 추구하며 자기 자신을 성찰하는 삶으로 나아가고 있다.

4. 마무리

1950년대 말부터 한국 여성들의 파독 간호 노동이주가 시작되었으며, 1959년에 이주가 시작되었다고 한다면 2022년 현재 그로부터 63년이 지났다. 이는 독일과 오스트리아, 그리고 스위스로 이주한 한국인 간호사들이 당시 20대에 이주했다면 80대에 이르렀음을 의미한다. 20대에 이주하여 노년이 되기까지 한인 여성은 거주국에서 어떻게 살아왔을까? 이러한 질문으로 시작하여 한국을 떠나 여성 이주노동자가 되어 독일과 오스트리아에 정착한 한인 여성의 이주생애사를 살펴보았다. 그리하여 이들의 이주와 결혼과 삶의 여정, 그리고 이들의 정체성에 관해 이해하고자 했다. 이를 위해 생애주기별로 성장과 이주, 이주를 추동케 한 삶의 배경, 이주 후의 적응과 갈등, 거주국에서의 삶과 모국으로의 연계, 그리고 노년이 된 현재 그들의 삶을 조명했다. 더 나아가 한인 국제결혼 여성들이 그들의 생애를 살아오면서 거주국에 근거하여 모국으로 향하는 초국적 행위 양상과 정체성, 그리고 상호문화소통에 대해서도 함께 살펴보았다.

연구참여자들의 이주, 그리고 그들이 구술한 삶을 통해 세 가지 주요 키워드가 생성되었다. 그것은 '삶의 기회', '이방인', '성찰적 삶'이다. 삶의 기회란 이주가 연구참여자들에게 삶의 기회가 되었음을 의미하며, 이방인의 의미는 다음과 같다. 이들은 민족적으로는 한국인이지만, 거주국의 국가 구성원으로 살아가고 있다. 그리하여 한편으로는 한국과 거주국 모두를 이해하고 양쪽 모두의 언어와 문화, 가치관 등을 아우르는 존재이기도 하지만, 다른 한편으로는 양쪽 사회 모두에서 이방인이 됨을 의미한다. 마지막으로 성찰적 삶이 의미하는 바는 연구참여자들이 거주국에서 이주민으로 살아가면서 그들의 삶에서 인간 존중과 진정한 자아를 찾는 '성찰적 삶'을 지향함을 말한다. 이를 자세히 살펴보면 다음과 같다.

첫째, 이주가 삶의 기회가 된 것을 살펴보고자 한다. 본 연구에 참여한 한인 여성들은 1950년대 초반에 태어나 1973년 이전에 독일과 오스트리아로 이주했다. 이들이 초등학교와 중학교, 그리고 고등학교에 다니던 1950~1960년대의 한국은 실업이 가장 큰 사회적 화두였다. 그리고 정치적으로는 민주주의를 표방했으나 안정되지 않았던 때였으며, 경제적으로는 전쟁의 상흔에서 벗어나지 못했기에 생계가 여전히 사람들의 주된 관심사였다. 그 시대는 대한민국 구성원 모두에게 전쟁의 고통과 채워지지 않는 배고픔과 가난이 뼛속 깊이 각인되었던 시기였다. 본 연구의 참여자들은 이주할 당시와 어릴 때 자라오던 환경을 말할 때 '절실함', '힘들었음', '스스로 알아서 해야 함', '어망' 등의 단어로 표현했다. 이들이 파독 간호사에 관한 정보를 얻은 경로는 신문이나 광고를 통해서였다. 그리고 파독 간호사 모집 광고를 접했을 때 이를 가난의 출구로 여겼다. 그리하여 적극적으로 이주 대열에 합류했다. 이주 후에는 거주국에서 언어에 적응해야 했고, 새로운 음식과 거주국의 문화와 가치관을 이해하고 받아들여야 했다. 이 과정이 때로는 문화충격을 느끼게 했고 자신의 가치관을 변화시켜야 하는 이유가 되기도 했으나 전반적으로 이주를 삶의 기회로 여겼다. 이주를 통해 새로운 문화를 접했으므로 문화적 이해의 관점이 넓어졌고, 삶에서 자율성과 자기 삶에 대한 주도성을 갖게 되었다. 그리고 모국의 환경이 거주국의 환경보다 열악했으므로 이주자의 삶이 힘들어도 모국으로 송금하고 가족을 돕는 것이 삶의 큰 기쁨이었다. 그리하여 이주국에서의 삶이 힘들고 어려워도 한국으로 돌아갈 결정을 하지 않았다. 이주가 길어지고 정주하여 진정한 또는 영구적인 이주민으로 살아오면서 다시 한국을 방문했을 때 새로운 문화적 충격을 느끼기도 했다. 이전에는 자신이 한국의 친정에 도움을 주는 위치였으나 한국이 발전하여 자신보다 더 많은 새로운 문물과 편리함을 누리는 것을 보았다. 이를 통해 거주국에서 아끼면서 쉴 틈 없이 일하며 살아온 그들과 달리 한국 친지의 여유로운 삶이 비교되는 것을 경험했다. 이런 과정을 거치면서 여성들은 자신의 정체성을 계속해서 새롭게 재구성해나가야 했다.

자신이 누구인지, 무엇 때문에 그렇게 열심히 달려왔는지, 그리고 그들은 스스로의 삶을 희생하여 친정 가족을 도왔다고 생각하지만 그러한 그들의 생각은 한국 가족에게 받아들여지지 않았다. 그들은 한국 친정 가족의 일원이기보다는 손님이 된다. 그리고 이주가 길어지면서 그들 스스로 느끼기에도 한국 문화가 낯설고 한국 사회에 대해 타자가 되어 비판의 목소리를 높이기도 한다. 그리하여 스스로 한국 사람인지, 이주국 사람인지, 그리고 어디에서 생을 마칠 것인지 등을 생각하며 마음을 정리하고 가다듬어갔다. 그러면서 얻은 결론은 한국을 사랑하고 자신은 한국 사람이지만, 자신이 머물 곳은 이주국이고 이주국에서 생을 마칠 것이라는 결론을 내리기도 한다. 또한 외모와 문화 배경이 다르므로 그들 스스로를 이주국 구성원으로 인지하지는 않으나 이주국이 자신들을 직장의 업무에서 이주국 구성원과 동등하게 대우한 친절을 기억하고 있다. 살아오면서 삶의 고난과 역경이 있었다고 해도 이주 자체는 자신들에게 기회였으며, 그런 기회를 가질 수 있었던 것을 긍정적으로 여긴다.

둘째, 이주는 모국과 거주국의 양쪽 사회에서 '이방인'이 됨을 인지하는 삶이었다. 이주 후 한국 여성들이 국제결혼을 선택했을 때 한국의 아버지들은 노여움과 실망 그리고 절대 반대라는 의사를 분명히 표방했다. 이에 비해 어머니들은 비교적 딸들의 의사를 존중하고 지지하는 형태를 보여주었다. 국제결혼으로 인해 한국 여성들에게 가해졌던 사회적 인식은 부끄러움, 잘못된 선택, 집안 망신을 시킨 장본인 같은 것이었다. 한국 여성의 국제결혼이 한국 사회에서 이처럼 불편한 대상이 된 데는 여성들 자체가 아니라 여성에 관한 편견과 차별에 더 큰 원인이 있다. 이러한 타자에 대한 편견과 차별에 대해 레비나스는 환대의 윤리로 사회적 환기를 추구했다.

레비나스는 "자기 자신에 대한 반성 없이 남에게만 책임을 전가할 수 없다"라고 했으며 이에 근거하여 홀로코스트를 자행한 독일인에 앞서 유대인이 잘못했으며, 그중에서도 레비나스 자신의 잘못이 더 크다는 성찰적 자세를 취한다. 레비나스는 윤리야말로 인간이 인간일 수 있는 가장 기본적인 요건이라 했다. 레비나스는 이 세상을 살아가는 한 우리는 이 세상의 모든 일에 책임이 있고, 참다운 주체는 이 세상을 살아가는 한 알건 모르건 이 세상에서 벌어지는 모든 일에 존재하는 한 주체로서 책임을 진다고 했다. 즉, 레비나스는 사람들과의 관계를 윤리로 논하며, 이를 '무한책임'이라는 환대의 윤리로 이야기한다. 레비나스가 말하는 윤리는 무엇을 행하거나 행하지 않고의 문제가 아니라 이 세상에 존재한다는 것 자체가 윤리적인 일이라는 것이다. 다른 존재자들에 대한 나의 책무가 나의 존재성에 있음을 말하는 것이며 이것은 우리가 누구라도, 그리고 그 어떤 일에 대해서도 결코 무책임할 수 없다는 의미다. 그는 우리 모두 이 세상의 모든 일에 대해 책임이 있다고 주장한다. 그와 더불어 레비나스는 "우리는 다른 사람들의 불행이나 행복에 대해 전혀 연관성이 없는 것이 아니며, 우리가 살아가는 한 다른 사람의 기쁨과 행복에 대한 책임이 있다"라고 했다(박남희, 2019: 8-14).

본 연구에 참여한 여성의 일부도 국제결혼을 하려고 했을 때 가족, 특히 아버지의 반대를 겪었고 그렇지 않은 경우라 하더라도 자신의 국제결혼에 대해 사회적 시선에 의해 위축되는 행태를 보였다. 한인 국제결혼 여성들이 결혼하여 남편과 함께 한국을 방문했을 때 한국 사회에서 받았던 편견의 시선과 국제결혼을 했기 때문에 집안 호적에서 파내지는 것과 같은 일은 한인 국제결혼 여성들에게는 이미 기억의 저편에서 희미해진 것들이다. 그러나 우리 자신은 그러한 행위를 기억해야 하며, 그것의 부당함을 인지하고 개선하는 것이 우리가 추구해야 할 성찰적 자세이자 타자에 대한 우리의 존재적 책임이다.

우리는 한국 사회에서 벌어지는 현상에 책임을 지는 주체로서 한인 국제결혼 여성과 결혼이주 외국 여성, 그리고 한국 여성이 한국 사회에서 젠더 불평등의 대상이라는 것을 인지할 필요가 있다. 그리고 한국 사회에서 여성과 남성 역할의 고착화에 책임이 없지 않다는 것을 인식하고 변화의 방향으로 나아가야 할 것이다. 우리 사회에 존재하는 나와 다른 의견을 가진 사람들에 대한 처우에서 우리의 틀 속에 집어넣는 것이 아니라 그들 자체로 바라볼 수 없다면 그 원인을 우리 스스로에게서 찾아 개선하고 더 나은 길을 추구해야 할 것이다. 남이 아닌 자기 자신을 채근하는 것이 한국 사회에서 일어나는 불평등한 무수한 일들에 대한 해결의 첫 발걸음이 될 것이다.

파독 한인 국제결혼 여성들이 거주국에서 이방인으로 구분되는 이유는 생활 속에서 문화의 차이에 의해 생겨난다. 시집 가족이나 이웃, 남편, 자녀들과 문화의 다름으로 인한 갈등을 빚었고, 타자에 의해 한인 여성들은 다른 문화를 가진 존재로 여겨졌다. 이주자에 대한 편견은 단지 한인 여성들의 문화의 다름이나 외모의 다름에서 시작된 것은 아니었던 것으로 보인다. 아들이 동양 여성과 결혼한다고 했을 때 남편의 부모와 친족은 결혼 당사자인 아들에게 "황인종을 조심해라"라는 메시지를 주었다고 한다. 이것은 거주국의 역사에 타민족에 관한 편견의 의식이 전승되어왔음을 인지할 수 있는 부분이다. 또 다른 경우에서는 한국에서 온 며느리에 대해 '가난한 나라에서 온…'이라는 관점을 가졌고, 그것은 며느리를 눈에 띄게 무시하는 행태로 나타났다. 그리고 거주국 언어를 정확하게 구사하거나 잘하지 못해도 사회적 시선은 그 사람을 이주자나 이방인의 위치에 놓았다. 이처럼 한인 여성들은 거주국에서 삶을 살아가는 동안 거주국 구성원들이 그들에게 행하는 다양한 편견과 차별을 경험했다. 그리하여 한인 여성들은 한국이 다문화 사회가 된 현실에서 외국인들을 차별하지 말 것을 한목소리로 주장한다. 외국에서 결혼하여 한국으로 이주한 결혼이주 외국 여성들을 무시하지 말고 한국 사람의 울타리 안에 받아들일 것과 그들의 자녀들을 포용하고 함께하며 그들을 미래의 한국 자원으로 여겨야 할 것이라고 말한다. 그리고 경제적 빈곤으로 인해 어쩔 수 없이 자국을 떠나 한국에 온 외국인노동자를 대할 때 한국 사회가 인간 존중의 행태를 취하기를 바라고 있다. 연구참여자들은 그들이 거주국에서 외국인노동자로서 차별적 대우를 받았던 경험이 있으나 한국처럼 차별이 심하지 않았다고 여긴다. 그리고 그러한 차별이 차별을 당하는 그들 자신과 거주국 모두에게 아무런 긍정의 효과가 없음을 알기 때문에 이를 한국 사회가 인식하기를 바라고 있다. 그리하여 한국이 인류 보편적 가치인 인간 존중에서 다른 나라보다 한발 앞서나가는 나라가 되기를 바라고 있다.

셋째, 연구참여자들은 삶에서 성찰적 자세를 지향하고 있다. 연구참여자들은 살아오는 동안 말과 행동이 다르지 않게 하려고 노력했다. 김혜정은 자신의 삶은 자신이 책임지고 자립하며 빚지지 않고 살아가는 것을 평생 지켜왔다. 문정균은 어릴 때 양자로 들어왔던 오빠가 가산을 몽땅 가져감으로써 가난의 나락으로 떨어져 고난을 겪었으나 그 자신은 살아갈 때 정직을 최우선으로 삼고 살아왔다. 그것은 자신의 실수로 인해 자식들이 고생한 것을 평생 애달파했던 어머니의 영향이다. 최춘례는 거주국 구성원들의 차별과 편견을 겪었고 시집살이, 그리고 친정 가족과의 갈등을 지나오면서 남을 변화시키려는 자세에서 자신이 변화하는 쪽으로 삶의 태도를 바꾸었다. 권숙녀는 자신의 삶을 갈등으로 몰아넣은 사람들에게 담담한 마음을 가지게 되고 이해하기까지 오랜 시간이 걸렸다. 그리하여 참자아를 찾기 위해 어떠한 삶을 살아야 하는지를 부단히 고민했다. 인생의 황혼기에 이르러 마음의 갈등으로부터 편안해졌으며, 삶에서 자신의 부족함이 있었음을 인정하면서 타자를 용서하는 것이 무엇인지를 깨달아 가고 있다. 이처럼 한인 여성들의 성찰적 삶의 방법은 각각 다르게 행해지고 있으나 삶에서 갈등의 원인을 타자에게 두지 않고 자기 자신을 채근하며 타자와 화해하는 자세가 유사하게 전개되고 있다.

이들은 딸과 아내, 며느리, 그리고 어머니라는 삶의 위치에서 가졌던 갈등과 고통, 기쁨, 그리고 타자와의 관계에서 발생하는 극한의 자기성찰을 겪기도 했다. 사람들이 겪는 갈등의 많은 부분은 자기 자신을 포함한 타자와의 관계에서 비롯된다. 그리고 어떤 상황에서든 분노와 괴로움을 느끼는 주체는 결국 자신이다. 본 연구에 참여한 한인 여성들은 삶에서 갈등이 발생했을 때 이에 대한 해결은 자기 자신을 바르게 하여 갈등을 줄이고 타자를 이해하는 것이었다. 처음에는 타자에게 문제가 있다고 여겼으나 결국에는 자기 자신에게 돌아와 자신을 성찰하는 방법으로 귀결되었다. 여기에서 우리는 우리 자신과 사회가 가진 여러 문제의 해결점에 대한 혜안을 찾을 수 있다. 우리가 가진 여러 가지 사회적 갈등의 원인을 레비나스가 말한 것처럼 우리 자신에게서 찾고 성찰하여 타자를 환대한다면 삶의 문제 가운데 많은 부분은 해결책을 찾을 수 있을 것임을 이들 한인 여성들이 그들의 삶을 통해 보여주고 있다.

우리의 삶은 상대되는 것의 원리 안에 있다. 상대되는 것의 존재는 우리를 성장하게 하고, 인간의 이해와 판단력을 확장하게 한다. 예를 들면 슬픔에 대한 깊은 이해는 그 반대되는 기쁨의 영역에 관한 이해를 확장한다. 본 연구에 참여한 한인 국제결혼 여성들은 그들의 삶에서 차별과 편견에 의한 고통을 알았고, 그것에 대처할 때는 같은 원리로 상대방에게 되돌려주는 것이 아닌 반대되는 원리, 즉 타자에 대한 이해와 인내, 사랑, 자기 절제 등과 같은 원리를 적용하는 현명함을 보여주었다. 처음부터 그렇게 된 것은 아니었으나 결국 그들은 인간에 대한 본질적 존중으로 귀결하는 삶을 보여주었다. 이들이 삶에서 그와 같은 훌륭한 태도를 습득한 것은 우리 또한 그들처럼 훌륭한 윤리적 삶을 우리의 삶에 적용할 수 있음을 보여준 것이다. 그리고 우리는 누구나 더욱 고차원의 선한 삶을 지향하고 실천할 수 있다. 이는 실패 없는 고차원적 삶이 아니라 실패하더라도 계속하는 윤리의 삶이다. 문화와 인종이 다양해지는 현대사회에서 서로에 대한 윤리적 바탕에서의 성찰적 삶은 우리의 삶을 풍성하게 하는 중요한 요소가 될 것이다.

참고문헌

갈라노바 딜노자(2019). 『재한 우즈베키스탄 유학생들의 상호문화소통 역량에 관한 연구』. 인하대학교 박사학위논문.

강희영(2012). 『한인여성디아스포라의 이주경험과 트랜스로컬 정체에 관한 연구: 구소련 유학이주여성의 한국체류경험을 중심으로』. 한양대학교 박사학위논문.

고가영(2008). 「우랄지역 원로 고려인들의 생애사 연구」. 『역사문화연구』 30, 51-86.

곽애영(2018). 「한국 에어로빅스의 대모(大母) 이영숙의 생애사 연구: 교육적 공헌을 중심으로」. 『체육사학회지』 23(3), 101-116.

구본규(2013). 「다문화주의와 초국적 이주민」. 『비교문화연구』 19(2), 5-51.

구현정 · 전영옥(2017). 『의사소통의 기법』. 서울: 박이정.

국사편찬위원회(2012). 『유럽한인의 역사(상)』. 재외동포사 총서 16, 과천: 국사편찬위원회.

______(2013). 『유럽한인의 역사(하)』. 재외동포사 총서 17, 과천: 국사편찬위원회.

김강남(2016). 「한부모 결혼이주여성의 자립 경험에 관한 현상학적 접근」. 『다문화와 평화』 10(3), 54-84.

김경학(2007). 「인도인 디아스포라와 초국가주의」. 『문화역사지리』 19(3), 27-41.

김광기(2014). 『이방인의 사회학』. 경기 파주: ㈜글항아리.

김난영(2019). 「한국어 교재 지문에 대한 독일인들의 문화적 반응 연구」. 전남대학교 석사학위논문.

김미경(2004). 「이주와 여성 노동」. 『여/성이론』 11, 33-67.

김민정(2018). 「조국에 대한 공헌과 재외한인으로의 인정: 미국과 독일의 재외한인여성 비교」. 『아시아여성연구』 57(1), 7-47.

김민정 외(2021). 『경계를 넘는 한인들, 이주, 젠더, 세대와 귀속의 정치』. 파주: 한울.

김민정 · 유명기 · 이혜경 · 정기선(2006). 「국제결혼 이주여성의 딜레마와 선택: 베트남과 필리핀 아내의 사례를 중심으로」. 『한국문화인류학』 39(1), 159-193.

김봉섭(2016). 「재외 한글학교 현황: 재외동포재단의 지원현황을 중심으로」. 『민족연구』 65, 154-168.

김선미(2011). 「국제이주여성의 이중 가치규범 양상: 일본 뉴커머 한국인 여성의 사례를 중심으로」. 『국제이해교육연구』 6(2), 101-130.

김선임(2012). 『이주노동자공동체 형성에서 민족 정체성과 종교 정체성의 경합: 미얀마, 방글라데시, 필리핀 사례를 중심으로』. 동국대학교 박사학위논문.

김승철(2006). 『협상의 성과에 영향을 미치는 요인에 관한 질적 · 양적연구』. 한국외국어대학교 박사학위논문.

김영란(2007). 「이주여성노동자의 사회문화적 적응에 관한 경험적 연구」. 『아시아 여성연구』 46(1), 43-95.

김영순(2020). 『이주여성의 상호문화소통과 정체성 협상』. 성남: 북코리아.

김영순 · 박봉수(2016). 「영주귀국 사할린 한인의 한국어 교사 경험에 관한 연구」. 『언어와 문화』 12(4), 55-81.

김영순 외(2018). 『질적연구의 즐거움』. 서울: 창지사.

______(2020). 『디아스포라와 노스탤지어: 사할린 한인의 삶과 이야기』. 경기: 북코리아.

김영순 · 임지혜 · 정경희 · 박봉수(2014). 「결혼이주여성의 초국적 유대관계에 나타난 정체성 협상의 커뮤니케이션」. 『커뮤니케이션 이론』 10(3), 36-96.

김영순 · 최승은 · 정경희 · 정진헌(2021). 『독일 한인이주여성의 초국적 삶과 정체성』. 경기: 북코리아.

김영천(2013). 『질적연구 방법론 II』. 파주: 아카데미프레스.

김영천 · 한광웅(2012). 「일반논문: 질적 연구 방법으로 생애사연구의 성격과 의의」. 『교육문화연구』 18(3), 5-43.

김영필(2013). 「하버마스 의사소통행위이론의 상호문화주의적 함의」. 『철학논총』 71(1), 3-27.

김완균(2005). 「타자이해의 이해: 쉬츠의 타자이해 이론을 중심으로」. 『독일어문학』 30, 49-69.

김용찬(2006). 「한인여성노동자 국제이주와 여성조직의 발전」. 『한국국제정치학회 학술대회 발표논문집』, 136-157.

______(2017). 「초국가주의와 국내정치 영향에 관한 연구」. 『현대사회와 다문화』 7(2), 22-67.

김용출(2015). 『독일 아리랑』. 서울: ㈜북랩.

김정선(2009). 『필리핀 결혼 이주 여성의 귀속(belonging)의 정치학』. 이화여자대학교 박사학위논문.

김조자(1975). 「서독주재 한국간호요원의 발전을 위한 취업실태 조사연구」. 『대한간호』 14(3), 11-23.

김혜정(2012). 「재미 1세 한국 이민 여성의 영적 여정에 대한 사례연구」. 『한국기독교상담학회지』 23(3), 59-90.

나은영(2010). 『정신 · 자아 · 사회: 사회적 행동주의자가 분석하는 개인과 사회』. 파주: 한길사.

나혜심(2009). 「파독 한인여성 이주노동자의 역사: 1960-1970년대 한인간호인력 독일행의 원인」. 『서양사론』 100, 255-285.

남혜경 · 김영순(2018). 「재독 한인 국제결혼 여성의 생애사에 나타난 이주의 의미」. 『교육문화연구』 24(6), 667-685.

______(2019). 「재독 한인 국제결혼여성의 문화 간 커뮤니케이션에 관한 연구」. 『다문화사회연구』 12(1), 45-77.

네이버 지식검색. 검색어: 1970년대 쌀 한 가마니 가격, 웹사이트, 다음 Tip, https://tip.daum.net/question/83914847.

노명환 · 윤용선 · 정흥모 · 유진영 · 나혜심(2014). 『독일로 간 광부 · 간호사: 경제개발과 이주 사이에서』. 서울: 역사공간.

문현아(2016). 「사할린 디아스포라 한인의 초국적 경험과 의미분석」. 『구술사연구』 7(1), 137-186.

민성은 · 김영천 · 정정훈(2015). 「생애사 연구를 위한 효과적인 자료 분석 방법 탐구」. 『교사교육연구』 54(4), 621-638.

박갑룡(2014). 『한국 여성결혼이민자 자녀의 정체성 연구: 자아 및 민족 · 국가정체성을 중심으로』. 전남대학교 박사학위논문.

박경용(2013). 「사할린 한인 김옥자의 삶과 디아스포라 생활사: '기억의 환기'를 통한 구술생애사 방법을 중심으로」. 『디아스포라연구』 7(1).

박경태(2009). 『인종주의』. 서울: 책세상.

박남희(2019). 레비나스 특강 "모든 문제는 윤리의 문제다" 발표문 발췌. 2019년 3월 27일, 인하대학교 60주년 기념관 207호.

박문범 · 김회용(2020). 「호네트(A. Honneth)의 인정이론에 나타난 '연대' 개념과 교육적 의의」. 『교육사상연구』 34(2), 43-66.

박미정 · 임다희(2021). 「제3차 외국인기본정책의 평가와 앞으로의 과제: 인권, 문화다양성 그리고 난민」. 『한국이민정책학회』 학술대회(8월), 37-53.

박신규(2009). 『국제결혼이주여성의 이주경로별 사회적 정체성의 형성: 구미시 결혼이주여성의 이주과정을 중심으로』. 경북대학교 박사학위논문.

박아청(1998). 『자기의 탐색』. 서울: 교육과학사.

박이은실(2011).「협상적 정체성: 국민정체성과 민족정체성이 경합하는 말레이시아의 사례」. 『Homo Migrans』 4, 59-85.

박인철(2010).「상호문화성과 윤리: 후설 현상학을 중심으로」.『철학』 103, 129-157.

박혜경 · 이재경(2010).「탈빈곤 전략으로서 이주결혼의 역설: 한국의 필리핀 결혼이주 여성의 사례를 중심으로」.『가족과 문화』 22(4), 33-62.

배은경(2008).「시베리아 과학자 김 파벨 가족의 구술 생애사 연구」.『역사문화연구』 30, 87-118.

서울역사박물관(2017).「국경을 넘-어 경계를 넘-어 안내 자료」.

설동훈(2003).「노동소외의 현실과 그 극복방안 모색: 심포지엄」. 서울: 한국공인노무사회; 여성노동법률지원센터.

성지영(2018).『탈북청소년의 삶과 정체성에 관한 예술기반연구』. 서울대학교 박사학위논문.

손대원 · 윤서옥(2017).『독일 함부르크 한인들의 삶과 문화』. 서울: 민속박물관.

신광철(2010).「다문화 사회와 종교」.『종교연구』 59, 1-16.

안정국(2010).「이주 무슬림 2세-코슬림의 생활세계와 종교적 정체성: 인도네시아 이주 무슬림 2세를 중심으로」.『한국이슬람학회논총』 20(3), 69-98.

양소영(2012).「국제이주와 이주여성의 인권, 전남대학교 세계한상문화연구단 국내학술회의」, 279-297.

양영자(2015).「재독한인 광산노동자의 생애 이야기 재구성」.『비판사회정책』 49, 281-329.

______(2016).「독일로 떠난 한인 간호여성의 사회운동 과정에 대한 생애사 연구」.『비판사회정책』 53, 48-95.

오혜정(2018).「결혼이주여성의 신앙생활 경험에 관한 질적 연구: 기독교인과 비기독교인의 비교를 통해서」.『신앙과 학문』 23(1), 81-120.

우명숙 · 이나영(2013).「'조선족' 기혼여성의 초국적 이주와 생애과정 변동」.『한국 사회학』 47(5), 139-169.

유기쁨(2011).「특집논문: 다문화사회의 종교를 묻는다; 결혼이주여성과 종교」.『종교와 문화비평』 19(19), 86-132.

유수연(2012).「상호문화 의사소통능력 개발을 위한 이론과 실제」.『외국어로서의 독일어』 30, 81-101.

유정숙(2017).『독일 속의 한국계 이민자들: 이해관계 대변과 자치조직 연구』. 서울: 도서출판 당대.

윤서옥(2018).「독일 함부르크 한인 디아스포라의 사회 네트워크 연구」. 중앙대학교 석사학위논문.

윤인진(2012).「디아스포라와 초국가주의의 고전 및 현대 연구 검토」.『재외한인연구』 28, 7-47.

______(2017).『디아스포라와 초국가주의의 이론과 실태』. 경기: 북코리아.

윤택림(2010). 「구술 생애사를 통한 1930년대생들의 청소년기에 대한 심성사적 접근」. 『구술사연구』 1, 117-157.

윤현희(2019). 『초등교사의 탈북학생 교육 경험에 관한 상호문화교육적 의미 탐구』. 인하대학교 박사학위논문.

이대응(2006). 『조직문화성향이 조직유효성과 노사안정성에 미치는 영향에 관한 연구』. 청주대학교 대학원 박사학위논문.

이동성(2013). 「생애사 연구 방법론의 이론적 배경과 분석방법에 대한 탐구」. 『초등교육연구』 26(2), 71-96.

______(2015). 『생애사 연구』. 파주: 아카데미프레스.

이만영 · 김수연(1995). 「생애사 (life story) 해석에 대한 경험적 연구」. 『한국심리학회지 일반』 14(1), 85-116.

이병준 · 한현우(2016). 「상호문화역량의 개념 및 구성요소에 관한 연구」. 『문화예술교육연구』 11(6), 1-24.

이선영(2017). 「한국 지방자치단체 외국인 사회통합의 과제와 방향」. 『다문화콘텐츠연구』 25, 103-136.

이수자(2004). 「이주여성 디아스포라: 국제성별분업, 문화혼성성, 타자화와 섹슈얼리티」. 『한국사회학』 38(2), 189-219.

이순득(2000). 「한국의 '국민건강 보험법'과 독일의 의료보험 제도에 관한 비교 연구: 독일의 '보건개혁 2000'을 중심으로」. 서울대학교 석사학위논문.

이승재(2011). 「문화 간 커뮤니케이션과 문화 간 선험적 학습에 관한 연구」. 『커뮤니케이션학연구』 19(3), 99-119.

이애주 외(2011). 『파독 간호 평가사업 최종 보고서』. 서울: 맑은기획.

이여봉(2011). 「부양지원과 세대 갈등」. 『한국가족학회』 23(1), 41-76.

이영석(2015). 「파독 근로자 출신 독일 교민들의 현황과 한국에 대한 의식」. 『독일어문학』 23(2), 127-152.

이옥분(2010). 『한국 자동차 디자인의 역사 연구』. 국민대학교 박사학위논문.

이용승(2014). 「국제이주와 인간안보」. 『국제관계연구』 19(2), 137-169.

이윤경(2014). 『재중한인의 초국가주의: 왕징 코리아타운 사례연구』. 고려대학교 박사학위논문.

이은정(2015). 「17세기 이스탄불에서 기독교인 이주의 영향 인구 구성과 종교집단 간 관계에 대한 함의」. 『역사학보』 226, 467-510.

이인혜(2019). 「미국 대학 한국어 학습자의 원격협력대화에 나타난 상호문화 의사소통 분석」. 『한국어문학국제학술포럼』 47, 69-105.

이지영(2013). 「제6장: 국제이주와 여성: 세계화와 이주의 여성화」. 『세계정치』 19, 233-268.

이진경(1997). 「근대적 주체와 정체성: 정체성의 미시정치학을 위하여」. 『경제와 사회』 35, 8-33.

이철우(2008). 「주권의 탈영토화와 재영토화」. 『한국사회학』 42(1), 27-61.

이춘호(2014). 『한국 거주 외국인이주자의 정체성 정치: 이주자 단체 활동을 중심으로』. 전남대학교 박사학위논문.

이해춘(2006). 「정체성 형성에 있어서 사이버공간의 역할」. 『교육연구』 25, 517-540.

이화숙 · 김남겸(2018). 「재외동포 대상 한글학교의 현황과 과제」. 『민족연구』 72, 116-139.

이효선 · 김혜진(2014). 「생애사 연구를 통한 이주여성 노동자의 삶의 재구성」. 『한국여성학』 30(1), 253-288.

이희영(2005). 「사회학 방법론으로서의 생애사 재구성 행위이론의 관점에서 본 이론적 의의와 방법론적 원칙」. 『한국사회학』 39(3), 120-148.

______(2014). 「결혼-관광-유학의 동맹과 신체-공간의 재구성 아시아 여성 이주자들의 사례 분석을 중심으로」. 『경제와 사회』 102, 110-148.

임영상(2006). 「코리언 아메리칸과 구술사」. 『역사문화연구』 25, 277-321.

______(2010). 「타슈켄트 주 '북쪽등대' 콜호즈의 김 게오르기, 문화일꾼에서 한국어 교사로」. 『역사문화연구』 37, 377-405.

장명학(2006). 「독일의 제노포비아 현상에 대한 연구: 통일 이후의 사회,경제적 불안과정 제노포비아의 확산」. 『사회과학연구』 14(2), 324-359.

재오스트리아 한인연합회(2012). 『오스트리아 속의 한국인』. 서울: 리더스가이드.

재외동포신문(http://www.dongponews.net), 배정숙 재외 기자.

전우택(2000). 『사람의 통일을 위하여』. 서울: 도서출판 오름.

전형권 · 이소영(2013). 「국제결혼이주자들의 사회적 연결망과 초국가성: 광주 · 전남지역 여성결혼이민자 사례를 중심으로」. 『한국동북아논총』 18(3), 205-232.

정상우(2017). 「다문화인권교육 활성화를 위한 법제도 개선방안」. 『법과 인권교육 연구』 10(3), 45-69.

정성화(2013). 『박정희 시대와 파독 한인들』. 서울: 선인.

정의철(2018). 「이주의 시대, NWICO와 커뮤니케이션 권리 재해석: 커뮤니케이션 불평등과 미디어 참여를 중심으로」. 『문화와 정치』 5(3), 5-41.

정혜실(2007). 「파키스탄 이주노동자와 결혼한 한국 여성들」. 『여성이론』 16, 78-98.

조일동(2015). 「영구귀국과 사회문화적 정체성의 균열: 경기도 안산시 고향마을 사할린 동포의 사례를 중심으로」. 『재외한인연구』 37, 31-59.

조창연(2012). 「협상 커뮤니케이션의 이론적 토대와 함의: 80년대와 90년대의 협상이론을 중심으로」. 『커뮤니케이션학연구』 20(3), 27-44.

진실 · 화해를위한과거사정리위원회(2008). 『해외 진실화해위원회 보고서 자료집』 1-3, 서울.

최성규(2016). 「농인 조경건의 생애사 연구」. 『특수교육학연구』 50(4), 41-64.

최승은 · 박봉수(2013). 「문화다양성 이해를 위한 다문화 음악교육의 방향에 관한 연구」. 『문화교류연구』 2(1), 87-105.

최영균(2012). 「이주 공동체 내 종교문화의 수용과 변형」. 『사회와 역사』 94, 375-408.

최종렬 · 최인영(2008). 「국제결혼 이주여성에 대한 문화 사회학적 접근: 방법론적윤리적 논의를 중심으로」. 『문화와 사회』 4, 147-205.

최현식(2003). 「자기 개방의 두 가지 형식」. 『(계간) 시작』 2(4), 317-323.

하종천(2021). 『외국인 노동자를 고용한 중소기업 경영자의 상호문화 경험에 관한 질적 사례연구』. 인하대학교 박사학위논문.

현남숙 · 김영진(2015). 「다문화 사회에서 상호문화적 대화의 가능성」. 『시대와 철학』 26(3), 151-177.

황영삼(2008). 「고려인 학자 박 보리스 드미트리예비치 교수의 구술 생애사」. 『역사문화연구』 30, 3-50.

황은하(2019). 『유럽 한국학 전공생의 정체성 연구: 바흐친의 대화주의에 기반한 내러티브 탐구』. 연세대학교 박사학위논문.

황정미(2011). 「초국적 이주와 여성의 시민권에 관한 새로운 쟁점들」. 『한국여성학』 27(4), 111-143.

Berry, J. W. (1997). Immigration, acculturation and adaptation. Applied Psychology: An International Review, 46, 5-34.

Castles, S. & Miller, M. J. "The Age of Migration", 한국이민학회 역(2013), 『이주의 시대』. 서울: 일조각.

Giddens, A. 『현대사회의 성 · 사랑 · 에로티시즘: 친밀성의 구조변동』. 배은경 · 황정미 역(1996). 서울: 새물결.

Grassi, M., & Vivet, J. (2014). Fathering and Conjugality in Transnational Patchwork Families: The Angola/Portugal case. TL Network e-Working Papers, 1-25.

Guarnizo, L. E. , Portes, A. , Haller, W. (2003). Assimilation and Transnationalism: Determinants of Transnational Political Action among Contemporary Migrants,

The American journal of sociology, 108(6), 1211-1248.

Hewitt, J. P.(2000). "Self and society : a symbolic interactionist social psychology. 8th ed", 윤인진 외 역(2001). 『자아와 사회』. 서울: 학지사.

Honneth, A.(1992). Kampf um Anerkennung. 문성훈 · 이현재 역(2011). 『인정투쟁: 사회적 갈등의 도덕적 형식론』. 서울: 사월의 책.

Lin, K. M., Masuda, M. & Tazuma, L. (1982). "Adaptational problems of Vietnamese refugees". Part Ⅲ. Case studies in clinic and field: Adaptive and maladaptive. The Psychiatric Journal of University of Ottawa, 7: 173-183.

Load. R.(2016). "Cultureshock! Germany : a survival guide to customs and etiquette", 박선주 역(2016). 『세계를 읽다 독일』. 서울: 가지.

Ojermark, A.(2007). Presenting life histories: A literature review and annotated bibliography. Chronic Poverty Research Center, CPRC working paper 101.

Samovar, L. A., Porter, R. E., Mcdaniel, E. R., & Roy, C. S.(2015). "Communication Between Cultures 8th ed", 이두원 외 역. 『문화간 커뮤니케이션』. 서울: 커뮤니케이션북스.

Waldinger, Roger and Fitzgerald, David, 2004, Transnationalism in Question, American Journal of Sociology, 109(5), 1177-1195.

찾아보기

ㅈ

ㅊ

저자소개

김영순(金永洵) kimysoon@inha.ac.kr

중앙대학교를 졸업하고 독일 베를린공과대학교에서 문화교육학부 석사, 베를린자유대학교에서 철학박사 학위를 취득했다. 현재 인하대학교 사범대학 사회교육과 교수, 대학원 다문화교육학과 학과장, 인하대 다문화융합연구소 소장, BK21 FOUR 글로컬다문화교육연구단장을 맡고 있다. 주요 저서로는『다문화 사회와 공존의 인문학』,『다문화교육의 이론과 이론가들』,『다문화교육과 협동학습 경험』,『이주여성의 상호문화 소통과 정체성 협상』,『공유된 미래 만들기』가 있다. 연구방법론 분야의 공동저술로는『질적 연구 여행』,『질적연구의 즐거움』이 있다. 또한 다문화교육 및 교육인류학 분야에서 등재지 이상 학술지 논문 140여 편이 있다.

남혜경(南惠璟) ssalguaja@naver.com

인하대학교에서 교육학 박사학위를 받았으며 전공은 다문화교육이다. 박사학위논문은「파독 간호사출신 한인 여성의 이주생애사 연구」이다. 공동 저서는『미국 한인이주여성의 초국적 사람과 공동체』가 있으며 주요 논문은「자녀에게 모국어를 가르치는 결혼이주여성의 경험」,「재미 국제결혼 한인 여성의 문화 적응에 관한 사례연구」,「재독한인 국제결혼 여성의 문화 간 커뮤니케이션에 관한 연구」,「한인 국제결혼 여성의 공동체 활동에 나타난 정체성 협상」,「1970-80년대 서유럽으로 유학한 한인 여성의 임파워먼트 형성과정에 관한 생애사적 연구」 등이 있다.